VIE
D'ANTOINE DU PRAT

CHEVALIER, SEIGNEUR DE NANTOUILLET,
BARON DE THIERS ET DE THOURY, COMTE DE LA VALTELINE,
CHANCELIER DE FRANCE, DE BRETAGNE, DU DUCHÉ DE MILAN, ET DE L'ORDRE DU ROI;
ÉVÊQUE DE VALENCE, DE DIE, DE MEAUX ET D'ALBY,
ARCHEVÊQUE DE SENS;
CARDINAL DU TITRE DE SAINTE ANASTASIE, PRIMAT DES GAULES
ET DE GERMANIE, LÉGAT A LATERE.

Par le Marquis DU PRAT,
Chevalier des ordres du Saint-Sépulcre, de Saint-Jean de Jérusalem
et de Saint-Étienne de Toscane.

Nobis pleraque digna cognitu obvenire
quanquam ab aliis incelebrata.
TACITE, Annal... lib. vi, cap. 8.

PARIS
LIBRAIRIE DE TECHENER, ÉDITEUR
RUE DE L'ARBRE-SEC, 52

1857

VIE
D'ANTOINE DU PRAT

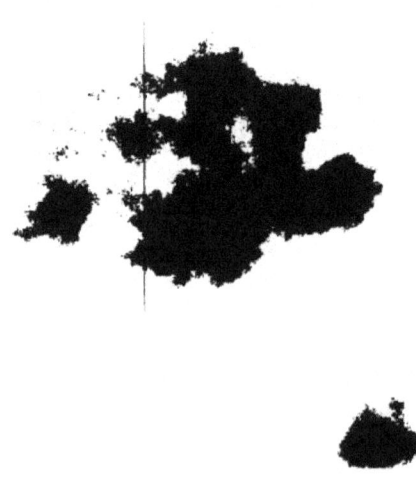

Paris. — Imprimerie de Wittersheim, 8, rue Montmorency.

ANT. DU PRAT

Un premier et bref essai sur la vie du chancelier du Prat, offert seulement à la bienveillance et à l'amitié, a reçu d'elles l'accueil et les encouragements qu'accordent toujours la supériorité et l'indulgence.

Des hommes éminents, dont il serait indiscret peut-être de prononcer les noms dans ces lignes, mais devant lesquels s'incline notre reconnaissance, nous ont conseillé, sur le même sujet, de nouveaux efforts.

De savantes et d'affectueuses obligeances, dont nous ne trahirons pas le secret, ont aidé et favorisé nos recherches[1]. Des documents inédits consultés ont fourni des matériaux à une histoire plus complète du personnage en question. Ils n'ont pas tous été cités, leur nombre nous a condamné au choix. Puissions-nous avoir achevé, par cette deuxième étude, la justification que nous avions seulement ébauchée. Si la joie du succès ne couronne pas notre travail, il sera récompensé du moins par le sentiment d'un devoir accompli. Nous n'avons rien voulu déguiser de la vérité sur le compte du chancelier du Prat. Notre prétention unique et sincère a été de la séparer des erreurs qui la défigurent, de combattre avec impartialité la passion et l'inimitié, de demeurer modéré en présence de l'injure, de rendre aux faits et aux actes leur signification réelle, en les dégageant des interprétations gratuites que leur a données la malveillance, d'assurer enfin, par le calme autant que par la raison, le triomphe de la

---

[1] Nous ne pouvons cependant nous refuser de mentionner, avec une gratitude toute spéciale, le *Cabinet historique*, dirigé par M. Louis Paris, près duquel les hommes de lettres et d'études trouveront les richesses que découvre la patiente érudition que réunit le travail et que distribue l'obligeance.

cause que nous avons prise en main. Heureux si nous avons atteint notre but! Heureux même si l'intention de nos efforts nous fait pardonner leur faiblesse involontaire et lire avec bienveillance par ceux qui nous ont encouragés. La mémoire du chancelier du Prat serait doublement chère à ses neveux si le soin de sa justification leur valait une telle indulgence, après leur avoir acquis de tels secours et de tels conseils.

PRÉFACE.

Ce n'est point un travail de vanité ni une œuvre frivole que d'entreprendre l'histoire d'un souverain par celle de ses ministres. C'est, avec plus de détails, servir à l'exactitude et au complément du récit; c'est, avec plus de couleurs, concourir à l'effet du tableau. L'étude d'un règne ou d'une nation ne se rétrécit point par ce système, elle ne se renferme point par là dans les limites circonscrites et mesquines d'un personnage ou d'une localité. En rendant à chacun et à chaque lieu l'honneur qui leur appartient, c'est le reporter sur la patrie et sur le prince. L'oubli des intérêts personnels enlève à l'histoire une portion de sa vérité, une moitié de ses charmes.

Abandonner à la calomnie un homme aimé de son Roi, grand par sa bienveillance, soutenu par son autorité, c'est jeter sur le choix du prince un blâme rigoureux, c'est livrer sa sagesse à la critique que subit la conduite de son ministre. Relever ce personnage dans l'opinion publique, c'est glorifier le souverain en chacun des actes qu'il lui plut d'accepter, ou qu'il sut inspirer.

L'art de régner étant surtout l'art de choisir, on ne saurait donner aux princes un meilleur éloge qu'en entreprenant celui des hommes qu'ils élevèrent jusqu'à eux, auxquels ils communiquèrent leurs vues et leur puissance. Sans préjudice du mérite éminent et personnel que les Rois de France ont pour la plupart possédé, leurs grands avantages, la haute illustration de leurs règnes tiennent surtout aux esprits élevés, aux hommes d'élite qu'ils surent discerner et grouper autour d'eux. Chacun d'entre eux compose un des chapitres de l'histoire du souverain.

Isolez Louis XIV au milieu de son siècle, il ne

lui donnera pas son nom. Faute d'intelligences qui puissent comprendre son génie, qui sachent lui communiquer et lui faire accepter à leur tour leurs hautes conceptions, le Roi passera inaperçu et seulement nommé à la suite du long catalogue de ses illustres prédécesseurs, et de ses incomparables ancêtres. Mazarin, Condé, Turenne, Colbert, Séguier, Bossuet et tant d'autres, forment autour de son front une auréole, supérieure aux diamants de sa couronne.

Écrire chacune de ces vies c'est célébrer tour à tour chacune des gloires du souverain qui sut, par un regard, par une parole, par un sourire encourager leurs travaux et récompenser leurs succès. Flétrir le moindre d'entre eux c'est éteindre une des lumières qui illuminent ce siècle, c'est abaisser d'un degré le monarque qui le domine et le dirige tout entier.

Henry IV, éloigné de Sully, perd l'un des charmes de son caractère, le meilleur conseiller de son autorité.

Que l'on retranche du règne de François Ier le nom de Bourbon, qui le servit si glorieusement avant de lui devenir infidèle, ceux de Bayard, de Chabannes, de Gouffier, de Gramont, de du Prat, de Rohan, de Tournon, de la Trémoille et quelques autres encore, la guerre aura perdu ses héros, la diplomatie et l'administration seront sans habileté et sans triomphe; le Roi, malgré sa valeur chevaleresque, après avoir été un Roi captif, sera peut-être un Roi détrôné. Nonobstant ses mérites réels il peut réduire la France au rang où elle tombait sous les derniers Mérovingiens, il peut descendre lui-même de sa sublime hauteur à la décadence profonde de ces Rois fainéants.

Environné de son cortége de princes, de généraux, de ministres, d'ambassadeurs, et servi par leurs dévouements, François Ier, grand par lui-même et grandi par eux, fort de sa puissance et fortifié par leurs talents et par leur zèle, se place avec la supériorité de son trône, de son caractère et de ses soutiens parmi les plus illustres souverains de son temps, dont il arrête les ambitions et déjoue les calculs. Il protége les Médicis et les souverains pontifes. Léon X et Clément VII, l'un à Marseille, l'autre à Bologne, recherchent son amitié soit par l'alliance de leur maison, soit par le lien des traités. Il marche de pair avec l'Empereur Charles V et avec le Roi Henri VIII. Il fait de Mahomet II, le plus dangereux et le plus victorieux ennemi de la chrétienté, un appui de sa politique et un prince tolérant pour sa foi. Pas un des souverains de son temps, si fécond cependant en gloires de toutes sortes, ne peut, même dans ses échecs, le devancer soit en habileté lorsqu'il se relève, soit en valeur lorsqu'il tombe. C'est qu'à chaque menace, à chaque besoin, à chaque danger, il apparait l'homme capable, possédé de son esprit royal, et dont il consentait à son tour à subir les influences.

Sans prétendre annuler le souverain devant ses ministres, il est juste de dire que chacun d'eux réalise, personnifie et rend plus sensibles ses tendances, par ses qualités et par ses défauts. Nous laissons à d'autres le soin d'écrire la vie de François Ier par celle de ses généraux et de ses divers ambassadeurs. Ils s'en acquitteront avec plus d'expérience et de succès, mais non pas avec plus de recherches et de conscience que nous n'en avons apporté dans ce nouveau travail. Par un esprit de justice et de réparation, réparation pour le Roi autant que pour le chancelier, par un esprit de famille ensuite, il nous sera permis d'éclairer d'un jour nouveau la vie d'Antoine du Prat, et de célébrer dans sa foi, dans sa diplomatie, dans sa fermeté, la religion, l'habileté, la persévérance de François Ier. D'autres ont stigmatisé, dans les prétendus défauts de son caractère, les impéritices de son administration, les cruautés de son tempérament, l'ineptie du Roi qui l'avait choisi, l'entêtement et tout à la fois la faiblesse du prince subjugué qui voulut le soutenir, et les fureurs d'un zèle fanatique qu'il ne servit, disent-ils, que trop fidèlement.

Trop d'auteurs considérables cependant par leur talent et par leur autorité, ont jugé le chancelier du Prat au point de vue de leur siècle : et ceux-là mêmes qui se sont abstenus de toute passion, n'ont pas su se séparer entièrement de leur époque, et se transporter dans celle qu'ils étudiaient. Lorsque l'histoire apprécie les faits d'autrefois avec l'esprit d'aujourd'hui, lorsqu'elle n'appelle point à son aide l'esprit du passé, elle s'engage dans d'étranges erreurs. Elle accepte des événements et des actes et rejette les opinions qui leur ont donné naissance. Le blâme des idées n'implique cependant pas leur oubli : il faut, sans les louer, s'en souvenir, et ne point les séparer de leur temps, si l'on veut juger sainement les hommes et les choses, et leur appliquer non pas toujours l'éloge que repousse les faits, mais l'indulgence que réclame leur époque. Les événements comme les caractères sont conduits par l'influence de leurs siècles, et les grands personnages qui les dirigent et les modifient le plus les subissent à leur tour. Quiconque isole un homme de son temps, ne lui laisse pour cortége que les actes de son pouvoir, et le sépare de l'esprit entraînant de son siècle, le charge d'une responsabilité qu'il ne doit pas porter tout entière, et renonce à l'équité de ses appréciations. Les fautes, les malheurs et les bienfaits conservent toujours, il est vrai, leur nom et leur caractère, mais quelquefois aussi ils y ajoutent celui de nécessité.

Nécessité que nous n'entendons pas dans le sens de fatalisme ou de hasard, mais que nous traduisons par ordre de la Providence, marche des temps et de l'esprit humain. Les lumières et la civilisation d'aujourd'hui sont destinées à conduire le présent, à préparer l'avenir, mais non pas toujours à éclairer l'obscurité du passé, à dissiper ses ténèbres. Les juges qui prononcent sur les faits et sur les hommes d'autrefois doivent tenir compte à leur tribunal de l'esprit dominant de l'époque à laquelle ces derniers ont appartenu. Le chancelier du Prat est un des personnages qui ont le plus souffert de l'oubli de cette justice.

En entreprenant ce travail nous n'avons point eu seulement en vue un honneur de famille, nous avons cru que la couronne elle-même recevrait peut-être quelque utile reflet du nouveau jour qui se levait à chaque pas devant nous. Chaque fois que nous avons prononcé avec éloge le nom d'un ancêtre, nous nous sommes incliné avec respect devant les noms de l'auguste princesse et du noble souverain qui firent son élévation et sa fortune. Ce travail, plus rempli sans doute de bonne volonté que de tout autre mérite, est un hommage de reconnaissance payé à deux royales mémoires, une œuvre de justice et de réparation entreprise par une inspiration filiale.

Autrefois, chacune des branches de la maison du Prat exposait et conservait en lieu spécial et d'honneur les portraits de François Ier et de la duchesse d'Angoulême. Les ravages révolutionnaires ont atteint ce témoignage constant d'un respect héréditaire. Que ce modeste travail en répare l'interruption, et qu'il serve à acquitter tout à la fois la dette d'un sentiment presque filial et celle de la fidèle reconnaissance due aux princes qui furent des bienfaiteurs. Les siècles et les orages ne dispensent pas de ce devoir, ils ne doivent pas détourner de ce tribut.

VIE
DU CHANCELIER
ANTOINE DU PRAT.

CHAPITRE I.

Ancêtres et origine d'Antoine du Prat. — De quelques illustres personnages qui portèrent son nom sans appartenir à sa famille.

Il suffirait à l'honneur du chancelier du Prat de rechercher et de dire par quels actes il soutint la religion catholique, avec quels efforts et quels succès il agrandit l'autorité royale. Son zèle pour la défense de l'autel et du trône, son dévouement pour le Saint-Siége et pour son Prince, la persévérance et les talents qu'il mit au service de leurs causes forment une matière abondante pour le plus noble et pour le plus juste éloge.

Tout en réservant à ses dons personnels la première et la plus haute place qui ne peut leur être contestée, la vérité réclame une parole en faveur des avantages qu'il reçut de ses pères. Ils passent en seconde ligne il est vrai, mais cette seconde ligne ne doit point être retranchée de son histoire. Ils lui appartiennent en propre. La malignité publique en les lui refusant, en les lui disputant tout au moins, impose au biographe le devoir de les lui restituer.

Il faut le dire et le répéter, les bénédictions venues du ciel et de la chaire de saint Pierre, les satisfactions intimes de la conscience sont les premières récompenses de la vertu. Antoine du Prat sut les obtenir. Les titres et les honneurs reçus du Prince, les éloges et les richesses descendus du trône récompensent noblement celui qui dévoua sa vie au triomphe du bien, du droit et du vrai. Le chancelier fut comblé de ces dons. Mais la renommée que la postérité accorde à un grand règne, à de grands noms, est d'un prix plus élevé encore que les biens de la fortune et que les témoignages d'une reconnaissance personnelle, quelque royale qu'elle soit. Ces biens posthumes ne sont point encore le partage du chancelier du Prat. Cependant, celui qui réunit l'honneur de la nation à l'honneur de la couronne, qui confondit ensemble l'intérêt du peuple et l'intérêt du souverain, qui chercha leur éclat et leur force en les associant à l'intérêt de l'Église et à celui de la foi, mérite d'obtenir cette réparation tadive. Antoine du Prat ne méprisa jamais l'opinion publique, qui, même égarée, demande, sinon des faiblesses, du moins des ménagements, mais il dédaigna toujours les clameurs du moment pour arriver au succès conçu par son intelligence et poursuivi par son courage. Peu compris de son temps, il attendit la justice et l'éloge de l'avenir pour lequel il travaillait. Puisse-t-il être arrivé pour sa mémoire, et puisse la main respectueuse d'un neveu contribuer à cet hommage si longtemps différé.

Antoine du Prat, malgré les contestations de la haine, portait un nom digne de ses emplois ; et cette considération accessoire, lorsqu'on la rapproche des dons de son intelligence et de ceux de son cœur, est cependant digne d'être enregistrée, non pour le relief de son vrai mérite, mais pour l'intégrité de son histoire.

Quelques auteurs ont refusé la noblesse à ses pères. Il est vrai que cette distinction fut obscurcie durant deux générations par les nécessités qu'entraîne l'infortune. *Magna documenta instabilis fortuna*, dit Tacite. Un vieux dicton populaire applique cet enseignement et cette instabilité à l'existence des familles. Leurs changements et leur extinction en font le tableau le plus vrai et le plus visible de l'inconstance des choses humaines. *Cent ans bannière cent ans civière*, dit ce proverbe. Toutefois si les ancêtres d'Antoine du Prat éprouvèrent cette variation de la fortune, ou pour mieux dire subirent cette loi de la Providence, ni l'honneur, ni l'indépendance de son aïeul et de son bisaïeul n'en furent altérés. Ils surent résister aux vicissitudes qui les atteignirent, avec la dignité et l'habileté qu'ils avaient reçues de leurs pères, et qu'ils transmirent intactes à leurs descendants.

D'autres historiens, par une déposition contradictoire, ont multiplié les distinctions que la saine critique consent à accepter. Ils ont donné à la famille du chancelier du Prat une origine italienne[2]. Moréri l'enregistre dans son dictionnaire et la combat par des raisons qui ne la détruisent pas. Il emprunte à Pierre-Antoine la dédicace de ses commentaires, et dans cette qualification *Petrus Anthoni Isodorensis Arvernus,*

---

[1] *Généalogie de la maison du Prat.* provenant des papiers du baron de Viteaux.

Anthonio de Prato Isodorensi Arverno, etc., il trouve la réfutation de cette origine, comme si plusieurs générations attachées à l'Auvergne et à Issoire ne permettaient pas de s'honorer du double titre d'Auvergnat et d'Issoirien, sans démentir pour cela une première origine et un plus antique berceau.

Dans leurs rêves et peut-être dans leurs romans de bienveillance inutile, les écrivains favorables à l'opinion d'une origine italienne font venir les premiers auteurs du chancelier d'une petite ville de la Toscane nommée le Prat, *à Prato*, ville qui l'année 1489 fut prise et saccagée par les troupes de Cardone, et dont la chute amena le retour des Médicis à Florence [1].

A ce titre ils le rattacheraient à Nicolas du Prat, *Pratensis*, ou *à Prato*, Toscan, de l'ordre des frères prêcheurs, l'un des membres du sacré collége les plus dévoués à la France. Ce fut son influence et celle des cardinaux du parti qu'il dirigeait, qui amenèrent l'élection au souverain pontificat, sous le nom de Clément V, de Bertrand de Got, archevêque de Bordeaux. Ce fut lui qui couronna à Bologne, au nom du Pape, l'Empereur Henri VII. Il mourut à Avignon, où l'on voyait encore au XVIIe siècle son épitaphe et son tombeau [2].

D'autres relient à la famille du chancelier du Prat, Pierre du Prat, archevêque d'Aix, chancelier du Saint-Siége, cardinal du titre de Sainte-Pudentiane sous le pontificat de Jean XXII, en 1320. Étant légat, il s'était employé à la paix entre Philippe de Valois et Édouard III. Ce prélat était connu par sa dévotion

---

[1] Aubéry, *Histoire générale des Cardinaux*, t. 2, p. 599.
[2] *Ibid.*, t. 1, p. 385 ; Eggs, *Purpura docta*, t. 1, p. 274; *Généalogie de la maison du Prat*, provenant des papiers du baron de Viteaux.

envers la sainte Vierge et par ses travaux en son honneur [1].

Pour continuer cette illustre et vaine nomenclature, en 1370 Guillaume du Prat, né dans le Gévaudan, religieux franciscain, docteur en l'université de Paris, fut nommé archevêque de Kambalu (Pékin) par le pape Urbain V, et son légat auprès de l'empereur des Tartares [2]. Une généalogie dont l'auteur est incertain, en fait un arrière-grand-oncle du chancelier du Prat.

Enfin pour épuiser non pas les apparences de liens, mais les similitudes de noms, en 1378, sous les pontificats d'Urbain VI et de Boniface IX, un autre cardinal du Prat, *de Prate* ou *de Prata*, évêque de Padoue, puis archevêque de Ravenne, fut légat en Bohême, en Allemagne, en Angleterre, prit une part active aux troubles qui affligèrent l'église, et s'agita pour ranger sous l'obéissance d'Urbain VI les princes et les peuples [3].

Ces rapprochements de noms, de personnages, de carrières, satisfont la curiosité, mais n'établissent point une conviction. Elles favorisent les conjectures et ne fournissent point des preuves. Antoine du Prat n'a pas besoin pour sa grandeur d'aller chercher son nom et sa noblesse ailleurs que dans les faits irrécusables. Cette faiblesse de se rattacher pour s'élever à des ancêtres impossibles, n'est pas seulement de ce siècle et des siècles qui l'ont précédé. Elle fut de tous les temps et de tous les pays. Cicéron remarque cet abus en son temps : il le relève autour de lui, et il en rejette l'em-

---

[1] Michaud, *Biographie universelle*; *Traité de l'origine des Cardinaux du Saint-Siège*, Cologne, 1665, p. 132.

[2] *Abrégé chronologique de l'histoire ecclésiastique*, t. 2, p. 170.

[3] Aubéry, *Histoire générale des Cardinaux*, t. 2, p. 170 ; Eggs, *Purpura docta*, t. 1, p. 474.

ploi pour lui-même. « *Cum homines humiliores*, dit-il, *in alienum ejusdem nominis infunduntur genus, ut si ego me à Marco Tullio esse dicerem qui patricius cum Servio Sulpicio consule, anno decimo post exactos reges fuit.* »

Sans accepter et sans rejeter les opinions qui attribuent au chancelier du Prat l'origine et les aïeux indiqués en ces lignes, il convient de les abandonner à l'étude et à la critique, et de s'arrêter à ceux que les titres recommandent à l'histoire.

Robert du Prat, chevalier (*miles*) vivant en 1243, est le premier des ancêtres du chancelier dont l'existence soit justifiée par des titres incontestables. Antoine du Prat formait la septième génération descendue de lui[1]. Il est bon d'insister sur ce fait, non pour mettre l'origine au-dessus du mérite personnel, non pour prétendre qu'il soit plus noble d'être le fils inutile et quelquefois dégénéré de ses pères, que le fils toujours illustre de ses œuvres; mais pour porter à la vérité l'hommage qu'elle exige, pour conserver et restituer à l'histoire les faits qui lui appartiennent.

---

[1] Titres originaux aux archives de la famille.

CHAPITRE II.

Naissance, alliances et première éducation d'Antoine du Prat.

Antoine du Prat naquit à Issoire et non point à Ganat, le 17 janvier 1463. Il était fils d'Antoine du Prat consul d'Issoire et non pas procureur fiscal [1]. Jacqueline Bohier était sa mère. Béraude du Prat, sœur de cet Antoine du Prat, avait déjà épousé Astremoine Bohier frère de Jacqueline : ce fut d'eux que naquit Antoine Bohier archevêque de Bourges, fait cardinal du titre de Sainte-Anastasie, par le crédit du chancelier du Prat [2], à la demande du roi François Ier. « *Qui ad eam dignitatem interventu Francisci, Galliæ Regis, provectus fuit* [3]. » « Sa Majesté, dit encore à ce sujet Aubéry, ayant voulu en cela gratifier le chancelier du Prat, lequel ne pouvant encore aspirer au cardinalat, le brigua cependant avec succès pour l'archevêque de Bourges son parent. »

Dans le passé, cette maison Bohier comptait déjà plus de quatre siècles d'une existence opulente et éle-

---

[1] M. Bouillet, *Tablettes historiques de l'Auvergne*, t. 2, p. 121.
[2] Aubéry, *Histoire générale des Cardinaux*, t. 3, p. 226.
[3] Ciaconius, *Traité de l'origine des Cardinaux du Saint-Siége*.

véc [1]. Depuis, alliée au cardinal Briçonnet, au cardinal du Prat, elle ajouta l'efficacité de leur appui aux recommandations de son mérite. L'archevêché de Narbonne, l'évêché de Saint-Malo, l'évêché d'Agde, celui de Nevers, l'archevêché de Bourges, furent gouvernés par plusieurs de ses membres [2]. En même temps que leur magnifique piété enrichissait d'ornements et de constructions leurs abbayes de Fécamp, de Saint-Ouen, de Bernay, d'Issoire et leurs diverses cathédrales, d'autres membres de la famille, l'un gouverneur de Touraine, l'autre général des finances, un troisième sénéchal du Lyonnais, plusieurs chambellans de nos rois, construisaient à grands frais les châteaux de Saint-Ciergues et de Chenonceaux, et attachaient leur nom à la renaissance des arts comme il l'était déjà à la défense de l'Église. Ils n'oubliaient pas leur berceau dans cette élévation de leur fortune, et dans cet éloignement de leurs existences. Issoire dut à leur munificence des monuments importants qui ajoutèrent à la beauté de la ville, aux facilités du culte, et aux agréments du public.

La prospérité ne fut pas toujours fidèle au mérite des Bohier. L'envie malicieuse des courtisans attaqua leur dévouement. L'interprétation fausse et perfide d'une correspondance innocente et de discours inoffensifs fit dépouiller Jean Bohier de ses honneurs et de ses biens. Il avait eu le connétable de Bourbon pour protecteur, et sans avoir partagé son crime, il avait conservé son attachement à sa mémoire : et l'on aurait voulu, ce qu'une âme élevée ne saurait admettre, que sa fidélité pour le roi vainqueur entraînât son ingrati-

[1] Manuscrit de la ville d'Issoire.
[2] Bretonneau, *Histoire de la maison Briçonnet*.

tude pour le prince coupable. Après la mort du chancelier du Prat qui l'avait couvert de son affection, Jean Bohier fut arrêté et menacé d'un procès capital : il recouvra cependant sa liberté par le sacrifice de sa fortune. Il abandonna Chenonceaux à la Reine ; le connétable de Montmorency eut Saint-Ciergues pour son lot. Mais du moins sa grandeur d'âme fut à la hauteur de cette catastrophe. Il n'affaiblit pas par le découragement ou le désespoir la haute dignité qui s'attache au malheur, la sainte consécration qu'elle donne à ses victimes.

En octobre 1665, un Guillaume Bohier (*aliàs* Boyer), curé de l'église de Saint-Babel, se disant de la famille du cardinal, *homme d'une méchante vie*[1], fut condamné à être pendu et étranglé. Il fut exécuté. Une tradition populaire rapporte que l'assassinat attribué à Guillaume Bohier avait été commis par son sacristain déguisé, lequel pris et condamné pour un autre crime réhabilita dans un testament le malheureux curé[2].

Enfin, le dernier personnage qui porta ce nom fut digne par son érudition et par sa vertu des premiers souvenirs recueillis en ces lignes. Jean-François Bohier, d'abord évêque de Mirepoix, précepteur du Dauphin père de Louis XVI, premier aumônier de madame la Dauphine, membre de l'Académie des Sciences, puis de celle des inscriptions et des belles lettres, était originaire d'Auvergne. Il aimait à se rattacher à la maison d'Antoine Bohier[3]. Par ses vertus éminentes et cependant modestes, il n'est pas une des moindres illustrations que l'on puisse réclamer pour elle. Quatre de

---

[1] *Mémoires* de Fléchier *sur les Grands jours d'Auvergne*, p. 113.
[2] M. Bouillet, *Tablettes historiques de l'Auvergne*, t. 6, p. 650.
[3] Mémoires manuscrits de famille.

ses frères et quatre de ses sœurs embrassèrent la vie monastique.

Cette digression sur les Bohier n'est point étrangère au sujet principal de cette étude. Elle se rattache au début de la biographie d'Antoine du Prat. Par les preuves de l'ancienneté de cette maison, par la récapitulation du mérite de presque tous ses membres, par l'analyse de leurs vertus et de leurs charges, elle prouve que dès l'an 1460, époque de l'alliance des du Prat avec les Bohier[1], ces deux maisons se considéraient comme dignes l'une de l'autre. Cet épisode généalogique est donc une réponse faite aux détracteurs de la naissance du chancelier du Prat. Ils sont également combattus par les titres primitifs, par les récits des historiens plus véridiques, et par des alliances successives prises en partie dans la province d'Auvergne, et que le hasard et la passion n'ont pas seuls conclues.

Au nombre de ces dernières, sans s'éloigner de l'époque du chancelier et des générations qui le précédèrent immédiatement, on lui trouve pour aïeule Béraude Charrier dont les oncles et les neveux occupèrent les siéges d'Agde et d'Orléans. Un des derniers rejetons de cette famille, Louis Charrier de la Roche, fut baron de l'Empire, aumônier de l'Empereur et premier évêque de Versailles.

Annet du Prat, frère du chancelier, issu du second mariage d'Antoine du Prat avec Jeanne de l'Aubespine, avait épousé Gabrielle de Chaslus, de cette antique maison de Chaslus que quelques auteurs font descendre des anciens comtes d'Auvergne[2]. Maison

---

[1] Moreri, le Père Anselme, la Chesnaye des Bois, etc.
[2] Manuscrit d'Audiguier.

assez importante du reste, quelle que fût son origine,
pour représenter les Dauphins dans leurs serments,
pour leur servir de caution dans leurs traités avec les
Rois de France, pour se rendre otages en leur nom,
pour signer comme témoins à leurs mariages et dans
leurs testaments[1].

Enfin pour achever cette nomenclature, et non pas
pour épuiser les preuves, Claude du Prat, oncle du
chancelier, seigneur d'Hauterive, auteur de la branche
qui s'est perpétuée jusqu'à nos jours, avait épousé en
1472 Gabrielle de Sudre, petite nièce de Guillaume de
Sudre évêque de Marseille, puis cardinal et évêque
d'Ostie en 1366. Le Pape Urbain V, admirateur de son
intelligence et de ses vertus, l'avait commis pour recevoir
à Rome dans le giron de l'Eglise Jean Paléologue,
empereur des Grecs[2].

Ces vérités et leur évidence n'empêchèrent pas l'erreur
ou la malice de publier et de perpétuer l'imposture.
Tavel insinue d'après Pierre de Saint-Julien
qu'Antoine du Prat encore enfant avait souffert d'une
telle indigence que les jours de fête il donnait, en
mendiant, l'eau bénite aux portes de sa paroisse.....
« *Anthonium Prateum ed inopiâ pressum, tradidit
annis juvenilibus, ut ostiatim aquam benedictam diebus
dominicis, in quâdam parochiâ, quasi mendicans circumferret*[3]. »

Palatius, assignant au cardinal une origine italienne,
n'en reconnaît pas les grandeurs, que d'autres égale-

---

[1] Chabrol, *Coutumes d'Auvergne*, t. 4.

[2] Aubéry, *Histoire générale des Cardinaux*, t. 1, p. 529 ; Eggs, *Purpura docta* t. 1, p. 412 ; M. Bouillet, *Nobiliaire d'Auvergne*, t. 5, p. 50, article Paut.

[3] *Senonensium archiepiscoporum vitæ actusque.*

ment trompés peut-être, mais plus bienveillants, lui avaient accordées. Il lui attribue une extraction vulgaire. Il était né, dit-il d'après certaines versions, d'un père infime.... « *Apud Hetruscos, in solo Pratensi, ex miserabili patre, cui nullum familiæ insigne, præter commune soli in quo natus* [1]. »

Il est inutile de parcourir davantage cette collection de mensonges et d'ignorances, qui souvent égarèrent l'opinion publique : il suffit de l'avoir sommairement indiquée, et sans autre zèle que celui de la vérité, sans autre haine que celle de l'erreur, de rétablir les faits tels qu'ils sont démontrés.

Le mérite et l'élévation, il faut le constater en passant, furent toujours en butte aux attaques passionnées de l'envie, et si la calomnie et la persécution manquaient à la grandeur et à la vertu, elles seraient privées de l'un des traits qui les distinguent. A leur contact la vraie vertu s'épure, la vraie grandeur se rehausse encore.

Le témoignage des concitoyens et des contemporains plus croyable en cette circonstance que les allégations des biographes éloignés par les temps ou séparés par les distances, vient ajouter au poids des preuves et à l'apparence des conjectures dont l'origine du chancelier se trouve environnée.

Le 14 août 1514 n'était pas encore le temps de la haute puissance d'Antoine du Prat. Alors il était libre des louanges exagérées de la flatterie, intact des imputations malicieuses de l'envie. A cette date, un Auvergnat, d'Issoire aussi, official de Luçon, un autre Antoine du Prat, mais non point de la famille du pre-

---

[1] *Fasti Cardinalium*, t. 3, p. 21, édition de Venise.

mier President (il se tient lui-même à distance), dédiait au futur chancelier son commentaire sur les Traités d'Étienne Aufréry[1]. Il commence son épitre par ces mots : « *Cùm claris parentibus ortus sis, ab eodem orti sumus oppido, eddemque cocti tellure, et ex vicinis, seu se mutuo respicientibus domibus nati, improportionabilem tamen habemus exitum.* »

Le manuscrit de la ville d'Issoire déjà cité pour son autorité, prenant d'ailleurs une note véridique des hommes, des choses et des dates, dit à son tour : « Messire Antoine du Prat, chancelier et légat en France, *fils de gens riches, opulents, et famille très-ancienne*[2]. »

Ainsi né, avantage que l'histoire doit constater, non pour l'orgueil d'aucun de ses héros, mais pour l'éclat de la vérité, Antoine du Prat fut élevé selon la juste ambition de sa famille, et instruit comme l'exigeaient les dons de son esprit et les facultés de son intelligence. Le ciel ne confie point ces germes pour les laisser sans culture; la Providence ne départ point ces faveurs pour qu'elles soient abandonnées à une inutilité honteuse et à un criminel oubli. Les temps, les pays et les peuples, quels que soient les événements qui les traversent et qui les changent, les institutions qui les régissent, les Princes qui les dirigent, ont des besoins et courent des dangers auxquels se doivent les forces, la sagesse, l'âme et les bras de tout homme ayant du cœur. A l'âge de dix ans il fut placé dans une abbaye de Bénédictins voisine d'Issoire : et là, il joignait l'étude des premiers éléments des sciences aux plus doux exercices de la piété. Il passait des ferveurs du sanc-

---

[1] Duchesne, *Histoire des chanceliers*, p. 570.
[2] M. Bouillet, *Tablettes historiques de l'Auvergne*, t. 8, p. 227.

tuaire et du service de l'autel aux travaux qui préparaient ses carrières de prêtre et de magistrat : double sacerdoce. L'un était le but de ses travaux, l'autre n'était encore qu'une mystérieuse prédestination du ciel. « Son application était constante, sa pénétration fort vive, ses progrès furent rapides [1]. »

« Puis ensuite le père d'Antoine du Prat le fit étudier dans une des plus célèbres universités de l'Europe, où il fit une si belle éducation qu'il devint capable des plus grandes affaires [2]. »

C'est là, vers les affaires, que le portaient ses goûts et ses légitimes ardeurs. Il acquit ainsi le double avantage que donne l'étude jointe aux dons naturels. Il posséda la facilité et même l'éloquence du langage, unies aux ressources de la science, à l'habileté d'un esprit fin et cultivé.

[1] M. Faye de Brys, *Trois magistrats français au XVIe siècle*, p. 14.
[2] *Annales de la ville d'Issoire.*

CHAPITRE III.

Quels furent les principaux détracteurs et les plus célèbres
panégyristes d'Antoine du Prat.

Il est bon de noter au commencement de cette biographie, pour que l'influence d'une juste remarque agisse sur l'interprétation des faits à venir, que les détracteurs et les calomniateurs du chancelier du Prat furent non-seulement les gens médiocres auxquels le talent fait ombrage, les ambitieux qu'importune le pouvoir, mais encore et surtout ceux que la réforme naissante rendait plus ardents dans leur prosélytisme et dans leurs aversions. Ils trouvèrent dans le cardinal du Prat un obstacle impitoyable, un adversaire infatigable, et ne pouvant le briser malgré leurs efforts, ils s'animèrent contre sa mémoire et se vengèrent contre sa renommée de leur impuissance contre sa personne.

De ce nombre furent entre autres Reynier de la Planche, écrivain passionné, calviniste intolérant, dont le langage et la conduite excluent la modération qu'il réclamait de ses adversaires. Il nomme Antoine du Prat le « plus pernicieux des hommes. »

Bèze, dans son *Histoire des Églises réformées de France*, déclare une guerre sans pitié à la mémoire du cardinal, il emprunte à la haine et au mensonge leurs imputations et leurs attaques.

Non contents du parti que les fautes du chancelier et l'interprétation d'actes discutables offraient à leur envie, ses adversaires l'attaquèrent dans ses qualités les plus éminentes et les plus incontestables, lui prêtant une ignorance démentie par les faits [1]. La passion religieuse pervertissait leur jugement, égarait leur langage, et les éloignait de cet esprit de mansuétude que doivent professer également la vérité pour être belle, l'erreur pour être habile. Les novateurs et leurs adhérents étaient loin de cette tolérance qu'ils invoquaient pour eux-mêmes, et qui ne pouvait leur être accordée, puisqu'ils combattaient avec d'autres armes.

« Je sçay, dit à ce sujet un auteur impartial, que Bèze ennemi juré de Monsieur du Prat, auquel il a dressé une épitaphe ridicule pour se mocquer de lui, jusques après sa mort, l'accusa durant sa vie de ce que le Roy François ayant reçu de Henri VIII une douzaine de dogues d'Angleterre, la lettre portant *duodecim molossos*, il lui demanda un de ses *mulets* qu'il avait reçus d'Angleterre, et sçachant de la bouche du Roi que c'étoient des *dogues* et non pas des *mulets*, il s'en excusa en disant qu'il pensoit avoir lu *muletos*. Mais après tout laissant à part les gausseries et mensonges de Bèze, etc. [2]. »

---

[1] Henri Estienne, *Apol.*, p. *Hérodote*, ch. de *l'ignorance des gens d'Église*, p. 377; La Croix du Maine, *Biblioth. françoise*, t. 1, p. 377; Bèze, *Histoire des églises réformées de France*.

[2] Le père Garasse, *Doctrine curieuse*; Aubéry, *Histoire générale des Cardinaux*, t. 3, p. 355.

Henri Estienne s'est fait l'écho de cette anecdote non moins ridicule qu'elle est controuvée. Il était de la famille de ces célèbres imprimeurs que la bienveillance royale avait protégés contre les dénonciations et les recherches. Mais il avait reçu avec le jour et sucé avec le lait une aversion déclarée contre le catholicisme. Il était fils de Robert Estienne, mort à Genève, dont l'ardeur protestante avait déshérité celui de ses fils qui n'avait pas embrassé la réforme.

La critique s'abaisserait en descendant à la réfutation de pareilles calomnies. L'histoire, d'ailleurs, en fait justice. C'est donner à ces prétendus faits la place qui leur est due que de les séparer d'une existence à la gravité de laquelle ils ne sauraient répondre, de ne point interrompre, par leur récit, le cours de faits réels, nobles et sérieux, de les détacher, pour ainsi dire, du personnage auquel on a voulu les attribuer, pour les rapprocher seulement du nom de leurs inventeurs; d'en charger enfin sa réputation qui seule doit en être accablée, d'en flétrir son ouvrage qui seul peut en être souillé.

C'est, toutefois, sous de pareils auspices que le nom du chancelier du Prat a traversé les trois siècles et demi qui le séparent de notre époque. Les auteurs plus récents, au lieu d'examiner ces dépositions, les ont acceptées comme un legs respectable. Il évitait à la critique ses recherches, ses fatigues et ses combats. C'est ainsi que se trouve altérée la renommée qui devrait accompagner cette grande mémoire, que se trouve éteinte la lumière qui devrait éclairer et embellir sa noble et religieuse figure.

De plus croyables témoins montrent Antoine du Prat obtenant ses succès par le mérite, et non point

VIE DU CHANCELIER

par l'intrigue. Il faut citer leur langage, non-seulement pour l'honneur du chancelier, mais encore pour celui des souverains qui, successivement, surent le choisir parmi tant d'ambitions rivales, le soutenir contre tant d'ennemis envieux.

Un manuscrit contemporain dit : « Qu'il fut homme fort redouté pour son grand sens naturel et acquis. »

Le Feron le qualifie souvent en ses écrits : « docte et savant jurisconsulte. » La Croix du Maine, en sa bibliothèque, avance « qu'Antoine du Prat estoit homme très-docte et très-consommé en affaires d'État, et qu'il a dressé plusieurs édits, ordonnances et réglements, et prononcé plusieurs oraisons par le commandement du Roy François Ier, qui ne sont pas imprimés [1]. »

Un auteur plus récent, que sa conscience et ses études rangent parmi les autorités les plus imposantes, a dit du chancelier : « Le génie de du Prat, trop décrié par les historiens, ne se renfermait point dans les bornes de la législation et de la magistrature ; il embrassait toutes les parties de l'administration : la guerre elle-même était de son ressort. Il traça plus d'une fois le plan d'une campagne, et dirigea de son cabinet les opérations des généraux [2]. »

Un grave et savant historien de nos jours, esquissant, avec l'étude et la science qui le distinguent, la vie d'Antoine du Prat, trace son éloge en ce peu de mots : « Chercher à démontrer les services réels que le chancelier de François Ier a rendus à la France suffit à un volume [3]. » Puis, donnant l'analyse suc-

---

[1] *Bibliothèque françoise*, t. 1, p. 377.
[2] Gaillard, *Histoire de François Ier*, t. 1, p. 194.
[3] M. Faye de Brys, *Trois magistrats français au* XVIe *siècle*. p. 9.

cincte des grands travaux accomplis par ses soins, il prouve, en les énumérant, que nul ministre n'a fait plus en des temps aussi difficiles, et avec des éléments si contraires, pour la gloire et la puissance de son Roi.

Ses ennemis eux-mêmes rendaient parfois justice à son intelligence et à son savoir. Le parlement de Paris, composé de ses adversaires et de ses envieux, écrivait en 1525 à la Régente, « que le chancelier avait une pénétration vive, des connaissances étendues, le travail facile... » Puis, ne renonçant point à l'attaque et à la passion, il ajoutait, après cet hommage arraché par l'évidence, « qu'on lui souhaiterait plus d'amour pour les lois, moins d'âpreté pour ses intérêts, et surtout moins de partialité. »

Ne bornant pas ses dons à ceux de l'intelligence et du savoir, il y joignait aussi ceux de l'imagination. La poésie charma ses rares loisirs. Il écrivit trois poëmes ingénieux et piquants, qui, bien que livrés alors à l'impression, ne paraissent pas être venus jusqu'à nous. « *Condidit etiam tersa poemata, ingenioso sale conspersa, typis lugdunensibus edita*[1]. »

En mémoire de ses talents, plus encore qu'en l'honneur de sa puissance, des auteurs de son temps qui, les uns ne connaissaient pas la Cour, les autres ignoraient la flatterie, mirent sous sa protection les fruits de leurs études et de leur génie. Cet hommage, le plus précieux peut-être que puisse recevoir un esprit distingué, ne saurait demeurer en oubli.

Pierre Alcionius, engagé par Jean de Pins, Ambassadeur du roi à Venise, à l'étude d'Aristote, dédia à Antoine du Prat, chancelier de France, sa traduction

---

[1] Eggs, *Purpura docta*, lib. 4, p. 444.

de l'ouvrage du Prince des Philosophes, *Metheorum libri quatuor*[1].

Jacobus Faber, grave et profond théologien, l'une des lumières de son temps, fit paraître, sous ses auspices, son ouvrage *Agones Martyrum*, qu'il avait élucidé par de doctes commentaires[2].

A la demande de Thomas du Prat, évêque de Clermont, frère d'Antoine du Prat, Petrus Rosseti, poëte assez gracieux, loüait, dans un ouvrage de plus de cinq cents vers, semé d'allégories et plein d'hyperboles, qu'il dédiait à Guillaume du Prat encore enfant, les vertus et les talents du Chancelier.

Asclepius Barbatus lui rendait, dans le livre de ses épigrammes, en vers plus concis et non moins empreints du goût de l'époque, un hommage plus spontané et plus délicat peut-être[3].

Enfin, des chansons et des ballades, alambiquées comme le style de ce siècle, et surtout comme celui du siècle précédent, cherchaient à populariser un nom que ni leurs efforts ni sa propre valeur ne purent soustraire à la plus inique animadversion[4].

Cependant, pour donner une dernière preuve non moins irrécusable que les précédentes, du savoir et du rare mérite d'Antoine du Prat, et pour l'emprunter encore à des conditions étrangères à ses actes, il est permis de citer, hors de leurs dates, quelques-unes des liaisons qui jetèrent sur sa personne un reflet aussi

---

[1] Père Nicéron, *Mémoires pour servir à l'histoire des hommes illustres*, t. 6, p. 159 (article de Pierre Alcionius) ; *Mémoires pour servir à l'histoire de Jean de Pins*, p. 86.

[2] Eggs, *Purpura docta*, lib. 4, p. 444.

[3] F. Duchesne, *Histoire des chanceliers*, p. 571.

[4] Saint-Germain... f. 1557 ; M. Louis Paris, *Cabinet historique*, t. 1er, p. 165.

noble que religieux. Elles aussi font la peinture du personnage : il est juste qu'un portrait précède une histoire. Ces touchantes et persévérantes amitiés, indépendantes de toute politique, rendent à la vie intime du Chancelier la dignité qui lui fut aussi souvent disputée que la sagesse et le dévouement le furent à sa vie publique.

CHAPITRE IV.

Liaisons d'Antoine du Prat avec Jacques Sadolet, Jean de Pins,
et François de Tournon.

Jacques Sadolet, évêque de Carpentras, qui fut depuis cardinal et légat en France, joignait le cœur le plus pur, la religion la plus douce, la charité la plus compatissante, à l'esprit le plus cultivé. Attaché du fond des entrailles à la foi catholique, il combattait l'erreur sans la persécuter. Il se trouva mêlé, par sa science et par son zèle, aux luttes religieuses de son temps. Ses nombreuses relations avec les protestants, sans rien laisser perdre à sa foi de son intégrité, ne cessèrent pas de porter un caractère de douceur auprès de celui de conviction qui présidait à ses controverses. Il combattait sans haine, il condamnait sans malédiction. Les fidèles et les dissidents de son diocèse l'appelaient également leur pasteur. Ils recevaient de lui l'instruction et l'aumône, le pain et la parole, ces deux éléments de l'existence. Ils lui portaient leurs hommages, lui soumettaient leurs doutes, leurs procès, et revenaient tous également bénis, quelques-uns convertis, tous encore émus et réconciliés [1].

« *Scripsi oratiunculam quamdam adversus Lutherum et Lutheranos*, écrivait-il au duc de Saxe, *de quâ aut continendâ aut evulgandâ tuum expecto judicium. Ego enim irritare neminem volo, nec serere contentiones. Hortator sum pacis et auctor* [2]. »

Ces fonctions de son ministère n'entravaient point les études de son goût. Non content de la correspondance sérieuse, affectueuse, élégante, que les besoins de l'Église, les réclamations de l'amitié et les affaires de l'État imposaient à ses heures de travail et de loisir, il se livrait encore aux charmes de la poésie. A ce sujet, il donna au cardinal du Prat des preuves de son admiration pour son mérite, de sa confiance en son savoir. Il soumit à son jugement ses œuvres latines [3]. Enfin, il appela son attention et sa critique sur l'un de ses travaux les plus épineux et les plus importants, l'interprétation de l'Épître de saint Paul aux Romains [4].

Telles furent la confiance et l'intimité qui régnèrent entre Jacques Sadolet et Antoine du Prat. Chacune des cinq lettres arrivées jusqu'à nous, et adressées par l'évêque de Carpentras à l'archevêque de Sens, en porte l'empreinte. En 1533, le Cardinal, pénétré des mérites de ce prélat, et persuadé du bien que l'Église et l'État recevraient du concours de ses talents, voulut le rapprocher de la Cour et l'appeler aux affaires. Sa-

---

[1] Aubéry, *Histoire générale des Cardinaux*, t. 3, p. 530; Eggs, *Purpura docta*, t. 4, p. 509.

[2] Jacobi Sadoleti opera, lib. 12, ep. 4, ad Georgium Saxoniæ ducem. Veronæ, 1537.

[3] Aubéry, *Histoire générale des Cardinaux*, t. 3, p. 355; La Croix du Maine, *Bibliothèque françoise*, t. 1, p. 49.

[4] Jacobi Sadoleti opera, Epistolæ, lib. 6, p. 130. Veronæ impressa, 1537. *Voir* le n° 1 de *l'Appendice* à la fin du volume.

dolet, que la volonté du Souverain Pontife devait successivement charger de légations difficiles et revêtir de la pourpre, et dont l'humilité fléchit avec regret sous des ordres sacrés, déclina des offres séduisantes pour l'ambition, mais effrayantes pour sa modestie; et, tout en protestant de son zèle et de son admiration pour le Roi, il s'attacha de plus en plus à la solitude pour laquelle il avait déjà fui Rome et les faveurs du Pape[1].

Il ne conviendrait pas de quitter le sujet des liaisons du chancelier du Prat sans citer ici l'une de celles qui jeta le plus de douceurs dans sa vie intime, et qui lui apporta le plus de secours dans ses travaux. Le bonheur d'un tel choix révèle la distinction de son cœur et de son intelligence.

Jean de Pins, qui devint évêque de Rieux, appartenait à la maison illustre de ce nom qui fleurit encore de nos jours. Contemporaine et même, disent quelques auteurs, alliée de la première race de nos rois[2], elle donna, dès les xie et xiie siècles, deux grands maîtres à l'ordre de Malte, Odon et Roger de Pins[3]. Jean de Pins, fils et neveu de ces grands personnages, devint l'un des premiers et des plus fidèles amis d'Antoine du Prat[4]. Il fut d'abord instruit dans les plus célèbres universités de France, celles de Toulouse, de Paris, de Poitiers; puis il se mit à Bologne sous la conduite de Philippe de Béroalde. La direction d'un tel maître, aussi bien que les leçons des écoles qu'il fréquenta, l'initièrent à la connaissance des lettres les plus pures,

---

[1] Eggs, *Purpura docta*, t. 4.
[2] Le Féron, *Catalogue des grands maîtres de France*; Courcelles, *Histoire généalogique des Pairs de France*, t. 7.
[3] *Ibid.*, t. 7; Vertot, *Histoire de l'ordre de Malte*; vicomte de Villeneuve-Bargemont, *Monuments des grands maîtres de l'ordre de Malte*.
[4] *Mémoires de Trévoux*, art. 28 du mois de mars 1749.

à la science de la plus saine philosophie, et lui inspirèrent l'amour le plus ardent pour la religion. Jean de Pins confirma ces dons et accrut ces trésors par ses relations avec les hommes les plus éminents de la France. Louis d'Amboise, évêque d'Alby, frère de Georges; Étienne Poncher, évêque de Paris, devinrent ses amis dès son retour d'Italie. Ils avaient commencé par être ses guides. Il dédia au premier sa Vie de sainte Catherine de Sienne; au second, la Vie de son précepteur Béroalde. « Cet illustre auteur ne fut pas moins attaché à la personne du premier ministre de François Ier (Antoine du Prat) qu'à celle du premier ministre de Louis XII, son prédécesseur (Georges d'Amboise[1]). »

Il n'est pas besoin de chercher en dehors de son langage les preuves de cette intimité. Jean de Pins, revoyant à Venise, dans le cours de son ambassade, une production de sa première jeunesse, voulut la consacrer à l'amitié. Ce fut aux fils, encore enfants, d'Antoine du Prat, qu'en l'année 1517 il dédia l'ingénieux roman qu'il avait intitulé *Allobrogicæ narrationis libellus*, ouvrage dont l'élégance du style, l'intérêt des situations, le bonheur du dénoûment, la sagesse des pensées, revêtent les lettres et la vertu du charme et de l'attrait qui leur appartiennent[2].

« *Ad nobiles et egregios adolescentes*, disent les premières lignes de cette dédicace, *Antonium et Guillelmum Pratos, illustrissimi viri Domini Antoni Prati Galliarum cancellari dulcissimos liberos, Allo-*

---

[1] *Mémoires pour servir à l'histoire de Jean de Pins, évêque de Rieux.* p. 21.

[2] *Ibid.*, p. 41 et 42.

brogicæ narrationis libellus, dedicat Joannes Pinus, Tolosanus[1]. »

Repassant alors les titres du chancelier à l'illustration, à sa reconnaissance et à son amitié, il continue en ces termes : « *Quem juvenem adhuc et tamen amplissimum magistratum gerentem, cum pœnè publicâ et communi omnium voce, tum domestico familiari meorum testimonio, ipse tunc quoque adolescens commandari viderem, innumerasque et infinitas ingenii atque animi ejus virtutes et dotes audirem, sic sum ad amandum impulsus*[2]. »

« L'ambassadeur de France composa la Vie de saint Roch pendant le séjour qu'il fit à Venise, et durant le cours d'une attaque de goutte qu'il éprouva pendant l'été. Après avoir dédié aux enfants du chancelier un livre qui convenait à leur goût et à leur âge, parce qu'il y joignait l'agréable à l'utile, il crut devoir adresser à leur père un ouvrage plus conforme à sa dignité et à sa vertu[3]. » La Vie de saint Roch fut donc placée sous ses auspices.

Jacques Sadolet, ce pieux et savant ami d'Antoine du Prat et de Jean de Pins, qualifiait celui-ci de *vir magnus autoritate et nomine*[4].

Ces éloges et ses biographies n'éloignent point de la vie d'Antoine du Prat : ils la colorent de tout le reflet lumineux que jettent sur une existence tant de vertus

---

[1] *Allobrogicæ narrationnis libellus : Dedicatio.* Edictus per Alexandrum de Bindonis, anno Domini 1516. Voir le n° 2 de l'*Appendice* à la fin du volume.

[2] *Id., ibid.*; *Mémoires pour servir à l'histoire de Jean de Pins*, p. 29 et 30.

[3] *Mémoires pour servir à l'éloge historique de Jean de Pins*, p. 29; *Allobrogicæ narrationis libellus.*

[4] Opera Sadoleti, Epistola 27; Erasm. Ciceronianus, t. 1, p. 849, édition de 1540.

et de vraies grandeurs réunies. Le amitiés révèlent, ce semble, une partie du caractère de ceux qui les contractent. Les protecteurs et les protégés des grands hommes ajoutent quelque chose à l'honneur de leur carrière.

Et bien que le chancelier puisse, par ses actes et par ses œuvres, suffire à son illustration, il n'est point inutile de dire quels furent ceux qu'il aima, quels furent ceux dont il fut aimé. Il y a de nobles et de rares affections qui, par leur valeur et par leur poids, font plus que compenser un nombre infini de haines. Une heure de justice rendue par de religieuses et d'impartiales amitiés, une parole d'estime prononcée par des bouches irréprochables, font oublier des siècles de calomnie et effacent les injures qu'accumule l'envie.

Si ces témoignages d'une confiance et d'une amitié réciproques ont été déplacés du temps auquel ils appartiennent, c'est qu'ils ne constituent pas des faits inséparables de leurs dates. Ils composent des souvenirs calmes et tranquilles qui répandent leur douce lumière et leurs parfums sur la vie tout entière du chancelier. Il convenait de les mentionner au début pour opposer dès l'abord une influence heureuse et légitime aux préventions fatales et coupables que le nom d'Antoine du Prat réveille depuis des siècles.

François de Tournon, archevêque d'Embrun, puis de Bourges, et enfin cardinal, eut aussi part à l'amitié du chancelier. « Il rechercha son affection et entra très-avant dans sa confiance [1]. » Il suffit, pour le moment, d'avoir cité le nom de ce grand ministre et d'avoir insisté sur ceux de Jean de Pins et de Jacques

---

[1] D'Auvigny, *Vies des hommes illustres de France*, t. 2, p. 138.

Sadolet. Ils vengent à eux seuls la mémoire du chancelier du reproche des liaisons vulgaires qui lui est adressé, et de l'imputation, plus d'une fois répétée, de préférence pour les intelligences médiocres qui ne résistaient pas à sa domination, et ne portaient point ombrage à sa jalouse nullité. La succession des temps et celle des faits multiplieront ces preuves incontestables.

CHAPITRE V.

Débuts de la carrière d'Antoine du Prat. — Procès du maréchal de Gié. — Ambassades et nomination d'Antoine du Prat à la charge de président à mortier au Parlement de Paris.

La première carrière d'Antoine du Prat, conforme à ses premières et brillantes études, fut celle du barreau. « Il commença fort jeune de suivre le barreau, où il s'acquit une grande vogue par son bien dire [1]. » « *Antonius à puero humanioribus litteris excultus, juris studio se applicuit: inde post magistratus laudabiliter obitos, cum in foro multâ claruisset doctrinâ et rerum secularium peritiâ et usu præditus, libellorum supplicum præfecturâ ornatur* [2]. »

Dès l'année 1490, le bruit de son talent et de son zèle pour la justice l'avait recommandé à l'attention et à la faveur du roi Louis XII. Ce prince hâta les progrès de sa fortune, pensant unir ainsi la récompense due au mérite à l'utilité de sa couronne et au bien d'un peuple dont il aimait à s'entendre nommer le père. Durant toute la durée de ce règne il servit ces nobles

---

[1] Aubéry, *Histoire générale des Cardinaux*, t. 3, p. 340.
[2] Eggs, *Purpura docta*, t. 4, p. 443.

intérêts. Il commença par être nommé lieutenant général au bailliage de Montferrand et ne tarda guère à se voir élever à la charge d'avocat général au Parlement de Toulouse. « Ce noble corps était alors, comme il le fut toujours, l'école des plus grands magistrats et des premiers hommes d'État[1]. » Là se distinguait entre autres, parmi de nombreuses célébrités, Jean de Pins qui préludait par la charge de conseiller clerc à de plus hautes destinées. Jean de Nicolay, l'ancêtre du maréchal et des premiers présidents de ce nom, après avoir suivi le roi Charles VIII en Italie, après avoir été chancelier de Naples, devenait conseiller au parlement de Toulouse, puis maître des requêtes en 1504[2]. Vers la même époque le roi Louis XII distinguait Antoine du Prat par le même honneur et le même titre.

« Le comte Bertrand de Boulogne, comte d'Auvergne et de Clermont, qui connoissoit son père, et qui distinguoit les facultés d'Antoine du Prat, aida cette carrière naissante par les nombreuses affaires qu'il fit confier à son jeune talent. Elles lui acquirent dès lors, tant à la cour que dans le parlement, beaucoup d'honneur et une infinité d'amis. Elles mirent par le succès son savoir en évidence, et surtout elles augmentèrent la bonne grâce du comte à son égard[3]. » Ce fut le même comte d'Auvergne qui recommanda dès lors son jeune mérite à Louise de Savoie, et qui fit confier à son talent, presque mûr dès sa fleur, diverses affaires difficiles de la princesse. Il s'en tira avec suc-

---

[1] *Mémoires pour servir à l'éloge de Jean de Pins*, p. 27.
[2] *Ibid., ibid.*
[3] M. Bouillet, *Tablettes généalogiques et historiques de l'Auvergne*, t. 3, p. 227.

cès, et, tout en avançant sa réputation et sa carrière par des travaux d'un ordre plus élevé et par des soins utiles au pays et au souverain, il entrait aussi dans la faveur de la comtesse d'Angoulême par les services qu'il rendait à ses intérêts. Telle fut l'origine de ce crédit mystérieux et toujours croissant dont il jouit auprès d'elle, de cet échange de protection non interrompue et de dévouement sans bornes que l'histoire a constaté. Elle put porter quelquefois le ministre, nous dirions presque le favori, à des actes imprudents et rigoureux, dans lesquels on a vu de criminelles complaisances, dans lesquels il est permis cependant de ne distinguer ou qu'un fatal aveuglement, ou qu'une trop inexorable justice.

Ce fut en qualité de maître des requêtes qu'en l'année 1505 un pénible devoir fut imposé à son dévouement. Le roi Louis XII le nomma l'un des commissaires chargés d'instruire le procès du maréchal de Gié (Pierre de Rohan). Ce seigneur, deux fois sujet d'Anne de Bretagne par sa double couronne de reine et de duchesse, lui était encore prochainement allié par le sang. Interprète rigoureux d'un devoir mal compris, il s'écarta du respect dû à sa souveraine volonté. La mort du Roi avait paru certaine, et la Reine toujours en lutte avec la comtesse d'Angoulême, mère de l'héritier de la couronne, ne comptait, après avoir reçu le dernier soupir du prince son époux, que sur des difficultés et de nouvelles peines. Elle redoutait pour la princesse Claude de France l'alliance du jeune comte de Valois, et elle craignait qu'aussitôt arrivé au trône, il ne remplaçât l'importunité de ses vœux par la contrainte. Elle préparait donc son retour immédiat et celui des princesses ses filles vers son duché, aussitôt qu'elle serait libre de ses devoirs de reine et de mère. Elle envoyait à son château de Nantes tant par la Loire que par la route qui la cotoie, ses plus précieux bijoux et un splendide mobilier. Pierre de Rohan fit arrêter près de Saumur les bateaux et les mulets qui portaient ces richesses.

Irritée de cette irrespectueuse audace, Anne fit d'abord exclure le maréchal de la cour, s'aidant en cette circonstance de la comtesse d'Angoulême, à laquelle il avait déplu dans ses fonctions de gouverneur du prince son fils. Ne bornant pas là sa vengeance, elle le fit mettre en jugement, comme criminel de lèze-majesté : non qu'elle voulût sa mort, mais poursuivant un châtiment aussi sévère qu'était grave l'injure qu'elle avait ressentie.

La commission ne tarda point à reconnaître qu'il n'était point coupable à ce titre, et que la haine le poursuivait plus que la justice. Sur la demande du maréchal, on raya de l'accusation intentée contre lui la qualification de criminel de lèze-majesté. Le parlement de Toulouse, malgré sa réputation d'inexorable sévérité, le mit en liberté par un arrêt provisoire[1]. Malheureusement il ne se contenta point de cette demi-satisfaction : il voulut une réparation authentique. Fort de sa conscience, il demanda que le Roi et le cardinal d'Amboise fussent entendus. Ses loyales indignations envenimèrent l'affaire, et le respect du sujet pour sa souveraine et du prévenu envers la justice, se trouvèrent plus endommagés peut-être par l'impatience de sa défense, qu'ils ne l'avaient été par l'imprudence de ses actes. Deux seigneurs de la maison d'Albret, avec les-

[1] *Mélanges tirés d'une grande bibliothèque*, t. II, p. 12.

quels le maréchal avait été en procès, se chargèrent du soin odieux de renchérir sur les premières accusations. Ils recherchèrent toutes les circonstances de sa vie qui pouvaient lui être reprochées. Ils firent naître des incidents, embrouillèrent la question à l'infini. Cependant la défense, trop vive et trop indignée sans doute, fut d'ailleurs noble et sincère. L'accusation s'en fit presque l'auxiliaire par la modération de ses attaques : « Mais la bassesse des courtisans, le commérage des princesses, les dépositions des envieux, firent, malgré le bon vouloir de la cour, tristement finir ce procès [1]. » Du moins Pierre de Rohan fut plutôt disgracié que condamné : une réclusion limitée, la privation temporaire de ses emplois et de ses gouvernements furent toute sa peine. Les bontés et les munificences du Roi vinrent adoucir ce qu'elle avait de rigoureux pour un vieil et glorieux serviteur, mal avisé quelquefois dans sa rudesse et dans sa fierté, mais du moins toujours inébranlable dans sa fidélité. La philosophie du maréchal vint aussi en aide à sa ferme résignation. Il se retira dans son château du Verger en Anjou. Il y mourut à soixante-six ans en 1513. « Il avait pris pour devise symbolique un large chapeau à grands bords avec cette devise, *à la bonne heure m'a pris la pluie*, pour indiquer qu'il s'était mis à propos à l'abri des orages suscités contre lui [2]. »

Libre de cette grande et regrettable affaire dans laquelle sa modération et celle de la commission avaient recherché une conclusion plus heureuse encore et dont elle avait du moins favorisé l'issue, Antoine du Prat présida pendant deux ans les états de Languedoc.

---

[1] *Mélanges tirés d'une grande Bibliothèque*, t. 11, p. 12.
[2] *Ibid.*

Cette époque fut aussi celle de ses diverses ambassades près des princes étrangers [1]. Entre autres missions confiées à son habileté, il fut envoyé à l'empereur Maximilien. « Conjointement avec François de Rochechouart et un autre, dès son arrivée il porta la parole pour eux trois et harangua fort élégamment le prince en latin, sur le sujet qui les amenait en Allemagne[2]. »

En 1506, il reçut la récompense de ses talents et de son zèle, par sa nomination comme président à mortier au parlement de Paris. Les lettres patentes de ce nouveau titre déclarent que son élévation fut accordée « en considération des notables services qu'il avait rendus soit dans l'exercice de sa charge, soit en diverses missions tant à l'extérieur qu'à l'intérieur du royaume. »

---

[1] Blanchard, *Éloges des premiers Présidents du Parlement de Paris.*
[2] D'Auton, Aubéry, *Histoire générale des Cardinaux*, t. 3, p. 355.

CHAPITRE VI.

Premières démarches pour le mariage du comte d'Angoulême et de Claude de France. — Antoine du Prat est nommé premier président du parlement de Paris ; il est chargé de la rédaction des coutumes d'Auvergne.

Louis XII, rétabli de sa dangereuse maladie, se préoccupa plus vivement que jamais de ce qui pouvait assurer le repos de son royaume. Anne de Bretagne, pour la seconde fois reine de France, avait donné deux filles, la princesse Claude et la princesse Renée, au Roi, son mari. Il avait été question déjà de l'union de Claude de France avec Charles d'Autriche. Cette alliance satisfaisait les ambitions d'Anne de Bretagne pour l'indépendance de son duché ; elle l'enlevait à tout jamais à la domination de la France, elle donnait un grand établissement à la princesse sa fille, elle détruisait les prétentions du comte d'Angoulême sur sa main. Mais Antoine du Prat retraça plus tard au cardinal d'Amboise quel danger ce serait d'accroître ainsi la trop grande puissance du petit-fils de Maximilien. Il lui montra la Bourgogne détachée du royaume par la faute de Louis XI[1]. Cet avis changea les conseils du

---

[1] M. Faye de Brys, *Trois magistrats français au XVIe siècle.*

ministre, et le dangereux projet de ce mariage étrange fut abandonné.

Antoine du Prat fit plus encore : bien en cour, bien auprès de Louise de Savoie, il s'efforça de rapprocher cette princesse et la Reine, que leur fierté avait éloignées l'une de l'autre. Il intervint auprès d'elles, au nom des intérêts de leurs maisons, tandis que le parlement et l'université agissaient auprès du Roi au nom de l'intérêt de la France.

Claude de France avait sept ans, François, comte d'Angoulême, en avait douze. Dans la vue du bien de ses sujets, le Roi céda facilement aux supplications qui lui furent faites, et le 19 mai 1506, après avoir obtenu, non sans résistance de la part d'Anne de Bretagne, le consentement du Roi, « le prévost des marchands et les autres députés firent serment au Roy, sur le péril et damnation de leurs âmes, les saints Évangiles par eux corporellement touchés, qu'eux et ceux de la ville de Paris, auxquels ils feroient ratifier ceci, procureroient de tout leur pouvoir le mariage de Madame Claude et de Monsieur le comte de Valois, qu'il avoit plu au Roy d'accorder à la supplication de la ville de Paris et des principales villes du royaume, pour qu'il fût consommé, quand les parties seraient en âge ; enfin, que si le Roy décédoit sans hoirs mâles, ils tiendroient le duc de Valois pour leur Roy[1]. »

Ce consentement arraché à Anne de Bretagne, ou plutôt cette conclusion imposée à sa volonté, devait plus tard rencontrer de nouveaux obstacles dans sa résistance opiniâtre, fondée sur la préférence qu'elle accordait à ses Bretons sur les Français, et sur son in-

---

[1] Félibien, *Histoire de la ville de Paris*, t. 2, p. 906.

vincible antipathie pour la mère du comte de Valois. Ce fut alors qu'Antoine du Prat, qui n'avait été dans le premier accommodement qu'un utile auxiliaire, devint un habile négociateur. Mais ce serait anticiper sur les événements que de le raconter ici.

En l'année 1507, Antoine du Prat fut nommé premier président du parlement de Paris. Le Roi partit une seconde fois pour l'Italie. Il avait à se venger de Séminara et de Cérignolles, que plus tard Aguadel ne suffit pas à compenser, et dont Novarre et Guinegatte devaient bientôt compléter les désastres. Il voulait recouvrer le royaume de Naples, perdu après avoir été conquis. Quelques auteurs avancent qu'Antoine du Prat suivit le roi Louis XII dans cette expédition [1]. Sans contredire ce fait, qui se trouve appuyé sur un nom consacré par l'érudition, et dont l'énoncé doit être le résultat de recherches et d'études consciencieuses, il ne peut trouver ici sa confirmation, faute de documents suffisants. L'histoire, silencieuse sur ce détail important, laisse ignorer quelle part le premier président prit aux conseils qui décidèrent et qui dirigèrent ces campagnes glorieuses et cependant infortunées. On sait quelles vicissitudes les signalèrent, combien de revers suivirent de grands succès, et quel noble sang des victoires inutiles coûtèrent à la France.

Les noms de Ravenne et de Gaston de Foix demeurent inséparables, et laissent encore à décider si le gain d'une bataille peut compenser la mort d'un grand capitaine. Nous aimons à décharger l'influence d'An-

---

[1] M. l'abbé Clavel, *Histoire chrétienne des Diocèses de France*, t. 1, p. 193.

toine du Prat des efforts d'une ambition légitime, il est vrai, mais désastreuse, bien que glorieuse dans ses conséquences.

Lorsque, le 13 novembre de l'année 1508, le Roi, de retour d'Italie, où de nouveaux combats devaient le reconduire encore, assista à la rentrée du parlement et à la solennité des serments ; lorsqu'en mars 1509 il y revint pour demander les secours dont ses armes avaient besoin, le concours énergique de zèle et de fidélité que sa prochaine absence rendait plus nécessaire, Antoine du Prat remplissait les fonctions de premier président[1].

En 1508, par lettres datées du 19 septembre, « le roi Louis XII, reconnaissant l'irréprochable intégrité et les suffisantes marques de savoir qu'Antoine du Prat avoit données dans l'exercice de sa charge, le commit, avec Jean Briçonnet, pour rédiger, par écrit, les coutumes d'Auvergne[2]. » En l'année 1510, le 15 juin, ils y travaillaient encore[3]. Gabriel de Nozière-Montal, qui fut depuis bailly royal des montagnes d'Auvergne, les assistait alors dans cette épineuse et savante rédaction[4]. Vers la fin du même mois une assemblée générale des hauts et bas pays fut convoquée dans le couvent des Jacobins de Clermont. Antoine du Prat la présidait, assisté de Jean Briçonnet et de Louis Doreille. Jacques d'Amboise, alors évêque de Clermont ; Charles de Joyeuse, évêque de Saint-Flour, lui prêtaient le concours de leur conscience et de leurs lumières. Les abbés de la Chaise-Dieu, de Mauzac,

---

[1] Félibien, *Histoire de la ville de Paris*. t. 2, p. 908.
[2] F. Duchesne, *Histoire des Chanceliers*. p. 663.
[3] Chabrol, *Coutumes d'Auvergne*. t. 4.
[4] M. Déribier, *Dictionnaire du Cantal*. t. 1, p. 280.

d'Issoire, d'Aurillac, d'Ébreuil et autres, le grand
prieur d'Auvergne, ceux de Sauxillanges, de Saint-
Pourçain, de la Voulte, etc., ajoutaient à la majesté de
cette imposante assemblée. Le comte de Montpensier
et le comte d'Auvergne y figuraient à la tête de tous
les seigneurs de la province, et les noms d'Alègre,
d'Apchon, de Bourbon-Busset, de Blot, de Canillac,
de Chazeron, de Dienne, de la Fayette, de Lastic, de
Langeac, de Montgascon, de Montboissier, de Mont-
morin, de Polignac, de la Queille et autres de la première qualité, se rangeaient autour du premier président, des prélats et des princes. Ce fut par eux tous,
et après les réclamations et observations soulevées par
leurs divers intérêts, que fut accepté et approuvé le
travail d'Antoine du Prat. En septembre de la même
année, des lettres patentes du roi Louis XII lui donnèrent la confirmation qui seule manquait encore à
son autorité.

Dès ce moment la nouvelle coutume d'Auvergne
reçut une salutaire application. Elle vint s'amalgamer
avec le code théodosien jusqu'alors en vigueur. Mais,
dans sa réforme, elle respecta, tout en la régularisant,
l'antique communauté connue sous le nom de *Guittard-
Pinon*, dont la formation semble remonter au VIIIe siècle, et dont la regrettable destruction s'accomplit en
1819. Ce n'est point ici le lieu de tracer sa touchante
et mémorable histoire, souvenir d'union, de simplicité,
de religion, d'opulence. Le temps, les rois, les
guerres, les traités se succédèrent et n'osèrent point y
toucher. La révolution elle-même, qui ne tint aucun
compte ni des droits, ni des biens, ni des existences,
s'était inclinée devant les lois de ces communautés.
Elles réalisaient, dans une mesure restreinte, et sous

une forme exceptionnelle et inimitable, les rêves inapplicables des utopistes de nos jours. Mme de Genlis et M. de Châteaubriand allèrent saluer ces chaumières. Un administrateur infidèle commit ce que les siècles n'avaient point entrepris, ce que le vandalisme n'avait point osé ! Cette antique race, ces patriarcales communautés se dispersèrent frappées par les dettes d'un de leurs membres, indigne de leur confiance et de ses pères. — Le vicomte de Thiers était le protecteur de plusieurs d'entre elles : il les avait pour tributaires ; elles vivaient dans les montagnes des environs. Celles-ci figuraient parmi les plus célèbres de toutes. La possession de cette seigneurie, attribuée plus tard à Antoine du Prat, donne ici quelque intérêt à ce dernier détail [1].

[1] M. Bouillet, *Tablettes historiques de l'Auvergne*, t. 4, p. 568. — *Voy.*, pour la communauté de *Guittard-Pinon*, le n° 2 de notre Appendice.

CHAPITRE VII.

Antoine du Prat, précepteur du comte d'Angoulême. — Mariage et enfants d'Antoine du Prat. — Mort de Françoise de Veyny. — Antoine du Prat embrasse l'état ecclésiastique.

Habile dans ses prévoyances, non moins que fidèle dans ses serments, tout en servant le Roi, Antoine du Prat veillait sur l'héritier de la couronne. Il s'était attaché à Louise de Savoie, comtesse d'Angoulême, et celle-ci lui avait confié, en 1507, l'éducation de son fils, alors âgé de treize ans, sans enlever néanmoins à Arthur de Gouffier le titre de gouverneur du prince, que Louis XII lui avait donné, lorsque le maréchal de Gié, son premier instituteur, lui fut enlevé. Le caractère chevaleresque que montra le jeune Roi, son amour pour les arts, le titre de Père des lettres qu'il sut conquérir, sont la preuve des inspirations qu'Antoine du Prat avait suggérées au prince enfant, et ils ajoutent un noble trait à l'éloge du précepteur. Quant aux faiblesses du monarque, il faut en chercher la cause ailleurs, et se souvenir que l'empire de la sagesse et l'autorité de la vertu sont toujours attaqués, et qu'autour du pouvoir surtout abondent les flatteurs, les conseillers et les pourvoyeurs des passions. Leur influence, jointe aux entraînements de la nature, fit trop souvent prévaloir la faiblesse dans la vie intime de François Ier

et la légèreté dans sa vie publique ; mais nous ne trouvons rien dans la vie de du Prat qui autorise à penser que de lâches complaisances ou des enseignements peu austères aient favorisé des écarts regrettables et que réprouvent également les convenances et la morale.

Antoine du Prat avait été marié dès l'année 1493 à Françoise de Veyny d'Arbouze, « *à nobili stirpe Ar-* » *verna*[1]. » C'est à tort que Savaron l'a nommée *Claudine* de Veyny, que d'autres auteurs l'ont appelée Claudine d'Arbouze ; c'est avec plus d'erreur encore qu'un autre historien a dit d'elle « qu'elle étoit une fille d'Auvergne et des Bohier, laquelle mourut ladresse et fut portée inhumer en sa propre chapelle de l'église des Minimes de Nigeon[2]. » Françoise de Veyny était fille d'Antoine de Veyny et de Marie d'Arbouze, l'un et l'autre de la province d'Auvergne. Antoine du Prat devint veuf le 19 août 1508[3]. Françoise de Veyny mourut à l'âge de trente ans ; elle lui avait donné trois enfants : une fille, qui deux fois se maria suivant sa noble ambition, et fut la baronne d'Arpajon après avoir été Mme de Saint-Simon ; puis deux fils, Antoine du Prat, prévôt de Paris, chevalier de l'ordre du Roi, marié à Anne d'Alègre, auteur des branches de Nantouillet et de Viteaux ; et Guillaume du Prat, évêque de Clermont, abbé de Mauzac, grand archidiacre de Rouen. Celui-ci déploya sur son siége la science, la munificence et la religion qui l'ont rendu justement si célèbre. Enfin, les petits-fils et les neveux du chancelier, dignes de leurs

---

[1] *Gallia Christiana*, S., t. 12, p. 84.
[2] *Mémoires d'un Bourgeois de Paris*, p. 460.
[3] Chabrol, *Coutumes d'Auvergne*, t. 4, p. 622.

pères et de leur sang, portèrent leur nom, les uns avec honneur, les autres avec éclat ; ceux-là dans les dignités éminentes de la cour, les hauts grades de l'armée, les saintes élévations du sacerdoce : la révolution seule y mit un terme par les nobles proscriptions de l'exil et de l'échafaud ; ceux-ci enfin dans des aventures célèbres dont les chroniques du temps ont retenti et que les mémoires ont consignées.

Pieusement attachés à la mémoire de leur mère, les fils de Françoise de Veyny lui érigèrent, dans le couvent des Minimes de Chaillot, où elle fut inhumée, un superbe tombeau. Elle y était représentée dans les vêtements de son temps, à genoux, les mains jointes, sur un prie-Dieu. Devant elle était placée une colonne portant ces mots : *Vivre pour mourir;* elle était surmontée d'une figure de la sainte Vierge tenant l'Enfant Jésus[1]. Guillaume du Prat, évêque de Clermont, son second fils, avait composé pour elle l'épitaphe suivante qui se lit sur son monument :

Quis dedit hæc si quis quærat mihi grata secundi
Munera sunt nati qui tegit ossa lapis.

NOBILIS ET GENEROSÆ MATRONÆ
FRANCISCÆ VEYNY
EPITAPHIUM.

Hic Francisca tego, clarique conjugis uxor,
Fœlix prole fui, et sanguine clara meo :
Me pietas cœlo et terrà dat vivere proles,
Vitam ergo geminam mors dedit una mihi :
Sex animam post lustra, Deo, quam præbuit ille
Restitui : et tellus quæ dedit ossa tenet [2].

[1] Dulaure, *Histoire de Paris*, t. 3, p. 399.
[2] Piganiol de la Force, *Description de Paris*, t. 2, p. 312

Le marteau révolutionnaire a brisé ce souvenir, en même temps que dans la cathédrale de Sens il dispersait les cendres et mutilait le monument que d'autres mains filiales avaient religieusement et splendidement élevé à la mémoire du chancelier.

Antoine du Prat, devenu libre de sa carrière, ne tarda pas à rechercher d'autres honneurs, d'autres liens, d'autres titres. Selon la faveur qu'ils lui ont accordée, ou la haine dont ils l'ont poursuivi, les historiens en ont cherché la cause dans sa foi, dans ses regrets, dans son ambition. D'autres l'ont attribué au désir de se faire craindre et respecter davantage par les anathèmes et les bénédictions du ciel dont il disposerait un jour[1]. Ses motifs furent puisés dans les secrets de sa conscience et de son cœur. Il n'appartient pas au biographe de les approfondir. Le ciel les a jugés et rémunérés; ils intéressent peu l'histoire.

La famille d'Antoine du Prat n'était pas d'ailleurs étrangère à l'Église. Sans remonter aux prétentions exposées au début de cette histoire, le premier président rencontrait autour de lui de saintes vocations auxquelles son crédit destinait la mitre. Trois de ses frères ne tardèrent pas à occuper les siéges de Clermont, de Mende et de Montauban; et lui-même allait successivement s'asseoir sur ceux de Die, de Valence, de Gap, d'Alby, de Sens et de Meaux[2]. Les diocèses de Bourges, de Nevers, de Saint-Malo, étaient, vers le même temps, gouvernés par les Bohier, ses proches parents. Les noms de Sudre et de Charrier, ses alliés, appartenaient aussi à l'épiscopat. Telle fut l'autorité que dans

---

[1] *Mélanges tirés d'une grande Bibliothèque*, L., p. 68.

[2] D'Aubigny, *Histoire des hommes illustres de France*, t. 2, p. 125; Chabrol, *Coutumes d'Auvergne*, t. 4, p. 622.

le même siècle une même famille exerça sur l'Église de France. Celle-ci n'eut point à se repentir de lui avoir confié la défense de sa foi. Nul ne soutint son intégrité avec plus d'éloquence dans les conseils, nul ne combattit pour elle avec plus de constance et de fermeté dans les diocèses commis à leurs soins. Antoine du Prat et Guillaume du Prat, son fils, conserveront toujours, dans l'histoire de l'Église catholique et dans celle d'une société illustre et persécutée, la place acquise à leur mémoire par leur zèle et par leurs bienfaits.

CHAPITRE VIII.

Mort de la Reine Anne de Bretagne. — Mariage du comte d'Angoulême et de la princesse Claude de France.— Louis XII épouse Marie d'Angleterre. — Participation d'Antoine du Prat à ces événements : sa disgrâce.— Mort du Roi Louis XII.

Ce fut en février 1514 que mourut la Reine Anne de Bretagne, sainte femme s'il en fut jamais, *sanctissima fœmina*, dit Beaucaire. Réservée dans son enfance à porter la couronne impériale d'Allemagne, et mariée par procuration à Maximilien d'Autriche, deux fois montée sur le trône de France, elle fut grande par sa naissance et par ses destinées. Pas une illustration ne faillit à sa courte carrière, pas une vertu à son âme, pas un hommage à sa mémoire, et l'auréole vient presque se placer auprès de la couronne qui brilla sur son front. Il ne manqua que le bonheur d'un fils à sa maternité, et que celui de la durée à son existence. « Elle fut réputée la plus sage et la plus magnanime, la plus libérale, courtoise, charitable et vertueuse princesse qui ait régné de son temps, en toute la chrétienté [1]. »

On lui fit des obsèques dignes de sa grandeur et dignes des regrets que son trépas inspirait. Antoine

---

[1] Félibien, *Histoire de la ville de Paris*, t. 4, p. 628.

du Prat, premier président du parlement de Paris, fut avec une députation de la cour au devant de son corps [1], que les princes et les princesses du sang, le seigneur de la Palice grand maître de France, le sieur d'Avaugour, les barons de Bretagne et tout un cortége de grands seigneurs, toute une affluence de peuple accompagnaient en grand deuil et en grande pompe selon le devoir de leurs charges et de leur naissance, ou selon l'inspiration de leur douleur.

Cependant, plus bretonne que française, plus attachée au souvenir de son berceau que séduite par l'éclat de sa couronne et de ses royales destinées, Anne de Bretagne avait désiré l'indépendance de son duché, et non pas l'agrandissement du royaume. Son contrat de mariage avec Louis XII protégeait et garantissait cette séparation de la France et de la Bretagne, en stipulant que celle-ci appartiendrait à son second fils, si son aîné montait sur le trône. Continuant jusqu'au bout cet acte d'inutile prévoyance, il établissait que si la Reine n'avait que des filles, le duché reviendrait à la cadette, si l'aînée épousait l'héritier de la couronne. Enfin, que si elle n'obtenait qu'une fille qui devînt reine, le duché passerait au plus proche héritier d'Anne de Bretagne. Cette dernière clause ouvrait à la maison de Rohan de grandes éventualités.

Les intérêts de la France appelaient une autre conclusion ; et ses hommes d'état préparaient toute l'habileté, toute la puissance de leur politique pour tromper la prudence de la Reine et vaincre les difficultés de son contrat. Anne de Bretagne, peu rassurée par ses mesures, avait vu marcher le complot et venir le dan-

---

[1] Félibien, *Histoire de la ville de Paris*, t. 4, p. 623.

ger. Elle avait senti la force que donnerait au péril l'alliance poursuivie par le comte d'Angoulême.

Elle l'avait constamment repoussée. Mais il est une puissance, celle de la volonté divine, plus forte que toutes les forces, que toutes les lois humaines. Tantôt elle les combat, et c'est elle qui triomphe à coup sûr ; tantôt elle les soutient, et c'est elle encore qui règne sans partage, sous d'autres apparences. Guillaume Paradin, enregistrant les chutes et les changements que chaque jour accumule et renouvelle, écarte le hasard aussi bien que la sagesse humaine de ces grandes catastrophes ; et distinguant la vérité sous les voiles qui souvent la changent en un mystère, « Il n'est, dit-il, rien d'éternel entre les humains ni de perpétuel sous le soleil, sinon la parole de Dieu, qui demeure ès siècles des siècles [1]. » Cette loi qui condamne à l'instabilité toutes les choses du monde n'eut pas alors son démenti. Ce fut elle qui plus tard donna le succès à l'habileté du chancelier du Prat. Dès cette époque elle en préparait les voies.

Un moment vaincue, non dans sa volonté, mais dans son autorité, par le consentement de Louis XII au mariage de Claude de France avec le comte d'Angoulême, Anne de Bretagne n'avait pas tardé à reprendre son ascendant sur l'esprit de ce prince. Elle avait combattu jusqu'à la fin la conclusion de cette union. Elle savait par expérience qu'il est permis, ou possible tout au moins, en vue de la politique, de revenir sur de premiers engagements, et de rompre des liens auxquels la consommation suprême n'a pas encore ajouté leur sceau. Louis XII lui-même avait donné

---

[1] *Annales de Bourgogne*, p. 995.

l'exemple d'un plus difficile et d'un plus mémorable abandon.

L'inimitié d'Anne de Bretagne pour Louise de Savoie ajoutait les intérêts de la passion aux conseils de sa raison. On trouverait peut-être en cette disposition vindicative de son âme le seul motif de reproches qu'on puisse lui adresser.

Mais lorsque la mort de la Reine eut fait disparaître tout le crédit dont elle jouissait auprès du Roi, l'ascendant et l'habileté de ses conseils prévalut sur la puissance de ses souvenirs. « Fort aimé et chéri de ce prince [1], » Antoine du Prat qui, plus tard et malgré tant d'obstacles, devait couronner si heureusement la réunion de la Bretagne à la France, y mit alors la première main par l'alliance que ses conseils contribuèrent à former.

Elle importait autant à la gloire et à la puissance du royaume qu'à celle du jeune prince qui la contractait. L'agrandissement et la force qu'elle promettait au pays étaient une menace indirecte mais dangereuse pour les ennemis du dehors. Lorsqu'en 1491, Charles VIII avait épousé Anne de Bretagne souveraine de ce noble duché, Laurent de Médicis, apprenant cette union si grande et si politique, avec la juste alarme qu'il en devait alors éprouver, avait dit que l'Italie serait en grand péril aussitôt que la France viendrait à connaître ses propres forces [2]. Louis XII avait poursuivi la même fin d'extension et de puissance en épousant la veuve de son beau-frère. Antoine du Prat atteignait ce but tant de fois recherché en procurant l'alliance de l'héritier du trône avec l'héritière et la

---

[1] Aubéry, *Histoire générale des Cardinaux*, t. 3, p. 349.
[2] *Histoire secrète de la maison de Médicis*, p. 147.

fille d'Anne de Bretagne. Le Roi, heureux ce semble de cette union, abandonna à sa fille son grand héritage du duché de Bretagne et du comté de Blois : il créa le comte d'Angoulême duc de Valois : puis, investi de sa confiance, Antoine du Prat fut chargé de la mission d'aller comme ambassadeur vers l'empereur Maximilien lui donner avis de ce mariage [1]. « La harangue qu'il lui adressa en cette occasion fut d'une grande éloquence [2]. » Ce n'est point à Louis XII ni à cet événement qu'il faut rattacher, comme l'ont fait quelques auteurs, le don de l'hôtel de Piennes accordé à Antoine du Prat. On doit en réserver la munificence au Roi François I[er][3]. Le premier président l'habitait dès lors : mais il ne lui appartint qu'en 1515.

Cependant le Roi Louis XII, aussi promptement consolé de son veuvage qu'il en avait paru profondément désolé, demandait un bonheur imprudent et des héritiers incertains à Marie d'Angleterre fille de Henri VII. Malgré ses liens récents, le jeune duc de Valois s'attachait à ses dix-huit ans et à ses charmes. Le Roi l'avait envoyé jusqu'aux frontières de la Picardie pour y recevoir la jeune princesse, et là un sentiment plus vif était né des soins qu'il se plaisait à lui rendre et accompagnait les hommages qu'il devait lui porter. Marie d'Angleterre ne dédaignait pas d'y répondre. La comparaison de ce culte empressé avec les froids honneurs qui l'attendaient à Paris, relevait encore les avantages que le duc de Valois devait à son âge et à sa haute mine. Antoine du Prat le rendit à la fidélité et à la sagesse en lui représentant, si nous en

---

[1] Aubéry, *Histoire générale des Cardinaux*, t. 3, p. 349.

[2] La Croix du Maine, *Bibliothèque françoise*, t. 1, p. 377.

[3] Félibien, *Histoire de la ville de Paris*, t. 2, p. 914, et t. 3, p. 574.

croyons la chronique, « qu'il s'exposait à se donner un maître [1]. »

Quoi qu'il en soit, le prince, tout à la fois persuadé et contraint, se rendit aux remontrances, et céda devant les oppositions de son ancien précepteur. Mais là ne se bornaient pas les dangers : il fallut les prévoir tous, et parer à chacun d'eux. Charles Brandon, qui fut depuis duc de Suffolch, avait accompagné la Reine. Il l'aimait déjà d'un amour qui plus tard reçut sa légitime récompense. Mais ne pouvait-il pas en obtenir un prix trop précoce et préjudiciable aux intérêts du duc de Valois? Le prince avait éprouvé la faiblesse du cœur de Marie d'Angleterre : se flatterait-il qu'abandonnée par lui elle résisterait à d'autres entraînements, alors surtout que l'ambition et la vengeance seraient complices d'un autre amour, pour lui persuader d'obtenir un fils? Aux risques de soulever de graves et de puissantes inimitiés contre eux, il fut convenu, durant cette nuit mémorable, qui des projets et des entreprises de l'amour était passée à l'étude de la politique et sous l'empire de la sagesse, que la duchesse d'Angoulême et la duchesse de Valois ne perdraient pas la Reine de vue ; que les relations intimes cesseraient entre elle et François ; qu'il se souviendrait de ce que comme sujet il devait à son Roi, comme gendre à son beau-père, comme mari à la noble fille de France qu'il avait épousée, comme prince à lui-même, comme héritier du

[1] La chronique du temps prétend même que ce conseil tant de fois donné lui fut répété en ces termes au moment où, prêt à s'introduire chez la Reine, il rencontra le premier président qui l'attendait sur les degrés. Joignant, selon cette version, l'opposition matérielle à la force des représentations, demeurées vaines jusqu'à ce jour, il l'empêcha, malgré ses résistances, d'accomplir son amoureux dessein. (*Bibl. imp., Coll. du Languedoc*, vol. 38, fol. 67.)

trône à son avenir. On parlerait à Marie d'Angleterre de l'étiquette gênante mais rigoureuse qui ne permet pas un moment de solitude à la Reine de France.

Il fallait associer l'une de ces dames à ce vertueux complot et lui faire revendiquer, comme l'un des droits et des devoirs de sa charge, l'honneur intime de coucher dans sa chambre, en l'absence du Roi, et de représenter la France veillant sur elle. Enfin on devait encore, par un mélange habile de menaces et de promesses, obtenir de Charles Brandon l'ajournement de tout bonheur et de tout espoir.

Ces mesures furent résolues, elles portèrent leurs fruits, et c'est à son succès que quelques auteurs attribuent comme récompense la haute position à laquelle Antoine du Prat ne tarda pas à parvenir, « François Ier ne pouvant récompenser de moins que des sceaux de France le bon et salutaire conseil que du Prat lui donna pour rompre un dessein de jeunesse et d'amour qui le pouvait éloigner de la succession de la couronne[1]. » Interprétation envieuse, téméraire tout au moins, qui attribue à l'occasion et au hasard d'une parole sage le prix obtenu par des mérites réels et par des services sérieux et constants.

Ainsi le Roi Louis XII séparé par le divorce de sa première femme, Jeanne de France fille de Louis XI, par la mort de sa seconde femme, Anne de Bretagne, veuve de Charles VIII, et sa belle-sœur à ce titre, aboutit enfin au joug de Marie d'Angleterre, « princesse jeune et l'une des plus belles de l'Europe[2], » mais « non moins vive et galante. » Cette alliance du moins

---

[1] Pierre Mathieu, *Histoire de François Ier à Louis XIII*.
[2] Félibien, *Histoire de la ville de Paris*, t. 2, p. 920.

facilita la paix dont le Roi d'Angleterre semblait fort éloigné. Le 6 novembre, la nouvelle Reine fit son entrée solennelle à Paris, avec la pompe usitée en pareilles circonstances [1]. Antoine du Prat, premier président du parlement de Paris, la harangua près de la Sainte-Chapelle où le parlement l'avait reçue ; et l'évêque de Paris répondit pour la Reine [2]. Vain échange de courtoisie, qui laissa toujours la princesse et le magistrat dans une attitude de défiance réciproque.

Le Roi Louis XII, dans l'espoir d'une paternité nouvelle, se prit à regretter son désintéressement et le renoncement à l'héritage de sa fille, qu'un conseil éclairé avait obtenu de sa conscience. Il en fit sentir et porter la peine à celui qui lui avait si bien et si sévèrement interprété son devoir. Pour quelques moments le premier président fut, non pas dépouillé de ses charges, mais éloigné des conseils royaux [3]. Il est permis de supposer que l'influence d'une jeune Reine contrariée dans ses inclinations et privée de certains hommages, ne fut point étrangère à cette disgrâce.

Cependant Marie d'Angleterre travaillait involontairement à son veuvage. Le bon Roi, dans son amour et pour lui complaire, commit quelques tendres excès, et changea sa manière de vivre. « Car, où il souloit diner à huit heures, il convenoit qu'il dînât à midy, et où il souloit se coucher à six heures du soir, souvent se couchoit à minuit. » Six semaines furent données aux fêtes et aux fatigues de son couronnement et de son mariage. A peine furent-elles achevées que le Roi fut atteint de la maladie à laquelle il succomba le

---

[1] Félibien, *Histoire de la ville de Paris*, t. 4, p. 631.

[2] *Ibid.*, t. 2, p. 920.

[3] Gaillard, *Histoire de François I*ᵉʳ, t. 1, p. 194.

1ᵉʳ janvier 1515, âgé de cinquante-trois ans, dont il avait régné plus de seize. Tompé dans ses illusions royales, il laissait sans enfants et sans espoir une jeune princesse à peine trois mois Reine, qui ne consentit pas à demeurer plus de cinq mois veuve. Son premier soin, à la mort du Roi de France, fut de déclarer qu'elle n'était point enceinte. Le Roi la fit reconduire en Angleterre avec tous les honneurs dus au trône dont elle descendait, à celui sur les degrés duquel elle était née. Le 31 mai 1515 elle épousa Brandon, sa première inclination, favori de son frère. Il fut créé duc Suffolh, et Marie prit le titre de Duchesse-Reine.

CHAPITRE IX.

Avénement du duc de Valois au trône.—Antoine du Prat est nommé chancelier de France. — Premiers actes de son ministère.

François I*er*, monté sur le trône, non pas comme le gendre du Roi Louis XII, mais comme le plus proche héritier de la couronne, comprit et paya la dette de la reconnaissance. Il se pressa de compléter la grande carrière du premier président un instant arrêtée, « carrière qu'il avait accomplie avec beaucoup d'intégrité[1]. » Après avoir préparé pour Louise de Savoie l'érection du comté d'Angoulême en duché, il acheva, à sa demande, l'élévation de Charles de Bourbon, et celle d'Antoine du Prat; confiant au premier l'épée de connétable, au second les sceaux de chancelier, « et livrant ainsi, » dit un auteur, « les deux plus grandes places de l'État aux deux hommes les plus habiles, et peut-être les plus dangereux[2]. » Le traitement assigné à Antoine du Prat pour sa nouvelle charge par lettres du 17 mars 1515, fut de dix mille livres (environ trois cent mille livres de nos jours[3].) Les lettres qui nommèrent Antoine du Prat chancelier de France contiennent le

---

[1] P. Anselme, *Histoire des grands officiers de la couronne*, t. 6, p. 452.
[2] Gaillard, *Histoire de François I*er, t. 1, p. 194.
[3] Isambert, *Recueil général des loix françoises*, t. 12, p. 25 ; Chabrol, *Coutumes d'Auvergne*, t. 4, p. 621.

plus magnifique éloge de sa science, de sa fidélité, de la sincérité de son dévouement [1].

Le 7 janvier 1515, Antoine du Prat prêta son serment en qualité de chancelier de France. Il était conçu dans les termes suivants qu'il n'est pas inutile peut-être de rapporter ici, pour expliquer et justifier dès le début bien des actes de son ministère accusés de rigueur extrême, et qui cependant eurent pour conseiller le souvenir de ses engagements et le langage de sa conscience plus que la voix de la passion. « Vous jurez Dieu le Créateur et sur votre foy et honneur, que bien et loyaument exercerez l'état et office de chancelier de France, serez obéissant au Roy, le servirez audit état, envers tous et contre tous, sans nul excepter; ferez justice à un chacun, sans acception de personne : là où vous verrez qu'il y aura désordre, tant au fait de la justice que de la chancellerie, y mettrez ordre, et où il ne sera pas en votre pouvoir d'y mettre ordre, en avertirez ledit seigneur, et en toutes choses lui donnerez bon et loyal conseil. Quand on vous apportera quelque lettre à sceller signée par le commandement du Roy, si elle n'est de justice et de raison, ne la scellerez point, encore que ledit seigneur le commandât par une ou deux fois, mais viendrez par devers iceluy seigneur, et luy remontrerez tous les points par lesquels ladite lettre n'est raisonnable, et après que aura entendu lesdits points, s'il vous commande les sceller, les scellerez; car alors le péché en sera sur ledit seigneur et non sur vous. Exalterez à votre pouvoir les bons et vertueux personnages, les promouverez ou ferez pro-

[1] *Registre des ordonnances de François Ier enregistrées au parlement de Paris*, de 1514 à 1523, fol. 3. *Voy.* le n° 3 de l'Appendice à la fin du volume.

mouvoir aux estats et offices de judicature, dont avertirez le Roy, quand les vacations d'iceux offices adviendront : ferez punir les mauvais, en sorte que soit correction à eux et exemple aux autres : ferez garder les ordonnances royaux, tant par les secrétaires que par les autres officiers. Prendrez garde que nulles exactions ni extorsions indües se fassent par lesdits secrétaires, gens du grand conseil et autres officiers. Autrement ferez tous actes concernant l'État, et qui conviennent être faits par un bon et loyal chancelier, comme ledict seigneur a en vous sa parfaite fiance [1]. »

Cette grande élévation et celle à laquelle il parvint plus tard dans l'Église avaient été prédites à du Prat, disent Tavel et Petrus Rebuffus, bien avant qu'il fût permis de le prévoir par les apparences. Il n'était qu'avocat général au parlement de Toulouse, il était encore engagé dans les liens du mariage, lorsqu'un vieillard, dont le nom n'a pas été conservé, vint à sa rencontre dans un carrefour de la ville, lui annonçant qu'un jour il serait tout à la fois assis sur les lys et revêtu de la pourpre... *Cum regiâ advocatione apud Tholosates fungeretur, à sene quodam in quadrivio obviante prædictum, eum ad summum dignitatis apicem, archipresulis et cardinalis gradum perventurum, licet tum uxoratus foret* [2].

Pour premier exercice de ses fonctions, Antoine du Prat eut mission de vérifier les droits de Robert de Bapaume, ancien président de l'échiquier de Normandie. Le Roi Louis XII, pourtant si équitable,

---

[1] F. Duchesne, *Histoire des Chanceliers*, p. 503 ; Mémoires dressés par un secrétaire du chancelier du Prat.

[2] Tavel, *Senonensium Archiepiscoporum vitæ actusque*, p. 141.

l'avait privé de sa charge avec injustice, vu les mérites de Robert de Bapaume, avec illégalité vu son droit qui ne lui permettait pas de dépouiller de ces titres, et il l'avait attribué à Pierre Burbenon, Lyonnais, qui lui avait rendu quelques services par de là les monts. Le seigneur de Bapaume demandait la restitution de son office; le sieur Burbenon voulait sa conservation, et comme il arrive en pareilles querelles, chacun donnait à ses intérêts le nom de justice. Après que le Roy les eut ouïs, il les renvoya au chancelier qui, moyennant compensation financière, rendit à Robert de Bapaume la place dont Louis XII l'avait indûment privé, et l'échiquier applaudit à cet acte d'équité[1].

Antoine du Prat exerça jusqu'à sa mort et sans aucune interruption les fonctions de chancelier. Durant vingt années, son crédit auprès de François Ier n'eut pas un jour d'affaiblissement. Il sut conserver intacte, on pourrait dire toujours croissante, l'autorité que lui donnait son titre, et celle non moins abondante que lui accordait la confiance illimitée du Roi. L'historien des chanceliers de France, écrivant la vie de Pierre Séguier, l'un des plus illustres et intègres successeurs d'Antoine du Prat, rapproche l'une de l'autre ces deux existences, et comptant les longues années de son administration, il dit « qu'on n'avait point vu, depuis plus d'un siècle, en nul autre chancelier, une durée d'autorité semblable, » n'y ayant eu personne, depuis le chancelier du Prat (comme le remarque fort bien Godefroy) *pour qui la fortune eût été si longtemps d'accord avec la vertu*[2].

---

[1] Mémoires d'un secrétaire du chancelier du Prat; — M. Floquet, *Histoire du parlement de Normandie*, t. 1, p. 445.

[2] F. Duchesne, *Histoire des Chanceliers de France*, p. 703.

Le Roi n'avait pas attendu, pour rapprocher Antoine du Prat de sa personne et pour lui donner le crédit et les fonctions attachées à sa haute charge, que son titre et sa fidélité fussent pour ainsi dire confirmés par son serment. Dès le lendemain de la mort du Roi Louis XII, le parlement résolut d'aller en corps rendre au nouveau Roi ses hommages. Antoine du Prat, déjà près du Roi, fit limiter le nombre des députés qu'il consentait à recevoir; et lorsque ceux-ci se présentèrent, le nouveau chancelier les réduisit encore et en introduisit huit seulement auprès du prince pour entendre de sa bouche la confirmation de leurs offices [1].

Cette haute faveur, portée si promptement au faîte, rendit le chancelier non-seulement le maître des grâces, mais encore l'idole des courtisans. Dans la suite, ils poussèrent si loin l'adulation, que les mets de chair d'ânon, inventés autrefois par Mécène, et dont le chancelier rapporta la recette et renouvela l'usage à son retour de Bologne, devinrent une fureur générale parmi tous les flatteurs de son goût et de son pouvoir. Ils cessèrent d'être de mode dès que le chancelier eut cessé de vivre.

A l'époque où le Roi comblait les illustrations d'Antoine du Prat par le titre de chancelier, et grandissait le titre de connétable en le confiant à Charles de Bourbon, il nommait MM. de Chabannes seigneur de la Palice, et de Lautrec, maréchaux de France, joignant pour tous, suivant son usage, de grosses largesses à ces insignes honneurs [2]. Il enrichit d'apanages les princes de sa race, et même les bâtards de son sang.

---

[1] Félibien, *Histoire de la ville de Paris*, t. 2, p. 933.
[2] *Journal d'un bourgeois de Paris*, p. 8.

Enfin, pour que sa couronne fût plus bénie, sa cour mieux ornée, et sa noblesse unie et soutenue plus fortement, il maria les seigneurs qu'il favorisait aux dames qu'ils aimaient[1]. A ces soins en apparence frivoles se mêlaient d'autres pensées plus sérieuses : les souvenirs de l'Italie, les noms de Naples et de Milan réveillaient d'ambitieuses aspirations, et bientôt allaient devenir l'objet des seules préoccupations du Roi et de son ministre. Mais, avant de s'y livrer exclusivement, quelques mesures de sage prévoyance réclamaient l'action du gouvernement de François Ier.

Attentif à la règle de l'unité si souvent oubliée et compromise par son prédécesseur, et qui fut l'objet de ses derniers efforts comme celui de ses premières pensées, Antoine du Prat porta les yeux de son maître vers la Provence, et dès l'année 1515 il fit confirmer la réunion à la France de ce riche comté. En 1481, Louis XI se prétendant héritier de Charles d'Anjou roi de Sicile et comte de Provence, l'avait disputée et enlevée aux prétentions rivales du duc de Lorraine. En 1486, Charles VIII l'avait définitivement réunie à la couronne. Par les conseils de son chancelier, François Ier se hâta de consacrer par des actes nouveaux la possession de cette riche province [2].

Sollicité par la même influence, le Roi rapprocha de sa personne les hommes les plus intègres et les plus habiles de l'État. Jean de Selve, destiné à de plus grands honneurs et à un plus grand pouvoir, passait alors, et pour les préparer, de la charge de premier président au parlement de Rouen, à celle de premier président au parlement de Bordeaux. Jean de Pins, au-

---

[1] *Journal d'un bourgeois de Paris*, p. 8..
[2] M. Faye de Brys, *Trois magistrats français au* XVIe *siècle*, p. 72.

quel quatre années de vie parlementaire avaient suffi pour acquérir la réputation de grand magistrat aux yeux de la compagnie la plus éclairée (le parlement de Toulouse), et « pour faire apprécier au chancelier du Prat, qui l'avait vu de près et à l'œuvre, les riches trésors que renfermait un si grand sujet, était appelé près du Roi, sur la proposition de son premier ministre. Le chancelier, en rendant justice au mérite éminent de ce magistrat, suivait aussi l'inclination particulière qu'il avait conçue à Toulouse pour toute la maison de Pins, dont il avait éprouvé les sentiments. » Heureux, conclut au sujet de cette liaison l'auteur auquel nous empruntons ces lignes, « heureux les ministres qui ne choisissent que des amis propres à faire honneur à leur amitié, et à soutenir avec distinction la gloire de leur maître commun [1]. »

Lorsque Antoine du Prat que le Roi « aimoit moult, parce qu'il étoit très-habile homme, et scientifique et subtil [2], » reçut le titre de chancelier, les sceaux étaient sortis déjà des mains d'Étienne Poncher, évêque de Paris, qui au témoignage de ses contemporains « les perdit sans regret, comme il les avoit maniés sans reproche [3]. » Dès le jour de l'avénement de François Ier à la couronne, ils avaient été confiés à Odet de Foix, seigneur de Lautrec, maréchal de France [4]. Il est bon d'insister sur ce point, pour répondre aux insinuations de l'envie qui reproche souvent ce fait, en l'altérant, au chancelier du Prat. Les sceaux ne tardèrent pas à arriver entre ses mains ;

---

[1] *Mémoires pour servir à l'éloge de Jean de Pins*, p. 29 et 34.
[2] *Journal d'un bourgeois de Paris*, p. 425.
[3] Mézeray, *Histoire de France*.
[4] Guichenon, *Preuves de l'histoire de Savoie*, et le P. Anselme.

mais ce ne furent point elles qui les enlevèrent aux mains d'Étienne Poncher. Il faut encore ajouter, pour confondre les imputations de la haine et réfuter les allégations erronées de quelques historiens, que la dignité de chancelier ne fut nullement un dépouillement d'Étienne Poncher, mais une succession recueillie de Jean de Ganay, trois ans après sa mort. La dignité de connétable avait au même temps souffert la même éclipse, et depuis la mort, en 1488, de Jean II, duc de Bourbon, il n'avait pas été pourvu à son remplacement. Étienne Poncher, durant la vacance qui frappa également la charge de chancelier, avait été dépositaire provisoire des sceaux et avait exercé les fonctions attachées à cette marque de la confiance royale, avec le simple titre de garde des sceaux. Mondot de la Marthonie, nommé premier président du parlement de Paris, à la place d'Antoine du Prat, fut un moment aussi successeur d'Étienne Poncher dans la garde du Sceau. Cette transmission si importante à signaler pour le rétablissement de la vérité, ne fut point d'ailleurs une disgrâce. Le mérite d'Étienne Poncher, l'estime du souverain, l'appui du chancelier, valurent à l'évêque de Paris l'honneur d'être l'un des conseillers de la Régente durant la première guerre que le Roi porta en Italie, et celui de parvenir en 1519 à l'archevêché de Sens. Depuis longtemps déjà il possédait l'abbaye de Saint-Benoit-sur-Loire : en sorte que par un rapprochement singulier, Antoine du Prat fut presque partout et toujours son héritier.

---

[1] Blanchard, *Éloges des premiers Présidents du parlement de Paris.*

CHAPITRE X.

Opposition que la nomination d'Étienne Poncher à l'archevêché de Sens rencontre dans le Chapitre.

Bien que le temps ne soit point encore venu où l'évêque de Paris fut élevé à l'archevêché de Sens, il est bon peut-être de saisir l'opportunité de son nom plusieurs fois prononcé, pour remarquer en passant l'opposition dont sa nomination fut l'objet au sein du chapitre. Ce fait atténuera justement et par avance l'impression qui résulte de celle que rencontra plus tard la nomination d'Antoine du Prat. Elle fut tant exploitée au préjudice du chancelier, qu'on ne peut ni trop tôt ni trop longtemps combattre cette iniquité. L'esprit d'indépendance du chapitre fut cause de sa révolte, plus encore qu'un mauvais vouloir personnel contre le chancelier. Le chapitre attaquait indistinctement tout ce qui dans l'élévation de ses prélats semblait menacer ses droits, tout ce qui dans leur administration pouvait atteindre ses priviléges. Il faut toutefois avouer et comprendre que l'auteur heureux d'une mesure détestée devait rencontrer plus de fureur et de violence dans les obstacles, que ceux qui, sans l'avoir provoquée, en recueillaient aussi les fruits.

Tristan de Sallazard, prédécesseur d'Étienne Poncher, n'eut point d'égal pour l'harmonie qui exista entre lui et ses chanoines, et cependant il eut aussi ses causes de discussion et ses jours difficiles : « *Pluribus litibus et minutulis etiam causis, cum capitulo senonensi fuit implicatus, cum utrinque contendere quam aliquid de jure suo decedere mallent*[1]. »

Lorsque le 11 février 1519, la mort de Sallazard eut rendu le siége vacant, les chanoines assemblés pour lui nommer un successeur reçurent deux membres du parlement, qui leur ordonnèrent au nom du Roi de ne point procéder à l'élection. « *Jamjam enim*, dit encore Tavel, *inter summum pontificem et regem concordatorum jaciebantur fundamenta*[2]. » François Ier, fort d'ailleurs de son droit nouveau, se souvenait des perturbations que des prélats nommés en dehors de l'influence royale, et dévoués à l'Angleterre ou à la Bourgogne, avaient causées sous le règne de Charles VII.

Les chanoines résistèrent, invoquèrent les priviléges de l'église de France et ceux de leur métropole. Ils députèrent à leur tour des messagers au Roi avec supplication, à Étienne Poncher avec remontrances, les priant de se désister l'un de son ambition ruineuse pour leurs prérogatives, l'autre de sa volonté destructive de leur autorité. Le Roi humilia cette résistance par ses menaces et par son habileté. Il permit au chapitre, par une dernière fiction d'indépendance, de porter ses suffrages sur l'homme de son choix. Les chanoines, croyant mettre d'accord la nécessité et leur dignité, élurent pour archevêque Étienne Poncher que le Roi commença par nommer.

---

[1] Tavel, *Senonensium Archiepiscoporum vitæ*, p. 156.
[2] *Ibid.*

Ces souvenirs étrangers à la vie d'Antoine du Prat ne lui sont cependant pas indifférents. Ils disculpent le chancelier d'avoir inauguré pour lui-même, sur le siége de Sens, cette autorité royale qui rencontrait dès lors tant d'obstacles et de résistances; d'avoir suscité contre lui des aversions et des difficultés nées de la nature même des rapports, et de l'éternelle fatalité des conflits, plus encore que du caractère particulier des archevêques.

CHAPITRE XI.

De l'excellence du titre de chancelier et de quelques-uns des prédécesseurs et des successeurs d'Antoine du Prat dans cette charge.

Il n'est pas inutile, pour la grandeur du chancelier du Prat, de dire ici combien était ancienne et élevée la charge qui lui était donnée; de combien de saintetés éclatantes, de mérites transcendants, de noms illustres, il était le successeur; quels souvenirs il recueillait en s'asseyant sur les lys. Il n'est pas indifférent non plus à son histoire de nommer quelques-uns de ceux auxquels il transmit ses exemples et sa mémoire.

Étienne Pasquier écrivant son chapitre sur les *Connétable, chancelier, et autres estats de telle marque, entre lesquels celuy d'admiral*[1], commence ainsi :

« Estoient par dessus tout cinq estats plus estimez, le chancelier, grand chambellan, grand maistre, grand eschanson, et connestable. Aussi n'y a-t-il aucune maison qui veuille tant soit peu paroistre, en laquelle un de ces cinq estats ne se trouve estre nécessaire..... Cet estat de chancelier a depuis son institution, cru en toute authorité et grandeur. De manière et tout ainsi

---

[1] *Recherches de la France*, t. 1, p. 109.

que connestables entre les estats militaires obtient le premier rang, ainsi notre chancelier est réputé le chef de tous les estats de justice. »

Pour répondre à ceux qui se refusent à égaler les dignités comparables, et veulent les élever ou les abaisser les unes par-dessus les autres, qui loin de les considérer comme sœurs et compagnes, s'étudient à les rendre rivales et ennemies, il est bon de relater ici que la dignité de chancelier n'excluait pas l'emploi des armes : « Souvent les chanceliers en France ont assisté aux conseils militaires, aussi bien qu'à ceux de la justice distributive, des finances et de la police (tel fut le cas du chancelier du Prat) ; ils ont été pourvus de gouvernements de provinces, et ont servi plusieurs fois dans les armées[1]. »

Après cette citation conciliante, il ne serait pas permis, à l'instar du prince des orateurs romains, de vouloir élever les illustrations de la robe au-dessus de celles de l'épée, et de placer les succès de l'éloquence avant les triomphes de la bravoure. Cependant il faut rendre à l'histoire, aux souvenirs, aux usages, la justice qui leur appartient, et dire la vérité qu'ils réclament.

La préséance du chancelier de France sur le connétable, remonte aux premiers temps de la monarchie. Henri III s'écartant de cette règle, et accordant le pas au maréchal de Montmorency sur le chancelier de Birague, stipula que ce serait sans tirer à conséquence. Et pour consacrer authentiquement le droit qu'avaient à cet égard les chanceliers de France, il fit délivrer un brevet au duc de Montmorency exprimant et maintenant leur privilége, et déclarant qu'il y déroge cette

---

[1] F. Duchesne, *Histoire des Chanceliers de France*, p. 494.

fois, en faveur du maréchal, non à cause de sa charge, non à cause de son titre, pas même à cause de son nom, mais en raison de son mariage avec sa sœur naturelle et légitimée de France [1].

Duchesne, dans son histoire des chanceliers, dit d'après Montanus : « Conestabularium post cancellarium sedere, » et il répète encore d'après Lucas de Penna : « cancellarium Franciæ omnibus regni aliis officialibus præferri, et primo loco post Regem sedere. » Le chancelier d'Aguesseau prétendit avoir le pas sur les cardinaux dans les conseils du Roi. Après la mort de Charles VI, des lettres furent expédiées au nom du chancelier. En 1678, Louis XIV partant pour la Lorraine dit aux députés du parlement qu'il laissait sa puissance entre les mains du chancelier Michel le Tellier.

Les fonctions des chanceliers de France étaient aussi importantes qu'honorables : c'étaient ces grands officiers qui dressaient les divers traités de paix et d'alliances, de commerce et autres, intéressant également la dignité du souverain, l'honneur du pays, et la prospérité des peuples.

C'était le chancelier de France qui recevait pour le Roi le serment de fidélité des grands vassaux et des autres grands officiers de la couronne. Charles V donnant à Jean d'Albret l'épée de connétable, ce fut Renaud de Corbie qui lui fit prêter le serment accoutumé, et sous François Ier le chancelier du Prat conserva cette haute prérogative [2].

Le chancelier de France réunissait aux fonctions de grand officier de la couronne les fonctions et la dignité

---

[1] F. Duchesne, *Histoire des Chanceliers de France*, p. 648.

[2] F. Duchesne, *Histoire des Chanceliers*, passim.

de chef de la justice et de l'ordre politique. En ces qualités il n'avait pas d'égaux, et le Roi seul était au-dessus de lui. Il présidait le conseil d'État, tous les conseils du Roi, et même tous les parlements lorsqu'il le jugeait convenable. Au conseil des affaires étrangères, il représentait toujours le Roi. Lorsqu'il venait au parlement, la Cour envoyait au devant de lui ; il prenait place au-dessus du premier président. Lorsque le Roi venait tenir son lit de justice au parlement, le chancelier était placé au-dessous, dans un fauteuil couvert de l'extrémité du tapis à fleurs de lys qui était sous les pieds du Roi. Il recueillait les suffrages, et prononçait le résultat qui ne pouvait être récusé. Son costume, ses entours, l'apparat qui le suivait en toute circonstance, répondaient à tant de pouvoir et d'élévation. Il était le seul officier portant la pourpre comme le Roi, et ayant chez lui des fleurs de lys pour tenture de tapisserie [1]. Lors de l'entrée de Henri, roi d'Angleterre, à Paris, « vint maître Philippe de Morvilliers en habit royal, dit Monstrelet, et tous les seigneurs du parlement vêtus de longs habits de vermeil. »

Autrefois le chancelier portait le deuil des Rois et assistait à leurs obsèques. Juvénal des Ursins assista à celles du Roi Charles VII ; mais depuis on abolit cet usage, pour marquer la sérénité que conserve la justice dans le deuil comme dans l'allégresse. C'est pourquoi, lors des pompeuses funérailles qui furent faites à Louis XII le 18 janvier 1515, Antoine du Prat, que plus tard, le devoir attaché à de nouvelles dignités conduisit à d'autres obsèques, ne parut point, et ne se trouve pas nommé parmi tous les grands seigneurs et

---

[1] F. Duchesne, *Histoire des Chanceliers de France*.

les grands officiers qui suivaient avec crêpes et larmes de regret ou de costume, les restes du feu Roi [1].

Sans qu'il soit besoin pour les intérêts d'Antoine du Prat, qui tenait la noblesse de ses auteurs, de relever celle qui découlait de sa nouvelle charge, elle n'est cependant pas inutile à noter en ce lieu, pour compléter l'aperçu des prérogatives exceptionnelles qui lui appartenaient. Un auteur considérable par sa science et son autorité s'exprime ainsi à ce sujet : « Tous les offices de judicature ne sont pas également anoblissants : ceux qu'on appelle les grands offices acquièrent une noblesse parfaite au pourvu, et à sa postérité, comme celui de chancelier de France, de garde des sceaux, de conseiller d'État en exercice, de maître des requêtes, des secrétaires d'État, des présidents en cour souveraine, ainsi que les premières dignités de la guerre et de la maison du Roi, les gouverneurs et les lieutenants du Roi dans les provinces [2]. »

Le père Ménétrier dit « que la noblesse de ceux qui approchent de près la personne du Roi est si parfaite, que dans l'ordre de Malte on reçoit sans autres preuves les enfants des chanceliers de France et des secrétaires d'État, etc. »

Les fonctions de cette haute dignité rapprochaient tellement de la personne royale, insinuaient si avant dans les bonnes grâces du souverain, que dès le Roi Clovis, époque à laquelle se retrouvent les premières traces de cette dignité, Aurélien, chancelier référendaire, était qualifié : « Familiarissimum Clodoveo Regi [3]. » Saint Ouen, évêque de Rouen, saint Boniface,

---

[1] Don Félibien, *Histoire de la ville de Paris*, t. 4, p. 632.
[2] La Roque, *Traité de la noblesse*, p. 568, édit. de 1734.
[3] Aumoin, *Gesta Francorum*, t. 1, chap. 13.

archevêque de Mayence, figurent parmi ses successeurs; Eginhart, le confident et l'historien, selon quelques auteurs, le gendre de l'empereur Charlemagne, fut aussi son chancelier.

Gerbert, comme le chancelier du Prat, né en Auvergne, religieux en l'abbaye de Fleury, l'un des riches bénéfices dont Antoine du Prat fut pourvu, archevêque de Reims, puis de Ravenne, enfin élu pape sous le nom de Sylvestre II, avait été chancelier de France sous le Roi Robert, qu'il avait eu d'abord pour élève.

Fulbert, évêque de Chartres, mort en 1028, l'un des plus célèbres prélats de son temps, « insigne par sa vie et son érudition, incomparable par ses mérites et sa sagesse [1], » fut aussi chancelier de France. C'est à lui que la basilique de la Sainte Vierge, ce lieu célèbre entre tous par sa renommée, ses pèlerinages et ses miracles, doit son premier plan et ses premiers travaux. Sainte pensée, vieille d'ailleurs comme la religion, que d'appliquer les arts, cette noble expression de l'intelligence, à la prière, cet acte sublime de la volonté.

Pierre de Mornay et Étienne de Mornay furent chanceliers de France dès le treizième et dans le quatorzième siècles. Ils appartenaient l'un et l'autre à cette famille de Mornay encore existante, illustre dans le métier des armes comme dans l'église et la magistrature, et dont la piété aussi ancienne que l'origine, les signalait par le titre de bienfaiteurs de l'ordre que fondait saint Bernard, et de protecteurs de ses nouveaux compagnons [2].

Les noms de Nogaret, de Montagu, de Marigny, de

---

[1] F. Duchesne, *Histoire des Chanceliers de France*, p. 142.
[2] P. Anselme, *Histoire des grands officiers de la couronne*, t. 6, p. 279.

72 VIE DU CHANCELIER ANTOINE DU PRAT.

Sainte-Maure, de Savoisy, de Luxembourg, des Ursins, de Rochefort, brillent encore parmi les prédécesseurs du chancelier du Prat. Ceux non moins glorieux auxquels il transmit intacts les exemples qu'il avait reçus, accrus encore des traits de son dévouement et de ceux de sa haute intelligence, furent entre autres les chanceliers de Montholon, de Birague, Hurault de Cheverny, de Bellièvre, de Caumartin, d'Alègre, de Marcillac, etc., etc... Il convient de distinguer ceux de Mathieu Molé, ce héros du courage civil; de Pierre Séguier, ce docte et sévère conseiller des Rois Louis XIII et Louis XIV; de François d'Aguesseau, cet orateur éloquent et érudit, ce magistrat intègre, ce chrétien éclairé. Tels sont quelques-uns des grands noms dont se trouvent environnées la mémoire et l'administration du chancelier du Prat. Ils n'éloignent point ce semble du sujet de cette histoire, ajoutant toute l'illustration de leur mérite et de leur naissance à celle de la charge dont ils furent revêtus, et contribuant, il est vrai, au poids du fardeau qu'ils transmettent, tout autant qu'au lustre du titre qu'ils lèguent à leurs successeurs.

Les lettres de provision par lesquelles François Ier éleva Antoine du Prat à cette dignité, ne le nomment pas seulement son chancelier, mais encore son conseiller spécial, ce qui répond au titre de ministre d'État [1]. Il ne cessa pas jusqu'à sa mort, arrivée vingt ans après, d'en exercer les hautes fonctions.

---

[1] F. Duchesne, *Histoire des grands officiers de la couronne*, t. 6, p. 564.

CHAPITRE XII.

Sacre du Roi François Ier. — L'échiquier de Normandie prend le nom de parlement.

Après les premiers actes de sa munificence et les derniers honneurs rendus à son prédécesseur, après les premiers soins donnés à la justice, le Roi François Ier, laissant à Paris la Reine Claude alors enceinte [1], partit pour Reims, où son sacre fut accompli au milieu d'un concours et avec les solennités que le chancelier du Prat a longuement énumérées dans les mémoires attribués à son secrétaire. Il reçut des ambassadeurs et des messages, il les accueillit avec grâce, et le chancelier fut chargé de répondre à tous avec faveur. Enfin pour le surplus des fêtes et des plaisirs, pour le repos de tous, pour les affaires aussi auxquelles François Ier était apte, mais moins enclin, le Roi et sa cour s'arrêtèrent à Compiègne.

Là ce furent encore des réceptions nouvelles, tant des députations des villes de France que des Cours étrangères. Les membres de l'échiquier de Normandie, dont les premières traces remontent à Guillaume

---

[1] Biblioth. imp., Saint-Germ., fr., 980; Mémoires dressez par le secrétaire du chancelier du Prat.

le Conquérant, et que le Roi Louis XII avait rendu permanent, d'itinérant et d'intermittent qu'il était autrefois, désirèrent la confirmation de cette institution récente dans sa forme et dans son assiduité, et demandèrent en même temps la possession d'un nom qui les mît à la hauteur des autres cours du royaume [1].

« Ce pendant que ledit seigneur étoit à Compiègne, la Cour de l'Eschiquier de Normandie envoia devers luy un président et un conseiller d'icelle Cour, pour luy supplier que son plaisir fust changer le nom d'Eschiquier en celuy de Parlement, attendu que ledit Eschiquier avoit été institué par le Roy Louis XII à l'instar de la cour du Parlement de Paris et autres cours de Parlement de ce royaume. Ce que le Roy accorda et ordonna par les lettres patentes en lacs de soie et cire verte, que la Cour de l'Eschiquier de Normandie, le temps advenir, serait appelée la Cour du Parlement de Rouen [2]. »

Cette affaire, dans laquelle le chancelier intervint encore, étant terminée à la satisfaction des députés et de la Cour dont ils étaient les représentants, les prélats et les barons de Normandie arrivèrent à leur tour, et demandèrent le rétablissement du nom d'Echiquier et des coutumes de la province. Ce zèle pour les habitudes de leurs pères, couvert dans leur langage par le respect du temps passé, par les intentions interprétées et défigurées du Roi Louis XII, par les égards qu'il leur avait témoignés, tout en modifiant leurs usages, était dans le fond basé sur les abus qu'ils exerçaient

---

[1] M. Floquet, *Histoire du parlement de Normandie*, t. 1, p. 428; Piganiol de la Force, t. 5, p. 315.

[2] Biblioth. imp., fr., 980, Mémoires dressez par un secrétaire du chancelier du Prat.

au nom de la loi, ou plutôt pendant le sommeil de la loi et de la justice.

« Aucuns prélats et barons de Normandie, qui avoient accoutumé du temps du Roy Charles huictième et de tout temps auparavant estre princes en Normandie parce qu'on ne tenoit le grand Eschiquier dudit pays que de cinq ans en cinq ans, ou autre temps qu'il plaisoit au Roy, auquel grand Eschiquier se vidoient les causes d'appel des matières criminelles, et ne duroit que six semaines, et pendant le temps qu'on ne tenoit ledit grand Eschiquier, pour la longueur de la justice, plusieurs estoient contraintz de renoncer à leurs bons droictz et aquiescer aux sentences des baillifs du pays, et par ce moyen iceux prélatz et barons qui avoient grosse familiarité avec les juges du pays faisoient ce qu'ils vouloient, et faisoient punir et absoudre ceux qu'il leur plaisoit : car en matière criminelle n'y avoit point d'appel. Iceux prélatz et barons pensoient que le Roy au commencement de son règne deust abolir ledit Eschiquier ordinaire et le remettre en la forme ancienne qu'il estoit, auparavant que par ledict Louis XII eust été fait ordinaire : quand connurent que ledict seigneur avoit confirmé ledit Eschiquier ordinaire, et qui plus est avoit changé le nom d'Eschiquier en nom de Parlement afin qu'il fût perdurable; lesdicts prélatz et barons vinrent devers le Roy et lui remontrèrent que ladite commutation du nom d'Eschiquier en nom de Parlement estoit contre les libertés et priviléges du pays de Normandie, luy suppliant que son plaisir fust de le révoquer et que l'Eschiquier ne fust plus ordinaire. Sur ce, ledit seigneur les renvoya devant Monsieur le chancelier, et après qu'ils eurent été amplement ouys, furent débouttés de leurs requêtes, et entre gens savants et grands personnages furent peu estimés comme gens qui ne tendoient qu'à leur profit particulier et non au bien public¹. »

Dans cette circonstance mémorable, l'autorité du Roi prévalut contre les obstacles ; la sagesse et la fermeté d'Antoine du Prat démêlèrent et déjouèrent les intrigues, sondèrent et mirent à nu les intentions coupables. Ce zèle réparateur pour le bien du peuple, cette lutte dangereuse peut-être contre des intérêts puissants dont le Roi Louis XII avait donné le signal, mais qu'il appartenait à François Ier et à son ministre de parfaire, n'ont pas été relevés suffisamment par les historiens. Parmi les grandes choses accomplies sous ce règne et surtout durant l'administration d'Antoine du Prat, ce bienfait, pour être un des plus oubliés, n'est pas un des moins notables.

Ce fut alors que le chancelier voulut fortifier cette institution si neuve et si combattue, par des hommes dont le talent et l'énergie fussent une protection efficace. Déjà le Roi par son conseil « deument informé des sciences, littérature, preudhomie et grande expérience, ainsy que des grands, louables et vertueux services qu'avoient faict et que faisoient chaque jour à la chose publique les présidents, conseillers et autres officiers de la cour de l'Eschiquier de Normandie, les retenoit ez dicts Estats et offices, et entendoit les confirmer en iceulx et leur donner en tant que mestier (besoin) estoit, lesdicts Estats et offices pour l'y servir dors en avant². »

[1] Biblioth. imp., Saint-Germ., fr., 980 ; Mémoires dressez par un secrétaire du chancelier du Prat ; M. Floquet, *Histoire du parlement de Normandie*. t. 1, p. 428.

[2] M. Floquet, *Histoire du parlement de Normandie*, t. 1, p. 434.

A ces hommes d'expérience et d'énergie, le chancelier en ajouta quelques autres de même caractère, et ce fut alors qu'il fit nommer Antoine Bohier, son cousin germain, président au même parlement[1]. Acte utile et juste en lui-même, par les antécédents et par les mérites du nouveau président ; mais premier pas fatal dans une voie de nominations qui amenèrent dans le sein de ce corps, à titre de faveur ou de récompense, des gens étrangers à la province et que la nature de leur première carrière et de leurs précédents services, ne rendaient point habiles à leurs nouvelles fonctions.

[1] Aubéry, *Vies des Cardinaux*, t. 3, p. 225.

CHAPITRE XIII.

Retour du Roi à Paris, harangues du parlement et de l'université. — Le chancelier répond à leurs députés.

Le 23 février 1515, le Roi fit son entrée solennelle à Paris, en présence de la Reine, de la duchesse d'Angoulême, des duchesses de Bourbon et d'Alençon, précédé et environné des princes du sang, des dignitaires et grands seigneurs de sa cour, immédiatement suivi, selon le devoir et le privilége de sa charge, « d'Antoine du Prat, vestu de velours cramoisy, et son manteau d'écarlate[1]. »

Mais pour l'honneur de ce nouveau règne, les fêtes et les pompes nécessaires cependant à la joie du peuple, et même à son respect pour son prince, firent place au soin du gouvernement, dont au reste elles n'avaient point éloigné François Ier. Ce fut alors que le chancelier du Prat, le connétable et le grand-maître, jaloux de se signaler dès le début par les réformes qu'appelaient les désirs du Roi et les besoins du pays, tinrent de fréquents conseils. Ils rédigèrent, entre autres, deux nouvelles ordonnances, l'une relative à l'ad-

[1] Don Félibien, *Histoire de la ville de Paris*, t. 4, p. 633.

ministration des armées, l'autre à l'administration de la justice. Après leur publication, le Roi se rendit au parlement accompagné du duc de Vendôme et du chancelier. Il annonça que l'intention de cette visite était une union plus intime de son autorité avec celle des membres de ce grand corps, et un échange de ses vues avec leurs lumières. Puis le chancelier du Prat, après avoir pris les ordres du Roi, s'étendit sur les trois choses qui rendent une nation prospère, savoir la discipline dans les armées, l'ordre dans les finances, la promptitude et l'impartialité dans l'administration de la justice; et développant ce texte fécond, il exprima combien le choix du connétable et des maréchaux assurait le premier avantage, comment la sagesse du Roi établirait le second. Il s'étendit plus encore sur l'urgence et les garanties du troisième, auquel sa mission de chancelier, la vocation et la spécialité de messieurs du parlement donnaient une opportunité réelle.

Le premier président répondit par des louanges à Dieu, pour le Roi qu'il avait accordé à la nation, des remerciements au Roi pour l'honneur que le parlement recevait de sa visite, et par des conseils habilement mêlés à des éloges. Enfin pour terminer cette séance, Antoine du Prat, toujours autorisé par le Roi, répliqua par le tableau des actes accomplis, préparés et projetés par la sagesse et la volonté du prince : ils justifiaient les louanges dont il avait été l'objet, et répondaient aux conseils déguisés que son gouvernement avait reçus.

« Peu de jours après le Roi commit encore monsieur le chancelier, le maréchal de Lautrec et le bâtard de Savoie pour capituler une bonne confédération avec le comte de Nassau, et autres ambassadeurs de Charles, prince des Espagnes [1]. » Il s'agissait, entre autres conditions importantes, du mariage de Charles, alors roi de Castille, et depuis empereur sous le nom de Charles V, avec Rénée de France, depuis duchesse de Ferrare. Ce traité qui fut conclu, grâce à l'habileté des négociations, mais qui ne reçut jamais son exécution, tant la force des événements l'emporta sur la puissance de la politique, porte la date du 25 avril 1516 [2].

D'autres soins plus intimes et plus vulgaires sans doute, mais dont la négligence eût peut-être entraîné de graves conséquences, par le mécontentement d'une grande princesse et par celui d'un puissant voisin, occupèrent encore Antoine du Prat..... « Pareillement pour que toute justice fust soignée aussi bien que toute prudence, le Roi commit le chancelier pour s'accorder avec le duc de Suffolh et le doyen de Vinderose ambassadeur du roi d'Angleterre, touchant la moitié des meubles et bagues que la reine Marie demandoit par le trépas du feu Roy Louis XII, sans vouloir payer la moitié des dettes [3]. »

L'université ne fut pas la dernière à venir apporter au Roi ses félicitations et ses hommages, à lui exprimer ses espérances. Déchue du haut degré de splendeur où les Gerson, les d'Ailly, les Clamengis l'avaient souvent élevée par leur science et par leurs vertus, elle avait souvent remplacé les nobles études et les discussions savantes par de frivoles disputes, par une participation dangereuse aux troubles de l'État, par

---

[1] Biblioth. imp., Saint-Germ., fr., 980 ; Mémoires dressez par un secrétaire du chancelier du Prat.

[2] Don Maurice, *Histoire de Bretagne*, t. 3, p. 927.

[3] Biblioth. imp., Saint-Germ., fr., 980 ; Mémoires dressez par un secrétaire du chancelier du Prat.

des entreprises funestes à son repos. Le parlement, l'évêque de Paris, le lieutenant criminel du Châtelet, le Roi lui-même avait été plus d'une fois en querelle et en guerre avec elle. Le cardinal d'Estouville, archevêque de Rouen et légat du pape, avait en 1451 réformé son règlement[1] et limité les priviléges abusifs dont elle prétendait jouir. Elle se sentait encore de cet échec. De plus elle se souvenait des bornes que le Roi Louis XII, à son avénement à la couronne, avait mises aux immunités qu'elle conservait encore « et dont l'étendue servait à couvrir les abus, » de la restriction qu'il avait apportée au nombre de ses écoliers dont la licence bravait la justice des lois, des leçons enfin que Georges d'Amboise, archevêque de Rouen, lui avait données en répondant à son orateur[2].

En ce temps, de séditieuses harangues avaient eu lieu en plein parlement : des menaces de soulèvement s'étaient exprimées dans les écoles, et semblaient se préparer dans la ville. Le parlement cependant, auxiliaire de l'ordre et de l'autorité, avait déclaré « que la grandeur du Roy s'estendoit à faire et créer les loix, les abroger, modifier et interpréter : que plusieurs choses ont esté faites par eux, ordonnées en aucun temps, selon qu'il estoit pour lors requis et expédient, esquelles en autre temps se peuvent trouver dangereuses et pernicieuses : que comme un privilége se trouve nuisible et de mauvais exemple, il le faut tollir, et du tout anéantir..... que Sa Majesté a le pouvoir de les bailler et de les oster[3]..... »

---

[1] Raynold, *Annales ecclésiastiques,* année 1481.

[2] Don Félibien, *Histoire de la ville de Paris,* t. 2, p. 894.

[3] Biblioth. imp., Saint-Germ., fr., 980 ; Mémoires dressez par un secrétaire du chancelier du Prat.

Tel avait été le langage du parlement, et le prévôt de Paris comme le prévôt du guet, avaient par leur surveillance ajouté leur force à l'autorité de la sagesse et des lois.

Tels étaient les exemples sur lesquels le chancelier réglait sa conduite, telles étaient les décisions dans lesquelles il puisait son droit.

Il était demeuré une égale suspicion du pouvoir envers l'université, et de l'université envers le pouvoir. Cette fille aînée des Rois, comme elle affectait de s'appeler, cherchait à reconquérir ce qu'elle avait perdu de crédit et de priviléges en ces diverses circonstances. L'avénement d'un jeune Roi, enclin par nature et par son âge à la bonne grâce irréfléchie et à la générosité sans réserve, lui semblait une favorable occasion.

L'un des docteurs de l'université, prenant la parole au nom du corps qui l'accompagnait, fit au prince un long et solennel discours dans lequel la généalogie, l'histoire, la louange, l'hyperbole, étaient entremêlées. Son début et sa division en indiquaient le sens.

« Très-excellent et très-chrétien Roy, notre souverain et naturel seigneur, disait l'orateur, votre très-humble et première fille l'université de Paris notre mère, nous a transmis et envoyez par devers votre très-haute Majesté, pour la saluer et congratuler de vostre joyeux advènement : elle fut remplie de grande jubilation, et certes elle a eu bien juste cause de s'esjouir pour plusieurs raisons :

» La première pour ce que vous estes parvenu à la couronne de France par droite lignée et vraie succession.

» La seconde pour ce qu'estes parvenu à ladite couronne, jeune de l'âge de vingt et un ans, beau prince, et premier du nom.

» La tierce pour ce qu'estes parvenu en grande paix, sans nul trouble de sédition ou guerre intestine, et avez commencé votre règne par clémence et bénignité.

» La cinquième pour la grande espérance que chacun a de vivre en repos et tranquillité, par le moyen de la grande prudence dont votre très-noble personne est décorée [1]. »

Puis reprenant un à un les divers textes de joie et d'éloges qu'il venait d'énumérer, le docteur groupa autour de chacun d'eux tout ce qui pouvait en ressortir de flatteries, de pronostics et d'enseignements.

Le chancelier du Prat, chargé de répondre à ce long discours, le fit plus brièvement : ayant égard aux pensées et aux dispositions de l'université plus qu'à ses paroles, il lui conseilla l'étude et la science selon son usage, la concorde selon ses résolutions, la surveillance et l'autorité sur les écoliers selon son devoir, et, contre ses habitudes et ses goûts, l'abstention des affaires publiques.

Le chancelier s'exprima en ses termes :

« Messieurs, le Roy nostre souverain seigneur a entendu ce qui de par l'université de Paris sa première et aisnée fille, luy a esté proposé, et est très-joyeux de ce que vous qui estes les suppotz et enfants d'icelle avez bon vouloir de vivre en amour et concorde les uns avec les autres, ce que ledit seigneur désire de tout son cœur, et est le plus grand service que luy saurez faire.

---

[1] Biblioth. imp., Saint-Germ., fr., 080 ; Mémoires dressez par un secrétaire du chancelier du Prat.

Par concorde les plus petites choses croissent, et par discorde les grandes anéantissent. Tant que la chose publique de Rome a été en paix et concorde et que les citoyens d'icelle hormis toute cupidité et proffit particulier, ont vescu en amour et union les uns avec les autres, elle a triomphé et prospéré, de sorte qu'elle a soubmis souz sa domination le reste du monde. Mais quand par la damnée sédition qui fut en Marius et Scylla, les citoyens Romains ont esté partiaux, et que l'infâme liste de prescription faicte par ledit Scylla a eu lieu, ils ont esté tant persécutés de guerres civiles et intestines qu'ils ont esté faicts pauvres et subjects. Vostre estat et vocation est de vivre en repos, et quand ainsy le ferez et continuerez, pouvez estre assurés que n'eutes jamais Roy ne prince qui tant vous aimast, ne vous donnast tant de priviléges et grâces que fera le Roy.

» Le dict seigneur vous exhorte qu'en suivant les bonnes et louables coustumes de vos anciens qui ont esté vertueux et sçavants, vous continuyez l'estude en toute ferveur, et faciez florir cette université qui de tout temps a esté en grand bruict et renom sur toutes autres universités de la chrestienté : pour la décoration et exaltation de laquelle les très-chrestiens Roys de France ont donné plusieurs beaux priviléges et franchises, afin que les suppotz de cette ditte université eussent plus occasion d'estre fervents à l'estude, et que ne fissent aucunement troublez ne discontinuez par les gens séculiers et autres. Cette université a produit plusieurs savants et vertueux personnages qui par leur éminente science non-seulement l'ont décorée, mais ont esté claire lumière à toute la chrestienté.

» Pour continuer icelle ferveur d'estude et en suivre les mœurs de vos anciens, sera besoin premièrement que viviez en bon amour les uns avec les autres, sans avoir procès ne querelles, par ce moyen donnerez bon exemple à vos escoliers, et les animerez à l'estude, et à faire bon fruict, qui est la principalle cause pour laquelle on les envoie vers vous.

» Davantage sera besoin que ne preniez souci et ne vous entremelliez aucunement des affaires publiques, ains seulement de vos affaires privées qui concernent vostre estude. Par ce moyen ne vous discontinuerez de vostre dicte estude, ne donnerez cause à vos dicts escolliers d'estre ligueurs d'escolles, et les étrangers qui demeurent en vostre université, lesquels souvent fois s'estudient à porter dommage en ce qui leur est possible à ce royaume n'auront occasion d'y faire dire ou conseiller quelques mauvaises choses aux François et autres regnicoles estudians en cette université, qui pour leur jeunesse, légèreté et incapacité d'entendement ne considèrent et discernent le bien du mal, et ne demandent que nouvelletez. On en peut connoistre l'expérience du temps du Roy Charles VI et dernièrement au commencement du règne du feu Roy Louis XII; pour les ordonnances aussi vous sera besoin tenir et faire tenir bon ordre et discipline scholastique à vos escolliers, et prendre garde que les maistres de suppotz et officiers de l'université ne commettent aucunes fraudes et abus en leurs priviléges et exemptions qui sont grandes, et leur ont esté données affin que deument et justement en usassent ; toutefois on a trouvé que par succession de tems, aucuns d'iceulx suppotz par leur grande avarice et ambition en ont voulu abuser : et de droit, comme un privilége se perd si on en abuse, par quoy aurez l'œil et regard que nulles fraudes et abus ne se commettent et que en usiez bien et deument : vous mettrez vos priviléges par devers le conseil du Roy, et on vous y pourvoira, de sorte qu'aurez cause d'estre contens, car ledit seigneur désire plus vous les augmenter que diminuer, et les plus grands plaisirs et joye qu'il sauroit avoir, sera de voir sa première et aisnée fille, l'université de Paris, florir et prospérer. Que tous les vrais ministres et suppotz vivent en bonne union et concorde, et que chacun selon son estat, vocation et autorité, s'estudie et s'esvertue de faire et continuer tousiours de mieux en mieux. En ce faisant, connoistrez que le Roy vous sera bon prince, et vous aymera et chérira en tout ce que luy sera possible [1]. »

L'université, qui depuis donna au chancelier tant de preuves de son antipathie et de son opposition, commença dès lors et par ces paroles, à sentir qu'auprès du père qu'elle cherchait à trouver en son Roi, elle rencontrerait en Antoine du Prat un ministre non moins attentif que l'avaient été les cardinaux d'Estouteville et d'Amboise à la maintenir dans son devoir et dans ses limites, à ne respecter ses antiques priviléges, que si elle-même ne les faisait point dégénérer en usurpation et en abus. On peut faire dater de ce jour l'impuissante mais persévérante inimitié dont l'université prodigua les preuves au chancelier du Prat.

---

[1] Biblioth. imp., Saint-Germ., fr., 980 ; Mémoires dressés par un secrétaire du chancelier du Prat.

CHAPITRE XIV.

Le Roi donne au chancelier du Prat l'hôtel de Piennes. — Événement dont, sous les noms d'Hôtel d'Hercule et de Nantouillet, il devint le théâtre. — Faits et gestes de quelques-uns des descendants d'Antoine du Prat.

Le 13 avril 1515, le Roy ajouta un nouveau bienfait à tous ceux dont il avait déjà comblé Antoine du Prat. Il lui donna l'hôtel de Piennes, quai des Augustins, *auquel il faisoit sa demeurance.* Les causes de cette munificence en doublaient le prix. Il est dit dans l'acte même que ce fut, « ayant égard aux notables, vertueux, agréables, grands et recommandables services que notre ami et féal chancelier, Anthoine du Prat, a cy devant faits et rendus à notre très-cher seigneur et beau-père que Dieu absolve, et à nous avant notre advènement à la couronne, et depuis, et qu'il fait de présent en l'estat et office de chancelier, et à la conduite et direction de nos principaux affaires, ezquelles s'est loyaument et vertueusement employé et acquitté, en très soigneuses cure, sollicitude et diligence[1]. »

C'est ce même hôtel de Piennes, résidence accidentelle des Rois de France depuis Charles VIII, qui ac-

---

[1] Don Félibien, *Histoire de la ville de Paris*, t. 3, p. 574.

quit tant de célébrité sous le nom d'hôtel d'Hercule, et quelquefois sous celui d'hôtel de Nantouillet.

Ce n'est point s'éloigner de la vie d'Antoine du Prat que de tracer ici le tableau et d'indiquer l'histoire de sa nouvelle demeure : demeure à laquelle plusieurs générations furent fidèles, et que les Chabannes habitèrent avec les du Prat, lorsque le marquis de Curton, gouverneur pour le Roi de la province d'Auvergne, et chevalier du Saint-Esprit, eut épousé la fille du chancelier du Prat.

L'importance du lieu que le Roi jugeait son sujet digne d'habiter, dénote en quelque sorte l'importance du sujet lui-même ; et l'on verra qu'entre ses mains et qu'entre celles de ses descendants, cet hôtel de Piennes, que l'on regardait par les nécessités de son entretien comme un fardeau pour le domaine [1], ne dégénéra point de la magnificence qui l'avait embelli.

En 1484, de Piennes, chambellan du Roi, l'acheta de la Drièche, président des comptes, qui l'avait fait bâtir : « Il était si commode et si spacieux qu'il renfermoit des préaux, des jardins, des galeries et autres superfluités des grandes maisons de ce temps-là [2]. » Charles VIII le convoita et l'acquit, Louis XII le posséda ensuite : il l'aimait, et plusieurs fois il vint y loger avec Anne de Bretagne. En 1499, Philippe, archiduc d'Autriche et Jeanne de Castille, passant de Flandre en Espagne, y reçurent une hospitalité digne de leur grandeur. Les mains nouvelles dans lesquelles il était entré ne le déshéritèrent pas de tels honneurs. En 1536, Jacques V, Roi d'Écosse, y fut accueilli lors

---

[1] Don Félibien, *Histoire de la ville de Paris*, t. 3, p. 574.
[2] Sauval, *Antiquités de Paris*, t. 2.

qu'il vint à Paris pour épouser Jeanne de France, fille de François Ier; et Favyn dit que, de son temps, tous les chapitres de l'ordre du Saint-Esprit y furent tenus [1]. »

Antoine du Prat l'avait orné d'une façon digne de ses souvenirs, de ses destinées, de ses beautés architecturales, et de la grandeur de ses dimensions. Par allusion aux nombreux travaux qui remplissaient sa carrière, surchargeaient son existence, et qui dans la suite furent l'occasion de ce proverbe devenu populaire, *il a autant d'affaires que le légat* [2], le chancelier avait fait peindre sur ses murailles, sur ses lambris, et sur ses plafonds, les douze travaux d'Hercule, d'où le nom d'hôtel d'Hercule avait été imposé à cette demeure. Le Roi Henri III, fondant sa préférence sur ce nom et sur ces décorations, choisit cet hôtel parmi tant d'autres, et tant de palais plus vastes et plus royaux assurément, pour les cérémonies de son ordre. Les travaux du demi-dieu, représentés à fresques sur tous les murs, étaient le modèle qu'il prétendait proposer à ses chevaliers [3].

Ce fut aussi dans ce lieu que le Roi Henri III, toujours animé de la même émulation, ou porté à la même superstition, reçut en 1585 l'ordre de la Jarretière, que le comte d'Erby, ambassadeur extraordinaire de la Reine d'Angleterre, lui remettait au nom de sa souveraine [4].

Pour invoquer enfin ses terreurs après avoir relevé ses magnificences, ce fut là que Charles IX, Henri III, Roi de Pologne, Henri de Bourbon, Roi de Navarre, le

---

[1] Sauval, *Antiquités de Paris*, t. 2.
[2] P. Anselme, *Histoire des grands officiers de la couronne*, t. 6, p. 452.
[3] Sauval, *Antiquités de Paris*, t. 3, p. 149.
[4] *Journal d'un bourgeois de Paris*; Sauval, etc.

bâtard d'Angoulême et le duc de Guise, faillirent tomber victimes de Guillaume du Prat, baron de Viteaux, petit-fils du chancelier, et « l'un des plus déterminés de son temps. »

Antoine du Prat, seigneur de Nantouillet, son frère, avait refusé d'épouser une fille de condition, maîtresse du duc d'Anjou ; celui-ci résolut d'en tirer vengeance. « Le Roi, qui n'aimait pas Nantouillet, tendit un piége à sa courtoisie. » « En septembre 1573, il lui manda qu'il vouloit aller avec les Rois de Navarre et de Pologne prendre collation chez lui, comme en effet ils y allèrent, quelques excuses que Nantouillet pût alléguer pour ses défenses. Après la collation, la vaisselle d'argent de Nantouillet et ses coffres furent pillés et fouillés, et disoit-on dans Paris qu'on lui avoit volé plus de cinquante mille livres [1]. Après avoir fait cent insultes à Nantouillet, ils mirent en pièces son lit et ses tapisseries. Il s'en fallut peu que le divertissement n'eût une fin tragique. Le baron de Viteaux, qui avoit une vengeance en tête, étoit caché dans une chambre voisine avec quatre bandits, gens de main sur lesquels il pouvoit compter, et si, par hasard, on eût entrepris de forcer la porte de leur chambre, ils alloient sortir l'épée d'une main et le pistolet de l'autre, et auroient tué tout ce qui se seroit présenté devant eux [2]. »

Ce fut en ce même hôtel d'Hercule qu'Antoine du Prat, prévôt de Paris, reçut les ambassadeurs de Pologne chargés d'apporter au duc d'Anjou la couronne. L'évêque de Posna, chef de l'ambassade, sollicita à cette occasion la grâce de Guillaume du Prat, frère de

---

[1] L'Étoile, *Mémoires*.
[2] De Thou, *Histoire de France*, t. 7, p. 300.

son hôte, que le Roi avait jusqu'alors refusée. Il revenait récemment d'Italie, où il s'était mis à l'abri du châtiment qui le menaçait pour son dernier homicide. Car après avoir, à la suite d'une querelle de table envenimée par une querelle de jeu, percé de son épée le jeune baron de Soupez à Toulouse, il avait tué Gonnelieu, *sans cérémonie* ; Gonnelieu, il faut le dire, « avoit tué le jeune frère de du Prat, jeune garçon de l'aage de quinze ans, mal à propos disoit-on, et avec supercherie ; qui fut grand dommage certes, car ce jeune garçon promettoit beaucoup de luy. Mais le Roy aimoit fort Gonnelieu : il cuyda désespérer de sa mort, et si Viteaux fust esté pris, il estoit infailliblement exécuté[1]. »

Il se trouvait alors doublement caché ayant un nouveau trait sur la conscience, et la cour ayant une double haine contre lui : car « il ne bougea d'Italie jusqu'à ce qu'il vint faire un autre coup, qui fut celuy de Milhaud[2]. »

« Ce Viteaux, l'homme de son temps le plus déterminé, avoit tué devant l'hôtel de Nevers Antoine d'Alègre, baron de Milhaud, son cousin, homme illustre par son courage et son érudition[3]. Il avoit à la vérité, le plus lâchement du monde, il y avoit dix ans, poignardé son frère avec lequel il étoit en querelle, comme il se promenoit le soir entre sa belle-mère et sa femme, grosse pour lors. D'Alègre craignant Viteaux, qui déjà s'étoit défait de Gonnelieu, meurtrier d'un autre de ses frères, avoit voyagé en Italie et en Allemagne : puis, de retour en France, il étoit resté en Auvergne, loin de la cour, et le Roi de Pologne ne

---

[1] Brantôme, *Discours sur les duels*, t. 6, p. 90.
[2] *Ibid.*
[3] De Thou, *Histoire de France*, t. 7, p. 300.

l'avoit fait venir auprès de lui qu'en lui promettant de le mettre à couvert de son ennemi¹. »

Dans les crimes de Guillaume du Prat, rien n'était agression, tout était châtiment et vengeance ; ce qui, sans les rendre moins dignes de détestation, les rendait peut-être moins indignes de miséricorde.

L'évêque de Posna sollicita la gâce du coupable en retour de l'hospitalité qu'il avait reçue à l'hôtel d'Hercule; Antoine du Prat, prévôt de Paris, son frère, invoqua les souvenirs du chancelier, leur aïeul, et réclama dans cette amnistie le prix de ses propres services; M. de Thou, premier président et beau-frère d'Antoine du Prat, plaida la même cause. Ces habiles et influents avocats remontrèrent aux Rois de France et de Pologne, qui voulaient la mort du coupable, que puisque la justice avait épargné Gonnelieu et Milhaud, ces deux meurtriers des deux frères de Guillaume, elle ne devait pas le frapper d'un châtiment qui ne serait équitable qu'en étant égal pour tous. Le Roi de Pologne, principal persécuteur du baron de Viteaux, partit pour ses nouveaux et lointains États. Le procès, que l'on avait laissé en suspens, fut alors étudié à la légère et jugé à la volée. « Son pardon et sa grâce lui furent donnés et bien entérinés. Le voilà pourmener par la ville et à la cour mieux que jamais, bien venu et regardé de tout le monde². »

L'issue de cette affaire fut un encouragement et non pas une leçon pour Guillaume du Prat. En 1575, il mit à mort Bérenger du Guast, favori de Henri III, qui s'était opposé à ce que sa grâce lui fût accordée

---

[1] Sauval, *Antiquités de Paris*, t. 2, p. 96 ; De Thou, Varillas, etc.
[2] Brantôme.

dans l'affaire du baron de Milhaud. La trop célèbre Marguerite, femme de Henri IV, le poussa à ce nouveau crime, qui fut, dit Brantôme, *un trait estimé, de grande résolution et assurance.* Toutefois, après cette expédition, Guillaume du Prat jugea prudent de se réfugier auprès du duc d'Alençon qui lui fit fort bon accueil [1]. Quant au Roi, il ne se mit pas en peine de venger la mort de son favori. Mais en 1583, le jeune Yves d'Alègre, fils du baron de Milhaud, lui fit payer de sa vie dans un dernier duel le sang de son père. Ainsi mourut le petit-fils du chancelier, Guillaume du Prat, baron de Viteaux, que Brantôme appelle « ce brave baron, le paragon de France, qu'on nommoit tel, à bien venger ses querelles par grandes et déterminées résolutions, » et dont il dit ailleurs : « Il estoit un des courageux gentilshommes qu'on eust sceu voir : ses beaux faicts en ont faict la preuve [2]. » La responsabilité de cet éloge demeure tout entière à son auteur. Il prendra place à la suite des événements qu'il relève, et complète par cette appréciation contemporaine des faits l'histoire de l'esprit d'un temps si rempli de guerres entre les peuples, de troubles civils, de haines et de désordres dans les familles elles-mêmes. Paris n'était pas seulement le théâtre des emportements de Guillaume du Prat, la province en était aussi troublée. Il fut l'occasion de ce dicton, dont les anciens se ressouvenaient encore, et qui est toujours populaire dans l'Auxois :

> Dieu vous garde du feu, de l'eau
> Et du baron de Viteaux.

---

[1] Mézeray, *Abrégé de l'histoire de France*, t. 3; De Thou, *Histoire universelle*, livre 6, ch. 78; *Mémoires de la reine Marguerite*, p. 121 et suiv.
[2] Brantôme, *Histoire des duels*.

Les petits-neveux de Guillaume du Prat ne donnèrent point à ce proverbe le droit de tomber en oubli. Une version, sans doute exagérée, prétend qu'il était gravé à l'entrée et au-dessus de la porte de la ville d'Auxerre, et qu'il n'en disparut qu'à la révolution.

Pour ne rien oublier des faits dont l'hôtel d'Hercule fut le terrible et le sanglant théâtre, mais encore de ceux dont il fut la fatale et innocente occasion, il convient peut-être de rappeler ici le duel et la mort de Michel-Antoine du Prat, baron de Thoury, seigneur de Nantouillet, dont le chancelier du Prat était le bisaïeul.

Déjà ce seigneur, tout jeune encore, avait été publiquement outragé à la porte de l'hôtel d'Hercule, sur le quai des Augustins, par *la belle de Rieux, maîtresse de Henri III*. « Il avait mal parlé, disait-on, de cette dame, laquelle l'avoit foulé en pleine rue aux pieds de son cheval [1]. »

Mais si ce fut pour lui une sensible injure, ce ne fut qu'une minime catastrophe auprès de celle qui lui coûta la vie.

Henri de Lorraine, duc de Bar, devait épouser le 30 janvier 1599 les quarante ans sonnés de Catherine de Bourbon, princesse de Navarre, sœur du Roi Henri IV. Il arrivait à Paris avec la solennité due au rang de sa fiancée, et avec la mélancolie permise par son âge. Plusieurs courtisans allèrent à la rencontre du prince. Jeune encore, le baron de Thoury se tenait à sa fenêtre, et les regardait passer en souriant. L'un des gentilshommes empressés lui criant de descendre et de se

---

[1] Mémoires de famille ; Biblioth. imp. ; Cabinet des Titres ; Marquis de Bertin du Rocheret.

joindre à eux : « Il n'y a, répondit du Prat, que les fâcheux de la cour qui s'y rendent. » Ce que Louis d'Agoult, fils de la comtesse de Sault, ayant entendu, il prit pour lui l'épithète, et répliqua au baron qu'il en avait menti. La suite se devine d'elle-même : le Roi envoya des gardes et ne les retira que lorsque, par son ordre, les deux seigneurs se furent accordés.

Mais en 1606, à la suite d'une querelle entre le marquis de Cœuvres et Charles de Créqui, et d'un duel, encore empêché par le Roi, le comte de Sault, frère utérin de Louis d'Agoult et le baron de Thoury que les deux seigneurs avaient pris pour témoins se dédommagèrent de leur inaction, et renouvelèrent entre eux la dispute que sept ans plus tôt l'intervention royale avait terminée avec Louis d'Agoult. Dès le lendemain et dès l'aurore, ils se rendent à Saint-Denis, à l'ouverture des portes de l'église, ils entendent la messe. Ils entrent à l'auberge de l'Épée royale, et partagent un même déjeuner. Puis d'un même cœur et d'une semblable conscience, chacun écrit une lettre, pardonnant sa mort à celui qui survivra, jurant qu'ils ne sont point irrités, et ordonnant à leur famille de ne point rechercher celui qui demeurerait en vie. Leurs scrupules apaisés par ces préliminaires, ils ne songèrent plus qu'à la satisfaction de ce qu'ils appelaient leur honneur et ils gagnèrent le lieu du combat. Ils s'y répétèrent encore des paroles de miséricorde, et ce dernier devoir de chrétien une fois rempli, ils n'eurent plus devant les yeux que celui qu'ils nommaient leur devoir de soldats et de gentilshommes. Le comte de Sault reçut deux blessures, du Prat fut mortellement atteint par cinq autres. Le vainqueur n'eut que le temps de remonter à cheval et de galoper à l'abbaye de Saint-Denis, d'où il envoya un prêtre au moribond, « ayant plus de soin, » ajoute l'un des historiens de ce duel, « de celui qui l'avait blessé, que des coups qu'il avait reçus. » Le Roi informé envoya des commissaires sur le lieu du combat : ils trouvèrent du Prat blessé, couvert de son sang ; mais à leurs recherches sur l'auteur de son sort, il répondit noblement : « C'est, Messieurs, un gentilhomme à qui les armes ont été plus favorables. » Le baron de Thoury rendit l'âme le 12 mars 1606 en son hôtel d'Hercule dans lequel il revint expirer. Son adversaire lui survécut peu et mourut plus tristement encore. Il succomba aux suites d'un breuvage aphrodisiaque dont sa passion plus que sa prudence avait combiné les éléments et mesuré les doses [1].

En ce même hôtel d'Hercule vécurent et moururent encore dans une union que constatent les titres de la maison et ses mémoires, plusieurs générations des Chabannes, savoir : Renée du Prat, petite-fille du chancelier, femme de François de Chabannes, gouverneur d'Auvergne, et Marie de Crussol d'Uzès, sa belle-fille, femme de Christophe de Chabannes, marquis de Curton [2].

Telles furent les aventures qui s'accomplirent en l'hôtel d'Hercule, dans la durée du siècle même qui par un don royal l'avait mis entre les mains d'Antoine du Prat. Il fut ainsi successivement le centre de bien des fêtes, le théâtre de bien des catastrophes et de bien des dangers, le tombeau de bien des joies. Dans la suite il fut singulièrement maltraité en pas-

---

[1] Titres et mémoires de famille; *Mercure françois*; Historiettes de Tallemant des Réaux; Commentaires de M. Paulin Paris, p. 151.

[2] Titres de la maison de Chabannes.

sant à d'autres maîtres. Il appartint au duc de Nemours de la maison de Savoie : il prit alors le nom d'hôtel de Nemours ; de nouvelles vicissitudes amenèrent sa destruction. Il fut démoli en 1671 pour faire place à la rue de Savoie.

Ces détails relatifs à la demeure que reçut, qu'embellit et qu'habita le chancelier du Prat sont moins une digression qu'un complément de son histoire. Un père renaît dans ses fils, un homme revit dans ses œuvres, et le goût comme les richesses d'Antoine du Prat avaient prolongé son souvenir et presque son existence sur les murailles et sous les voûtes de l'hôtel d'Hercule tant que ses pierres ne furent point dispersées par cette loi invariable et souveraine de la Providence qui donne une fin à toute chose. L'ordre et la confusion ; le soin comme l'oubli de l'utilité publique, le souffle du vandalisme, et l'inspiration des arts accomplissent également sa volonté, qui, aux choses comme aux hommes, ne permet de naître que pour mourir, ne laisse mourir que pour faire revivre ; mais cette fois sous des aspects nouveaux, et pour des usages divers.

Les noms de Nantouillet et de Viteaux une fois prononcés, il est à propos, non pas d'épuiser les souvenirs chevaleresques qui s'y rattachent, mais d'indiquer aux recherches et aux récits des historiens et des chroniqueurs les aventures et les faits qui rendirent célèbres les personnages de ces deux branches également issues d'Antoine du Prat, également éteintes aujourd'hui, mais représentées par des neveux d'Antoine du Prat. C'est s'éloigner peut-être du chancelier que de suivre ses fils dans leurs existences et dans leurs carrières, mais ce n'est point l'abandonner ni l'oublier que de s'attacher à son sang et à son nom.

Les richesses et la mémoire du cardinal-légat firent ses descendants tellement puissants que certains d'entre eux crurent pouvoir tout oser, et ceux qui portèrent le nom de Viteaux surtout furent célèbres par la témérité et par l'insolence de leurs entreprises.

Guillaume du Prat, le fougueux duelliste, étant mort en 1583, sans alliance, son titre et ses biens furent le partage d'Antoine du Prat son neveu. Il était fils de François du Prat et d'Anne Séguier, celui-ci quatrième fils d'Antoine du Prat, seigneur de Nantouillet et d'Anne d'Alègre. Le jeune baron de Viteaux qui épousa plus tard Chrétienne de Savoye, dame de Jumeaux en Bourgogne, avait donc le chancelier pour bisaïeul. Son zèle fanatique pour la ligue a laissé des traces et des souvenirs dans la province et aussi dans les mémoires de la famille.

Le château de Viteaux, élevé jadis par les comtes de Châlons, était par succession de la maison de Châlons-Joigny en celle d'Alègre et de celle-ci dans la maison du Prat. Son ancienneté était grande, et grande aussi devint sa célébrité dans la province de Bourgogne. Dès les onzième et douzième siècles, la ville de Viteaux se recommandait par les maisons souveraines dont elle relevait, et par les fondations dont elle était sanctifiée et enrichie. Ses seigneurs, puissants en autorité et puissants en fortune, avaient le droit de battre monnaie. Le Roi Louis XI le leur avait reconnu et rendu; ils en usèrent comme de l'une de leurs plus belles prérogatives [1].

En 1591 les villes d'Auxerre et de Noyers qui te-

---

[1] Chronique scandaleuse.

naient pour les princes, repoussèrent avec succès les attaques du maréchal d'Aumont qui voulut les soumettre au Roi. Ce fut en ce temps que Antoine du Prat neveu de Guillaume, héritier de son esprit turbulent aussi bien que de sa féodale et dangereuse forteresse, épousa le parti de la ligue pour lequel ses tendances n'étaient point cachées. Il vint s'établir au château de Viteaux avec sa femme et ses enfants. Il en fit achever et réparer les défenses : il y mit une garnison. De là il rançonnait tout l'Auxois. « Il pouvoit mettre en campagne, dit un manuscrit du temps, cent vingt maîtres à cheval, deux cents argolets, et dix-huit cents hommes de pied avec du canon. » Sans entrer dans le détail de ses faits et gestes que l'on pourrait appeler rébellions, et quelquefois brigandages, de même que certains duels de son oncle pourraient être nommés assassinats, ce précis s'arrêtera à son existence politique.

Antoine du Prat privait la ville de Semur de tout ravitaillement, grâce aux châteaux de Viteaux, de Noyers, de Juilly et des Dauvrées qu'il occupait par ses détachements, et desquels il commettait dans tout le pays des excursions considérables. Le château de Viteaux surtout, protégé de murs de six pieds d'épaisseur, et par des remparts de dix-huit pieds, était en outre défendu par des canons de cinq, fondus dans le château du temps de Guillaume du Prat : ils étaient semés de trèfles et de la lettre G, et portaient autour de l'écusson du baron sa devise : *Cresco agitatus*.

Le comte de Tavannes emporta les châteaux de Juilly et des Dauvrées, et chassa les bandits qui les occupaient.

Le président Frémiot entreprit de négocier avec Antoine du Prat et de le ramener à son devoir de sujet. Il se rendit à Viteaux auprès du baron et de ses capitaines ; mais ceux-ci, loin de faire leur soumission, convinrent de retenir le président prisonnier, et ce fut par l'entremise de l'un des officiers, du baron Guillaume Drouas de la Plante, qu'il parvint à se soustraire au péril de la captivité.

Noyers et Viteaux tenaient toujours pour la ligue, sous les ordres d'Antoine du Prat. En 1595, les affaires du baron de Viteaux devinrent assez mauvaises pour lui conseiller un accommodement, et cependant demeurèrent assez bonnes pour lui permettre d'établir des négociations. « On est indigné en lisant le traité en seize articles du baron de Viteaux, de le voir capituler en souverain avec Henri IV son maître, et des demandes que le sujet rebelle ose faire à son Roi. Ce bon prince fut forcé d'acheter la paix[1]. » Le baron remplaça l'audace de sa résistance par l'insolence d'un vrai traité. Celui-ci fut conclu au camp de Fontaine-Française, près de Dijon.

Dans ses clauses, signées et consenties par le Roi lui-même, Antoine du Prat, il faut le dire à sa louange, stipula la sûreté de ceux qu'il avait entraînés dans sa défection, et sauvegarda les intérêts de la ville qui lui avait servi de centre et de refuge. Le 6 juillet 1595, le Roi de France accorda par cette capitulation, au baron de Viteaux, la garde des châteaux de Viteaux et de Noyers pendant deux ans, l'entretien de sa compagnie de deux cents arquebusiers à cheval, un régiment de dix compagnies, et vingt mille écus[2].

Quelques années plus tard, le 19 août 1602, la for-

---

[1] Abbé Courtépée, *Description du duché de Bourgogne*, t. 5, p. 453.
[2] Bibl. imp., f. de la Marre, 335 reg.

teresse de Viteaux fut condamnée à la destruction. Cet ordre, donné par le Roi Henri IV, se rapproche du procès et de la condamnation du maréchal de Biron, auquel le baron de Viteaux avait donné des témoignages de sympathie, depuis ses malheurs, et demandé quelque appui durant sa puissance. Mais Jeanne du Prat, sœur de Guillaume, dame de Puisieux, et en partie de Viteaux, appartenait à la religion prétendue réformée, elle avait embrassé le parti de Henri IV; elle servit son neveu dans ses dangers politiques, et elle obtint que l'arrêt de destruction du château de Viteaux fût suspendu dans son exécution.

Mais en 1631, à la réquisition des États, Louis XIII ordonna sa démolition au mois de mars.

Alors le cardinal de Richelieu réalisait, par la chute des derniers débris de la puissance féodale, le rêve d'agrandissement de la puissance royale dont le cardinal du Prat avait indiqué et poursuivi l'accomplissement. Il ne ménageait pas, en cette œuvre de haute et de sévère politique, les descendants de son prédécesseur et de son maître; il glorifiait sa pensée, s'inclinait devant elle, et courbait sous son inflexible rigueur la fortune même des petits-fils du chancelier.

Le procès-verbal de la destruction du château de Viteaux établit sa force et explique les dangers qu'il fit courir à la province, par le dénombrement de ses bastions, éperons, cavaliers, fossés, tours, chemins couverts, et par celui de l'artillerie qui déjà ne le défendait plus, mais qui le meublait encore[1]; ces canons furent envoyés à Dijon, Auxonne, Dole et Besançon.

Cette branche tapageuse des Viteaux finit en 1729.

---

[1] Abbé Courtépée, *Description du duché de Bourgogne*, t. 5, p. 451 et suivantes.

Mais la branche de Nantouillet, éteinte elle-même en 1797, hérita de ses biens, et la baronie de Viteaux appartenait encore à Louis-Antoine du Prat, marquis de Barbançon, maréchal de camp, lorsqu'en l'année 1791, il passa à l'étranger où il finit ses jours et perdit sa fortune sous l'empire des lois et des confiscations révolutionnaires.

Ce précis sur cette branche cadette, issue du chancelier du Prat, serait incomplet si Philippe du Prat, femme de Clément de Cosnac, Anne du Prat, demoiselle d'honneur de Catherine de Médicis, et Anne Séguier leur mère, ne trouvaient point une mention. Elles furent toutes les trois brillantes par leur savoir, et à cette époque de renaissance littéraire, elles ajoutèrent à l'illustration du nom d'Antoine du Prat [1].

René du Prat, baron de Jumeaux, leur neveu, fut à des titres plus légers une célébrité de la même branche ; ses amours le distinguèrent aussi bien que sa bravoure. Il mourut victime tout à la fois de la guerre et du plaisir [2].

Après cette digression hors des temps et loin du personnage auquel ces lignes semblaient exclusivement consacrées; après avoir plaint, félicité ou glorifié le chancelier dans ceux qui portèrent son nom, il faut revenir à son histoire réelle, et remonter à la tige, après s'être égaré dans les rameaux.

Laissant de côté et ses fils qui successivement ajoutèrent un éclat à son nom, ou le couvrirent de quelque ombre, et ce château de Viteaux, et cet hôtel d'Her-

---

[1] La Croix du Maine, *Bibliothèque françoise*, t. 2, p. 243.
[2] Mémoires de Bussy-Rabutin, édition de 1711, t. 1, p. 76 et 150. — M. le baron de Walkenaër, *Mémoires sur madame de Sévigné*, t. 1, p. 94.

cule, qui fut l'ouvrage de son goût et un bienfait du Roi son maître, on trouve le chancelier livré à des travaux plus dignes encore de son caractère, et mieux faits pour illustrer son souvenir.

CHAPITRE XV.

François 1er part pour l'Italie. — Le chancelier du Prat l'accompagne.

François Ier que ses intérêts, non moins que les exemples de ses prédécesseurs, portaient vers l'Italie, ne tarda pas à tourner ses pas vers le riche héritage de Valentine de Milan, cette illustre belle-fille du Roi Charles V, cette illustre aïeule du Roi Louis XII et de Charles d'Orléans, comte d'Angoulême, son père. Le dernier vœu du défunt Roi, conforme à tous les efforts de son règne, avait eu pour objet cette grande conquête. Une armée, rangée déjà sur la frontière, n'attendait que ses ordres et sa présence pour la franchir de nouveau. La mort de Louis XII déconcerta ces projets; mais la passion chevaleresque du jeune Roi pour la gloire s'empressa de les recueillir.

En montant sur le trône, François Ier avait joint à ses titres incontestés celui de duc de Milan, indice trop certain d'une ambition qui déjà avait coûté si cher à la France. Il confirma l'alliance conclue avec les Vénitiens. Il renouvela avec Henri VIII le traité que son prédécesseur avait signé en devenant beau-frère de ce prince, et que venait de cimenter encore la loyale reconnaissance et le généreux payement de la dot et du douaire de Marie d'Angleterre[1]. Il promit sa belle-sœur, Renée de France, à Charles, Roi de Castille, souverain des Pays-Bas, depuis empereur sous le nom de Charles-Quint. Fort de ces amitiés trompeuses que formait le besoin du moment, que d'autres intérêts ne tardèrent pas à rompre, il partit pour l'Italie. Tandis qu'il s'avançait et, comme pour ouvrir la marche de ses triomphes, le maréchal de Chabannes, aidé du capitaine Bayard, du seigneur d'Imbercourt et du seigneur d'Aubigny, détruisit les bandes que Prosper Colonne avait établies dans une petite ville nommée Villefranche, près Montcallier, sur la rivière du Pô, et il fit prisonnier Prosper Colonne lui-même.

Pendant ce temps le Roi traversa les Alpes parmi des difficultés que son courage et que l'ardeur de ses troupes surent vaincre. Les obstacles naturels qu'il dut surmonter n'étaient pas les moindres ennemis qu'il eût à combattre. « Plusieurs s'ébahirent, non sans cause, comment une si grosse multitude de gens et de chevaux, spécialement l'artillerie, peut passer par ce nouveau chemin, lequel en plusieurs lieux étoit fait de neuf, et avoit convenu trancher des rochers et faire des ponts de bois. Davantage, ledit chemin étoit fort étroit, et n'y pouvoit-on passer qu'un cheval à la fois, et falloit aller l'un après l'autre, et estre la plupart du jour à pied pour descendre les vallées qui estoient grandes et fort droites, tellement qu'un cheval avoit grand peine à descendre : d'autre part y avoit grande multitude de gens, et les lieues estoient grandes, en sorte que ce qu'ils en pouvoient faire en un jour estoit six lieues, encore falloit partir matin et arriver tard : et estoit le

---

[1] Du Tillet, *Histoire de France*.

chemin si haut entre les montagnes, que si un cheval faisoit un faux pas et tomboit, il estoit précipité plus de demie lieue en bas, qui n'estoient que roches et grands torrents d'eaux de neige qui fondoient; lesquels torrents estoient si impétueux, qu'un cheval n'y pouvoit tenir ferme son pied, et avoit convenu faire des ponts de bois auxdites vallées pour passer iceux torrents : outre on ne trouvoit personne aux villages, car les habitants s'enfuyoient au haut des montagnes, et laissoient leurs maisons vides. Il y eut plusieurs chevaux et mulets qui pour la grande presse furent précipités esdites vallées[1]. »

Tout en subissant et en surmontant ces difficultés, François Ier écrivait à ce sujet ce qui suit à Louise de Savoie : « Madame, ce quy me gardera de vous fère une longue lettre, sera que je monte à cheval, pour la trète qu'avons à fère, pour parfère le demeurant de la journée, vous assurant que nous sommes dedans le plus étrange pays où jamais fust homme de cette compagnie. Mais demain espère d'estre en la plène de Pyemont avesque la bande que je menne, quy nous sera un grand plaisir, car il nous fasche fort de porter les armes parmy les montagnes pour ce que la plus-part du temps nous faut estre à pied, et mener nos chevaux par la bride, et croy qui n'aroit veu ce que voyons, seroit impossible de croyre de mener gens de cheval et grosse artillerie comme fesons. Et croyez, Madame, que ce n'est pas sans peine, car si ne fusse arrivé, nostre artillerie la plus grosse fut demeurée. Mais Dieu mercy, je la menne avec moy ou bientôt

---

[1] Bibl. imp., f. Saint-Germ., fr., 080; Mémoires dressés par un secrétaire du chancelier du Prat.

après. Je ne dis rien de la défaite qu'a fête le maréchal de Chabannes, et de la prise de Prosper Colonne, ny aussy du lèvement du siège de Susse, remettant tout sur le grand mestre. Vous avysant que fesons bon guest, ne sommes qu'à cinq ou six lieues petites des Suisses : et sur ce point vous va dyre bonsoir,

Votre très-humble et obéissant fils.

FRANÇOIS. »

Antoine du Prat partageait ces fatigues ; il avait suivi le Roi avec nombre de grands seigneurs et de vaillants capitaines, qui ne rapportèrent pas tous dans la patrie les lauriers que tous du moins, vivants et morts, cueillirent en cette expédition.

Ce fut alors que la ville de Milan non moins effrayée de ses prétendus protecteurs, les Suisses, qu'elle avait reçus dans ses murs, que de l'approche de cette armée conquérante, dépêcha vers le Roi des députés pour s'excuser d'avoir ouvert ses portes à de tels hôtes et de n'avoir point envoyé des vivres comme il lui était enjoint. Elle ajoutait à ces explications des serments de fidélité que le joug des Suisses ne lui permit pas de tenir.

« Puis le pape envoya au Roy, vers le même temps, l'évêque de Tricarie, Louis de Canossa, avec un bref par lequel il demandoit paix, amitié et confédération : il constituoit pour ses procureurs généraux monsieur le duc de Savoye et ledit évêque de Tricarie. Le Roy commit monsieur le chancelier pour traiter et conclure avec eux, et furent trois ou quatre mois pour accorder les articles dudict traité. A la fin il fut conclu pour par iceluy avoir bonne paix, indissoluble amitié et confédération entre le pape et le Roy, moyennant que le pape rendroit audit seigneur les cités de Parme et de Plaisance, estant du duché de Milan, et iceluy seigneur donneroit au magnifique Julien de Médicis, frère de notre saint-père le Pape, et mary de Mlle Philiberte de Savoye, sœur du duc de Savoye, la duché de Nemours, sa vie durant, avec grosse pension, et si donneroit pension au magnifique Laurent de Médicis, nepveu de nostre saint-père, et plusieurs autres articles qui furent couchés audit traité[1]. »

Le Roi, continuant sa marche triomphante et redoutée, entra dans Turin, où il ne passa que deux jours. Il fit mander au duc de Savoie par le chancelier du Prat et par le sire de la Tremoille, « qu'il vouloit qu'il le rejoignist et suivist, pour ce qu'on se doutoit qu'iceluy duc usast de simulation : ce que fit ledit duc de Savoye, obéissant au mandement du Roy[2]. »

[1] Bibl. imp., f. Saint-Germ., fr., 980 ; Mémoires dressés par un secrétaire du chancelier du Prat.
[2] *Id., Ibid.*

CHAPITRE XVI.

Marche triomphante du Roi. — Bref du pape au chancelier du Prat.
— Bataille de Marignan.

François Ier ne tarda pas à entrer dans Pavie. Là il reçut du pape un bref qui le comblait de ses bénédictions et de ses prévenances, un bref rempli de témoignages de confiance en sa religion et de louanges à l'occasion du traité qui venait d'être conclu. Puis, quelques jours après, l'évêque de Tricarie en remit un autre au chancelier du Prat, inspiré par les mêmes sentiments et rempli des termes de la gratitude pontificale pour l'appui qu'il avait donné au saint-siége auprès de François Ier[1].

Ce fut encore durant le séjour de François Ier à Pavie qu'il reçut du sieur de Selliers, son ambassadeur à Rome, des lettres « par lesquelles il l'informoit que le pape et le concile de Latran avoient décerné une citation péremptoire et finale audit seigneur et à l'église gallicane, pour venir alléguer causes pour lesquelles la pragmatique ne devoit être abrogée. Sur quoy le

[1] Bibl. imp., f. Saint-Germain, fr., 980 ; Mémoires dressés par un secrétaire du chancelier du Prat. — *Voir* le n° 4 de l'*Appendice* à la fin du volume.

dit seigneur manda au sieur de Selliers que de bref enverroit ambassadeur devers le pape, pour deffendre icelle pragmatique, ou que, au lieu d'icelle, on fît un concordat qui fut proffitable pour l'eglise gallicane[1]. »

Ainsi tombent les reproches dont le Roi et le chancelier furent écrasés à ce sujet. D'autres et d'irrécusables témoignages de l'opposition que François Ier et son ministre tentèrent d'apporter à l'abrogation de la pragmatique prendront place en leur lieu. Dès lors il demeure acquis que la volonté du pape prévalut sur celle du souverain et sur les efforts d'Antoine du Prat. Ils se soumirent à cette volonté en la modifiant et en la rendant aussi favorable que possible à l'indépendance de la couronne et du pays, à la majesté de l'Église de France. Leurs louables motifs en subissant cette volonté et l'imposant à leur tour aux grands corps qui se révoltaient contre elle, étaient le désir de la paix, l'amour de la foi, la résolution de demeurer uni au saint-siége. Telles furent les causes qui, plus tard, inspirèrent au chancelier l'éloquence et l'inflexible énergie qu'il déploya au nom du Roi. Une fois liés par des traités, par sa parole, par des serments envers le souverain pontife, ce Roi très-chrétien et chevalier ne pouvait, sans mentir à son caractère et à son titre, sans abaisser sa couronne, sans amoindrir le prestige de son autorité, renoncer pour des clameurs et pour des haines à des traités qu'il avait repoussés d'abord dans son amour pour le pays, et que le même dévouement lui fit plus tard jurer et soutenir.

Toujours avançant et combattant, le Roi et le chan-

[1] Bibl. imp., f. Saint-Germ., fr., 980; Mémoires dressés par un secrétaire du chancelier du Prat. — *Voir* le n° 4 de l'*Appendice* à la fin du volume.

celier du Prat, par ses ordres, s'occupaient ainsi de tous les besoins du royaume, et les dangers de la campagne n'éloignaient point leurs regards et leurs soins des autres intérêts de la France.

Durant les marches et les campements qui précédèrent la bataille de Marignan, les périls qu'amène l'imprudence, ou peut-être même ceux que concerte la trahison, menacèrent les chefs de l'armée, ceux du conseil et ceux de l'action. « Au camp près de Verceil, le feu fut mis au logis de M. de Vendosme et brusla la plus grande partie du logis et de celuy de monsieur le chancelier qui estoit joignant. A cause du feu il y eust plusieurs de la cour qui y perdirent de leurs biens et leurs chevaux [1]. »

Puis, comme en toutes guerres, les surprises et les embûches jouèrent leur rôle ; et, dès le début de cette campagne, Antoine du Prat faillit tomber, ainsi que Thomas Bohier, son parent, entre les mains des Suisses que le cardinal de Sion animait pour la bataille. « Thomas Bohier, général de Normandie, avoit la principale charge de faire venir vivres au camp. » Il approchait la personne du Roi, ses conseils avaient l'influence méritée par ses importantes fonctions et par sa sagesse reconnue. « Ledit général de Normandie se porta toujours vertueusement et prudemment en ladite charge [2]. » Mais il n'en soutint pas longtemps le fardeau, et il survécut peu au danger qu'il avait partagé avec Antoine du Prat, « la peste ayant atteint luy et autres gens de bien, sous les murs de Milan [3]. »

---

[1] Bibl. imp., f. Saint-Germ., vol. 980 ; Mémoires dressés par un secrétaire du chancelier du Prat.
[2] Id., Ibid.
[3] Journal d'un bourgeois de Paris, p. 149.

Les portes de cette ville allaient bientôt être ouvertes au Roi de France par la victoire de Marignan. Le chancelier du Prat eut part à ce succès, non pas dans la mêlée auprès du Roi, du connétable de Bourbon, du maréchal de Chabannes, de Barthélemy d'Alvianne, qui en furent les vainqueurs; du duc de Chatellerault, du comte de Sancerre, du prince de Tallemont, du sire de Mouy, qui en furent les victimes, et tous également les héros, mais dans les conseils qui la précédèrent et qui la déterminèrent. Durant l'action elle-même, il sut contribuer à sa vigueur et parer aux chances d'un revers par sa diligence et par son sang-froid. La bataille avait déjà longuement duré et la nuit s'était tellement établie, « qu'on ne savoit qui avoit du meilleur ; quand on ne vit plus, tout cessa, ce nonobstant les Suisses ne partirent point du camp, ayant intention le lendemain de recommencer la bataille. Aussy le Roy et toute l'armée demeurèrent la nuit au camp.

» Monsieur le chancelier quand fut averty que le Roy demeureroit toute la nuit au camp, se retira au logis dudit seigneur, et escrivit trois lettres missives au nom d'iceluy sieur :

» L'une au maréchal de Lautrec et bastard de Savoie, qui estoit ambassadeur pour le Roy, les avertissant de la bataille, et qu'ils missent ordre à leurs affaires, afin qu'ils ne fussent point surpris.

» L'autre à Barthélemy d'Alvianne, capitaine général des Vénitiens, afin qu'il se hastast de venir le plus tôt possible pour donner secours, si besoin on en avoit[1]. »

---

[1] Bibl. imp., f. Saint-Germ., fr., 980 ; Mémoires dressés par un secrétaire du chancelier du Prat.

Celle-ci ne fut pas une des moins importantes dans ses résultats. L'Alvianne, averti de la bataille vers minuit, par le courrier que lui avait dépêché Antoine du Prat, accourut, prit les Suisses à dos, et décida la victoire.

« La troisième lettre enfin fut à Louis Dars qui estoit à Pavie, affin qu'il gardast bien ladite ville de Pavie, qui eust esté une retraite si la nécessité y fust, et furent les dites lettres portées, qui servirent très bien [1]. »

Pendant ce temps, le cardinal de Sion, moins brave dans le combat que violent dans le conseil, se tenait en arrière, « ce dont bien luy prist [2]. » Il était revêtu des insignes de sa dignité, et précédé de la croix, qui servait alors entre ses mains bien plus à fanatiser qu'à bénir. « Avant la fin de la bataille, averty que les Suisses avoient du pire, à grande course de son cheval il s'enfuyt et ne s'arrêta nullement à Milan, ne alla en son pays de Suisse, mais prit chemin droit aux Allemagnes, par devers l'empereur Maximilian [2]. »

Ainsi furent anéantis par la mort et par la fuite, après toutefois une bataille acharnée, ces montagnards si confiants en leurs forces, si résolus à la victoire, « qu'avant de partir pour Milan, ils avoient délibéré, ne prendre aucun prisonnier, excepté le Roy luymême, mais tuer tout [2]. »

Dans ses succès, comme plus tard dans ses revers, les pensées du Roi se portaient d'abord vers Louise de Savoie, sa mère. « Il escrivit lettres à Madame, régente en France, narratives de la bataille, aussy la

---

[1] Bibl. imp., f. Saint-Germ., fr., 980; Mémoires dressés par un secrétaire du chancelier du Prat.

[2] Id., ibid.

signifia aux princes chrétiens, et fit escrire aux bonnes villes de son royaume, affin de remercier Dieu d'icelle belle victoire.

« Le Roy d'Angleterre, quand reçut les lettres que le dit seigneur luy escrivoit, contenant la ditte victoire, lesquelles luy furent présentées par messire Robert de Bapausme, ambassadeur du Roy, après qu'il les eust lues, fit semblant qu'il en estoit content ; toutefois sa contenance démontroit le contraire, et avoit les yeux rouges comme s'il eust volonté de pleurer [1]. »

Le maréchal de Trivulce, héros déjà de dix-sept batailles, appelait celle de Marignan un combat de géants, ne voulant plus laisser à ses autres faits d'armes que le nom de jeux d'enfants. Les portes de Milan s'ouvrirent alors à l'armée française. Maximilien Sforce, qui s'était enfermé avec quelques débris des Suisses dans le château, craignit une trahison de ses défenseurs : il préféra un traité à la résistance. Il inclina ses prétentions devant les droits du Roi, et lui livra, avec le château de Milan, celui de Crémone qu'il possédait encore. Moyennant une pension de soixante mille ducats, il consentit à se fixer en France, et à s'y faire non pas le sujet, mais le captif du Roi.

Immédiatement après la bataille, le Roi s'était fait armer chevalier par Bayard, puis reportant sa pensée des satisfactions de la gloire aux soins de l'ordre et de la paix qu'il voulait faire renaître, il nomma Antoine du Prat chancelier du duché de Milan.

---

[1] Bibl. imp., f. Saint-Germ., fr., 980 ; mémoires dressés par un secrétaire du chancelier du Prat.

CHAPITRE XVII.

Organisation de la conquête. — Le chancelier du Prat nommé comte de la Valteline. — Préliminaires de l'entrevue du pape et du Roi.

Sitôt que François Ier fut vainqueur, il devint, comme le deviennent toujours la puissance et la fortune, l'objet de l'empressement et des félicitations de tous ceux qui craignaient sa force, ou qui convoitaient ses faveurs. Les plus fières républiques et les plus nobles princes d'Italie arrivèrent ou se firent représenter auprès de lui. Les ambassadeurs de Gênes lui remirent les clefs de cette ville : ceux de Venise lui apportèrent en grand triomphe les compliments de la seigneurie. La marquise de Montferrat et quelques autres grandes dames accoururent aussi en toute hâte, et plaidèrent par leurs grâces et par leur beauté les causes de leurs familles, de leurs fortunes, de leurs petites souverainetés, plus ou moins compromises ou menacées. Le pape Léon X, effrayé de voir la route de Florence, celle de Rome, peut-être, ouvertes aux armées victorieuses, renouvela ses ambassades. Par l'entremise du magnifique Laurent de Médicis, son neveu, il conjurait François Ier de confirmer la conférence que, déjà quelques jours plus tôt, il avait promis à d'autres envoyés d'accepter à Bologne.

Mais au milieu de ces solennités et de l'organisation nouvelle que le Roi voulait donner à son duché, des bruits de peste se répandirent. On disait la contagion établie près du château qu'habitait François Iᵉʳ. Il dut partir, sans s'éloigner toutefois, et « il laissa dans Milan monsieur le connétable, pour donner ordre aux affaires de la guerre, et monsieur le chancelier pour les affaires de la justice et pour instituer le sénat de Milan...

« Il le composa d'un certain nombre de seigneurs, tant français qu'italiens, et tous autres officiers, ainsy qu'il avoist accoutumé d'estre tenu du temps du feu Roy Louis, dernier décédé, et fut envoyé quérir messire Jean de Selve, premier président au parlement de Bourdeaux, pour être vice-chancelier de Milan [1]. »

Jean de Pins, qui avait suivi le Roi en Italie, « aussi vraiment estimé de son maître, qu'il l'avoit toujours été de son premier ministre, et qui avoit pleinement justifié l'idée avantageuse qu'Antoine du Prat avoit donnée de lui à sa Majesté [2], » fut un des sénateurs nommés à cette époque.

« Aussy, durant ce temps, y eut quelques compositions, faictes par messieurs les connétables et chanceliers de France au nom du Roy, avec les habitants de Milan, par laquelle ceux de Milan estoient tenus payer grosse somme d'argent pour les grandes rébellions et désobéissances qu'ils avoient commises : en outre, quelques habitants de la ditte ville devoient

---

[1] Bibl. imp., f. Saint-Germ., fr, 980 ; Mémoires dressés par un secrétaire du chancelier du Prat.

[2] *Mémoires pour servir à l'histoire de Jean de Pins*. p. 31 et 34.

demeurer à la volonté du Roy, pour faire d'eux à son plaisir.

« Puis cet ordre établi, les connétable et chancelier allèrent trouver le Roy, pour luy faire rapport de la composition qu'ils avoient faitte avec ceulx de Milan, et pour quelques autres affaires [1]. »

Le jeune Roi ne tarda pas à quitter une retraite que la prudence lui avait conseillée, mais que n'avait pas choisie une timidité qu'il ne connut de sa vie, que n'avait pas même indiquée cette volupté qu'il écouta trop souvent et qui du moins ne le détourna jamais de l'honneur. Il revint à Milan, et là, en récompense des services nouveaux que lui avait rendus Antoine du Prat, il le nomma comte de la Valteline : titre et faveur que les historiens et les généalogistes semblent avoir ignorés, mais que constatent des lettres authentiques adressées vers cette époque au chancelier par les évêques de Meaux et de Saint-Malo, par Raoul Hurault seigneur de Cheverny, secrétaire du Roi, et par Auguste Pavigarola [2]. Elles témoignent les unes par la gravité de leurs auteurs, les autres par les détails d'administration donnés à Antoine du Prat de la réalité de ce titre, et de l'importance des droits attachés à cette possession. Il y a plus encore : les archives impériales conservent le titre de la donation [3]. Le Roi fait abandon au chancelier du Prat, à perpétuité, à lui et ses descendants à l'infini du comté de la Valteline avec ses villes et villages. Il le décharge de toute redevance

---

[1] Bibl. imp., Saint-Germ., fr., 980; Mémoires dressés par un secrétaire du chancelier du Prat.
[2] A. J. M. M., 1995, n°s 71 et 72. *Voir* le n° 5 de l'*Appendice* à la fin du volume.
[3] Bibl. imp., f. Dupuy, n°s 538 et 578.

envers lui ; il le délivre de toute juridiction et contribution auxquelles auraient pu prétendre soit le duché de Milan, soit la ville de Côme ; il remet au chancelier tous les droits de souveraineté. Les termes de louanges et d'affection inusités dans lesquels cet acte est conçu ne peuvent être indiqués par l'analyse. Nous le reproduisons plus loin *in extenso*. Si dans le cours de sa vie, le chancelier ne se prévalut pas de tels priviléges, il le faut expliquer par le peu de durée de la domination française dans ces vallées. Les Français en furent débusqués fort promptement. Le traité de 1516 rendait aux Suisses cette petite contrée de la Valteline. Il semble naturel dès lors que le chancelier du Prat ait laissé tomber ce titre et ne l'ait point repris depuis. Quelque peu durables que furent pour lui cet honneur nouveau et ces avantages, il est important de les relever en passant. La consécration de ce souvenir est un hommage de plus rendu à la mémoire du Roi qui savait récompenser sans mesure, elle est un tribut nouveau payé à la mémoire du ministre qui se dévouait sans réserve et méritait de pareils bienfaits. Ainsi le comprirent sans doute les descendants du chancelier qui jusqu'à la dernière génération se parèrent de ce titre et s'honorèrent de ce souvenir avec une fidèle reconnaissance. L'une des cloches de l'église de Viteaux porte encore cette inscription : « L'an mil sept cent soixante-dix-neuf, *sancte Germane ora pro nobis*, j'ai eu pour parrain haut et puissant seigneur Augustin-Jean-Louis-Antoine du Prat, comte de Barbançon, *comte souverain de la Valteline*, baron de Viteaux et de Clessy, châtelain de Formeries, gouverneur du Valois et de Villers-Coterets, Coucy et Noyon, capitaine des chasses de la capitainerie royale et maître des eaux et forêts de Villers-Coterets, premier veneur et conservateur général des chasses de son altesse sérénissime monseigneur le duc d'Orléans,— et pour marraine, haute et puissante dame Marie-Charlotte-Françoise-Xavier de Nantouillet (Lallemant), épouse de haut et puissant seigneur Yves-Marie de Sourches comte de Montsoreau, mestre de camp du régiment de royal-cravattes. J'ai été bénie, etc. [1]... »

Cette inscription religieuse et solennelle, en date des dernières années du dernier siècle, prouve une fois de plus que malgré le dédain des historiens pour le don du Roi François Ier, dont les conséquences furent si passagères, son bienfait n'en avait pas moins reçu le caractère d'un acte sérieux et réel, dont le souvenir s'était prolongé à travers les siècles et malgré l'oubli général.

Ce fut après avoir reçu cette munificence nouvelle qu'Antoine du Prat, le maréchal de Lautrec, le sire de la Trémoille, Guillaume de Gouffier seigneur de Bonnivet, et Jean de Pins, qui l'année suivante devait être nommé ambassadeur à Venise, furent envoyés à Bologne pour répondre aux avances de sa sainteté, pour entendre de nouveau ses vœux au sujet de son entrevue avec François Ier, pour régler les conditions et le cérémonial qui devaient l'accompagner. « Pour accorder avec les commis de notre Saint-Père de la forme et de la veue, et comme pendant icelle les gens d'un côté et d'autre se maintiendroient afin qu'il n'y eust débastre question [2]. » Un traité politique précéda toutes ces discussions; ses conditions ne furent pas aussi

---

[1] M. Beaune, *Monographie inédite de l'église de Vitcaux*. Msc. communiqué.
[2] Bibl. imp., f. Saint-Germ., fr., 980; Mémoires dressés par un secrétaire du chancelier du Prat.

dures que le pape en avait la crainte. « François élevé dans le principe d'attachement et de respect envers le chef de l'Église (et n'est-il pas honorable de rappeler ici qu'Antoine du Prat avait été son précepteur), se contenta de recouvrer Parme et Plaisance et d'assurer les droits du duc de Ferrare. Loin de renverser la grandeur des Médicis, il les prit sous sa protection et les maintint à Florence. Il combla Julien et Laurent de nouvelles grâces. Le chancelier avait la conduite de ces négociations[1]. »

[1] M. Garnier, *Histoire de France*.

CHAPITRE XVIII.

Entrevue du pape et du Roi à Bologne.

Le 11 décembre de cette année 1515, qui déjà avait amené de si grandes choses pour la gloire de François Ier, ce prince « ayant douze cents hommes d'armes et six mille lansquenets pour sa garde[1] » traversa triomphalement ses villes de Parme et de Plaisance et celles de Regge et de Modène.

Les cardinaux de Fiesque et de Médicis avaient été recevoir le prince aux frontières des États de l'Église. « Là où, dit Florange, plus de trente cardinaux vindrent au devant de luy. Et sans point de faulte le pape luy fist tout l'honneur qui luy estoit possible, où il vouloit bien avoir son amitié, et ainsy faisoit le Roy de la sienne. Le Roy vint jusques à Bologne en ce triomphe, et feust son entrée merveilleusement belle, toujours en armes[2]. » Le pape l'avait précédé de quelques jours; il fut accueilli « par tous ceux de la ville en bon ordre, après tous les officiers et domestiques du souverain pontife et d'avantage, par vingt-deux cardinaux tous

[1] Fleuranges, *Mémoires*, ch. 53.
[2] *Id., Ibid.*

habillés en leur pontificat, et aux carrefours de la dite ville par où ledit sieur passa, il y avoit des arcs triomphants à la mode d'Italie, avec force de vers dits à la louange d'iceluy sieur, lequel vint loger au pallais où étoit logé le pape[1]. »

Ce n'étaient assurément point là les préludes d'une entrevue altière du côté de Rome et servile du côté de la France, comme quelques historiens se sont plu à l'insinuer[2]. L'habileté et la dignité réciproques ne se démentirent en aucun des actes de cette solennelle rencontre. Le fils aîné de l'Église se souvint de sa couronne en fléchissant le genou devant le père des fidèles : sa foi n'enleva rien à sa dignité. Le Français, le Roi, le vainqueur, se retrouvèrent encore dans le chrétien.

« Après le dîner, environ trois heures, » les officiers du pape vinrent chercher le Roi pour le conduire au consistoire. Il était vêtu d'une longue robe de drap d'or fourrée de martre zibeline ; le duc de Bourbon, connétable de France, les ducs de Vendôme et de Lorraine, le comte de Saint-Pol, le chancelier du Prat, le comte de la Guiche, les seigneurs de la Trémoille, de Lautrec, maréchal de France, de Gouflier, seigneur de Boisy, grand-maître de France, et plusieurs autres seigneurs, vêtus de drap d'or et d'habits précieux, accompagnaient le Roi. « Le pape tenoit le consistoire avec les cardinaux, et y estoient tous les ambassadeurs résidents en cour de Rome, chacun assis en son ordre. Nostre saint-père estoit en sa chaire pontificalle vestu de tous ornements papaux, et son thiarre

[1] Bibl. imp., f. Saint-Germ., fr., 980; Mémoires dressés par un secrétaire du chancelier du Prat.
[2] M. le comte Rœderer, *Louis XII et François I*er*, t. 2.

en tette. Le Roy quand fust entré en laditte salle vint pour baiser les pieds du pape, lequel le prit par la main et le baisa en la bouche [1]. » Le Roi prit place sur un siége magnifique à la droite de sa sainteté. « Et avoit ledict pape bien la mine d'estre ung fort honnête homme de bien, et estoit homme fort craintif, et si ne voyoit pas fort clair, et aimoit fort la musique... Et fist merveilleusement grand chère au Roy et logèrent ensemble en ung logis [2]. »

Le chancelier fit alors un discours en l'honneur du saint-siége et à la louange des Médicis : « l'orateur proclamait les titres de Rome à l'amour et à la reconnaissance du royaume de France. C'étoit en même temps une profession de foi du Roi très-chrétien envers l'autorité de l'Église [3]. »

Il était beau d'entendre le jeune vainqueur de Marignan s'écrier par la bouche de son chancelier : Très-saint-père, l'armée du Roi très-chrétien est à vous, disposez-en à votre gré. Les forces de la France sont à vous, ses étendards sont les vôtres. Léon, voici devant vous votre fils dévoué [4]. *Tuus à religione, tuus à jure, tuus à more majorum, tuus consuetudine, tuus voluntate : et quem non minus re et opere quam verbis et oratione invenies, nec minus brachio quam lingua pugnacem experieris. Excipe, etiam beatissime pater, Gallos omnes devotissimos filiolos tuos, qui ea mente animas et corpora sanctitati tuæ commendant, qui te promptissimo et lætissimo corde in pastorem accipient, et quid-*

---

[1] Bibl. imp., Saint-Germ., fr., 980 ; Mémoires dressés par un secrétaire du chancelier du Prat.
[2] Fleuranges, *Mémoires*, C. 53.
[3] Audin, *Histoire de Léon X*, p. 408.
[4] Artaud de Montor, *Histoire des souverains pontifes Romains*, t. 4, p. 35 et 36.

quid habent aut virium aut facultatum, antè scabellum pedum tuorum deponent[1]. Langage généreusement inspiré, éloquemment prononcé, noblement approuvé par l'assentiment du prince et la réponse du pontife. Il était, dans sa conclusion, l'hommage d'un dévouement filial du Roi à Léon X, la consécration de la France entière à la défense et à la protection de la foi.

« Les dites oraisons finies, le pape baisa de rechef le Roy ; après tous les princes, conséquemment le chancelier se leva de son siége, et prit ledit sieur par la main, le mena en sa chambre qui estoit près de la ditte grande salle du consistoire, et en allant bailla à porter la queue de sa chape au sieur de Boisy, grand maistre de France : et quand furent en ladite chambre, après plusieurs devis, iceluy sieur pria notre saint-père le pape que son plaisir fut conserver la pragmatique sanction, ce que ne voulut rien accorder, mais dit qu'estoit content qu'au lieu d'icelle pragmatique, on fit un concordat qui fust semblable : et pour faire ledit concordat notre saint-père commit les cardinaux d'Anconne et de Santi Quatro, et le Roy commit monsieur le chancelier[2]. »

« Le lendemain matin, dit Fleuranges, le pape chanta la messe en la plus grande pompe que jamais pape la chanta, car monsieur de Lorraine et tous les princes du royaume de France le servoient à la messe, et y estoient les chapelles du pape et du Roy, lesquelles il faisoit bon ouïr, car c'étoient deux merveilleusement bonnes chapelles ensemble, et chantèrent à l'envi. Et quand ce vint à la fin de le messe, le pape donna à

---

[1] Bibl. imp., f. Saint-Germ., fr., 980 ; Mémoires dressés par un secrétaire du chancelier du Prat.
[2] *Id., Ibid.*

recevoir Dieu au Roy et à tous les princes de France. Et la messe faicte, le pape et le Roy dinèrent ensemble, et s'engendra entre eux une telle amitié et si grande, qu'ils estoient souvent enclos, eux deux en une chambre, devisant de leurs affaires. Et donna le pape au Roy une vraye croix longue d'un pied, des plus belles que je vis, et lui donna le jubilé toutes fois qu'on porteroit la procession de Sainte Croix en septembre pour ce que le même jour il avoit gagné la bataille [1]. »

François Ier donna neuf jours aux affaires de l'État et aux ratifications de sa nouvelle alliance, dans laquelle l'amitié semblait prendre la place de la politique. La veille de son départ le pape célébra de nouveau la messe en sa présence, en « la grande église qui est devant le pallais, et commença ladite messe environ midy, et finit à quatre heures du soir. Nostre saint-père donna pardon général à tous vrays repentants qui oyroient icelle messe [2]. »

François Ier prit alors congé de Léon X. Il le quitta, comblé de grâces spirituelles et temporelles, et parmi ces dernières figurait l'autorisation de lever des subsides sur les biens ecclésiastiques de France.

Infatigable dans ses religieuses et chevaleresques complaisances pour le souverain pontife, François Ier offrit au pape ses vaisseaux contre les corsaires qui infestaient les côtes des États de l'Église, protection qu'il renouvela encore au printemps de l'année 1517[3]. Avant de s'éloigner, il profita de ses titres de vainqueur

---

[1] Fleuranges, *Mémoires*.
[2] Bib. imp., f. Saint-Germ., fr. 980; Mémoires dressés par un secrétaire du chancelier du Prat.
[3] M. Charrière, *Négociations du Levant*, t. 1, p. 25.

et d'arbitre en Italie pour consolider en Toscane la maison de Médicis. Il la mit en possession du duché d'Orbin. Enfin il prépara dès lors et procura en 1518 le mariage de Laurent de Médicis, neveu de Léon X, avec Madeleine de la Tour. Cette princesse, sœur de la duchesse d'Albanie, nièce de Gilbert de Chabannes, baron de Rochefort, seigneur de Curton, tenait de près à la maison de France par Jeanne de Bourbon, sa mère. C'est de cette union que naquit Catherine de Médicis, qui fut reine de France, et que les bienfaits de François Ier pour sa famille destinaient à devenir belle-fille de ce prince.

CHAPITRE XIX.

Négociations au sujet du concordat, le chancelier du Prat les dirige.

En quittant le pape et Bologne, où le chancelier avait éclairé tous les conseils par son intelligence et dirigé toutes les négociations par son autorité, le Roi laissa Antoine du Prat pour suivre en son nom les travaux du concordat. Toutefois l'on peut répéter ici que si le chancelier dut céder enfin aux considérations impérieuses qui dès lors tracèrent sa conduite, et qui, dans la suite, dictèrent son langage, ce ne fut pas sans défendre encore la pragmatique sanction par de nouveaux et de suprêmes efforts. Bien que vicieuse dans son origine et défectueuse dans son application, elle avait pour elle l'attachement ardent des parlements et de l'université, dont le concours avait aidé sa naissance; du clergé, qui avait obtenu son élévation, ou qui l'espérait encore, grâces à ses règlements; des écoles fanatisées alors pour tout ce qui donnait matière à la fermentation et aux perturbations publiques; des populations enfin, étrangères à ses avantages, mais que l'habitude et des influences actives intéressaient à sa conservation.

En présence des nécessités que l'amour de la paix et le zèle de la foi imposèrent alors, il fallut abandonner une défense devenue impossible et dangereuse, et militer pour l'établissement d'une institution prochaine, en se pénétrant des périls de l'institution passée : proclamer les uns, célébrer les autres après les avoir compris ; rendre la parole interprète et l'autorité complice de la nécessité plus que du désir ; enfin se disposer à appuyer près des corps récalcitrants la nouvelle loi, à la leur imposer au besoin après l'avoir obtenue et rendue favorable autant que possible au bien de l'Église et aux droits sacrés de la France. Le Roi acceptant les inspirations du chancelier, et le chancelier se conformant aux ordres du Roi, abandonnèrent la pragmatique qu'ils avaient commencé par soutenir ; mais ils ne laissèrent perdre à la couronne de France aucun de ses avantages, à l'Église de France, rien de sa juste et vraie liberté. Celle-ci devint par les lois nouvelles moins troublée, moins agitée pour l'élévation de ses hauts dignitaires ; mais non pas moins digne ni moins indépendante dans son gouvernement.

La pragmatique sanction, ce premier code des libertés de l'Église gallicane [1], fut définitivement abrogée dans ces nouvelles conférences, dont il serait trop long de suivre pas à pas les travaux. Les papes l'avaient toujours attaquée et condamnée, jugeant « qu'elle livrait l'Église de France aux brigues, à la violence, aux simonies [2]. » Ce règlement célèbre, tiré des conciliabules du concile de Bâle et corollaire de ses décrets non moins que de ceux du concile de Constance [3], avait

---

[1] Anquetil, *Histoire de France*.
[2] Audin, *Vie de Léon X*, p. 418.
[3] Artaud de Montor, *Histoire des souv. pont.*, t. 3, p. 334.

été adopté sous le règne de Charles VIII, malgré les anathèmes et les résistances d'Eugène IV. A son exemple, ses successeurs maudirent la pragmatique sanction à l'égal d'une hérésie. *Qui deinceps fuere pontifices romani, non secus ac perniciosam hæresim execrati sunt*[1].

Le pape Pie II surtout la poursuivit de tout son pouvoir et de toute sa haine, l'appelant « une tache qui défigure l'église de France, un principe de confusion dans la hiérarchie ecclésiastique [2], » et se plaignant amèrement que, malgré la plénitude de la juridiction spirituelle attachée à son souverain pontificat, il n'eût plus en France d'autre pouvoir que celui qu'il plaisait au parlement de lui laisser.

Lorsqu'en 1461 mourut le Roi Charles VII, le Roi Louis XI son fils, peu soucieux de la mémoire de son père et des institutions qu'il avait fondées ou défendues, promit au pape, sur ses instances et selon ses propres intérêts et penchants, l'abolition de la pragmatique[3]. Pie II, le félicitant de cette résolution, lui mandait « que cette action était la plus sainte et la plus glorieuse qu'il pût faire, et qu'elle le mettait au rang des Constantin, des Théodose, et des Charlemagne. » Le Roi Louis XI, peu fidèle à sa parole, plein de superstition, mais exempt de scrupules, éluda la pragmatique sanction : en d'autres termes, il en omit, ou il en invoqua l'exécution, selon la loi de ses intérêts et l'inspiration de son égoïsme.

Sous les papes Paul II et Sixte IV, qui succédèrent

---

[1] Robert Gaguin.
[2] M. l'abbé Guettée, *Histoire de l'église de France*, t. 8, p. 13.
[3] Æneas Sylvius, *Epist.*, 387.

à Pie II, la pragmatique sanction fut encore l'occasion de bien des dangers et de bien des luttes. Louis XI, proposant en 1472 un concordat nouveau dont les bases se rapprochaient de celui qui fut adopté sous le règne de François I*er*, rencontra les oppositions du parlement et de l'université. Sa force, qui naissait de sa ruse plus que de son audace, qui demandait le succès à l'habileté et à la patience, plus qu'à la lutte, à la franchise et à la promptitude, s'inclina devant leurs remontrances. Il espérait ainsi s'être acquis toutes les reconnaissances, celle du parlement et de l'université par ses condescendances, celle du pape par le témoignage de son bon vouloir. Il comptait se ménager le droit et la chance de plaire au souverain pontife, lorsqu'il éluderait la pragmatique, obéissant en secret à ses intérêts : de satisfaire le parlement et l'université lorsqu'il l'observerait, suivant encore le même instinct de dissimulation et d'égoïsme.

Mourant bien jeune, après quelques années d'un règne agité par les troubles des Vaudois et par l'expédition de Naples, Charles VIII n'avait point porté de nouveaux coups à la pragmatique sanction, et ne lui avait point prêté de nouvelles forces. Elle avait été plutôt oubliée qu'observée. Au milieu des luttes ardentes qui avaient rempli ce règne, ces questions s'étaient assoupies, et l'amour du parlement, comme l'aversion des papes pour la pragmatique, avaient laissé tranquille l'indifférence du souverain à ce sujet, en présence d'autres dangers et d'autres besoins.

En 1498, Louis XII succédait à son beau-frère sur le trône : en 1503, Jules II remplaçait sur le saint-siége Alexandre VI. Les querelles à l'occasion de la pragmatique reprirent alors avec une animosité toute nouvelle. A son avénement au trône, Louis XII avait confirmé cette loi. Le parlement veillait soigneusement à son observation. Louis XII et l'empereur Maximilien, irrités contre le pape qui s'était déclaré leur ennemi, avaient réuni un concile à Pise, pour la réforme de l'église dans son chef et dans ses membres. Le pape, après avoir dégradé les cardinaux qui avaient prêté leur ministère à cette convocation, se hâta d'indiquer un autre concile à Latran, en lui donnant les mêmes intentions réformatrices, et pour parer le coup que devait lui porter le concile de Pise, contre lequel il protesta vivement.

Un des soins les plus empressés de Jules II fut d'attaquer la pragmatique sanction, et dans la quatrième session du concile de Latran on lut les lettres du Roi Louis XI au pape Pie II qui promettaient son abrogation : on rappela les actes de son règne qui l'avaient supprimée ou rétablie, suivant la nature de ses relations avec Rome ; on décerna un monitoire contre les défenseurs de la pragmatique, qu'ils fussent rois, princes, évêques ou magistrats, pour comparaître au concile dans l'espace de soixante jours. Le souverain pontife poussa même les excès de la rigueur jusqu'à excommunier peu après le Roi Louis XII.

A la cinquième session du même concile, le monitoire fut renouvelé ; mais dans cet intervalle, le pape Jules II, cité lui-même à un autre et plus souverain tribunal, rendait compte au juge infaillible des actes de son pontificat et de son règne.

Le pape Léon X lui succéda, portant sur le trône avec le zèle de la religion cet amour des lettres et des arts qui devait le rapprocher de la France où ils s'apprêtaient à renaître peu d'années après sous les auspices de François I*er*, qui fut leur protecteur et leur père. Léon X présida la sixième session du concile de Latran, et ne manqua pas de conseillers qui voulurent le porter aux dernières extrémités contre les Français contumaces qui n'avaient point répondu à sa citation. Il écouta la douceur de sa nature plus que la colère et l'orgueil du pouvoir, plus que l'exemple de ses prédécesseurs. Il mit autant de persévérance que Jules II à l'abolition de la pragmatique, mais il apporta plus de modération dans ses moyens. Il s'efforça de gagner la France par son adresse et par sa mansuétude. En effet, le Roi Louis XII, vaincu ou plutôt attiré par elles, envoya des ambassadeurs déclarer qu'il renonçait au concile de Pise, et qu'il adhérait à celui de Latran, à condition que les cardinaux Briçonnet, Carvajal et Borgia, dégradés par Jules II, seraient rétablis, et que tout ce qui avait été fait contre son royaume serait annulé. On lui promit ces réparations. Les trois cardinaux firent leur soumission, rentrèrent dans leurs honneurs et le concile de Latran ne rencontra plus d'obstacles.

Telle est en résumé l'histoire de la pragmatique sanction et des différends qui séparèrent à son occasion la cour de Rome de la cour de France, sous tant de Papes et tant de Rois. Tel était l'état des choses lorsque François I*er* monta sur le trône, et lorsqu'il entreprit, avec l'aide d'Antoine du Prat, une conciliation si nécessaire pour prévenir les dangers qu'aurait courus la foi, si la volonté du prince et l'esprit de la nation s'étaient montrés plus longtemps rebelles aux vœux du souverain Pontife.

Cette digression rétrospective n'est pas seulement une lumière jetée sur les événements religieux de la première partie du règne de François Ier, elle est encore une justification des mesures salutaires et énergiques auxquelles le chancelier prêta son habileté et son concours : elle témoigne combien était acharnée la haine que Rome avait jurée à la pragmatique, combien était dangereux, pour le catholicisme, l'isolement dans lequel elle réduisait la France.

Mais en faisant à la volonté pontificale ce sacrifice nécessaire, le chancelier exigea une compensation qui pût donner à l'esprit français des satisfactions légitimes, à la royauté une autorité sage, à l'Église de France une juste et digne indépendance. Ces avantages lui furent contestés. Il déclara ne pas pouvoir s'en départir. Les concessions du Roi son maître étaient à ce prix. De même que plus tard il représenta au parlement et au clergé les dangers de la pragmatique, alors il peignit vivement au souverain pontife les périls auxquels une volonté inexorable en tous points exposait le royaume très-chrétien. L'anathème et l'interdit qui avaient si lourdement pesé sur la France, avaient effrayé et soumis quelques esprits, le petit nombre des élus sans doute ; mais ils en avaient irrité et détaché beaucoup d'autres, et s'il fallait bénir la fidélité des premiers, ne fallait-il pas ménager la faiblesse du grand nombre? Cet anathème et cet interdit ne pouvaient-ils pas en se renouvelant (et trop de rigueur rendrait l'occasion bien prochaine), conduire la France au schisme? L'Église grecque séparée de l'Église romaine, la Bohême ensanglantée par les luttes d'une hérésie bien minime à sa naissance, n'étaient-elles pas de tristes exemples auxquels des esprits turbulents et factieux voudraient se conformer? Faute de quelques concessions qui, d'ailleurs, n'étaient qu'un retour de complaisances, qui de plus ne portaient aucun dommage à la foi catholique de la France, à sa soumission fidèle envers le saint-siége, fallait-il s'exposer à laisser perdre à l'Église le plus beau fleuron de sa couronne? Le chancelier avait obtenu du Roi que la pragmatique fût déchirée, il s'engageait à ce que la France entière acceptât ou subît cette mesure, il prenait sur lui l'odieux et les haines qui devaient injustement et inévitablement rejaillir sur le négociateur : mais il n'était ni dans ses droits, ni dans la justice, ni dans son pouvoir, de priver le pays d'un règlement qui remplaçât la loi ancienne, et qui mît l'Église à l'abri de volontés arbitraires. Ce fut après ces débats « qu'un nouveau corps de discipline fut substitué à la pragmatique sous le nom de concordat[1]. »

En sorte que l'on peut dire en toute vérité que le chancelier du Prat fut l'auteur de l'un, autant que le pape Léon X fut le destructeur de l'autre.

Antoine du Prat, chargé de la mission difficile de concilier les vœux du pays et les désirs du Roi, de consolider l'union de Rome et de la France au prix de sacrifices dont son repos personnel faisait partie, n'hésita pas entre le choix d'un schisme probable ou d'une irritation certaine soulevée contre lui. Il prit pour lui la part des combats et des haines, voulant assurer au Roi et à la nation celle du catholicisme et de la concorde. Tout en défendant successivement les priviléges consacrés par la pragmatique, il céda aux exigences pontificales. Ce qu'il voulait maintenir sinon dans les termes, du moins dans l'esprit, fut parfois défiguré. Les bases de ce nouveau traité étant posées après

---

[1] M. Faye de Brys, *Trois magistrats français au XVIe siècle*.

quelques conférences, le chancelier les porta à Milan où le Roi séjournait, « faysant plus grande chère que jamais¹. » Quelques difficultés demeuraient encore à résoudre : le Roi envoya à Rome Roger de Barme, son avocat-général, Guillaume Briçonnet, évêque de Meaux, qui déjà avait été ambassadeur du Roi Louis XII auprès de Jules II, et qui dès lors aurait rétabli l'harmonie entre ces princes, s'il était donné au savoir, au patriotisme et au dévouement d'obtenir cette paix qui ne descend que d'en haut et dont le ciel seul connaît le secret et amène le moment². Il lui adjoignit dans cette missive son frère, Denys Briçonnet, successivement évêque de Toulon et de Lodève, alors évêque de Saint-Malo³. Le Roi les chargea de suivre les dernières négociations, et de les amener au résultat le plus favorable pour l'Église de France.

Le pape et les cardinaux apportèrent des restrictions nouvelles aux clauses convenues à Bologne. Les ambassadeurs en prévinrent le Roi. En dépit de ces réclamations, la ratification n'eut lieu que conformément aux modifications du pape.

En date du 15 décembre 1516, les deux prélats, auxquels le chancelier avait donné ses instructions et transmis ses pouvoirs, lui adressaient avec douleur les détails de leurs efforts inutiles, et leurs dernières prières.

« Monseigneur, comme verrez par les lettres qu'escrivons au Roy, notre saint-père avoit grand dessein de nous faire aller à la session, et assister aux assemblées qui se font en icelle. Il n'a pu nous gaigner, ne

---

¹ Fleurange, *Mémoires*, p. 53.
² Toussaint du Plessis, *Histoire de l'église de Meaux*, t. 1, p. 364.
³ *Gallia Christiana*, t. 2, p. 674.

plusieurs de messeigneurs révérendissimes et nous maintenir à ce.

» La pragmatique sera abrogée par bulles à part, qui se lyra après la bulle du concordat, qu'ils ont bastie à chaulx et à sable, et toute bouillevardée de censures et fulminations.

» Monseigneur, il nous ennuye de mal ouir et autant de l'escripre, craignans animer le Roy, et que la paix universelle ne s'ensuive, pour laquelle obtenir est nécessaire l'avoir avec notre saint-père, que le Roy sache en toutes les sortes qu'il est possible, et sommes d'advis de dissimuler et passer oultre, car assez avons cogneu que peult ung pape. Nous avons entendu un propos que sa sainteté a tenu à un gros personnage, et luy disant qu'il n'espéroit pas que la paix des Souysses fust de durée, et que à la venue du cardinal de Lyon devers eulx, il avoit moyen de leur faire avoir si gros argent qu'il les peurroit gangnier. Nous avons différé l'escripre au Roy ; vous en ferez comme l'entendrez pour le mieulx ; bien vous advertissons qu'à Dieu seul est de juger de dedans ; mais hormis les parolles qui sont bonnes, assez avons cogneu que quelques nouvelles que ayons apportés à sa sainteté de la paix, soict desdits Souysses, et Empereur, comme les lettres en sont venues sommaires, qu'elle n'y a pas prins grand plaisir, et la démonstration en a esté maigre.

» Monseigneur, nostre seigneur vous doinct très longue et bonne vie. A Rome le xv° de décembre.

» Vos très humbles serviteurs,

» G. *évesque de Meaulx.*
» D. *évesque de St-Malo.*

Quelques jours après, l'événement réalisant leurs prévoyances, Léon X faisait lire dans la onzième session du concile de Latran la bulle qui contenait le concordat, puis celle qui abolissait la pragmatique sanction. L'une et l'autre étaient reçues de l'assemblée tout entière, à l'exception de l'évêque de Tortone en Lombardie. Mais sa voix, sans écho, n'eut d'autres résultats que les satisfactions de sa conscience, égarée peut-être, ou moins convaincue et courageuse.

CHAPITRE XX.

.

Esprit et établissement du concordat. — Obstacles qu'il rencontre.

Ainsi discuté et résolu, le concordat eut désormais pour loyaux avocats ceux qu'il avait eus, en quelques-unes de ses dispositions, pour prudents adversaires. Le Roi lui accorda sa volonté et son autorité, le chancelier l'appuya de son habileté et de son énergie tout entières. Ils en firent une loi salutaire à l'Église de France, en terminant ces discussions qui depuis tant d'années la menaçaient d'une séparation fatale; ils écartèrent ainsi les foudres et les anathèmes suspendus sur la nation, et dont le dernier Roi avait lui-même été frappé. Enfin la couronne en retira le plus auguste des priviléges et le plus insigne honneur, celui de se trouver appelée plus directement encore à soutenir les intérêts de la foi par le concours direct qu'elle prêterait désormais au choix des princes de l'Église.

Le chancelier s'étudia à faire ressortir dans son application ce qu'elle pouvait avoir de salutaire pour la religion, d'avantageux pour la gloire et pour la puissance royales. Mais il n'en devint pas moins l'objet de l'exécration que les institutions nouvelles et courageuses attirent à leurs auteurs. L'inimitié des corps atteints par cette mesure souleva contre lui l'indignation populaire. L'influence de la régente, injustement mêlée à cet acte, fit confondre son nom dans une même ironie avec ceux du pape et du chancelier. On afficha dans Paris les vers suivants :

> Prato, Leo, Mulier, frendens Leo rodit utrumque ;
> Prato, Leo, Mulier, sulphuris antra petant.
> Prato, Leo, consorte carent, Mulierque marito :
> Conjugio hos jungas, Cerberus alter erunt [1].

Le concordat cependant était signé, et, par lui, les chapitres et les abbayes perdaient leur droit d'élection aux évêchés et aux grands bénéfices vacants, droit dont ils se montraient si jaloux, qui formait un de leurs plus beaux priviléges, mais qui souvent dégénérait en abus. Un auteur ingénieux dans son langage, et souvent répréhensible en ses pensées et téméraire en ses reproches, les a longuement énumérés [2]. Sans admettre le nombre et la gravité de ces accusations, il faut reconnaître que l'ambition des familles apportait souvent la perturbation et la rivalité là où la paix et la concorde auraient dû régner sans partage.

Dans les premiers siècles de l'Église, les élections élevaient le mérite, elles n'accordaient rien à la faveur. Les dignités ecclésiastiques étaient encore sans richesses, la cupidité n'y rencontrait pas d'aliments. Mais avec le temps, la piété des fidèles et des Rois avait environné l'autel d'opulence et d'une autorité même temporelle pour accroître sa majesté. Souvent

---

[1] Roseve, *Vie et pontificat de Léon X*, t. 3, p. 66.
[2] Brantôme, *Discours sur François Ier*.

alors, tandis que le mérite et la vertu se renfermaient dans l'esprit humble et pauvre de leur vocation véritable, les passions humaines briguaient et enlevaient les places réservées à d'autres conditions. Des élections contestées pour cause de simonie, avaient plus d'une fois donné naissance à des procès scandaleux. Aucun contrôle ne s'exerçant sur le choix des églises, aucune responsabilité ne résultant pour elles de leurs élections, on avait vu des enfants à peine sortis du berceau, nommés à des prélatures ou à de grands bénéfices par l'adresse et la brigue des familles. On avait vu des pontifes, vénérables d'ailleurs par leurs mérites et par leurs vertus, sûrs des voix de leurs chapitres, usant de l'abus comme d'un droit, disposer de leurs siéges et de leurs bénéfices aussi bien que d'un patrimoine, et rendre purement fictives les élections auxquelles leur mort donnait lieu. Ainsi le grand cardinal d'Amboise avait-il légué par testament son archevêché de Rouen à George d'Amboise, son neveu, à peine âgé de vingt-trois ans... « Et premièrement, je laisse et donne à mondit neveu, mon archevêché de Rouen, mon pontifical et toute ma déferre, laquelle est prisée deux millions d'or, et ensemble les meubles de Gaillon et l'accomodement de la maison tel qu'il est. »

Et pour que le bon plaisir royal ne vînt pas traverser cette singulière munificence, « Sire, écrivait-il au Roi, pour ma dernière requeste, je vous supplie d'accepter mon neveu archevesque de Rouen, fils de monsieur de Bussy, mon frère, et pareillement qu'il vous plaise avoir pour agréable mon testament des biens que j'ai gagnés à votre service [1]. » Mieux valait assu-

---

[1] Aubéry, *Histoire générale des Cardinaux*, t. 4, p. 132.

rément une nomination royale, intelligente et loyale, que cette vaine apparence d'élection. Le concordat mit fin à ces abus. Les sujets nommés par le Roi aux abbayes et aux évêchés devaient avoir atteint un âge suffisant pour que leur science fût aussi éprouvée que leur raison. Il leur fallut encore subir désormais les doctes examens de l'université et satisfaire à ses justes exigences.

L'élection se trouva donc remplacée par la nomination. Celle-ci appartenait au Roi : le pape se réservait l'institution. Double garantie ce semble de religion et de capacité. Ce n'est pas que quelquefois, et surtout pendant le cours d'une régence célèbre, tout ensemble par sa fidélité et par sa licence, des choix scandaleux ne soient venus affliger Rome et la France ; mais ce furent les hasards et les exceptions d'une autorité affaiblie et corrompue. Si tel fut le résultat essentiel du concordat, d'autres dispositions nombreuses et considérables furent encore établies par la même loi. Les causes ecclésiastiques élevées dans les provinces éloignées de Rome de plus de quatre journées, furent jugées sur les lieux, les causes majeures exceptées[1].

L'abus fréquent des appels dans ces mêmes causes entraînait souvent dans les procès des longueurs infinies : elles devaient désormais être jugées dans un délai de deux ans[2].

La législation était adoucie relativement aux excommuniés et aux interdits[3]. D'où l'on peut conclure que le chancelier, si rigoureux et si sévère lorsqu'il

---

[1] Concordat, titulus X.
[2] Concordat, titulus XI.
[3] Concordat, titulus XIV et XV.

s'agissait de la paix de l'Église et de l'ordre dans l'État, adoucissait ses mesures et son caractère lorsque la faute et l'erreur ne causaient qu'un dommage personnel, et n'étendaient point au dehors leur pernicieuse influence.

Des peines étaient infligées aux ecclésiastiques entretenant des concubines[1].

Tels, et bien plus nombreux encore étaient les bienfaits apportés par le concordat : s'il introduisit, par le sort inévitable de toutes les institutions humaines, quelques inconvénients dans le gouvernement de l'Église, ils furent moins graves et moins sérieux que ceux qui disparurent alors, et l'on ne peut pas dire que le clergé formé par son esprit et élevé sous ce nouveau régime ait été moins régulier dans sa discipline, moins dévoué aux gloires et aux libertés du pays que celui des siècles précédents.

Cette loi nouvelle n'entraîna pas l'asservissement de l'Église à l'autorité des princes. Cet assujettissement résulterait d'autres causes. « Est-il bien certain, » dit un auteur malveillant pour tous les actes de ce grand règne, « que le droit de nommer aux bénéfices soit » essentiellement un accroissement du pouvoir royal, » en soit même l'affermissement? C'est le droit de ré- » voquer qui mettrait le clergé dans une étroite dé- » pendance de la couronne[2], » en admettant toutefois que sa conscience élevée ne soit pas la gardienne sûre et sacrée de sa liberté plus encore que son inamovibilité.

Cette grande révolution dans les lois ecclésiastiques

---

[1] Concordat, titulus, XIII.
[2] M. le comte Rœderer, *Louis XII et François I*ᵉʳ, t. 2, p. 144.

fut pour le chancelier du Prat la source de calomnies violentes et de malédictions furieuses qui se répètent encore. Des louanges éternelles devraient cependant lui être accordées pour son courageux concours après sa prudente résistance. Il avait compris son siècle et son pays : il prévoyait les soulèvements que les ambitions trompées, les orgueils froissés, les haines liguées, allaient exciter dans l'État et contre lui. Il les avait estimés peu de chose en comparaison des dangers auxquels un autre choix aurait exposé la France. Tous les sacrifices lui semblèrent préférables à la perte du catholicisme dont la nation serait menacée par plus de fermeté et de résistance contre Rome, à l'anathème tout au moins dont elle serait frappée.

En cette mémorable circonstance comme dans toutes celles de sa longue carrière, le chancelier du Prat, successivement poussé par les nécessités du dehors et conduit par son intelligence personnelle, suivit le système d'unité qu'il s'était constamment proposé. Il diminua les droits rivaux de ceux de la couronne : il croyait impuissants les pouvoirs divisés. Les conflits et les antagonismes ne lui paraissaient engendrer que le trouble et mener qu'à l'anarchie. Son patriotisme et sa foi avaient compris le salut religieux et politique dans l'unité et dans l'autorité.

Par les luttes animées qu'amena le concordat, par les succès qu'Antoine du Prat obtint contre le parlement, contre l'université, contre le clergé lui-même, il devint l'un des plus habiles artisans de l'agrandissement de cette puissance royale commencée sous Charles VII, achevée sous Louis XIV. Il avait conçu et ébauché le plan auquel le cardinal de Richelieu eut la gloire et le génie de mettre la dernière main.

Si l'honneur de son accomplissement ne peut être accordé au chancelier, il eut du moins celui de son entreprise.

L'habile ouvrier qui trace et indique la route est bien pour quelque chose dans les chances du voyageur qui la parcourt et qui atteint son but. Celui qui réunit les matériaux et distingue les éléments ne demeure point étranger au succès de celui qui crée et qui édifie. François Iᵉʳ inaugurait avec l'aide d'Antoine du Prat, le système qu'Armand de Richelieu réalisa avec les vœux de Louis XIV. Le siècle du cardinal-légat fut celui de la lutte, celui du cardinal-ministre fut celui du triomphe : l'un ne va pas sans l'autre, et si l'on exalte le triomphe, il faut applaudir aux luttes qui l'ont préparé.

Le chancelier du Prat obtint une vraie gloire dans le succès d'une pareille négociation, une grande justification dans la durée de son œuvre, dans son développement et dans ses fruits. Il réunit dès lors quelques rares mais nobles suffrages. François de Tournon, archevêque d'Embrun, puis cardinal, prit ouvertement le parti du concordat et du chancelier du Prat. Gabriel de Gramont, successivement évêque de Couserans et de Tarbes, archevêque de Bordeaux et de Toulouse, fut aussi l'un de ses éloquents défenseurs. En 1529, il renonça à l'archevêché de Bordeaux auquel il avait été élu contrairement au concordat, et il n'occupa ce siége qu'après avoir reçu du pape et du Roi la confirmation de son titre. Quelques autres esprits éclairés le soutinrent encore, mais ils furent rares comme le sont toujours les hautes intelligences et les nobles désintéressements.

De justes exceptions furent cependant apportées à

la mesure énergique qui remettait au bon plaisir du pape et du Roi la nomination aux bénéfices. En faveur de l'abbaye de Saint-Alyre, si renommée et si respectée dans toute l'Auvergne, et surtout dans le diocèse de Clermont, auquel elle appartenait, les religieux bénédictins de ce monastère, appuyés auprès de Léon X et de François 1ᵉʳ par le chancelier du Prat, obtinrent, en 1518, des lettres-patentes du Roi, et une bulle du pape qui leur conservait le droit d'élection. Ce privilége fut étendu par la même influence aux couvents de Saint-Sulpice de Bourges, de Saint-Vincent du Mans, de Saint-Martin de Séez et de Chezal-Benoît en Berry, qui, sous le nom de Chezal-Benoît, avaient adopté une réforme dans laquelle ces cinq maisons associées les unes aux autres ne formaient plus qu'un corps [1].

Le concordat, œuvre tout à la fois d'autorité, d'union et de réforme, fut en chacun de ces points opposé au protestantisme, entreprise d'indépendance, de séparation et de destruction. Antoine du Prat aurait au besoin trouvé dans le passé de nobles appuis pour ce grand acte. Ils n'eussent point été désavoués sans doute par ses antagonistes les plus ardents. C'étaient les noms illustres dans la foi, illustres dans la science de Pierre d'Ailly, dit l'aigle des docteurs ; de Jean Gerson, dit le docteur très-chrétien ; de Nicolas de Clamengis, tous animés du même esprit et du même zèle. Ils attaquèrent successivement par leurs écrits, par leurs efforts, par leurs discours auprès des papes, auprès des rois, auprès des peuples, les abus

---

[1] M. Bouillet, *Tablettes d'Auvergne*, t. 4, p. 614 ; M. l'abbé Cohadon, *Histoire des monastères de Saint-Alyre*.

que la pragmatique sanction avait consacrés et que le concordat s'attachait à détruire [1].

Malgré leurs réclamations, l'esprit si facilement agité de la nation française, les susceptibilités toujours éveillées et souvent irritées des grands corps de l'État avaient fait respecter des abus devenus des habitudes, et presque convertis en droits. On avait hésité entre le trouble que leur destruction apporterait dans le royaume et le danger auquel leur conservation exposerait du côté de Rome. On avait temporisé, négocié, éludé. Mais le jour où le vatican s'émut de plus en plus, où le danger qui partait de ses foudres devint une catastrophe imminente, il fallut se déclarer. Et dans la soumission qui, heureusement pour la France, fixa le choix du prince et de son ministre, ceux-ci surent allier encore l'indépendance et la dignité nationales à l'obéissance catholique.

Cependant le clergé de France se trouva blessé dans ses intérêts. Sa résistance au concordat fut ardente et opiniâtre. « Pendant près d'un demi-siècle, elle se re» trouve à la vacance de presque tous les siéges, et
» si le bruit des guerres en affaiblit le retentissement,
» il n'en diminua pas la violence [2]. » Les universités et les parlements ne se montrèrent pas plus calmes ni plus sages. Atteints dans leur influence et dans leur orgueil, puisque la pragmatique sanction était leur œuvre et leur amour, et que leur concours apporté à son établissement n'avait point été invoqué pour sa destruction, ils repoussèrent de toutes leurs forces l'innovation hardie qui prenait sa place. Le gallicanisme,

---

[1] Jacques L'enfant, *Histoire du concile de Constance*; *Ibid.*, *Histoire du concile de Pise.*

[2] M. l'abbé de Montlezun, *Histoire de la Gascogne*, t. 5, p. 143.

encore mal défini, était en germe dans tous leurs instincts et se retrouvait dans tous leurs efforts. Il était banni de cette institution nouvelle qui, dans les affaires d'administration ecclésiastique, rendait le pouvoir royal non pas dépendant de l'autorité pontificale, mais son associé.

Le chapitre de Paris mit une opposition violente à la publication du concordat [1]. L'université fit défense à tous ses libraires, sous peine d'être retranchés de son corps, d'imprimer et de vendre *le prétendu concordat* abrogeant la pragmatique sanction [2]. Ce fut au retour de François Ier à Paris, entre le parlement et le chancelier un échange de mémoires [3], de remontrances, de répliques, d'actes d'appels, de décrets, dont l'énumération et l'analyse composeraient un volume, et qu'il suffit d'indiquer, sans entrer dans un plus long détail; il convient de s'arrêter aux circonstances solennelles et historiques qui donnèrent à la volonté du Roi l'occasion de s'exprimer, au talent et à la raison d'Antoine du Prat celle de briller, à son énergie le moyen de vaincre.

Le souverain pontife ne demeurait point inactif dans cette lutte qu'il avait excitée, et l'Église tout entière représentée par le concile de Latran, avait épousé sa cause. Le concile avait accordé au concordat la plus haute et la plus élevée des considérations au point de vue catholique, il l'avait solennellement confirmé et « il publiait une bulle expresse à ce sujet [4]. »

---

[1] Brem. 171. — Concordat fait à Bologne entre le pape Léon X et le ro François Ier, chap. 18.
[2] *Id.*, *Ibid.*, chap. 16.
[3] Fonds de Brienne, n° 171.
[4] Bérault-Bercastel, *Histoire de l'Église*, t. 2, p. 937.

Cependant le Roi, intimidé de l'opposition que rencontrait le concordat, différait la promulgation de la bulle dans laquelle il était contenu. Mais le chancelier du Prat consomma l'œuvre qu'il avait conçue. Il obtint enfin de François Ier l'ordre de la présenter au parlement et d'en presser la publication.

CHAPITRE XXI.

La volonté du Roi et la fermeté du chancelier du Prat imposent le concordat aux corps opposants.

Le 5 février 1517 [1], le Roi se rendit en son lit de justice, accompagné du chancelier, du prince de la Roche-sur-Yon, de la Trémoille, de l'évêque d'Évreux, de Gouffier et autres seigneurs, grands par l'autorité de leur intelligence et par l'éminence de leur position. Par son ordre, Antoine du Prat raconta la longue et l'infatigable persévérance des papes pour l'abolition de la pragmatique sanction, les excommunications de Jules II contre ceux qui continueraient à y adhérer, après qu'il l'eut abrogée de son autorité privée, plus hardi en cela qu'aucun de ses prédécesseurs. Louis XII, ajoutait le chancelier, d'après les témoignages de l'histoire, pour se soustraire à ces mesures, essaya de réunir un concile général, mais il ne fit par là qu'aggraver ses torts et ses dangers. « Car combien
» qu'il fut pour lors en repos, tranquillité et grande
» prospérité, et qu'eût confédération et alliance avec
» l'Empereur, Roys d'Espagne et d'Angleterre, Suisses

---

[1] Don Félibien, *Histoire de la ville de Paris*, t. 2, p. 937.

« et tous les potentats d'Italie, néantmoins le Pape
» soubz main et soubz couleur de ce que iceluy Roy
» estoit adhérent audit concile de Pise et prétendant
» par ce moyen qu'il fust schismatique, esmeut tous
» lesdits princes et Suisses contre ledict feu seigneur,
» son royaume, son pays, terres et seigneuries et leur
» bailla dispenses et absolutions des serments par eux
» faicts, et dictes alliances et confédérations, leur
» octroyant décimes et croisade pour recevoir argent
» à faire la guerre contre ledict seigneur et ses pays,
» octroya grands pardons et indulgences à ceux qui
» feroient la guerre contre les Francoys, comme schis-
» matiques, et y avoit partout prêcheurs, qui prê-
» choient lesdicts schismes et pardons[1]. » Les disgrâces et les dangers de cette entreprise, continuait Antoine du Prat, la firent abandonner au Roi. Il reconnut le concile de Latran, qui ne tarda pas, dans son zèle, à prendre connaissance de cette cause et à menacer le royaume de France.

Parcourant les souvenirs anciens de l'histoire et s'autorisant par les priviléges antiques des Rois, le chancelier cita la nomenclature des évêques et des archevêques qui n'avaient dû leur élévation qu'au droit et au choix des souverains. Il emprunta à saint Grégoire de Tours les noms d'Apollinaire, d'Omarina, de de saint Jail, de saint Vulpice, et de tant d'autres, que Théodoric, Clodomir, Childebert, Clotaire et leurs successeurs nommaient avec l'approbation des peuples, et pour le bien de leurs troupeaux. Il cita les priviléges accordés à ce sujet à l'Empereur Charlemagne par le pape Adrien, qui s'élevaient même jusqu'à

---

[1] Fonds de Brienne, n° 171, f° 115.

« élire le Pape et ordonner du siége apostolique. » Enfin il passa en revue les droits des couronnes d'Angleterre, d'Écosse et d'Espagne, qui n'étaient pas moindres au sujet des nominations épiscopales que celui que le concordat conférait au Roi de France ; et il termina en disant que pour le bien des peuples et pour l'honneur de sa couronne, François 1er ne pouvait pas laisser amoindrir un droit qu'il tenait des Rois ses prédécesseurs et qu'exerçaient autour de lui les autres souverains [1].

Expliquant encore et épuisant enfin la série de malheurs que la pragmatique sanction attirait sur la France, Antoine du Prat mit ensuite la liste des bienfaits que le concordat promettait au pays. Il lui attribua la réconciliation avec le saint-siége, une alliance certaine avec la Suisse, et fit dépendre la paix générale du sacrifice de quelques droits douteux et de la réforme de plusieurs abus criants.

Ce plaidoyer, que la conviction de son esprit et la subtilité de son langage remplirent tout à la fois de finesse et de force, ne suffisant point pour obtenir l'obéissance du parlement, le chancelier, toujours inépuisable, en fit un empreint d'indignation, ordonnant l'acceptation du concordat, puisqu'il ne suffisait pas de la solliciter au nom de la plus sainte et de la plus noble puissance d'ici-bas, celle du Roi de France et du pape [2].

Il ne dédaigna pas cependant d'exposer encore les raisons de la volonté souveraine, comme il avait traduit déjà les motifs de cet auguste désir. Il revint sur les dangers d'une séparation avec le saint-siége, que la pragmatique sanction, dénoncée au concile de La-

---

[1] Fonds de Brienne, n° 171, f° 141.

[2] Garnier, *Histoire de France*.

tran, faisait courir à la France. Il ajouta qu'elle nous isolait entre tous les peuples catholiques, nous faisant considérer comme enclins à l'hérésie, et peut-être atteints déjà par ses doctrines. Il signala les avantages du concordat nouveau et surtout celui de n'avoir désormais pour évêques que des hommes éprouvés et instruits, puisque le Roi s'engageait à ne nommer que des personnes de vingt-sept ans, graduées dans une université fameuse ; au lieu que sous la pragmatique, on nommait quelquefois des enfants de sept ans qui n'avaient point encore donné les premiers signes de leur intelligence, ni senti les premiers attraits de la vocation.

Enfin le concordat coupait court à une infinité de procès, toute élection ayant pour résultat de mettre en présence plusieurs candidats qui se disputaient la possession, s'attaquaient, se traitaient de simoniaques, s'excommuniaient, en appelaient à Rome et aux tribunaux. Il délivrait des grâces expectatives, des réserves plus ruineuses pour le pays et plus lucratives pour Rome que ne le serait le produit des annates. N'était-ce donc pas être sauveur de la foi et gardien de la paix que d'adopter le concordat? Et, s'il fallait l'autorité pour l'établir, un ordre pour l'imposer, ils y seraient employés.

Ces raisons ne mirent point fin aux résistances, mais la résistance n'arrêta point la volonté souveraine. Le chancelier du Prat et Jean d'Albret portèrent peu de temps après au parlement les lettres-patentes, ordonnant l'enregistrement du concordat. Après délibération et pour réponse, le parlement déclara que le Roi ne pouvait faire recevoir le concordat que par l'Église gallicane assemblée, comme avait été reçue la pragmatique sanction du temps de Charles VII. Les moyens de conciliation et de persuasion étant épuisés, le Roi manda deux députés du parlement à Amboise pour entendre leurs remontrances : il répondit à ces dernières par des ordres et par des menaces.

Vaincu par l'indomptable énergie du chancelier et par la volonté inexorable du Roi, le concordat fut alors accepté ou plutôt subi. Mais des protestations auxquelles l'université joignit ses résistances, furent enregistrées en même temps. Il y eut des placards hostiles affichés dans les carrefours, des processions publiques ordonnées par la ville en signe de détresse ; des déclamations contre le Roi et contre le chancelier de France furent mêlées à bien des sermons. Les écoliers joignirent leur insolence à ces témérités. Le Roi fit arrêter quelques-uns des membres les plus animés du parlement. Il fit retirer de ses archives et déposer entre les mains du chancelier l'original du concordat [1]. Les luttes ardentes cessèrent pour faire place à une opposition qui dura plus que la vie du ministre et du Roi lui-même. Mais enfin le concordat acquit sa force tout entière, non sans accumuler sur le chancelier des haines et des injures qu'il sut mépriser pour le bien, et qui attaquent encore aujourd'hui sa mémoire avec le même acharnement et la même injustice qu'elles attaquèrent sa personne. — Un manuscrit du temps voulant donner à ces accusations le sel et le succès de l'anecdote, raconte que le chancelier revenant d'Italie, après la conclusion du concordat, prit route par la Bourgogne et s'arrêta à Viteaux, que les d'Alègre possédaient alors. Languet, l'un des aïeux du curé de

---

[1] Don Félibien, *Histoire de la ville de Paris*, t. 2, p. 93 et suivantes.

Saint-Sulpice, le père du célèbre Hubert Languet, était alors gouverneur de Viteaux. Ami d'Antoine du Prat, il s'informa de ce qu'il avait fait à Rome. « Je viens, lui aurait répondu le ministre, de faire damner mon pape et mon Roi. — Comment cela? répartit Languet. — En leur faisant, reprit le chancelier, se donner réciproquement ce qui n'appartenait ni à l'un ni à l'autre. » Allusion maligne à la nomination aux évêchés et aux bénéfices obtenue par le Roi, et au payement d'une année de leurs revenus abandonnés au pape lors de leurs vacances.

Laissant de côté ces invectives, ces inventions, ces anecdotes et les restituant au mensonge qui fut leur père, à la haine et à l'envie qui les prirent sous leurs ailes, et qui les firent grandir, prospérer et multiplier, il est juste de revenir et de s'arrêter à la nécessité qui prescrivit l'abolition de la pragmatique sanction, à la prudence qui sut la subir, à la sagesse qui lui substitua le concordat; et l'étude des temps antérieurs à cette grave mesure, comme l'expérience des siècles qui l'ont suivie, obtiendront à ce sujet tant controversé, une juste louange pour la loi et pour le législateur. Si la durée des contrats indique leur mérite, celui-ci égale en admirable sagesse son incontestable importance, puisqu'avant la révolution il gouvernait encore l'Église de France, et que le concordat de 1801, œuvre de la religion et de l'autorité du premier consul, a reproduit et renouvelé les plus essentielles de ses dispositions.

Mais alors d'autres besoins appelèrent d'autres mesures qu'il serait téméraire peut-être et juste cependant, au moins pour quelques-unes d'entre elles, d'appeler d'autres bienfaits. Ces innovations accumulèrent sur le chancelier de vives haines.

CHAPITRE XXII.

Pénurie financière. — Le chancelier du Prat crée des charges vénales dans les parlements : emprunts et impôts nouveaux. — Aliénation de domaines de la couronne.

Les générosités et les munificences du Roi au moment de son avénement, la campagne victorieuse et toutefois dispendieuse qu'il avait faite en Italie, avaient achevé la ruine d'un trésor que les guerres de Louis XII avaient déjà bien épuisé. Pour faire face aux besoins actuels, on dut multiplier les impôts. Le chancelier fut ainsi conduit à l'invention d'un trafic qui combla son impopularité et fournit un texte de plus aux nombreuses attaques dirigées contre lui. Il proposa l'innovation des charges dans les parlements, qui seraient vendues au profit du Roi. On créa, à cet effet, une chambre de vingt conseillers qu'on appela la Tournelle. L'édit qui présenta ces mesures rencontra des résistances, et ne fut enregistré qu'après des remontrances énergiques[1]. La vénalité des charges de judicature suivit ce premier essai. Alors on voulut voir une prime offerte à l'ignorance, un avilissement de la magistrature, dans cette disposition, non moins favorable cependant à la di-

---

[1] Gaillard, *Histoire de François Ier*, t. 1, p. 215 et suivantes.

gnité de la justice qu'elle était lucrative pour le trésor. L'esprit du chancelier avait compris ce que, dans une société corrompue, où la faveur des courtisans s'achetait à haut prix, les charges gagneraient d'indépendance en se délivrant de ce tribut frauduleux qu'ils exigeaient en secret pour la distribution des places et des grâces. La morale publique, offensée par ce trafic illicite et honteux, trouverait sa réparation dans une vente légitime, souvent moins onéreuse, et toujours noble du moins dans son but et dans ses moyens.

L'indépendance des juges serait ainsi acquise aux tribunaux. L'influence exercée par des hommes puissants sur la conscience de leurs créatures, serait écartée désormais dans la distribution de la justice, dont l'amour seul, joint à la science des lois, dicterait les arrêts.

L'autorité de Montesquieu se joint ici aux résultats de l'étude et de l'expérience. Son jugement sur la vénalité des charges de magistrature est la plus haute justification de la clairvoyance du chancelier du Prat. « La vénalité, dit-il, est bonne dans les États monarchiques, parce qu'elle fait faire comme un métier de famille ce qu'on ne voudroit pas entreprendre pour la vertu ; qu'elle destine chacun à son devoir, et rend les ordres de l'État plus permanents... Dans une monarchie où, quand les charges ne se vendroient pas par un règlement public, l'indigence et l'avidité des courtisans les vendroient tout de même ; le hasard donnera de meilleurs sujets que le choix du Prince... Enfin la manière de s'avancer par les richesses inspire et entretient l'industrie, chose dont cette espèce de gouvernement a grand besoin [1]. »

---

[1] Montesquieu, *Esprit des Lois*, L. 5, chap. 19.

Plus tard les malheurs du pays amenèrent encore d'autres mesures financières. Leur urgence et leur sagesse n'empêchèrent point les murmures ; elles comblèrent l'impopularité du chancelier du Prat. Alors, comme dans tous les temps, la nation voulait le salut ; elle aimait la gloire, mais elle regrettait parfois les sacrifices qui les achètent. Elle ne savait pas assez comprendre que les privations et les tributs sont la part de dévouement de ceux qui ne versent pas leur sang pour elle.

C'est ainsi que, successivement, des impôts bien longtemps différés pour l'encouragement d'industries naissantes, durent être demandés à ces mêmes industries devenues riches et prospères. Lyon et Tours furent à ce titre atteints dans leur commerce privilégié.

Au règne de François 1er, au ministère du chancelier du Prat, doit encore se rapporter l'origine des rentes constituées sur l'Hôtel-de-Ville. Sous les Rois Louis XI, Charles VIII et Louis XII, on avait tenté l'emploi d'un moyen analogue ; mais ces conditions étaient onéreuses au public, tandis que par des combinaisons nouvelles le Roi et son chancelier le rendirent non-seulement secourable pour l'État, mais encore avantageux pour ses créanciers.

Pour ces emprunts, pour ces impôts, le consentement des États généraux, soigneusement invoqué jadis par les Rois de France, cessa d'être réclamé. La création des charges nouvelles et l'augmentation des anciennes furent souvent conseillées et décrétées par Antoine du Prat sans la sanction légale. Les parlements avaient plus d'une fois fait sentir leur mauvais vouloir ; ils repoussaient les mesures sollicitées de leur patriotisme par des délais, des objections et des chicanes, ou bien encore ils en amoindrissaient les avantages et en détruisaient l'opportunité.

Pendant ce temps l'armée périssait, le pays s'alarmait, et c'était au profit de l'ennemi que tournaient les calculs de l'économie et les lenteurs des discussions orageuses. La guerre engagée ne suspendait point ses fureurs au gré des froids calculs, au son des vaines paroles. Les Suisses ne se battaient qu'après avoir reçu le prix de leurs engagements. « L'ennemi n'attendait pas pour prendre une ville que l'on fût prêt à la défendre. Le scrupuleux respect des anciennes formes avait pour conséquence inévitable la ruine du royaume. Ne fallait-il pas mieux le sauver et braver les vaines clameurs des formalistes? François 1er, qui avait dans l'esprit plus de décision que d'attachement aux vieilles coutumes, suivit le conseil de son chancelier [1]. »

Ainsi, Antoine du Prat se trouve justifié par l'urgence des circonstances de l'une des plus graves innovations de son ministère. En ce point, comme en tant d'autres, l'injustice est le fait, non pas de l'accusé, mais des accusateurs.

A son avénement au trône, le Roi François 1er avait trouvé, malgré les édits de Charles VIII méconnus par Louis XII, le domaine de la couronne fortement engagé. Lui-même avait, en différentes circonstances, contribué au malaise qui résultait de cet état de choses. Il avait, lors de sa visite à Rouen, hypothéqué le domaine du Vaudreuil, lieu important par ses souvenirs historiques et par l'antiquité de son union au domaine de la couronne. On ne se souvenait pas de l'en avoir jamais vu séparé, on n'en retrouvait aucune trace.

---

[1] François 1er et sa cour.

Soit que la Normandie fût anglaise ou française, soit qu'elle fût indépendante et ducale, conquérante ou conquise, ses souverains avaient toujours rencontré au Vaudreuil un palais, une forteresse, une position, selon les besoins de leur politique et la position de leur fortune. Ils avaient toujours tiré finances de ses pâturages et de ses forêts. Souvent ils avaient combattu pour sa possession pleine d'attraits et d'opulence. En 584, la reine Frédégonde devenue veuve, y avait trouvé le lieu de son exil. Henri Ier, Roi d'Angleterre, avait changé son château en forteresse. En 1195, Philippe-Auguste et Richard Cœur-de-Lion l'avaient prise pour le lieu de leur entrevue, puis pour le théâtre de leur querelle. Dans l'intervalle de ces faits, et depuis lors, des crimes particuliers avaient ajouté l'intérêt de leur chronique aux célébrités de l'histoire [1]. François Ier, mal conseillé en cette circonstance, il faut l'avouer à regret, n'eut point d'égard pour ces illustrations ni de souci pour ces souvenirs. Il hypothéqua le Vaudreuil dès 1515, et encore en 1517. Ce ne fut toutefois que sous le Roi Charles IX, en 1579, que ce domaine fut détaché de la couronne, et donné en échange à M. de Boulainvilliers contre les terres de Noyon et de Gournay [2].

Cependant, en 1521, le Roi François Ier, effrayé des dangers dont de pareils abus menaçaient la fortune royale, consacra de nouveau l'inaliénabilité du domaine de la couronne, « révoquant par un édit toutes les aliénations faites jusqu'alors, et déclarant nulles à l'avance toutes celles qui par surprises pourraient être

---

[1] *Chronique de Normandie*, imprimée à Rouen. — *Normandie illustrée*, etc.
[2] Contrat d'échange des terres et châtellenies du Vaudreuil et Léry, etc. *Archives du château du Vaudreuil.*

faites à l'avenir[1]. » Le domaine était alors si notablement diminué, les biens qui le composaient « étaient de si petite valeur et revenu, que force lui était, pour l'entretien de sa maison, de prendre sur les deniers affectés à l'entretien des gens de guerre[2]. »

Ces mesures financières réunies, ou plutôt indiquées ici en un seul lieu, ne furent cependant pas l'ouvrage d'un seul moment. Commencées dès l'avénement du Roi François Ier au trône, parce que dès lors des besoins se firent sentir, elles se continuèrent et se développèrent pendant toute la durée de son règne, selon que les malheurs ou les dangers ajoutant une nouvelle menace ou une nouvelle détresse aux infortunes passées, appelaient au secours et mettaient encore à l'épreuve l'habileté du ministre et le dévouement de la nation.

Après avoir suivi le chancelier du Prat dans les innovations et peut-être dans les témérités financières qui signalèrent son ministère tout entier, il convient de revenir à l'année 1517, qui vit le Roi François Ier glorieusement de retour dans sa capitale, après avoir ajouté une mémorable victoire, une juste conquête et de nobles traités à ceux dont les noms abondent sous la plume et enorgueillissent la pensée de tout Français repassant l'histoire de sa patrie.

---

[1] M. Floquet, *Histoire du parlement de Normandie*, t. 1, p. 474.
[2] *Id., Ibid.*

CHAPITRE XXIII.

Couronnement de la Reine Claude de France. — Voyage du Roi et de la cour à Rouen. — Le chancelier du Prat et le duc d'Alençon tiennent les États de Normandie.

Le 12 mai 1517, le cardinal-légat, Philippe de Luxembourg, évêque du Mans, couronna à Saint-Denis la Reine Claude de France [1]; elle fit ensuite son entrée solennelle à Paris. Sans avoir encore soulevé toutes les haines que les devoirs et les rigueurs de son ministère excitèrent contre lui, le chancelier du Prat était déjà, par la hauteur de son élévation, par la supériorité de son caractère et par l'énergie de ses premiers actes, l'objet d'une animosité vive et naissante. « Il est assavoir, dit au sujet de ces cérémonies un auteur contemporain, que monseigneur le chancelier, nommé messire Anthoine du Prat, natif d'Auvergne, qui par avant estoit premier président de Paris, estoit vêtu d'une robe de drap d'or, plus belle que nulle des princes, et marchoyt avec lesdits princes : de quoi les gens de bien qui ont entendement ne le prisent pas plus pour

---

[1] Père Anselme, *Histoire des grands officiers de la couronne*, t. 3, p. 735.

l'habit ni pour l'ordre où il estoit, car par cy devant y a eu plusieurs gens de bien, chanceliers en ce royaume, aussy gens de bien que luy et de meilleures et de plus nobles maisons, qui ne se sont point ingérés de faire sy grande follye[1]. » Ainsi, non contents des agressions que soulevaient contre le chancelier du Prat les actes solennels de son ministère, le dépit et la haine s'attachaient encore par leurs insinuations aux détails accessoires et indifférents de sa vie. Ils ne consultaient pas l'histoire, qui les aurait édifiés sur sa naissance et qui les aurait instruits des magnificences d'un Philippe de Morvillers et de tant d'autres nobles et vertueux chanceliers[2].

Dès le début de son règne, dès le lendemain de son sacre, François Ier avait donné à sa belle province de Normandie les prémices de son autorité souveraine. Le parlement lui devait son organisation naissante et son nom nouveau. Il voulut le compléter et le fortifier par sa visite, l'inspirer selon ses besoins, le conquérir peut-être à ses intérêts par un de ces actes de gracieuse bienveillance si faciles aux souverains, si abondants quelquefois en fruits de dévouement aveugle et passionné.

Le Roi partit pour Rouen, qu'il visitait pour la première fois. Le chancelier du Prat, son influent conseiller dans l'affaire de l'échiquier (la Normandie s'en souvenait avec reconnaissance), l'accompagna dans cette ville. La Reine, la duchesse d'Angoulême, une suite imposante de princes et de seigneurs augmentèrent par leur présence la magnificence du Roi et l'hon-

---

[1] Bibl. imp., *Journal de ce qui s'est passé en France depuis l'année 1513 à l'année 1517.*
[2] Monstrelet, voir ci-dessus, chap. II.

neur qu'il faisait à la province. Ils furent reçus et traités avec l'éclat et l'empressement qui partout accompagnaient leurs marches et leurs séjours.

Les échevins présentèrent au Roi une *salamandre* d'or, du poids de trente marcs ; à la Reine, une grande coupe de dix-huit marcs d'or ; à madame d'Angoulême, mère du Roi, à la duchesse d'Alençon, au chancelier et au grand maître de France, des vases de vermeil et d'autres magnifiques ouvrages d'orfèvrerie, où il entrait près de 150 marcs d'argent[1].

Le 12 août 1517, François Ier. ne voulant pas le céder en bienveillance au roi Louis XII, fut, à son exemple, siéger au parlement de Rouen, dont le palais splendidement orné et récemment achevé était digne de sa visite et digne de son objet[2]. Il y eut entre la cour et le parlement rivalité de magnificence, entre le Prince et cet auguste corps échange de respects et de courtoisie. Le chancelier du Prat participa d'autant plus aux témoignages dont son maître était environné, qu'après avoir reçu en cette ville les ambassadeurs d'Écosse et un protonotaire du pape, le Roi le laissa derrière lui[3], aussi bien que le duc d'Alençon, son beau-frère, pour tenir en son nom les états de Normandie, qui se rassemblèrent au prochain mois d'août. Ce fut alors que le chancelier sollicita pour Guillaume du Prat, son second fils, depuis évêque de Clermont, les titres de chanoine de Rouen, et de grand archidiacre de sa métropole. Ils lui furent promis et plus tard accordés[4].

Non content des intérêts solennels que le chance-

---

[1] De Masseville, *Histoire sommaire de Normandie*, t. 5, p. 74.
[2] M. Floquet, *Histoire du parlement de Rouen*, t. 1, p. 430.
[3] *Journal d'un bourgeois de Paris*, p. 59.
[4] *Mémoires de famille*.

lier dirigeait aux États de Normandie, il en soignait encore d'une nature secrète et non moins importante peut-être. Il réconciliait avec le Roi, par des présents faits en son nom aux églises et aux cathédrales, les chapitres de la province. Il se les était aliénés l'année précédente, et le chancelier n'était pas étranger à ce ressentiment. Le changement de l'échiquier en parlement était l'origine de ces griefs. Le concordat en avait fait un gros procès. La cour de Rome, après sa conclusion, avait octroyé à François Ier la dîme papale, c'est-à-dire un décime sur les biens ecclésiastiques du royaume. Les chapitres de Normandie envoyèrent une députation au Roi, chargée de leurs humbles remontrances et de leurs doléances respectueuses. Le Roi ne la reçut pas, et le chancelier qu'elle alla visiter, répondit « que Sa Majesté tenait à son décime, que la province de Normandie était la seule qui se fût insurgée contre sa volonté [1]. »

Les grâces du Roi, les priviléges qu'il accorda aux églises, la religion sincère qu'il témoigna commencèrent à apaiser les dispositions irritées. La duchesse d'Angoulême aida à cette réconciliation avec habileté; elle eut en échange des effets de son influence, des courtoisies insignes; « on lui faisoit demander quelles prières elle désiroit avoir [2]. »

Après le départ de la cour, le chancelier du Prat acheva les conquêtes entreprises, par l'habile diposition des munificences dont l'administration lui était confiée. Plus tard, il eut vis-à-vis du parlement de Normandie le tort dont Louis XII avait donné l'exem-

---

[1] M. Fallue, *Histoire de l'église métropolitaine et du diocèse de Rouen*, t. 3, p. 84.
[2] Id., Ibid., t. 3, p. 90.

ple, celui de faire nommer au Roi François 1ᵉʳ nombre de présidents et de conseillers venus de provinces éloignées et quelquefois de pays étrangers. L'échiquier avait jadis protesté contre leur introduction, le parlement renouvelait à cet égard les mêmes instances. Cet avantage allégué par le chancelier du Prat de conserver l'indépendance dans les jugements parce qu'aucun intérêt personnel, aucun lien de famille ne viendrait exercer son influence, ne pouvait compenser le préjudice que causait à la justice l'ignorance des usages, des mœurs, de l'esprit, des coutumes, des droits de la province, et quelquefois même celle du langage du pays. Cet inconvénient se faisait surtout sentir lorsque le chancelier empruntait aux sénats de Milan, de Gênes, de Turin, des créatures maintenant expulsées de leur sein, dont il s'était utilement servi au temps de la conquête, et qui lui retombaient inoccupées et par suite affamées sur les bras. De ce nombre fâcheux était un certain Pavigarola, dont la famille avait rendu quelques bons offices au chancelier durant sa courte possession de la Valteline [1]. Malgré ces partialités et ces abus, le parlement de Normandie dut au chancelier du Prat sa nouvelle existence, la justice de la province lui dut son libre et constant exercice, et les reproches, quelque fondés qu'ils puissent être, doivent disparaître devant l'étendue du service et la réalité du bienfait.

En ce moment, le chancelier agissant au nom du Roi, lui réconcilia si solidement les esprits que, quatre ans plus tard, lorsque le Roi, épuisé d'hommes et d'argent par ses guerres, revint en hâte à Rouen pour demander des secours aux habitants de la ville, « iceulx

---

[1] M. Floquet, *Histoire du parlement de Normandie*, t. 1, p. 455.

Normands outre cuydés, lui offrirent bailler et ayder jusqu'à mille hommes souldoyés. Parquoy le Roy les remercia et accepta, puis s'en revint à Paris. »

« Et luy retourné, envoya son chancelier du Prat à l'hostel de ville, pour remontrer comme ceulx de Rouen avoyent offert bailler et ayder au Roy jusqu'à mille hommes de pied souldoyés, pourquoy il convenoit qu'ils luy aidassent d'autant... Ainsi force fut aux habitants de Paris, par amour ou par force, accorder à luy bailler mille hommes de pied souldoyés [1]. »

L'année 1518 fut signalée entre autres événements par une ambassade solennelle que le Roi d'Angleterre envoya au Roi de France. Elle n'eut peut-être rien de sincère dans son but ; elle n'eut assurément rien de favorable dans ses résultats : mais ce fut un événement étrange et curieux que cette recherche d'amitié, que cette première ouverture d'alliance entre deux nations si longtemps rivales. Alors le cardinal Volsey semblait acquis à François Ier : il persuada cette démarche à Henri VIII, et quatre ambassadeurs arrivèrent à Paris. Ils avaient pour mission de conclure un traité solide avec le Roi de France, contre le Roi d'Espagne qui devait être bientôt l'Empereur Charles-Quint, et dont les grandeurs naissantes et l'active ambition préparaient à l'Europe entière les guerres qui l'ensanglantèrent, et à la France les malheurs sous lesquels elle faillit succomber. Le mariage de la princesse Marie, fille de Henri VIII, et du dauphin François, enfants encore au berceau, était un des objets de l'ambassade. Il en fut de cette union comme de toutes celles que la politique voulut essayer et préparer sous

[1] *Journal d'un bourgeois de Paris*, p. 120.

ce règne ; elle fit place à des deuils par la mort prématurée du jeune prince, ou au succès d'intérêts plus actuels. L'ambassade fut cependant accueillie par le Roi de France et par la nation comme l'œuvre d'une gloire nouvelle et d'une paix durable. Il y eut à cette occasion de splendides fêtes données par tout Paris, et entre autres à la Bastille. Le récit de ces derniers faits fut écrit tour à tour en latin, puis en français, et dédié au chancelier Antoine du Prat, qui ne put prendre part à ces joies, tant, disait l'auteur, « il estoit oppressé de grandes et hautes charges[1]. »

---

[1] Livre de messire Bernardin Rince, Millanoys, docteur en médecine, contenant et expliquant briefvement l'appareil, jeux et le festin de la Bastille.

CHAPITRE XXIV.

Acquisition des Tuileries par le Roi. — Embellissements dans Paris. — Entrée du légat du pape.

Si quelquefois durant la première partie du règne de François Ier, le crédit de la duchesse d'Angoulême s'exerça au préjudice de la saine raison et de la stricte justice, il faut pardonner au prince dont le cœur subissait en l'exagérant, en s'aveuglant peut-être, un empire toujours sacré. Parmi ces vertus constantes dont la gloire, la fortune, les succès, les revers, les passions, les affaires ne le détournèrent jamais, l'on doit placer en première ligne son culte filial : culte si fort, si doux et si saint que ses écarts et ses excès eux-mêmes sans obtenir de Dieu ni des hommes l'éloge qui ne leur est pas dû, rencontreront cependant au ciel un pardon facile, et doivent trouver, dès ici-bas, quelque indulgence en faveur de leur cause. Le chancelier du Prat, lorsqu'il développa par l'éducation cette nature si bouillante et cependant si belle, qui parfois échappa à sa direction, quand l'autorité du précepteur auprès de l'élève se convertit en la simple influence du ministre auprès du souverain, avait religieusement agi, en maintenant le jeune comte d'Angoulême dans les sentiments et dans les formes d'un respect tendre et soumis. Des interprétations ennemies ont voulu traduire ces hommages d'un fils pour sa mère par l'intérêt personnel et l'ambition prévoyante du chancelier. Il est permis d'opposer à cette malveillance le sens vrai de toute sa conduite, et d'y trouver, plus encore que partout ailleurs, l'impulsion de sa conscience.

Ce fut, on l'a vu, à la régente sa mère que François Ier adressa le premier élan de son triomphe après la victoire de Marignan; ce fut elle encore qui obtint le premier cri de sa détresse après la défaite de Pavie. Dans l'une et l'autre de ces campagnes, elle était demeurée dépositaire de son autorité et de sa confiance.

A l'heure dont il s'agit maintenant la duchesse d'Angoulême sentit des altérations dans sa santé. Le Roi s'en émut. Elle habitait le palais des Tournelles. Il craignit que ce séjour ne fût malsain, et après l'avoir condamné à ce titre, il fit visiter les maisons, cours et jardins que possédait au faubourg Saint-Honoré, Nicolas de Neufville. La convenance et la salubrité de cette résidence, sur l'emplacement de laquelle ont été depuis construits et dessinés le palais et le jardin des Tuileries, ayant été reconnus de François Ier, il convint de son échange contre le parc et le château de Chantelou[1]. Il fut ainsi le premier possesseur et ordonnateur royal de ce lieu habité depuis par tant de grandeur, embelli avec tant de magnificence, et que la majesté du pouvoir comme celle de l'infortune ont successivement consacré. Il répondit à sa destination

---

[1] Don Félibien, *Histoire de la ville de Paris,* t. 2, p. 939.

première ; Louise de Savoie y retrouva la santé. Plus tard la Reine Catherine de Médicis, belle-fille de François Iᵉʳ, y fit construire ce palais que chaque main souveraine a complété, que chaque fureur populaire a ébranlé sans le détruire.

En parlant de cette acquisition, il n'est pas hors de propos d'ajouter que François Iᵉʳ est un des Rois que l'embellissement de Paris préoccupa davantage. Son goût pour les beaux-arts s'appliqua, malgré les malheurs de son règne, à rendre sa capitale digne de la couronne qu'il portait, de la nation qu'il gouvernait. Les anciens hôtels des Ursins, de Bourgogne, d'Artois, de Flandres, de Fécamp et autres firent place à de nouveaux édifices et à de nouvelles rues. Moins d'un demi-siècle suffit pour changer la physionomie de la ville. L'émulation du public, secondant l'élan donné par le prince, apporta de tels bouleversements dans dans Paris et le menaça d'un tel agrandissement que le Roi Henri II crut devoir, au commencement de son règne, modérer par un édit cet enthousiasme général. Si tous ces faits n'appartiennent pas au même moment, du moins ils se rattachent au même esprit, à la même pensée, et peuvent être indiqués au même lieu.

En l'année 1519, le pape envoya pour légat en France le cardinal de Sainte-Marie *in Porticu*. Le parlement, informé de sa prochaine entrée dans Paris, s'enquit des honneurs à lui rendre. Ses registres constatèrent que le chancelier de France, Guy de Rochefort, avait été en 1499 au-devant du cardinal d'Amboise. Ils établirent encore que lors de l'entrée à Paris du cardinal de Luxembourg, au même titre, il n'avait été reçu que par une députation de présidents et par quelques conseillers. Le parlement envoya *faire cette remontrance* au chancelier, et savoir de lui si dans cette cérémonie, il voulait marcher à sa tête, ce dont il s'excusa disant que sa santé ne le lui permettait pas [1], « et que d'ailleurs il avoit d'autres affaires qui l'empeschoient de se trouver à cette entrée [2]. »

[1] Don Félibien, *Histoire de la ville de Paris*, t. 2, p. 940.
[2] *Traité des Légats*, p. 49.

CHAPITRE XXV.

Antoine du Prat reçoit le chapeau de cardinal à la place d'Érard de la Marck. — François Ier brigue l'empire.

En cette même année 1519, le mérite d'Antoine Bohier, archevêque de Bourges, et les services rendus au Roi par lui et par les siens, le firent nommer cardinal. Le chancelier du Prat, son proche parent, contribua puissamment à cette faveur, et la duchesse d'Angoulême s'intéressa vivement à la lui faire obtenir. On ne peut se dissimuler que si le chapeau fut accordé au point de vue de l'honneur de l'Église et des intérêts de la religion, à un sujet digne de lui, ce fut au point de vue de la politique un choix imprudent. Érard de la Marck, évêque de Liége, frère de Robert, seigneur de Sedan, sollicitait pour lui-même cette haute distinction, et le Roi François Ier lui avait promis son appui. Les intrigues de Louise de Savoie prévalurent. L'évêque de Liége indigné, oubliant ce qu'il devait à la France, se donna au Roi d'Espagne, entraîna son frère dans sa défection, et ne tarda pas à obtenir l'objet de son ambition par le crédit du prince auquel il s'était vendu [1]. En retour il fut auprès des

---

[1] Gaillard, *Histoire de François Ier*, t. 1, p. 417.

électeurs le ministre influent et décisif de Charles V, lorsque ce jeune souverain âgé de vingt ans, Roi d'Espagne depuis 1516, fut, à la mort de Maximilien son grand-père, Empereur d'Allemagne, non-seulement l'incontestable héritier de ses vastes états de Bourgogne, mais encore le formidable et l'heureux compétiteur du Roi François Ier à la couronne impériale.

En cette occasion si solennelle et dont les résultats portèrent tant de préjudice à la France, le chancelier du Prat, auquel n'échappaient point ces conséquences inévitables, employa tout son talent et tout son zèle pour procurer au Roi son maître les faveurs de l'élection. Il adressa à l'Électeur de Brandebourg une longue épître tout à la fois affectueuse et diplomatique, que nous ont conservée les mémoires du chancelier [1]. Le Roi la fit répandre dans toutes les cours d'Allemagne. Après avoir abordé les considérations chrétiennes et politiques qui militaient en faveur d'un tel choix, après avoir parcouru les garanties de puissance qu'il donnerait à l'Allemagne, de paix qu'il assurerait au monde, Antoine du Prat s'arrêta complaisamment sur les avantages de jeunesse et de beauté, de force et de richesse que réunissait François Ier. Il prêta à son nom seul déjà victorieux une influence de terreur sur les ennemis de l'ordre et de la foi; il emprunta des citations aux auteurs anciens et modernes, sacrés et profanes, aux papes et aux conciles; il puisa des raisons dans les vieilles coutumes des Francs et des Germains, dans les exemples des Mèdes et des Perses, pour prouver que le déplacement du siége de l'empire ne serait point au détriment des intérêts de l'Alle-

---

[1] Fonds Dupuy, vol. 600.

magne, et que le caractère germanique du titre d'Empereur, que l'indépendance qui devait l'environner à perpétuité n'en seraient point altérés. On sait quel fut le résultat de ces soins et de cette éloquence. L'histoire ne gagnerait rien à leur nouveau récit : mais il importait à la biographie du chancelier du Prat de dire la part importante et tout à la fois infructueuse qu'il prit à cette grande lutte [1].

L'occasion ne se fit pas longtemps attendre où la duchesse d'Angoulême et le chancelier du Prat reprirent leur revanche d'habileté. Ce fut malheureusement pour un résultat plus modeste. Ils réconcilièrent avec le Roi ceux qu'ils lui avaient aliénés. Un procès s'était engagé au sujet d'une petite ville située dans les Ardennes; elle relevait du duché indépendant de Bouillon, appartenant à Robert de la Marck. Ce procès jugé par les pairs du duché en faveur du prince de Chimay, de la maison de Croy, fut porté par les opposants au tribunal de l'Empereur, et revu par lui, malgré les droits et les réclamations de Robert de la Marck qui ne reconnaissait point cet appel. Ses priviléges souverains ainsi froissés, l'Empereur qui lui devait sa couronne ne fut plus à ses yeux qu'un ingrat [2]. Louise de Savoie et le chancelier profitèrent de cette occasion pour réparer leur faute. Ils avaient contribué à la défection de ces princes, ils s'employèrent à leur retour. La réconciliation fut ménagée par leurs soins, par le concours de Mesdames de la Marck et de Fleuranges, et par celui de Robert III de la Marck, seigneur de Fleuranges depuis maréchal de France, et que son de-

---

[1] M. Charrière, *Négociations du Levant*, t. 1, p. 77 et suivantes.
[2] Gaillard, *Histoire de François Ier*, t. 1, p. 468.

voir de sujet, plus fort que ses intérêts personnels et que son amour de fils, avait conservé fidèle au Roi malgré la défection de son père. Compagnon de gloire et de victoire de François Ier à Marignan, son compagnon de gloire encore et de captivité à Pavie, Fleuranges employa ses heures de prison à écrire ses mémoires, et ses jours de crédit et de puissance à se battre et à négocier pour la France et pour son Roi.

Avec la permission secrète et malgré les défenses publiques de François Ier, les deux Robert de la Marck signalèrent leur retour par des agressions armées contre le territoire de l'Empire. Charles V envoya des députés au Roi de France pour se plaindre de cette infraction des traités, au Roi d'Angleterre pour invoquer la qualité d'arbitre qu'il avait reçue des deux souverains et qu'il avait acceptée, faisant toutefois incliner son alliance et la balance de la justice vers l'un ou l'autre des deux princes, selon le caprice, l'intérêt, la passion du moment.

Tels furent en partie du moins les événements qui amenèrent l'entrevue des Rois de France et d'Angleterre, et les conférences de Calais.

CHAPITRE XXVI.

Entrevue du camp du Drap-d'Or.

Malgré des brouilleries fréquentes, mais que la réconciliation suivait bientôt après, il n'y eut point de prince avec lequel le Roi Henri VIII eut plus d'union qu'avec le Roi François Ier. Un grand rapprochement d'âge, un même goût pour les lettres et pour les arts, un pareil amour de la gloire, une adresse égale dans les tournois, devaient unir par les liens de l'amitié ceux que la nature avait rapprochés par les facultés, non moins que par l'élévation du trône et le privilége de la beauté. Pour compléter enfin cette analogie, l'un et l'autre montèrent sur le trône dans une grande jeunesse ; magnifiques par suite d'un penchant généreux, ils devinrent prodigues par suite d'un cœur égaré ; et tous deux rencontrèrent enfin dans l'excès de leurs faiblesses, François Ier la défaillance de ses forces et le terme de ses jours, Henri VIII le sanglant égarement d'une belle intelligence et l'infidélité de sa foi.

Prévenus l'un pour l'autre d'une sympathie ainsi fondée, ils se rendirent à Ardres et à Guines, suivis

VIE DU CHANCELIER ANTOINE DU PRAT. 177

des deux Reines[1], et de tout ce que leurs cours renfermaient de princes et de seigneurs. Leur magnificence y fut vraiment folle et ruineuse. Les courtisans, d'après un mot bien connu de Martin du Belley, seigneur de Langey, « y portèrent leurs moulins, leurs forêts et leurs prés sur leurs épaules. » Quant aux deux souverains ils se firent bâtir, François Ier trois maisons, et Henri VIII une seule, « mais estoit trop plus belle que celle de François... Estoit ladicte maison aux portes de chesne assez proche du chasteau, et estoit de meilleure grandeur et carrure : toute de bois, de toile et de verre, et estoit la plus belle verrine que jamais l'on vist, car la moitié de la maison estoit toute verrine, vous assure qu'il y faisoit bien clair.

» Et y avoit quatre corps de maison, et au moindre vous eussiez logé un prince, et estoit la cour de bonne grandeur, et au milieu de ladicte cour, et devant la porte, y avoit deux belles fontaines qui jetoient par trois tuyaux, l'un hypocras, l'autre vin, et l'autre eau : et la chapelle de merveilleuse grandeur et bien estoffée, tant de reliques que tous autres parements, et vous assure que si cela estoit bien fourni, aussi estoient les caves[1]. »

Les deux Rois, les deux héros de l'entrevue, n'étaient pas les moindres ornements de ces fêtes par leurs grâces, leur courtoisie et leur beauté. Ils étaient les princes les mieux faits de l'Europe. Montés chacun sur un genet d'Espagne, ils quittèrent leurs troupes, dès qu'ils s'aperçurent l'un l'autre, et s'avancèrent au milieu du camp, le Roi de France n'ayant avec lui que l'amiral de Bonyvet et le chancelier du Prat, le Roi

---

[1] *Mémoires* de Fleuranges.

d'Angleterre suivi seulement des ducs de Norfolk et de Suffolk. Ils s'embrassèrent à cheval avec une grande tendresse ; ensuite ils mirent pied à terre et entrèrent dans une tente dressée exprès au milieu de la campagne. Ils s'y entretinrent assez longtemps de leurs affaires et remirent à leurs ministres le soin d'en conférer entre eux plus en détail. Puis le 24 juin les deux Rois se séparèrent après avoir passé ensemble trois semaines dans des plaisirs continuels, et avoir donné lieu de surnommer cette assemblée le *Camp du Drap d'Or*, à cause de la ruineuse magnificence qui, des deux côtés, y fut déployée [1].

[1] Rapin-Thoyras, *Histoire d'Angleterre*, t. 6, p. 144.

CHAPITRE XXVII.

Conférences de Calais.

Les conférences de Calais suivirent cette entrevue. Henri VIII y fut représenté par le cardinal Wolsey, ministre ambitieux « dont le choix seul suffisait pour faire échouer la négociation [1]. »

Il devait cependant, à la recommandation de la France, la pourpre dont il était revêtu [2]. Mais là ne se bornaient pas ses prétentions orgueilleuses. La promesse du souverain pontificat, cet objet de ses ambitions suprêmes, l'avait acquis à l'empereur [3]. Les dons de Léon X le comblaient de fortune. Venise cherchait à se le rendre favorable par les témoignages d'une estime démesurée, et François Ier comptait avoir gagné le cardinal à sa cause par ses caresses et ses faveurs [4].

François Ier avait mis une confiance qui ne fut point trompée dans le chancelier du Prat, « l'un des plus fins

---

[1] Robertson, *Histoire de Charles V*, t. 1, p. 504.

[2] Larrey, *Histoire d'Angleterre*, t. 2, p. 147.

[3] Rapin-Thoyras, *Histoire d'Angleterre*, t. 6, p. 141 et 144 ; Robertson, *Histoire de Charles V*, t. 1, p. 504.

[4] Rapin-Thoyras, *Histoire d'Angleterre*, t. 6, p. 137.

diplomates qu'il pût trouver pour le représenter à Calais [1]. » Assisté du maréchal de Chabannes, seigneur de la Palisse, dont en 1561 et plus tard encore le sang devait s'unir au sien, il conduisait les négociations entamées pour la conciliation des intérêts de la France et de l'empire. Jean de Selve, premier président du Parlement de Paris, lui prêtait aussi son concours. Mais quelle que fût l'éminence de ces personnages, par l'illustration du nom, par l'importance des dignités, ou par le privilége de l'intelligence, Antoine du Prat n'en conservait pas moins la direction première des conférences. C'est un mérite que lui reconnaît le chancelier de l'Hôpital, en un livre écrit entièrement de sa main. Analysant d'une manière succincte les causes, le sujet et le résultat de l'*assemblée de Calais*, il nomme seulement le cardinal Wolsey, le chancelier du Prat et Gattinara comme chargés de représenter les Rois d'Angleterre et de France, l'Empereur d'Allemagne, et de discuter leurs intérêts opposés [2].

La Navarre, Naples, la Bourgogne étaient les points principaux sur lesquels roulait la dispute avec Charles-Quint, et s'exerçait la médiation de Henri VIII. Ce fut alors qu'entre autres preuves d'un dévouement et d'un patriotisme inséparables de sa foi, mais indépendants de ses souvenirs, de ses espérances et de ses ambitions, Antoine du Prat, si zélé pour les intérêts de Rome, protesta par des actes très-authentiques, renouvelés depuis sous les rois Henri II, Charles IX et et Henri IV, contre le prétendu droit de la tiare sur les couronnes [3]. Il n'en voulut pas contester la supré-

---

[1] Audin, *Histoire de Henri VIII*, t. 1, p. 303.
[2] De Mesmes, 9513¹⁶, *Mélanges historiques*, t. h.
[3] Mainbourg, *Histoire du Calvinisme*, p. 18.

matie spirituelle et sacrée, mais bien la domination et l'immixtion dans le gouvernement des choses temporelles.

Ce n'est pas que l'esprit de la papauté si habituellement conforme à l'esprit de l'Église, eût aucune volonté d'empiéter sur les couronnes : les paroles des plus grands papes eux-mêmes en témoignent solennellement, malgré les calomnies que l'erreur a voulu répandre sur ce sujet [1]. Quelques tendances spéciales, quelques entreprises isolées provoquées par les circonstances, autorisées d'ailleurs par les idées alors reçues et acceptées assez généralement, purent être signalées à dater de Grégoire IV [2]. Grégoire VII et Boniface VIII les renouvelèrent à leur tour ; enfin le souverain pontife Jules II, dans ses démêlés avec le roi Louis XII, au sujet de la pragmatique sanction, transporta la couronne de Navarre de Jean d'Albret à Ferdinand d'Aragon, parce que le Roi de Navarre avait servi les intérêts du Roi de France avec lequel Rome était alors en querelle [3]. Ce fut « pour le chancelier du Prat, qui peut-être n'aspirait pas moins au chapeau que Wolsey à la tiare, l'occasion d'une protestation généreuse. Il eut le courage d'opposer à cet acte et aux objections alléguées en sa faveur, les maximes solides de l'indépendance des couronnes [4]. »

Les mauvais vouloirs avérés et constants du cardinal Wolsey contre la France paralysèrent les effets du chancelier et du maréchal. Toutefois leur patience et leur habileté demeurèrent infatigables, aussi long-

---

[1] Mainbourg, *Histoire de l'Église de Rome*, p. 327.
[2] *Id., Ibid.*, p. 346 et suivantes.
[3] *Id., Histoire du Calvinisme*, p. 18.
[4] Gaillard, *Histoire de François Ier*, t. 4, p. 468.

temps que la dignité de la couronne ne leur parut pas en souffrir. Les minuties elles-mêmes, si souvent décisives en diplomatie comme en guerre, n'étaient pas omises par le chancelier. Il ne pensait abaisser ni son Roi, ni lui-même, en les appelant au secours de sa mission. « Sire, » écrivait-il au Roi, en date de Calais, 1ᵉʳ septembre 1521, « ce jourd'huy le chancelier de Flandres et moy avons été invités à oyr le service et disner avec le cardinal, et en disnant ont esté tenuz quelques propos entre icelluy chancelier et moy et manière de deviz, ou a esté question de vous, de son maistre, du Pape, du chapeau rouge de monseigneur de Liége, et de la bonne vie de messire Robert de la Marche. Je croy, Sire, à l'opinion des assistens, qu'yl n'y a rien gaigné : si le discours n'estoit trop long, ce vous manderoye ; ce sera pour mon retour, s'il vous plaist de l'oyr.

« Sire, icelluy cardinal allant à la messe, tiroit peine sur sa mule, et m'a dit qu'il étoit grevé en façon que ne pouvoit endurer le cheval. Si, m'a demandé si avoye une litière ? J'eusse voulu en avoir une, et qu'il eust couté deux fois autant qu'elle pouvoit valoir. Sire, vous lui ferez chose fort agréable, si votre plaisir estoit de luy en envoyer une. Vous cognoissez le personnage et voyez le temps qui court : elle ne seroit pas perdue : et d'autant que a madame en grande vénération. Quand le don se feroit au nom d'elle, m'a semblé qu'il n'y auroit que bien : car sait que vous n'en avez pas, et penseroit que seroit de celles de ma dite dame.

« Sire, après m'estre recommandé tant et si très-humblement que faire puys à votre bonne grâce, prieray le benoist fils de Dieu vous donner l'entier accomplissement de vos très haults et très nobles désirs avec santé et prospérité. Escript à Calais, le 1ᵉʳ jour de septembre. Votre très humble et très obéissant subject et serviteur. A. du Prat [1]. »

Le succès des plénipotentiaires ne répondit ni à leurs talents, ni à leurs industries, ni à leur zèle. La dignité du souverain noblement défendue ne put s'accommoder des exigences que Charles-Quint imposait par l'Angleterre, et cette médiation demeura sans résultats. Le cardinal fut soupçonné de complicité avec les ennemis de François Iᵉʳ, suivant une lettre en date du 7 septembre 1521, écrite au Roi par ses plénipotentiaires à Calais. Quelques anxiétés leur ayant été données au sujet d'une entreprise projetée par les impériaux sur Ardres, Antoine du Prat interrogea le cardinal d'Yorck. « *Ils* n'auront garde d'y toucher, » répondit l'Anglais. Peu de jours après l'entreprise éclata sans succès, tant fut habile et courageuse la défense du capitaine dont le chancelier écrivait au Roi : « Plust à Dieu, Sire, que vous eussiez beaucoup de tels capitaines ; il est loyal et homme de bien de sa personne, autant que on pourroit estre. Il n'y a pas trois jours qu'il m'avoit mandé que quand la place se perdroit, ainsy feroit sa vie [2]. » Ainsi fut-il sans beaucoup tarder de l'une et de l'autre. Et comme le chancelier se plaignait à Wolsey de ce manque de foi, « ils n'y retourneront plus, » avait froidement répondu celui-ci.

Et cependant, en cet état qui ne constituait encore ni une paix assurée, ni une guerre déclarée, les plénipotentiaires multipliaient non-seulement les efforts de

---

[1] *Bibl. imp.*, manusc. de Béth., n.° 8491, fol. 29.
[2] *Id., Ibid.*, n° 8492, fol. 56.

leur zèle et la patience de leur art, mais encore les soins de leur complaisance et les industries de leur habileté. On en trouve quelques-uns indiqués en une lettre de Denis Paillot, homme de leur suite, au trésorier Robertet : « Il n'est possible de mieux suivre le vouloir et intention du Roy, que mondict seigneur le chancelier a faict en captant la grâce du cardinal par bons et gracieux moyens. Ledict cardinal lui demanda hier du vin de France ; monsieur le chancelier a envoyé partout pour en recouvrer de bon pour lui bailler[1]. »

Olivier de la Vernade écrivant au Roi le 8 août, rendait les mêmes témoignages au zèle de ses envoyés, et les concluait ainsi : « Par quoy, Sire, vous ay bien voulu avertir du grand contentement que ledit cardinal a de messeigneurs vos ambassadeurs, et de ce qui me semble que ne vouldroient escripre : et du surplus de vos affaires de par de ça, eulx vous advertiront bien et au long. »

Cependant les doutes sur la bonne foi du cardinal Wolsey naquirent dès le début des conférences, avant la trahison d'Ardres, et malgré quelques éclairs de bienveillance et de loyauté qui furent les inconstances de son caractère plus que les effets d'une heureuse nature. Il fut jugé par les plénipotentiaires avec la sévère justice que méritaient ses dissimulations et ses préférences. En date du 5 août, lendemain de la première entrevue, le chancelier du Prat et le maréchal de Chabannes écrivaient au Roi dans les termes suivants : « Sire, ledit cardinal par semblant et paroles est tout à vous et ne désire que vous servir. Nous prions Dieu

---

[1] *Bibl. imp.*, manusc. de Béth., n° 8492, fol. 56.

que les effects soient semblables ; mais le principal est de mettre Dieu de sa part, se faire fort, et donner bon ordre à ses affaires, car le temps est tel que envie dénigre foy et honnesteté[1]. »

Quelques jours après, en date du 12 août, les mêmes plénipotentiaires, connaissant de plus en plus et peignant de mieux en mieux le prétendu conciliateur, qui n'était qu'un adversaire déguisé, écrivaient au Roi : « Sire, vous congnoissez le personnage à qui nous avons à besongner, mieulx que tout aultre : il n'est pas toujours en ung mesme propoz et estat. Ce nous est une grosse peine et fascherie de suyvre sa volonté en beaucoup d'endroits. Mais pour doubter de la courroucer et qu'il ne face faire quelque chose à son maître qui vous retournast à dommage, que luy est aizé de faire, comme vous sçavez, nous callons voilles en actendant ce qu'il vous playra nous commander. Nous serions bien marry de gaster rien, et jusques icy nous semble que tout est bien allé[2]. »

Le chancelier du Prat et le maréchal Chabannes, que secondait le premier président de Selve, et qu'assistait Robert Gédoyn, employaient tous leurs soins à ce résultat. Ils sacrifiaient au cardinal les formes qui leur étaient personnelles ; ils multipliaient leurs condescendances, pourvu que la dignité du Prince et celle du pays demeurassent rigoureusement intactes. Ils poursuivaient leur mission par tous les moyens qu'une honnête habileté suggère et que permet une honorable complaisance. « Sire, nous avons dit au cardinal, » mandent les ambassadeurs du Roi, « que vous aviez envoyé devers luy, pour mettre une bonne fin à la louange de

---

[1] *Bibl. imp.*, manuscrits de Béthune.
[2] *Id., Ibid.*

Dieu et bien universel de toute la chrétienté, aux différents survenus entre vous et le Roy catholique, et que quand son plaisir seroit d'y vouloir entendre, nous serions de notre part tous prêts, et que de la peine, soin et labeur que prendroit pour vous en cette affaire, ne demeureriez ingrat[1]. » Puis, lorsqu'il s'agit de la première conférence avec les ambassadeurs de l'Empereur, et qu'arrivent les difficultés de préséances, le chancelier et le maréchal rendent ainsi compte au Roi, en date du 5 août, des résolutions qu'ils ont prises et des concessions qu'ils ont faites : « Le cardinal nous dit qu'il vouloit demain nous assembler avec ceulx de Flandre. Nous luy dîmes, Sire, qu'il seroit bon adviser de l'assiette, et que vous, Sire, à moy, chancellier, avié dit que s'il convenoit de faire assemblée, que luy remissions de pourvoir à l'ordre. Il a dit que pour le présent il n'y voyoit d'autre expédient, si ce n'est qu'ils arriveroient les premiers, et les trouverions assis à notre arrivée. Lors luy avons dict que cela seroit bon pourvu que à la seconde assemblée la main dextre nous fût baillée, et que nous fussions assis quand ils arriveroient. Sur quoy nous a respondu : *Non pas cela, mais je vous feray asseoir les uns parmy les aultres, de sorte que on ne cognoistra que sera le premier ou le dernier.* Si l'avois prié ainsy faire à la première assemblée. Il nous a dict qu'il ne se pouvoit faire. Nous avons pris temps à y penser et à luy en mander notre advis. Et nous a semblé que si faisions cas d'icelle assiette, l'assemblée se pourroit empescher, et que ils semeroient partout que par la contencion d'aller devant ou derrière nous aurions esté cause qu'un tel acte salutaire n'avoit

---

[1] *Bibl. imp.*, manuscrits de Béthune.

pris conclusion ne fin. Et par ainsy que nous devions remettre le tout à icelluy cardinal. La cause qui le meut de faire l'assiette que dessus (ainsy que nous pouvons imaginer) est car icelluy Roy catholique, est élu Roy des Romains[1]. »

Tout en cédant habilement sur ces questions d'étiquette et sur celles que fondaient des griefs accessoires dont il était prudent de se départir, les ambassadeurs s'attachèrent à la conservation intacte des grands intérêts de la France et du véritable honneur de sa couronne. Les trois points de la négociation étaient la restitution du royaume de Navarre enlevé par Ferdinand à Jean d'Albret, sous les auspices de Jules II ; le retour à François Ier du royaume de Naples, dont les droits remontaient à Charles, comte d'Anjou, frère de saint Louis ; les prétentions sur la Bourgogne que Louis XI avait élevées déjà à titre de reversion à la couronne, faute d'héritiers mâles, et que Charles V prétendait tenir, comme fief féminin de Marie de Bourgogne, son aïeule. Les négociations échouèrent sur chacun de ces points, malgré les soins assidus des plénipotentiaires français. L'aigreur prit entre eux et leurs adversaires la place que, malgré des perfidies d'une part et des piéges habiles de l'autre, la courtoisie avait jusqu'alors conservée. Le chancelier de l'Empereur, voulant justifier son maître des aggressions dont il s'était rendu coupable pendant les conférences, accusait à son tour François Ier d'assister Robert de la Marck dans son expédition. Antoine du Prat, s'appuyant sur les désaveux officiels donnés par le Roi à sa conduite, avait répondu « qu'il consentait à perdre la

---

[1] *Bibl. imp.*, manuscrits de Béthune.

tête s'il avait ainsi manqué à ses engagements. L'Allemand en offrit les preuves et demanda l'enjeu. Le chancelier de France refusa celui-ci, et produisit des lettres originales qui démentaient les interprétations de l'étranger. Il s'en consola par cette grossière plaisanterie : Quand on m'adjugerait votre tête, je n'en voudrais pas; j'aimerais mieux en la place celle d'un cochon, elle serait meilleure à manger[1]. »

Le chancelier du Prat distinguant enfin que Wolsey, acquis aux ennemis de la France, se jouait de ses intérêts et de ses droits, écrivit au Roi qu'après avoir tout fait pour le repos du pays, il fallait soutenir son honneur par d'autres armes.

La guerre ne tarda pas à se déclarer. Mais à toutes les difficultés que les questions du dehors suscitaient à François Ier, la mort de Suzanne de Bourbon, en 1521, ajouta les complications intérieures. Elle était cousine germaine de Louise de Savoie, et ces deux princesses filles du frère et de la sœur, étaient l'une et l'autre cousines issues de germain du connétable, que son double malheur laissait à la fois veuf et sans enfants. Les causes et les détails des grands débats qui suivirent cette mort appartiennent à l'histoire générale de ce siècle et sont d'ailleurs assez connus. Il suffit à cette biographie de répéter les plus essentiels d'entre eux, afin de justifier le chancelier du Prat de la part qu'il prit à cette lutte, d'expliquer ainsi la direction que son intelligence et sa conscience crurent devoir donner à cette cause, de compenser enfin par son équité ce qui manqua sans doute à sa modération et à sa prudence.

Malgré les débats engagés à cette occasion, Fran-

---

[1] Gaillard, *Histoire de François Ier*, t. 1, p. 519.

çois Ier résolut de diriger lui-même les opérations de la guerre, et voulant pourvoir à la tranquillité du royaume, confirma, pour cette nouvelle absence, la régence qu'une fois déjà avait exercée Louise de Savoie. Il associa à son pouvoir les gens les plus expérimentés et les plus capables de France. Il mit à la tête de ce conseil le chancelier du Prat. Enfin, il nomma le connétable lieutenant-général du royaume. Mais le prince avait déjà perdu ses riches pensions; déjà dans la campagne des Pays-Bas, le Roi lui avait ôté le commandement de l'avant-garde, il venait de lui refuser la main de Renée de France, sa belle-sœur ; Charles de Bourbon était aigri par-dessus tout, par le procès dont la succession de Suzanne de Bourbon était l'objet. Le connétable exprimait son mécontentement, on lui prêtait d'insolents propos et d'audacieux désirs. Le chancelier représenta au Roi combien il était dangereux de laisser derrière lui un prince irrité et puissant.

Le Roi cédant sagement à ce conseil, manda au connétable qu'il voulait partager avec lui la gloire de la prochaine campagne ; il appelait à ses côtés son bras et son épée. Le connétable alléguant une maladie ne rejoignit pas le Roi : il protesta de sa fidélité, et cependant comme un coupable, il se réfugia à Chantelle, et de là il essaya tout à la fois de dicter ouvertement des conditions au Roi, et de négocier secrètement avec l'Empereur une criminelle alliance. Cette conduite suspecte donnant de l'opportunité à la diminution de sa grande puissance, le procès dont les biens de Suzanne de Bourbon étaient l'objet fut poussé avec une activité nouvelle.

Du reste ce n'était pas de ce jour seulement, que la grande succession de la maison de Bourbon avait présenté des difficultés à l'esprit des Rois, et préparé des dangers à la France. Louis XI et Louis XII avaient successivement éloigné ceux-ci et résolu celles-là par des précautions analogues à leurs caractères, et dans lesquelles « vous verrez un Roi Louis onzième tiré tout de son long, au naturel,.... et le Roi Louis douzième, prince débonnaire s'il en fut oncques un en France [1]. » Malgré la différence de leurs natures, ils se rapprochèrent cependant en ce fait que l'un et l'autre cherchèrent à donner des rejetons directs et incontestables à ces grands princes, les aînés de cette noble maison, et des héritiers à leurs énormes apanages. Mais ils s'éloignèrent sur le point du désintéressement, le cas échéant d'un décès sans postérité. Louis XI, dans le contrat de mariage d'Anne de France, sa fille, avec Pierre II, duc de Bourbon, « fit consentir et accorder que tous les duchés, comtés et vicomtés de la maison de Bourbon advenant qu'il n'eût point d'enfants mâles de son mariage, appartinssent au Roi et à ses successeurs. »

« Quant au duché d'Auvergne et comté de Clermont, qui originairement étoient du domaine de la France, c'eust esté pescher contre les règles fondamentales de nostre Estat, de les faire tomber en quenouille [2]. »

---

[1] Étienne Pasquier, *Recherches de la France*, t. 1, p. 557 et 558.
[2] *Id., Ibid.*, t. 1, p. 557.

CHAPITRE XXVIII.

Mort et succession de Suzanne de Bourbon. — Procès.

Une seule fille, Suzanne de Bourbon, naquit de cette alliance ; sa mère Anne de France, duchesse de Bourbon, nommée quelquefois Anne de Beaujeu, devint veuve encore et le demeura vingt années. Le grand nom qu'elle tenait du prince son époux, était seul digne à son gré de s'associer au noble sang qui coulait dans ses veines. Elle avait exercé une grande et salutaire influence sur les destinées de la France. Le roi Louis XI, son père, l'avait établie par son testament gouvernante du royaume et de la personne du jeune roi Charles VIII. Elle soutint ce double fardeau avec une virilité et une habileté, l'une et l'autre à la hauteur de sa mission et de son origine. Louis XII, alors duc d'Orléans, et son compétiteur dans la régence, vaincu par elle, avait été son captif à Saint-Aubin de Cormier.

Mais bientôt elle lui pardonna son ambitieuse hardiesse, et plus tard il oublia lui-même sa victoire. Lorsque la duchesse de Bourbon devint veuve en 1503, attentive aux intérêts de sa fille comme elle l'avait été aux volontés de son père et au salut de l'État, elle obtint du roi Louis XII l'annulation de la clause de son contrat de mariage qui, faute d'enfants mâles, assurait à la couronne la réversion des riches domaines de son mari. Soit comme si cet acte, contradictoire des termes du contrat, ne suffisait pas à la tranquillité de la duchesse de Bourbon, à celle de Suzanne de Bourbon sa fille, et ne réglait pas définitivement la succession, Louis XII, achevant de détruire les droits conservés à la couronne par le roi Louis XI, et de combattre ses précautions et ses réserves, affecta d'environner cet héritage d'obscurités profondes. En mariant Charles de Bourbon, le futur connétable, avec Suzanne de Bourbon, Louis XII établit dans leur contrat de mariage une confusion entre leurs biens, qui ne permit pas d'en démêler l'origine ; « tellement que par ce sage entrelas, il laissa à l'arbitrage du lecteur de juger que l'on devoit estimer d'estre seigneur ou dame de tous les duchés et comtés, chacun d'eux l'estant et ne l'estant pas, sans se faire tort l'un à l'autre [1]. »

Une fois encore le ciel se joua des précautions humaines. Suzanne de Bourbon mourut sans enfants. Il appartint alors au roi François Ier, triste prérogative par ses criminelles et désastreuses conséquences, de se souvenir des droits du trône dont il avait le dépôt et non la disposition, et de les revendiquer dans l'intérêt de la France.

Peu de mois avant cette mort déplorable et ces débats infortunés, le connétable, irrité par la faveur de quelques seigneurs qu'il ne pouvait souffrir et par les premiers indices de la disgrâce de Semblançay, auquel

---

[1] Estienne Pasquier, *Recherches de la France*, t. 1, p. 557.

sa protection était acquise, s'était éloigné de la cour, et ne comptait plus y reparaître que selon les exigences de ses hautes charges. Le chancelier du Prat, plus absolu que jamais, entreprit de rapprocher les partis qui divisaient la cour et menaçaient de diviser l'État. Il ramena le duc de Vendôme, et l'employa pour la réconciliation du connétable, représentant tout ce que l'union du chef de la justice avec le chef des armées apporterait de force et de fortune à la France et au Roi. Mais le connétable ne répondit à ces avances que par la haine et par le mépris.

Sur ces entrefaites, il perdit la duchesse son épouse, que ses quatre enfants avaient précédés au tombeau, et il jouit alors de l'énorme héritage auquel deux testaments et son contrat de mariage lui donnaient l'illusion d'un droit. Mais Louise de Savoie, passant d'un empressement d'un amour méprisé à toutes les ardeurs de la haine, vint à l'encontre de ces prétentions. Elle appela sur cette question l'étude et la science du chancelier du Prat. « Il lui bailla ce conseil, que les biens dont jouissoit le connétable estoient de deux natures. Les uns provenant de l'ancienne estoc de la maison de Bourbon, auxquels cette princesse devoit succéder comme plus proche lignage, et les autres, sujets à réversion à la couronne, par convention contractuelle[1]... Au demeurant qu'il y avoit une ancienne leçon en l'école du Palais, que jamais le Roi ne plaidoit dessaisi...... »

« — Plus beau ménage ne pouvoit-on faire pour la France que de réunir à la couronne l'ancien apanage de la maison de Bourbon, et faire tomber le demeurant

---

[1] Estienne Pasquier, *Recherches de la France*, t. 1, p. 560.

des autres biens ès-mains d'une princesse dont le Roi seroit héritier après son décès. Ces deux points gisoient l'un en droit l'autre en fait ¹. » Telles furent les appréciations qui dirigèrent Antoine du Prat, et tel fut le langage qu'il tint à la duchesse d'Angoulême et qu'il répéta devant les juges. Le roi Louis XII, disait-il encore, avait outrepassé ses droits en disposant naguère des biens de la couronne. Par vénération pour son auguste mémoire, il eût fallu respecter cet élan de son cœur et cet excès de son pouvoir, si le ciel avait sanctionné son œuvre par la naissance et la conservation des enfants auxquels était destinée la succession de ces apanages. Mais leur mort prématurée exprimait suffisamment la volonté d'en haut et ramenait l'héritage à son origine.

Telle était l'histoire de l'immense fortune possédée par le connétable de Bourbon et de la redoutable puissance qu'elle lui assurait en France. Un mélange de faiblesses et de bontés royales, d'ambitions et d'importunités habiles, et par-dessus tout la protection d'une étoile jusqu'alors favorable, l'avaient porté à ce comble que l'on pourrait appeler un excès. Son injustice et ses dangers n'avaient point échappé au chancelier du Prat, et pour détruire cette menace permanente, pour allier ensemble la prudence et l'équité, il s'était dès l'origine avisé d'un moyen conciliateur, que ne désavouait pas le cœur de Louise de Savoie. Le connétable était libre de toute affection et de tout devoir de famille. La duchesse d'Angoulême, belle encore, servait sa sollicitude de mère et un penchant non moins pressant en épousant le connétable. Elle

---

¹ Étienne Pasquier, *Recherches de la France*, t. 1, p. 571.

garantissait par cette union la fidélité du prince au
Roi son fils, et elle préparait, après elle, le retour pacifique à la couronne des vastes apanages de la maison de Bourbon. L'amour et la paix, la politique et
l'équité si souvent ennemies, se trouvaient conciliées
à l'aide de ce mariage. Aux ouvertures qui lui avaient
été faites à ce sujet, le connétable avait répondu par
des mépris pour le ministre, par des dédains pour la
princesse.

Aux droits de la justice vinrent alors se joindre des
ressentiments dont il est permis de ne point étudier les
inspirations et les mouvements, puisque les vraies
causes de cette attaque désespérée étaient prises dans
des motifs plus élevés et plus légitimes. La raison
d'État, la sécurité du trône, vinrent ajouter leur force
à la force déjà si claire et si puissante du bon droit. Il
est éternellement regrettable que le cri de l'indignation et de la vengeance soit venu se faire entendre là
où la voix de l'équité et de la conscience parlaient avec
assez d'éloquence et d'énergie. On ne vit plus une
simple fortune de grand seigneur et de prince du sang
dans la fortune du connétable, on y reconnut un État
dans un autre État. Battre monnaie, lever au besoin
quarante mille hommes de guerre, étaient les caractères d'une véritable souveraineté. Le connétable disposait de ces royales ressources, et son faste comme sa
hauteur répondaient à ses facultés.

On se rappelait tous les indices de son ambition,
tous les témoignages de son orgueil. Aux fiançailles du
comte d'Angoulême, au sacre de François Ier, au camp
du Drap-d'Or, au baptême de son fils, mort au berceau,
dont le Roi fut le parrain, il avait étalé un luxe dont la
splendeur et la majesté royales furent éclipsées et of-

fusquées. Il avait sa cour et ses gardes plus fiers et non moins nombreux que les gardes et que la cour du souverain : au besoin il aurait eu son armée. Sa magnificence se posait déjà comme rivale heureuse et presque victorieuse de la magnificence de François Iᵉʳ. N'était-ce pas le prélude d'une rivalité de puissance?

Son insubordination comme guerrier ne le cédait en rien à sa pompe et à son éclat comme prince du sang. Les campagnes d'Italie et la guerre de Navarre avaient donné tout à la fois la mesure d'un courage qui ne pouvait faillir à son nom et celle d'une indépendance que révélait chacun des traits de son caractère. N'avait-il pas refusé l'obéissance au duc de Longueville, gouverneur du Languedoc? et, forcé de recevoir les ordres du duc de Valois, son futur maître, n'avait-il pas osé blâmer ouvertement ses dispositions et attribuer à sa conduite la perte de la Navarre? Ses pieuses largesses et ses fondations elles-mêmes portaient dans le style de leurs actes les preuves de cet esprit orgueilleux[1]. Dans les détails intimes de son existence, sa nature inquiète et ambitieuse se trahissait à chaque pas. Avant que ses malheurs n'eussent fait de ce mot *Espérance* la dernière richesse et l'unique consolation que l'on ne peut sans cruauté arracher et reprocher à l'infortune même coupable, il l'avait prise pour devise de ses convoitises et il la soutenait par cette autre exergue : *Penetrabit*, ajoutée à son épée de connétable.

Le roi Louis XII, malgré ses bontés et sa faiblesse, avait dit de Charles de Bourbon : « Ne nous fions pas à ce grand et sage garçon ; il n'est pire que l'eau qui dort. » Le roi Henri VIII, le jugeant de la même

---

[1] Acte de fondation du couvent des Jacobins à Moulins.

sorte, avait dit au cardinal Wolsey : « Mon frère de France a dans monsieur le connétable un sujet dont je ne voudrais pas être le maître. »

Nul de ces faits, de ces souvenirs, de ces symptômes, n'avaient été oubliés par le chancelier du Prat.

Se plaçant de nouveau sur la question du droit et de la coutume, il démontrait que quand l'usage pratiqué sous la première race de partager le royaume eût été salutairement abrogé, on avait introduit les apanages en faveur des mâles seulement, et que jamais les filles de France n'avaient été dotées qu'en deniers, hormis le cas où, pour sûreté de leurs dots, on leur avait donné des terres qui ne constituaient pas des apanages successifs. Si la transmission des biens de cette nature des pères aux filles était sanctionnée, les filles des apanagistes succédant à leurs aïeux, testant selon leur cœur ou leur politique, démembrant le royaume au gré de leur caprice, seraient mieux traitées que les filles de nos Rois. Les lois de l'État, la raison, les droits et le salut publics, la grandeur de la couronne, la tranquillité de la nation, l'existence même de la France seraient également troublées par une telle innovation. Cette opinion entraîna le séquestre des biens de Suzanne de Bourbon. « J'estime que l'arrêt était juste, » dit à ce sujet Etienne Pasquier. Le séquestre amena l'infidélité du connétable. « Il oublia ce qu'il devoit à son Prince, à son sang, à sa patrie, et par les liaisons qu'il prit avec l'Empereur Charles V et le Roi d'Angleterre, il mit le royaume à deux doigts de sa perte. Il fut même soupçonné violemment des incendies qui pendant deux jours et deux nuits consumèrent la ville de Meaux et ravagèrent une partie du royaume [1]. »

[1] Don Félibien, *Histoire de la ville de Paris*, t. 2, p. 949 et 951.

Et cependant, malgré ces actes criminels, malgré son refus de le suivre en Italie, malgré sa fierté si voisine de la révolte, le Roi offrit encore le pardon et sa faveur au connétable. Il lui promit même la restitution de ses charges et la possession des biens qui lui étaient contestés. Mais Charles de Bourbon était trop avancé avec ses complices, trop aveuglé par son indignation, trop vendu, il faut le dire, aux intérêts de Charles V. La promesse d'un mariage illustre avec sa sœur Éléonore, celle d'une souveraineté en France, enfin l'éventualité des couronnes que portait l'Empereur et qu'attendait l'archiduc, avaient fasciné ce malheureux prince. « Il est trop tard, répondit-il aux envoyés du Roi ; il ne fallait pas me laisser partir pour Chantelles. »

Cet endurcissement dans le crime appela aussitôt et sans miséricorde sur le connétable les arrêts de réunion et de confiscation qui achevèrent sa ruine et son désespoir. L'un de ces arrêts le déclare « criminel de lèze-Majesté, rébellion et félonie..... l'a privé et le prive de la récognition du nom de Bourbon, comme ayant notoirement dégénéré des mœurs et fidélité des antécesseurs de ladite maison de Bourbon, et abolissent sa mémoire et renommée à perpétuité..... et au-dessous de l'arrêt estoient ces mots : — prononcé par messire Anthoine du Prat, chancelier de France[1]. »

Quelque sévère qu'il fût, « cet arrêt étoit nécessaire pour l'exemple, le connétable s'étant de cette façon oublié[2]... car il n'auroit pas dû jeter le manche après la cognée, et se soustraire de l'obéissance de son Roy, quelque disgrâce qu'il en eût reçue[3]. »

---

[1] Étienne Pasquier, *Recherches de la France*, t. 1, p. 565.
[2] *Id., Ibid.*, t. 1, p. 571.
[3] *Id., Ibid.*, t. 1, p. 565.

Le maréchal de Chabannes, envoyé à la poursuite de l'illustre criminel dont la rébellion était maintenant prouvée, fit arrêter l'évêque d'Autun, coupable de participation à ses projets. Jean d'Argouges et Jacques de Matignon, initiés au complot, mais effrayés de ses conséquences, en révélèrent les ramifications à Brézé, grand sénéchal de Normandie. Le chancelier du Prat et le secrétaire Robertet furent nommés pour interroger les deux gentilshommes normands, qui n'hésitèrent pas dans leurs aveux[1]. Antoine de Chabannes, évêque du Puy, Antoine Descars, seigneur de la Vauguyon, Jean de Poitiers, seigneur de Saint-Vallier, le seigneur de la Trémoille, dénoncés par eux et arrêtés par le bâtard de Savoye, furent conduits de Lyon au château de Loches, et le chancelier du Prat eut encore la pénible mission d'interroger ces nobles criminels[2]. On instruisit leur procès, et ce fut entre le maréchal et le chancelier, que leur élévation de même date et leur concours mutuel aux conférences de Calais avaient sincèrement unis, l'occasion d'un vif démêlé. Jacques de Chabannes ne pouvait supporter que son nom, toujours accompagné d'honneur et de fidélité, reçût l'insulte d'un soupçon. Bientôt l'évêque du Puy fut mis en liberté, et le maréchal de Chabannes et le chancelier du Prat retrouvèrent leur accord. Quant aux autres coupables, le conseil et l'intention du chancelier étaient de leur appliquer toute la rigueur des lois, d'appeler sur eux toute l'inflexibilité des juges, afin de ramener au devoir de la soumission les autres rebelles et de fortifier le pouvoir non-seulement par une salutaire

---

[1] *Mélanges tirés d'une grande bibliothèque*, L., p. 31.
[2] *Ib.*, L., p. 34.

terreur, mais encore par l'application de son plus auguste droit, celui de faire grâce.

Malgré cette conduite quelquefois habile, toujours équitable et dévouée d'Antoine du Prat, il faut avouer cependant qu'en cette grande question la sagesse du chancelier fit naufrage. L'opportunité manqua à sa justice. Mais son intelligence et ses talents brillèrent dans les moyens qu'il sut employer, et son honneur comme sa conscience en sortirent intacts, ceux-ci ne relevant que de ses convictions, en s'appuyant sur les droits que soutenait son zèle.

La majeure partie des biens du connétable fit réversion à la couronne. Le duché d'Auvergne demeura au Roi comme apanage inaliénable. Il fut convenu que les biens momentanément distraits de cette destination pour échoir à la Régente devaient y revenir après elle; c'est ainsi que le chancelier assura au royaume de vastes et de riches possessions.

Le château de Chantelles, forteresse imprenable, garnie de tours, de fossés et de souterrains, défendue du côté du couchant par un précipice affreux, dans lequel roulait le torrent de la Bouble, fut démantelé. Les ducs de Bourbon en avaient fait leur place d'armes et y avaient accumulé d'immenses trésors. Son riche mobilier qui, par ses formes et sa magnificence, égalait celui de la couronne, « le plus beau qui fust en maison de prince de la chrétienté[1], » fut abandonné au chancelier du Prat, qui en orna le château qu'il venait de faire construire à Verrière[2]. Murat, autre château-fort, baigné par l'Aumance, isolé sur un rocher, flanqué de

---

[1] M. Bouillet, *Tablettes historiques de l'Auvergne*, t. 2, p. 560.
[2] M. L. J. Allary, *Géographie du département de l'Allier*, p. 282 et 313.

vingt-sept tours, construit par les sires de Bourbon, le plus vaste du Bourbonnais, subit le même sort. Et de nos jours leurs ruines toujours plus abaissées, et bientôt effacées peut-être, servent de carrières aux bâtisseurs du pays.

Louise de Savoie n'eut qu'une modeste part dans les fruits de cette grande infortune, mais ses désirs furent comblés : elle demandait un châtiment plutôt qu'un héritage. Elle détacha de cette succession, en 1523, la baronnie de Thiers, l'un des plus grands fiefs de l'Auvergne, et celle de Thoury, en faveur d'Antoine du Prat, chancelier de France. L'an 1527, le Roi confirma cette donation. En février 1538, presque trois ans après la mort du chancelier, la chambre des comptes donnait commission de s'opposer à tous les empêchements qui pourraient être mis à la jouissance de la baronnie de Thiers, appartenant alors à Antoine du Prat, prévôt de Paris[1]. Mais après quarante-deux ans de possession, un arrêt, en date de 1569, en dépouilla le petit-fils du chancelier du Prat[2], et l'attribua au duc de Montpensier. Cet arrêt, longtemps combattu, ne doit point être considéré comme l'expiation d'un crime ou comme le terme apporté à une possession inique. Il ne doit point porter préjudice à la mémoire d'Antoine du Prat. Il complétait la grande faveur accordée par le Roi au duc de Montpensier. Sa descendance directe de Louise de Bourbon, sœur du connétable, mariée au prince de la Roche-sur-Yon, lui donnait des prétentions aux biens confisqués sur ce prince. Les services rendus par cette glorieuse branche

---

[1] Actes originaux aux Archives de famille.

[2] Choppin, *Traité du dom...*, livre 3, tit. 26, nomb. 5.

de la maison de France, parlant encore plus haut que ses droits, Charles IX rendit tous les biens que la couronne s'était attribués, ou qui provenaient de la succession de Louise de Savoie. La baronnie de Thiers, démembrée de l'héritage, fut réclamée à titre de complément par le duc de Montpensier[1]. Ce ne fut pas toutefois sans discussion ni sans résistance de la maison du Prat qu'elle rentra dans son apanage. En 1579, et même en 1585, Antoine du Prat de Nantouillet se qualifiait encore baron de Thiers[2]. Mais il fallut céder devant l'autorité du souverain et l'omnipotence des tribunaux. Cette mesure générale eut donc le caractère d'une munificence royale, d'une équitable réparation, si l'on veut, mais elle ne renferma rien d'odieux pour la mémoire du chancelier. Quant à la baronnie de Thoury, elle appartenait encore en 1848 au comte du Prat, dans lequel s'éteignit la branche de Ribes : l'aînée de ses filles l'a portée en mariage dans la maison de Bourbon-Busset.

Le chancelier du Prat fut, au sujet de ces immenses largesses, l'objet de reproches que l'histoire répète encore aujourd'hui. En acceptant les dons de la duchesse d'Angoulême et du Roi, il ne fut pas plus coupable que ne l'avait été avant lui Antoine de Chabannes, comte de Dammartin, en achetant, moyennant minces finances, une riche part des biens confisqués sur Jacques Cœur; que ne le fut, dans le même siècle, Anne de Montmorency, en prenant possession de la terre de Saint-Ciergues, enlevée à Jean Bohier; que ne le devint plus tard le connétable de Luynes, en réunis-

---

[1] Chabrol, *Coutumes d'Auvergne*, t. 4, p. 583 et 584.
[2] Offices de Girard et Joly.—Chabrol, *Coutumes d'Auvergne*, t. 4, p. 584.

sant la succession des biens et des honneurs du maréchal d'Ancre ; enfin, que ne le furent à toutes les époques tant d'illustres seigneurs acceptant, achetant ou sollicitant les dépouilles de tant d'illustres infortunés. Pour eux, innocents des soupçons et des délations qui avaient fait ces nobles victimes, ces richesses étaient, non pas le prix du sang, mais le prix du zèle, et sans doute aussi le prix de la faveur. Qui oserait prononcer en éloignant la main de son cœur, où des sympathies et des influences la dirigent peut-être, et en la plaçant sur une conscience indépendante et éclairée, qu'il y eût honte et tache à recevoir et à posséder de tels biens? Il y eut, il est vrai, chez Louise de Savoie, imprudence dans sa générosité toute royale; il y eut chez Antoine du Prat oubli de désintéressement et omission de ce respect que le chef souverain de la justice doit à son caractère dans l'exercice des sévères fonctions de sa charge. Mais il y a loin de ces fautes, quelque réelles et graves qu'on les suppose et qu'on les admette, au crime de vénalité dont on a voulu flétrir et calomnier la mémoire du chancelier. Où sont d'ailleurs sur terre les biens que des catastrophes et des violences n'aient point atteints, n'aient point fait dévier de leur ligne naturelle et souhaitable? Lorsque l'autorité souveraine a prononcé sur leur sort dans la légitimité de sa puissance, lorsque surtout la justice des tribunaux l'a réglé avec tout le loisir et toute l'impartialité d'une longue discussion, le crime est le fait, non du jugement, mais des clameurs qui l'accueillent.

Ces vicissitudes de la fortune enregistrées, il convient de revenir à celles de l'existence d'Antoine du Prat.

CHAPITRE XXIX.

Procès du baron de Semblançay. — Détresse financière.

Dès l'année 1521, les échecs du maréchal de Lautrec dans le Milanais, et dans l'année 1522, sa défaite à la Bicoque, avaient éveillé les soupçons sur le compte du surintendant des finances, Jacques de Beaulne, baron de Semblançay. Ces désastres ne trouvaient d'explication et d'excuse que dans la pénurie des armées mal payées, mal entretenues, mal contentes, et cette détresse ne rencontrait sa raison que dans une infidélité criminelle. Les lettres du chancelier sont pleines du désespoir et de l'embarras que lui causent ces calamités, et de ses doléances au sujet de ces coupables malversations. Le 27 décembre, il écrivait au grand-maître de France :

« Monseigneur le légat d'Angleterre m'escrit qu'il a sceu par ceux qui sont de là les monts, et de monsieur de Lautrec que, à faulte d'argent, il demeuroit à Parme, et que j'estois cause de cela. Dieu le sait! et s'il y a personne qui souhaite et qui désire plus que les choses aillent bien que moy [1]. »

[1] *Bibl. imp.*, fonds Béthune, n° 8373.

Quatre cent mille écus nécessaires à la continuation de la guerre et à la solde des troupes, n'avaient point reçu leur destination, et le surintendant chargé de leur envoi, responsable des suites de leur détournement, était accusé d'une criminelle malversation, et se confessait seulement coupable d'une faiblesse. La duchesse d'Angoulême, mise en cause par les dépositions de Jacques de Beaulne, se défendit avec l'énergie de la vérité, disent les uns, avec les fureurs de son caractère, disent les autres. Elle triompha dans ce fatal et mémorable procès. Plaise au ciel que ce fût par la justice plus que par la puissance ! Tout en suivant les intérêts de la duchesse d'Angoulême, le chancelier du Prat, pour que l'arrêt fût impartial, se récusa comme juge dans cette affaire [1]. Ce cruel procès dura de longues années, et sa conclusion sinistre lui donna un retentissement que les siècles n'ont point affaibli.

En 1527, le baron de Semblançay, malgré de longs souvenirs et de grands services qui le recommandaient à la clémence, si son intégrité ne pouvait plus comme autrefois le proposer à l'admiration, fut condamné et exécuté.

L'Étoile, auquel la haine du crime et le supplice du coupable ne suffisent pas toujours, oublie dans ses mémoires que la justice et la vérité n'ont pas besoin d'appeler l'injure à leur aide. Il néglige le calme et la dignité qui doivent caractériser la loi dans ses rigueurs, l'histoire dans ses récits, l'indignation elle-même dans ses anathèmes : il nomme Jacques de Beaulne, *ce guidon des voleurs* [2].

---

[1] Gaillard, *Histoire de François I*ᵉʳ, t. 4, p. 493.
[2] L'Étoile, *Mémoires pour servir à l'histoire de France*, édition de 1719 à Cologne, t. 1, p. 3.

Toutefois la compassion et le dévouement de l'amitié suivirent l'infortuné jusqu'au gibet et lui survécurent. Ils lui furent plus fidèles que le sentiment filial que le Roi lui avait tant de fois exprimé en l'honorant du titre de son père. Le chancelier du Prat, alors archevêque de Sens et cardinal, se charge d'en donner la preuve, comme aussi de fixer la date de ce sanglant événement. Le 26 août 1527, il écrivait d'Amiens au grand-maître de France, Anne de Montmorency, depuis connétable :
« Monseigneur, parce que escripts au Roy, entendrez ce que avons faict avec le cardinal en vostre absence, que ne rapporteray pour ne user de redicte.

» Au demeurant, monseigneur, j'ay reçu vos dépesches, par lesquelles on me mande que madame de Semblançay s'est rendue religieuse à Hyères, et que le feu sieur de Semblançay, son mari, fut despendu la semaine passée environ à mynuict, et fut enterré aux Cordeliers ou Augustins, ce qui ne se peult faire par autorité et commandement d'aultre que le Roy. Si telles choses sont souffertes l'on en entreprendra bien de plus grandes. J'auroys advisé, s'il plaist au Roy, que l'on feist anquérir, que s'il y a aucuns de ceste conjuration qui veuille réveller ses complices, il aura pardon et cinquante escuz : et après avoir trouvé ceulx qui l'auront faict, le fauldra pugnir selon l'exemple du cas, et mesmement le désenterrer et rapporter où ils l'ont prins.

» Monseigneur, quant à ce que vous m'avez escript que les commissaires de Paris qui font très-bien leur devoir ne se départissent, je vous advise que longtemps auparavant la rescription de vos lettres estoient départis. C'est assavoir : maistre Ambroise de Florence, avec monseigneur de Lautrec, le président Pat... de Savoie par congé de Madame en son pays ; Deyveau en Poictou : j'ay subrigé d'autres en leurs lieux, qui, à mon jugement, sont des gens de bien.

» Et sur ce, monseigneur, après m'estre recommandé de très-bon cœur à vostre bonne grâce, prieray le Créateur vous donner bonne vie et longue.

» Vostre bon serviteur et amy,
» Cardinal de Sens, chancellier de France[1]. »

Le conseil de rigueur que contenait cette lettre faillit porter son fruit. Des recherches actives furent entreprises pour découvrir le corps de Semblançay. Mais la voix de la pitié prévalut heureusement sur celle d'un devoir inflexible. Par la permission du ciel on ne put trouver ses restes, et, par les ordres du Roi, on ne les disputa pas plus longtemps au triste repos de la mort et à l'obscurité du tombeau. Encore faut-il ajouter que dans cette perquisition inexorable, le maintien de la justice, le respect de l'autorité, et aussi l'esprit du temps avaient dirigé le chancelier.

Si ce fut un bonheur pour l'interprète des lois et pour leurs victimes que ce dernier trait ne pût être ajouté à un affreux châtiment, du moins la vérité ne permet pas d'imputer à crime au premier magistrat du royaume un zèle outré peut-être, mais infatigable, pour l'extension et pour l'intégrité du pouvoir dont les devoirs de sa charge et les liens de son serment lui imposaient la défense.

L'une des injustices mémorables attachées à ce fatal épisode du règne de François Ier fut la responsabilité

---

[1] *Bibl. imp.*, fonds Béthune, 8573, p. 75 ; M. Louis Paris, *Cabinet historique*, t. 1, p. 162.

que l'animosité publique en rejeta sur Antoine du Prat. Pour le rendre plus odieux, on se plut à innocenter la victime, coupable au moins, et de son aveu, de l'oubli de ses devoirs, si ce n'était de leur prévarication. Le chancelier fut à ce sujet l'objet d'injures dont la violence affaiblit l'autorité.

Sans vouloir renouveler contre le baron de Semblançay une accusation posthume, sans prétendre éclairer par une lumière nouvelle un fait auquel la nuit du temps ajoute une obscurité de plus, il est permis de réclamer du moins de la modération et des hésitations dans le jugement si sévère dont la mémoire d'Antoine du Prat est l'objet à l'occasion de ce supplice. On pourrait rencontrer dans l'histoire même des fils de Jacques de Beaulne des indices, des preuves peut-être qui absolvent le chancelier de toute participation violente, ou du moins d'un concours inique à sa condamnation.

Deux ans après l'exécution de l'infortuné surintendant, son fils Guillaume fut rétabli dans ses biens et dignités, et son petit-fils Renaud monta plus tard sur le siége de Sens. Il ne paraît pas que, rendus à cette opulence et à ces influents honneurs, ils se soient occupés de la mémoire de Jacques de Beaulne, dont la mort de la duchesse d'Angoulême et celle du chancelier du Prat auraient laissé la réhabilitation sans contradicteurs[1].

Enfin au mois d'avril 1529, le chancelier du Prat étant au Moustier, près Blois, signa lui-même à Guillaume de Beaulne, général des finances, une abolition « sur certaines faussetés commises pour sauver son

---

[1] Gaillard, *Histoire de François I*ᵉʳ.

père, et sur plusieurs injures atroces que ledit de Baulne avoit dites et écrites contre la personne dudit chancelier et contre la justice[1]. » Abolition et grâce qu'un fils n'aurait point acceptées sans doute de la main du persécuteur, de l'accusateur et du calomniateur de son père. La part prise par Antoine du Prat à cette sanglante affaire doit se réduire, d'après ces témoignages, à celle que lui traçaient et lui assignaient les devoirs inflexibles de sa charge.

Ce supplice appelé justice par les uns, iniquité et cruauté par le plus grand nombre, ne mit point un terme aux dilapidations qui l'avaient amené. Les finances eurent longtemps à souffrir encore de l'infidélité de leurs administrateurs.

Ceux de 1524 avaient rencontré des complices et trouvèrent des imitateurs. Moins illustres que Semblançay, ils laissèrent moins de traces dans l'histoire. Comme lui ou comme ceux dont la tête expia le crime, ils furent cependant la cause des embarras du royaume, et l'objet des plaintes du chancelier. Si leurs noms demeurés inconnus, si la distance des temps semblent séparer leur cause de celle du malheureux surintendant, leur faute si semblable dans leur intention et par leur effet à celle dont il fut victime, rattache leur souvenir au sien. Deux mois après le regrettable supplice dont il faudrait pouvoir effacer la mémoire, le chancelier écrivait au grand-maître la lettre suivante. On pourrait penser que le baron de Semblançay en fût l'objet, si la précision et la comparaison des dates ne venaient pas en détruire l'apparence.

[1] F. Duchesne, *Histoire des chanceliers de France*, p. 568.

« Paris, 29 octobre.

« A Monseigneur le grand-maître.

» Monseigneur, présentement ay reçu les lettres que m'avez escriptes, et celles que Fizes vous escript : et quant au payement des lansquenets, mentionné en icelles, vous aurez veu par ce que escripts au Roy, à vous, et que Robertet vous dira, l'ordre que y ay mis. Je n'ay peur si ce n'est que cela soit trop tard. Le trésorier de l'épargne n'est icy. Spifame qui devoit faire bailler l'argent de la ville est à Sens. Je verray si sur mon crédit pourray trouver la somme pour l'envoyer incontinent. Le Roy ne fut en cette peyne si ses financiers alloient le droict chemin. Vous savez que fut fait à Melun, et comment la partye qui a esté depuis confessée fut nyée, et si ne l'eusse vérifiée depuis que ay esté en cette ville, ne l'eusse recouvrée. Celuy dont procède le mal est en prison il y a longtemps.

» Monseigneur, dans ung pacquet reçu de Romme touchant mes affaires, ay trouvé un pacquet qui s'adresse à vous, que, par ce porteur, vous envoye : — qui sera fait après avoir donné le bonsoir,

» Celuy qui désire vous faire service de tout son pouvoir.

» A. cardinal de Sens, chancellier [1].

Deux mois plus tard, le chancelier écrivait encore à M. de Montmorency : « Touchant le fait de l'argent dont le Roy et vous m'escrivés, j'ay serché tous les

---

[1] *Bibl. imp.*, fonds Béthune, 8573, p. 183.

moyens du monde pour le pouvoir trover, et aux banques et ailleurs... Il n'y a homme qui ne baisse les oreilles. Je verray encore demain tout le matin pour essayer d'en recouvrer... 27 décembre 1527 [1].

Vers le même temps la difficulté financière faisant renouveler les mêmes plaintes, le chancelier répondait encore au grand-maître : « ..... C'est une confusion ; et quant à moy, ne sçauroy mettre hors de mon entendement (sans veoir le contraire) qu'il n'y ait malversation en ceux qui ont eu charge des dites affaires par cydevant. Dès l'heure que le Roy sera à Paris, fauldra assembler toutes les pièces nécessaires et les joindre avec ceulx que Mégrot doit envoyer en la fin de janvier. Et par là, tout se pourra vérifier et entendre, et le tout veu, si besoing est, le dict seigneur envoyra quelque homme d'étoffe pour vérifier le tout [2]. »

Tandis que les infidélités criminelles dont tous ces maux étaient la conséquence donnaient lieu au sinistre procès de Semblançay, la France recueillait en Italie l'honneur qui n'a jamais failli à son drapeau ni à ses armes : mais la victoire ne couronnait pas la valeur de ses soldats.

---

[1] *Bibl. imp.*, fonds Béthune, fol. 81.
[2] *Id., Ibid.*, 8573, fol. 125.

CHAPITRE XXX.

Le Roi repart pour l'Italie. — Louise de Savoie exerce pour la seconde fois la régence. — Le chancelier du Prat lui est donné pour conseil. — Bataille de Pavie. — Captivité du Roi. — Mort du connétable. — Mesures prises pour assurer la paix à l'intérieur et amener la délivrance du Roi.

En 1524, les défaites éprouvées par les généraux de François Ier appelèrent de nouveau ce prince au delà des Alpes. A la suite de l'une d'entre elles, le chevalier sans-peur et sans-reproche était mort avec la gloire de sauver une armée dont il couvrait la retraite, avec la douleur de poser son dernier regard sur un prince du sang de ses Rois, infidèle à ses serments et traître à son pays.

François Ier, dont la prudence n'égalait pas la bravoure, partit, malgré les avis de Louise de Savoie, qui préférait le salut de son fils et celui du royaume au pouvoir d'une seconde régence[1]. Avant de quitter Paris et pour appeler sur ses entreprises et sur sa personne la protection que tant de dangers rendaient plus nécessaire encore, il assista à une procession solennelle

---

[1] M. Aim. Champollion, *Captivité de François Ier*, introduction, p. 8.

dont il précisa la marche et régla l'ordonnance. Il voulut qu'au milieu du cortége de princes et de prélats qui l'environnaient, le chancelier du Prat, qu'il laissait cette fois investi du plus grand pouvoir après la régente-mère, prît place immédiatement à sa suite [1]. Il partit et la duchesse d'Angoulême, aussi bien que le chancelier et tout le conseil de régence, le suivirent jusqu'à Lyon, tant pour essayer de le détourner encore de sa fatale entreprise, que pour se rapprocher de ses opérations, s'il persévérait dans sa noble témérité. Sa volonté ne put en être détournée, bien que Louise de Savoie, constante dans ses pressentiments et dans ses instances eût encore envoyé Georges d'Armagnac depuis cardinal, le conjurer à Avignon de renoncer à cette campagne [2]. François Ier, plein de jeunesse et de bravoure, fut chercher en Italie un de ces revers qui, par un décret mystérieux de la Providence, n'épargnent pas toujours la justice, mais qui du moins, ce semble, dans la destinée de la France et de ses souverains, tout en abattant sa fortune, n'atteignent pas sa gloire. Avant de franchir les Alpes, ses armes obtinrent en France même et sur un point jusqu'alors inattaqué, un succès qui put lui sembler de bon augure. Charles-Quint voulant lier irrévocablement le connétable à sa cause, et le rendre irréconciliable avec François Ier, mit à l'épreuve les sympathies qu'il se flattait d'avoir conservées en France, et les connivences qu'il pensait y avoir établies. « Je remarque au jeune empereur (dit à ce sujet Etienne Pasquier) un traict de renardise admirable : lequel désirant s'esclaircir des intelligences que

---

[1] Don Félibien, *Histoire de la ville de Paris*, t. 2, p. 950.
[2] Aubéry, *Histoire générale des Cardinaux*, t. 4. p. 80.

le connétable se vantoit avoir dans la France luy donna gens, argent et qualité de lieutenant-général pour envahir la Provence. Il y vint en bonne délibération de faire paroistre combien il avait encore de suffragans de sa grandeur au royaume, mais tous lui saignèrent du nez. De manière qu'il fut contrainct de trousser bagages avecque sa grande honte. Il ne se souvenait pas que sa fuite et son absence leur avoient fait oublier la mémoire de sa grandeur [1]. »

Après ce premier succès dans lequel on put voir un présage, François Ier poursuivit ses desseins, il franchit de nouveau les Alpes. Mais l'étoile de Marignan ne devait plus briller pour lui, et cette fois l'Italie, tout en demeurant le théâtre de sa valeur, cessait d'être celui de ses victoires. Il y soutint son honneur chevaleresque, et ses soldats y conservèrent le renom de leur bravoure. Tout du reste y fut perdu, comme il l'exprime dans une lettre mémorable adressée à Louise de Savoie sa mère. Elle est résumée par quelques paroles devenues célèbres. Une injuste critique ne les a point épargnées [2]. Elles demeureront toutefois noblement historiques, puisqu'elles contiennent le sens de ce royal message. C'était en 1525, alors que la fatale bataille de Pavie venait d'enlever au Roi sa liberté, à la France ses plus nobles guerriers.

Jacques de Chabannes, maréchal de la Palice, y complétait par une mort digne de lui, une vie digne de son nom. Guillaume de Gouffier, connu sous le nom d'amiral de Bonnyvet, y succombait aussi. Quelques années plus tôt, il avait dû au suffrage du chan-

---

[1] Étienne Pasquier, *Recherches de la France*. t. 1, p. 566.
[2] M. le comte Rœderer, *Louis XII et François Ier*, t. 2, p. 81.

celier interrogé par le Roi sa dignité d'amiral, et aussi sa mission extraordinaire pour la restitution de Tournay [1].

C'étaient ses funestes conseils qui avaient décidé le Roi à livrer la bataille de Pavie [2], et ce furent la terreur et la retraite du duc d'Alençon qui déterminèrent sa perte [3]. M. de la Trimoille, le comte de Thouars, François de Lorraine, le comte de Tonnerre, le maréchal de Foix, M. de Tournon, le bâtard de Luppé, et tant d'autres y périrent non moins glorieusement. « Mais en icelle bataille, la vertu française demeura invaincue, encore que la fortune ennemie demeurât victorieuse [4]. »

Cette vertu française, cette valeur chevaleresque, se retrouvaient d'ailleurs à la honte du héros, mais à l'honneur de son sang, dans le camp ennemi. Le connétable avait exercé une grande influence sur les résultats de cette journée. Il s'était montré digne de recevoir de Charles de Lannoy écrivant à Charles V, dès le lendemain de la bataille, cet éloge qu'il aurait dû mériter au service de son Roi, et non point obtenir d'une bouche étrangère et ennemie. « Sire, M. de Bourbon s'est bien acquitté, et a fait bien bon devoir... [5] »

Si le connétable avait oublié la fidélité du sujet et du prince à son Roi, celle du citoyen à son pays, s'il avait préféré l'éclat de la révolte à la sublimité de la résignation, du moins il avait porté haut par sa bravoure son nom de Bourbon et son titre de Français, double grandeur originelle, dont, malgré lui, le cœur

---

[1] Gaillard, *Histoire de François Ier*, t. 1, p. 245 et 246.
[2] M. Champollion, *Captivité de François Ier*, p. 12.
[3] M. Genin, *Lettres de la reine Marguerite*, 1re partie, notice.
[4] Guillaume Paradin, *Histoire de notre temps*, p. 122.
[5] M. Champollion, *Captivité de François Ier*, p. 67.

porte toujours le caractère et le sceau. Le duc de Bourbon avait largement payé de sa personne, et son intelligence dans le conseil comme son bras dans le combat avaient entraîné la victoire. La gloire de cette journée demeurait donc toute française, la gloire du vainqueur comme aussi la gloire du vaincu. Bien que par la jalousie des généraux et l'ingratitude de l'Empereur le commandement appartînt à Charles de Lannoy, l'étranger n'avait guère pour lui que le gain de la journée comme dans la plupart de nos luttes malheureuses. Une épée française s'était trouvée dans les rangs de l'ennemi pour aider sa victoire, et la maison royale de France pouvait réclamer une part d'honneur dans les succès obtenus par ses adversaires.

Pour en finir avec ce grand caractère et cette noble existence du connétable, si déviés de leur droit chemin, il fut nommé lieutenant-général du Milanais pour l'Empereur, mission qu'il avait déjà remplie pour le roi de France après la bataille de Marignan. Menacés et tiraillés encore par tous les prétendants qui se disputaient cette riche proie, « les soldats et les citoyens étoient sous divers regards, logés à l'enseigne du désespoir ; restoit seulement de leur envoyer un lieutenant général de même calibre. Cestuy fut trouvé en la personne du seigneur de Bourbon [1]. »

Cependant l'Empereur, plus sensible à la défiance que lui inspirait la trahison du connétable envers son Roi, et à la tache qu'elle imprimait à son caractère, que touché de ses services et de sa bravoure, oublia les promesses flatteuses à l'aide desquelles il l'avait entraîné. Poursuivant alors sa coupable carrière de

---

[1] Étienne Pasquier, *Recherches de la France*, t. 1, 567.

désespoir, il se fit *soldat de fortune*, et alla mourir sous les murs de Rome à la tête d'aventuriers qu'il croyait conduire à la victoire et qui couraient plus ardemment encore au pillage.

Après avoir dédaigné de lui donner un poste digne de lui et d'unir à ses destinées la reine de Portugal qu'il lui avait promise, Charles V parut lui accorder du moins de faciles regrets et de stériles éloges. Il écrivit après sa mort à Louise de Bourbon, sa sœur, en ces termes : « Ma cousine, pour la proximité du sang dont feu mon bon cousin le duc de Bourbonnoys et d'Auvergne vous attenoit, et la bonne amour que je sçay bien qu'il vous portoit, je ne fais nulle doulte qu'estes du nombre de ceulx qui ont eu de son trépas le déplaisir qu'est raison : et que en tout ce qui peut concerner la conservacion d'une si noble maison qu'est celle de Bourbon dont sommes descendus, ne vous oblierez d'en faire à l'acquit de vostre devoir, ainsy qu'il convient à vostre propre bien. A ces causes, ma cousine, ensuyvant la grande obligacion en quoy me sens tenu audict feu duc de Bourbonnoys, et à tous ceux de son nom et succession, je vous veulx bien advertir par cestes, que l'affection que je luy portois n'est en riens dyminuée par son trépas : mais suis entièrement délibéré de la continuer envers vous et aultres de sa dicte succession, et assister au bon droict et remise des affaires qu'il a délaissées, comme si c'estoient les miennes propres, sans y espargner chose qui soit en mon pouvoir. Sur quoy vous prie m'advertir de vostre intention par ce pourteur, et si l'on vous reffuse ou diffère de vous faire parfaict de votre raison ; car en mon endroict n'y aura point de faulte à votre ayde et assistance telle que dessus. Ma cousine, notre Seigneur vous doinct ce que plus désirez. Escript à Valladolid, ce dernier de juillet[1]. »

En quittant Paris, le Roi avait nommé la duchesse d'Angoulême régente du royaume, et le chancelier du Prat son premier ministre et son principal conseiller, « pour qu'il administrât sous son autorité les plus importantes affaires de l'État[2]. » Afin de donner plus de poids à ce choix de sa piété filiale et de sa sagesse, il l'avait confirmé par de nouvelles lettres délivrées quelques semaines plus tard en partant de Lyon pour l'Italie, sans que la mort de Claude de France, *sanctissima fœmina*, dit Beaucaire, pût le détourner par le deuil que réclamait sa perte, des pensées et des efforts qu'il devait à la France et à ses armées.

« La régente, le duc de Vendosme, le chancelier de France, le grand conseil dudit seigneur » étaient à Lyon lorsqu'arriva la nouvelle de la grande défaite de Pavie, et du grand désastre qu'elle avait entraîné par la prise du Roi. Le duc d'Alençon, l'un des fugitifs de cette déroute, qui n'avait su trouver ni sa place de bravoure dans la bataille auprès du Roi son beau-frère, ni sa place de réparation et de fidélité dans la captivité toujours à ses côtés, en apporta la nouvelle à Louise de Savoie et à Marguerite d'Angoulême. Leurs justes reproches lui firent une honte publique de sa lâcheté, et sa confusion lui donna la mort[3]. Elle prépara à la princesse cette autre alliance plus royale et plus digne d'elle, qui, l'année 1527, devait unir les deux aïeux d'Henri IV et faire couler ainsi le sang des Valois dans les veines des Bourbons. Henri d'Albret, roi de Navarre,

---

[1] *Bibl. imp.*, fonds Béthune, 8516.
[2] P. Anselme, *Histoire des grands officiers de la couronne*, t. 6, p. 452.
[3] M. Génin, *Lettres de Marguerite d'Angoulême*, notice sur cette princesse, 1re partie.

destiné à recevoir la main de Marguerite, était alors prisonnier avec François Ier.

« Il ne fault demander en quelle pitié, pleurs et lamentations fust la dite bonne dame, mère du Roy, après qu'elle seust la piteuse nouvelle que son très-cher, seul et unique fils, Roy François, très-chrétien, premier du nom, estoit mis et subjugué en l'obéissance de son vassal et grand ennemy. O quantes regrets! O quantes pitéoyables lamentations! O quantes grandes exclamations faictes par la dame! Après par la Reyne de Navarre, sa fille unique, pareillement les dames, demoiselles, princes, ducs, barons, et généralement de toucte la court, et semblablement du bon peuple lyonnois, bon Françoys jusques au bout! Les lamentations étoient si grandes que à grant peine la pouvoit-on appaiser, ne sa belle et noble compagnie. Toutefois, voyant qu'il n'y avoit remède pour l'heure, le dit seigneur de Vendôme, accompagné des chancelier et conseil de la dite dame, vindrent vers icelle pour luy remonstrer que ses dits pleurs et lamentations ne luy servoient de rien, et que pour cela le Roy ne seroit pas mys hors des mains de ses ennemys, mays qu'il falloit regarder à ce qu'il seroit besoing de faire, et y ordonner, et donner prompte provision; laquelle leur respondit;

» Monsieur de Vendosme, et vous, Monsieur le chancelier, en qui le Roy a parfaite fiance, comme ceux qui ont toujours maintenu en toute raison et soustenu la couronne de France, maintenant il vous fault délibérer et regarder à vostre désir que me remontrez, et que vous mesme mectez provision telle que vous sera nécessaire, car de moy, je suis tant esperdue de ces malheureuses nouvelles, que à peine scay-je qui je suys. Bien suys assurée qu'ils viendront beaucoup de pauvres gentilshommes et gens de guerre à la file du camp, en grande pauvreté et misère, qui auront perdu harnois et chevaulx, et seront sans denier ni maille. Il me semble qu'il seroit bon, quant aux gens d'armes, de leur faire donner chascun ung quartier, aux gens de pyé quelque escu, et aux cappitaines et gens d'apparence quelque somme de denier pour les ayder à remonter et aller en leurs maisons, et payer leur hoste en y allant, *affin qu'ils n'ayent occasion de piller le pauvre peuple.*

» La bonne dame, les grosses larmes luy tomboient des yeulx en grant abondance, disoit ces paroles au-dessus dit, comme dame de vertu très-excellente et pitoyable des pouvres souldars, les pryant bien affectueusement que sans plus luy en dire une parolle, ils feissent si bien qu'elle n'eust point la veue des pouvres souldars ny requestes, et que en ce monde ne luy sçauroient faire plus grand plaisir. Lors M. de Vendosme, prince et chef pour lors en France, après avoir bien entendu le bon zèle de la dicte dame, la pitié qu'elle avoit des bons serviteurs et souldars de son fils, qui semblablement ne se peut tenir de pleurer, et gectant larmes des yeulx, commença à proférer et à dire à la dicte dame ces paroles :

» Madame, j'ay bien entendu la bonté qu'avez en votre cœur de faire remonter les dits pouvres gens. M. le chancellier qui sera votre conseil et celuy du Roy, ensemblement y mectront si bon ordre, que à l'ayde de Dieu, vous tiendrez contente. Il n'est possible en si grand désarroy contenter ung tel pouple, parce qu'il y faudroit presque partir toutes les finances du royaume ; mays ainsy que vous avez dit et ordonné cy dessus, sera faict et davantaige : par quoy tenez vous et bien assurée.

» Après ce dict, M. le chancellier se prosterna devant la dicte dame, à laquelle il changea de propos, disant ainsy :

» Madame, vous sçavez que je suys et ay esté et seray, tant que je vivray, bon et loyal serviteur du Roy vostre filz, et de vous, et de la couronne de France, et, en mon office de chancellier n'ay jamais souffert qu'il ait esté faict chose que de raison. Je vous dis que je suys tout prêt et appareillé de accomplir tout ce que vous plaira me commander : par quoy je vous supplie de vous oster de cette mellancollye, et regarder et faire tenir conseil de ce qu'il conviendra de faire pour mander à Paris et par tout le royaume, de faire assembler les troys Estats, de faire bon guet aux frontières, donner ordre aux finances, envoyer devers le Roy quelque gentilhomme pour le réconforter et faire touctes autres choses requises et nécessaires.

» La dicte dame, ainsi bien escoutant le dict chancellier qui ne se povoit tenir de pleurer et gémir, à peu de parolles deist au chancellier qu'elle s'en rapportoit du tout à M. de Vendosme et à luy, comme le deux principaulx chefs de France, et qu'ils méissent ordre, et ce qu'ils feroient elle le tenoit déjà pour fait, les priant bien affectueusement en tout et partout faire faire extrême diligence. Les dits sieurs de Vendosme et chancellier, après avoir conseillé la dicte dame au moins mal qu'ils peurent, et avoir sçeu d'elle sa volonté, prindrent congé, et s'en allèrent de l'heure tenir le conseil pour donner ordre et provision à ce qu'il estoit nécessaire, mesmement d'escripre aux gouvernements des provinces qu'ils donnassent ordre à faire bon guet par touctes les frontières, et s'il leur venoit quelque chose de nouveau, de en avertir incontinent la dicte dame en extrême diligence : après, d'escripre à tous les archevesques et évesques, ou leurs vicaires, que incontinent ils feissent faire processions généralles pendant troys jours, en la plus grande cérymonie et dévotion qu'il seroit possible, et après les messes dictes et oraisons faictes, ordonner quelque docteur en théologie pour faire un sermon, afin de mectre en dévotion le peuple, de prier Dieu et sa benoiste dame, aussy tous les saincts et sainctes du paradis, qu'il luy pleust mectre bientost dehors de prison le Roy, et le ramener à jouir de santé, bonne et longue vie en son royaume[1]. »

Ces sages mesures, accompagnées et appuyées par bien d'autres encore non moins salutaires, furent suivies de conseils dont la délivrance du Roi et le soulagement du peuple étaient l'objet incessant. Le chancelier s'attachait surtout au retour de François Ier, d'où devait dépendre la tranquillité du pays; mais il démontrait que pour l'obtenir avec l'approbation et l'enthousiasme publics, que pour faire bénir les sacrifices qui l'achèteraient nécessairement, il fallait commencer par procurer la liberté à ceux qui avaient été pris à Pavie avec lui. Le Roi de Navarre qui plus tard sut tromper ses geôliers et échapper à leur surveillance par la témérité de sa fuite, M. de Saluces, le maréchal de Montmorency, le vidame de Chartres, MM. de Bonneval, de Changy, de la Chastre, de la Guiche, de la Roche-Aymond, de Saint-Marsault,

---

[1] *Bibl. imp.*, n° 9901.

et nombre d'autres gentilshommes et illustres personnages étaient ses compagnons d'infortune [1]. François de Tournon, archevêque d'Embrun, qui parla après le chancelier, confirma son avis. Il fût goûté et ne tarda pas à être suivi. Les riches et les grands seigneurs se rachetèrent eux-mêmes, aidés de leur négociation par l'entremise du Roi ou par celle de la Régente. Il leur en coûta cher ; la rançon de François seigneur de Saint-Marsault entre autres, alla jusqu'à treize mille écus d'or, au soleil, qu'il paya à l'empereur Charles V; il fut ainsi puni d'avoir été l'un des vainqueurs de Marignan, l'un des vaincus de Pavie, et d'avoir, en 1520, pendant son ambassade à Rome auprès de Léon X, obtenu un traité qui transportait le royaume de Naples de l'empereur au Roi de France, traité que d'autres influences firent révoquer en 1521 [2].

Quant aux pauvres gentilshommes ou aux pauvres soldats, le Roi, la régente, le chancelier épuisèrent les finances pour les rendre tout d'abord à leur patrie, et cette générosité qui, peut-être grâce aux considérations politiques qui s'y mêlaient, n'était pas tout désintéressement, excita la reconnaissance et le dévouement de la noblesse et du peuple.

---

[1] M. A. Champollion, *Captivité du roi François I*er, p. 85.
[2] *Archives de Saint-Martin-des-Champs, à Paris*, testament de François Green, seigneur de Saint-Marsault, en date du 15 septembre 1525.

CHAPITRE XXXI.

Calamités qui, pendant la captivité du roi, affligent la France ; mesures que leur opposent la régente et le chancelier du Prat.

Pour répondre aux dépenses excessives qui naissaient de ces besoins nouveaux, il fallut remédier aux embarras toujours croissants du trésor. Les profusions du Roi et sa première campagne en avaient commencé la ruine : les calamités de la guerre en continuaient l'épuisement. Ce fut alors que le chancelier du Prat donna tout leur développement et leur application la plus rigoureuse et la plus sévère à ces taxes nouvelles, à ces rentes, à ces impôts, arbitraires peut-être mais secourables, dont l'invention remontait à de premières détresses. Ce fut alors surtout, que dans les circonstances urgentes, il se passa de la sanction immédiate du parlement, à la grande indignation de ce corps accoutumé à marchander l'enregistrement de la volonté royale, et qui quelquefois faisait consister son autorité à ne pas proportionner les secours au besoin, à ne pas régler sa promptitude sur l'opportunité du moment.

Sans prétendre enchaîner une liberté légitime, sans interdire une discussion modérée, le chancelier du

Prat comprenait que la lutte amoindrissait l'autorité, et que souvent, des débats naît l'opposition plus que la lumière. Selon lui il fallait dans les circonstances difficiles surtout, beaucoup d'indépendance au pouvoir pour faire le bien : puis, il est vrai, un conseil auprès du pouvoir pour éclairer sa marche, mais non pour l'arrêter. Les taquineries, les vanités, les égoïsmes, qu'il considérait comme l'essence de l'esprit parlementaire, étaient selon lui la ruine de la royauté et non pas sa force; ses embarras et non pas une aide. D'après la logique, à laquelle il conforma ses actes, surtout pendant la captivité du Roi, la stabilité, la grandeur, l'indépendance, la restauration d'un État ne se rencontrent pas là où les ambitions, les rivalités, les petitesses humaines peuvent combattre à leur aise, et apporter successivement le désordre de leurs passions ou la résistance de leurs systèmes.

Antoine du Prat, en l'absence du Roi, poursuivit l'agrandissement du pouvoir qu'il devait remettre entre ses mains, par les limites qu'il posa au pouvoir du parlement; « Ce corps ambitieux avait étendu son contrôle aux finances, à l'administration intérieure, aux relations du dehors. Il avait assis sa popularité sur des actes d'opposition intéressés. Toujours et partout il intervenait comme un rival, comme un juge ; et, soit par ses arrêts, soit par ses remontrances, il semblait le tuteur de la nation, le surveillant des Rois et des ministres.

» Antoine du Prat n'avait pas oublié sa longue opposition et les lenteurs calculées de sa procédure dans dans l'affaire de la Pragmatique. Il avait pu voir pendant le procès criminel de Bourbon et de ses complices, la mollesse apportée à punir des rebelles et des traîtres : il était chaque jour témoin de cet égoïsme de corps qui, au milieu des malheurs de la France, ne songeait qu'à reconquérir et accroître une autorité personnelle [1]. »

Pour affaiblir le parlement, le chancelier multiplia les commissions extraordinaires, et répartit dans les diverses chambres les conseillers nouvellement et arbitrairement nommés. Par ce moyen il échappait à son autorité, ou quand il lui plaisait de le reconnaître il dirigeait son esprit et influençait ses arrêts.

Non content d'assurer ainsi à la royauté l'exercice indépendant de son pouvoir, le chancelier qui par son audace de volonté, son mépris des obstacles et son énergie d'exécution, marchait et arrivait droit au but, attaqua la féodalité dans son orgueil, comme il l'avait atteinte dans sa puissance. Il détruisit certains droits dont les grands seigneurs, plus attentifs à leurs ambitions que sensibles aux désastres publics, se montraient singulièrement jaloux. « Il abolit l'usage des hommages que nos Rois faisaient par procureurs pour certaines seigneuries mouvantes de leurs sujets : il établit à cette occasion le principe que tout sujet relève du Roi médiatement ou immédiatement, et que le Roi ne relève de personne [2]. »

Tel est le but que le chancelier se proposa dans toute sa carrière, qu'il indiqua à ses successeurs, et qu'atteignit plus tard un autre ministre, auquel il avait de loin montré et frayé la route.

Il prit du Roi Louis XI non point la ruse et la duplicité qui n'allaient pas à son caractère, mais l'intel-

---

[1] M. Faye de Brys, *Trois magistrats français au XVIe siècle*.
[2] Saint-Allais, *De l'ancienne France*, t. 2, p. 83.

ligence et la pensée. Il légua l'une et l'autre, accompagnées de son énergie, au cardinal de Richelieu : comme son maître et comme son disciple, il fut l'objet de la haine du peuple et des grands, mais il ne redouta pas plus qu'eux la conséquence et la responsabilité de ses actes. La timidité et la douceur conduisirent rarement au bien. L'homme d'État doit chercher ailleurs ses moyens et ses succès.

Louis XII, prince d'un esprit étroit et débonnaire, avait arrêté par ses fautes et par ses faiblesses les progrès du pouvoir royal, et celui de la grandeur de la France. Les faibles et brillants Valois suspendirent encore l'élan que François Ier avait su leur donner. Antoine du Prat et Armand de Richelieu, chacun en leur temps, reprirent et poursuivirent cette œuvre. Ils soulevèrent autant de haines qu'ils brisèrent d'obstacles, et ces obstacles s'étaient multipliés par les délais.

« Ce fut dans cet esprit que pendant l'absence du Roi, le chancelier gouverna le royaume, sous la régence de Madame, mère de Sa Majesté[1]. » C'était ainsi que sous ses yeux et par ses ordres, il l'avait déjà conduit ainsi jusqu'à la fin, dût-il le diriger encore. Un auteur également injuste pour la princesse et pour le chancelier, annulant la première sous le despotisme du second, faisant à chacun une part selon son caprice plus que selon la vérité, a poussé la tyrannie de l'un et l'assujettissement de l'autre jusqu'à tracer ces lignes mensongères, et presque insultantes pour tous les deux : « Pendant la captivité du Roi, l'autorité de du Prat s'exerça plus pleine et plus libre que jamais ; la

---

[1] F. Duchesne, *Histoire des chanceliers de France*, p. 567.

régente de Louise de Savoie ne servait plus en quelque sorte qu'à légaliser les impérieuses volontés de son ministre [1]. » Cette abdication de toute dignité, cette violation de toute justice ne sauraient être reprochées à la noble princesse qui donna sa confiance sans se réduire à la docilité, au grand ministre qui sut porter le fardeau du pouvoir à l'honneur de la régente et non point au détriment de ses droits presque royaux.

Cependant des factieux jaloux de son autorité et mécontents de celle de la duchesse d'Angoulême, conseillèrent alors au duc de Vendôme de renverser cet ordre qu'avait établi le Roi lui-même, et de prendre en main les rênes du gouvernement. Il refusa, préférant noblement le repos public à sa propre élévation.

La malignité des mécontents, comme il arrive dans toutes les calamités publiques, s'exerça en mille manières pour augmenter le trouble et le désordre, et pour tirer de criminels profits de la détresse générale et du bouleversement de l'État. On s'en prit à la régente et au chancelier de la misère et des fléaux qui désolaient le pays, et que toute leur habileté s'attachait à combattre, après s'être vainement consumés à les prévenir. Le parlement se montrant alors digne de sa mission, prêta son concours à la régente. « L'expérience du passé ayant appris quel préjudice peut apporter à la tranquillité publique l'imprudence des prédicateurs qui meslant les affaires de l'Estat aux vérités de l'Évangile, portent ainsi le trouble dans les esprits, au lieu d'y cultiver les vertus chrétiennes, un des premiers soins du parlement fut d'arrêter là-dessus leur impétuosité. Tous promirent d'encourager le

---

[1] *Histoire des anciens châteaux de France*, p. 102.

peuple à l'union, à la piété, à l'espérance [1]. » Mais les esprits turbulents n'en semèrent pas moins la calomnie et l'indiscipline. Ils distribuaient dans les églises des billets incendiaires, ils affichaient de toute part des placards séditieux. L'un des plus modérés et gazés s'exprimait en ces termes : « Peuple François, si vous voulez avoir de brief bonne et ferme paix, il vous faut premièrement ôter l'empêchement d'icelle. Et si vous le voulez sçavoir c'est Madame Ambition, avec son chancelier, remplis de toute hérésie *in corde*, et de toute infection : car par leur obstinée et dampnée vindication, ils sont cause que vostre chef, aulcuns de ses principaux membres sont en grande désolation. Et qui pis est, ils ont mis ce noble royaume en la balance de toute destruction. Et pour tant, ledict chancelier est digne de grande pugnition ; laquelle si de brief n'est mise à exécution, vous aurez des maux encore un million. Et afin qu'il ne vous semble que je mente, je suis dame Vérité, qui parle aux amateurs de justice [2]. »

Non contente de ce langage, la haine cherchant à se populariser, emprunta le secours des vers : elle demanda à la chanson ses refrains et ses ritournelles, pour propager et perpétuer ses calomnies et ses malédictions. A Lyon, cette seconde capitale où Louise de Savoie avait accompli les premiers actes de sa régence, où dès l'abord s'était répandue la nouvelle de la défaite de Pavie et de la captivité du Roi, on composa dix-sept couplets qui coururent toute la France. Ils maltraitaient Antoine du Prat dans son origine, dans sa carrière, dans ses actes et dans ses pensées, et con-

---

[1] Don Félibien, *Histoire de la ville de Paris*, t. 2, p. 957.
[2] *Id., Ibid.*, t. 2, p. 958.

cluaient par la menace des plus grandes peines et la prophétie des plus grands maux [1].

Durant la longue série de détresses et de dangers de toute nature qui mirent à l'épreuve les facultés d'Antoine du Prat, son sang-froid et son activité ne se démentirent pas. Les périls du dehors se multipliaient avec les malheurs. « Les alliés et confédérez de France se tournèrent et se révoltèrent du côté de l'Empereur, se mouvant et dansant comme une girouette, selon le branle et mouvement de fortune, comme les hommes sont coutumiers de faire [2].

Les périls du dedans consistaient en infidélités, mécontentements, inquiétudes, émeutes, fléaux publics, tels que la famine, les épidémies, la misère et les ennuis de toute nature. « Le chancelier, sous le nom de la Régente, écrivit lettres expresses à toutes les villes du royaume, et aux gouverneurs d'icelles, à ce qu'elles fussent bien et fidèlement gardées, disant que l'ayde de Dieu ne peut être plus longuement absente des choses qu'il se plaît à visiter de ses verges, ayant les affaires de la guerre, leurs tempêtes et tourments, pour quelquefois parvenir au port et hàvre de paix. Chose qui servit beaucoup, car ce temps pendant, ma dite dame Régente pourvut aux affaires en cette sorte et manière que du temps de son gouvernement, n'osèrent jamais les ennemys (bien que victorieux), envahir, ni se ensaysir de la moindre ville du royaume [3]. »

Ainsi le chancelier du Prat conduisait-il à bien la

---

[1] A. Champollion, *Captivité du roi François I*ᵉʳ, p. 373.
[2] Guillaume Paradin, *Histoire de notre temps*, p. 123.
[3] *Id., Ibid.*, p. 124.

chose publique, au milieu des maux et des menaces qui l'affligeaient alors.

Son zèle et son dévouement pour le bien du pays firent encore preuve d'une intelligence bien nouvelle et supérieure, lorsqu'il sut préparer pour l'abaissement de l'empire, l'alliance de François Ier et de Soliman, et faire concourir ainsi les intérêts de ce prince avec ceux du Roi très-chrétien.

CHAPITRE XXXII.

Alliance de François Ier avec Soliman.

A plus d'une reprise le Pape Léon X avait essayé de rappeler à lui cette unité politique qui pendant tant de siècles avait appartenu au saint-siége, et que le consentement universel, la vénération des peuples et l'utilité générale lui avaient dévolue. Rome l'avait jusqu'alors souverainement et salutairement dirigée, mais chaque jour elle semblait lui échapper davantage. Bientôt le souverain pontife ne devait plus avoir en garde que l'unité catholique, cette compagne inséparable de la vérité.

De l'unité politique avaient rejailli sur l'Europe entière les lumières de la civilisation, que le christianisme répandait par son Évangile, et par les études de ses évêques, de ses docteurs et de ses moines, et aussi la conservation de la morale que l'autorité pontificale maintenait et corrigeait par ses lois. Enfin la force de résistance aux envahissements des barbares et des infidèles, ou tout au moins l'adoucissement de leurs mœurs lorsqu'ils avaient été vainqueurs, avaient résulté de cette unité salutaire. La chaire de Saint-

Pierre ne s'était point attribué ce pouvoir. La confiance de tous et le besoin de chaque jour le lui avait conféré. En attendant que les nationalités se fussent formées ou affermies, Rome était ce centre et ce lien. La société chrétienne qu'elle dirigeait était à peu près une sous ses lois ; elle lui distribuait cette force que plus tard chaque dynastie bien assise, chaque nation bien compacte devait trouver en elle. Aux cris si barbares qui excitaient chacune d'elles aux discordes, aux drapeaux si divers qui les conduisaient aux combats, les Papes avaient substitué l'étendard de la croix et ce mot d'ordre : *Dieu le veut*, qui rétablissait l'unité dans la chrétienté divisée.

Les temps n'étaient plus les mêmes. Au xvie siècle, le Pape prêchant encore la croisade, rencontra quelques échos. Ce ne furent plus ceux de l'enthousiasme. Les besoins avaient changé. Des armées et des impôts levés pour combattre l'infidèle, reçurent souvent de moins chrétiennes destinations.

La maison d'Autriche substituant son ambition à la prépondérance de Rome qui déclinait, voulait rendre ses vassales les nations et les royautés sur lesquelles elle n'exerçait pas son droit de possession et de conquête. La volonté quelquefois vaincue, mais toujours indomptable de François Ier, la politique constante du chancelier du Prat furent de résister à cet envahissement qu'ils auraient volontiers commis, mais qu'ils ne voulaient pas subir, et d'assurer l'indépendance de l'Europe, menacée tout entière du despotisme impérial.

Tels furent la pensée légitime et le besoin pressant qui présidèrent à cette nouvelle alliance avec la Porte. Elle avait pris naissance sur le champ de bataille de

Pavie. François 1ᵉʳ, après sa glorieuse défaite, avait envoyé secrètement sa bague à Soliman [1].

L'amitié d'un monarque chrétien pour un infidèle parut chose étrange, scandaleuse peut-être : elle ne pouvait cependant sembler nouvelle. Charlemagne n'avait pas dédaigné l'alliance d'Haroun-al-Raschild ; Saint Louis n'avait pas repoussé les hommages du Vieux de la Montagne. Ceux qui voient une apostasie dans l'alliance de François 1ᵉʳ, jettent donc l'anathème contre les plus grands héros, les plus saintes et les plus nobles figures de notre histoire.

D'autres auteurs relèvent une contradiction entre les motifs allégués par le chancelier au nom du Roi lors de ses prétentions à l'empire, et sa conduite au moment de l'alliance orientale. Non moins sincères que les premiers accusateurs sans doute, ils ne sont ni plus justes ni plus exacts. Alors le Sultan était l'ennemi et presque le dominateur de la liberté européenne; l'Empereur le devenait aujourd'hui ; s'il fallait en 1519 s'organiser, s'armer et se lever contre l'Orient menaçant et vainqueur, il fallait, en 1525, diriger ses efforts et ses soins contre un ennemi nouveau et non moins redoutable. Après la mort de Maximilien, François 1ᵉʳ recherchait l'empire en se posant comme l'adversaire des Turcs; après sa captivité il recherchait sa délivrance par une alliance avec l'Orient; partout la liberté publique s'associait à ses intérêts personnels. Cette alliance fut donc la continuation et la perfection de la lutte entreprise contre un oppresseur quel qu'il fût.

Elle sauva l'Europe par une diversion puissante,

---

[1] M. Michelet, *Histoire de la Réforme*.

par une aggression imminente contre la maison d'Autriche, de cette suprématie que l'Empereur entreprenait d'exercer. Ne pouvant l'obtenir pour le compte de la France, le Roi, jusque dans ses revers, eut du moins cette gloire de la contester avec succès au prince son rival qui croyait la saisir. « Il fut avec Venise et le Turc aidant, le défenseur de la chrétienté contre elle-même, il la garda de l'Espagne et de l'inquisition... Saluons ces hommes hardis, ces esprits courageux et libres, qui, d'une part, de Paris et de Venise, d'autre part de Constantinople, se tendirent la main par-dessus l'Europe, et maudits d'elle, la sauvèrent..... Ils firent d'une audace impie l'œuvre sainte qui, par la réconciliation de l'Europe et de l'Asie, créa le nouvel équilibre, l'ordre agrandi des temps modernes [1]. »

C'est au chancelier du Prat que revient l'honneur de cette grande et hardie conception. Chargé de diriger les relations extérieures de la France, il avait pris part aux nombreuses négociations des premières années du règne de François Ier [2]. Dès lors, dans sa prévoyance, il refusa de se livrer à l'élan factice qui se renouvelait pour des croisades qui ne pouvaient plus être comme jadis un aliment pour la foi, un secours pour les peuples. Il étudia les vrais intérêts de tous, surveilla les dangers qui devaient le menacer et prépara sans bruit les moyens de salut qui devaient se développer plus tard. D'autres temps, d'autres hommes, et des circonstances analogues ramenèrent des conseils semblables, et de mêmes projets. Le cardinal de Richelieu, ce hardi successeur, cet heureux

---

[1] M. Michelet, *Réforme*; et *Ibrahim et Soliman*.
[2] M. Charrière, *Négociations du Levant*, t. 1. p. 12, note.

émule du cardinal du Prat, poussait le Roi Louis XIII à former avec la Turquie une pareille alliance, dont l'Allemagne menaçait la France. D'autres influences combattirent victorieusement cette combinaison ; mais une même conception ne permet pas moins de rapprocher les esprits qui la conçurent. Le cardinal de Richelieu rappelle cet échec de son crédit dans son testament politique. « Votre Majesté, dit-il, n'a jamais voulu, pour se garantir du péril de la guerre, exposer la chrétienté à celui des armes des Ottomans, qui lui ont souvent été offertes. Elle n'ignorait pas qu'elle pouvoit accepter un tel secours avec justice, et cependant cette connaissance n'a pas été assez forte pour lui faire prendre une résolution hasardeuse pour la religion, mais avantageuse pour la paix. L'exemple de quelques-uns de vos prédécesseurs, et de divers princes de la maison d'Autriche qui affectent particulièrement de paraître aussi religieux devant Dieu qu'elle l'est en effet pour ses propres intérêts, s'est trouvée trop faible pour la porter à ce que l'histoire nous apprend avoir plusieurs fois été pratiqué par d'autres. »

Mais laissons là cette comparaison pour revenir aux faits qui l'amènent. En l'année 1532, « Rincon, envoyé au Sultan, fut reçu comme l'eût été le Roi de France. Il arriva au milieu d'une prodigieuse fête de nuit qui l'attendait ; toute la multitude des soldats composant l'armée était rangée en silence ; tous portaient des flambeaux [1]. » Et le Roi de France trouvait ainsi par son représentant chez ces infidèles et ces barbares, non-seulement l'appui que réclamait sa poli-

---

[1] M. Michelet, *Réforme*.

tique, mais encore l'honneur que méritaient sa couronne et son nom.

Antoine du Prat, il est vrai, ne mit pas la dernière main à cette entreprise hardie ; il n'en recueillit pas tout l'orgueil ni toute la joie. Ce fut seulement en 1542, après avoir fait entrer Venise dans les vues de son maître, qu'Antoine de la Garde conclut avec la Porte un traité de paix et d'alliance. Mais dès longtemps il avait été recherché, et il était vraiment amené par le chancelier du Prat. Des relations secrètes avaient été établies entre les deux cours sous les auspices de la Régente et du chancelier. L'ambassadeur envoyé par eux fut assassiné en Bosnie avec toute sa suite [1]. Mais les premiers éléments de cette alliance n'en furent pas moins réunis et ses premiers germes développés par Antoine du Prat. Enfin, pour en achever l'histoire qui lui dut encore quelques-uns de ses traités essentiels et fondamentaux, en 1528 un traité de commerce régla et sauvegarda pour la première fois les intérêts des deux nations. Ce traité annonçait et traçait une ligne politique. François Ier ne la cacha pas longtemps. « Je ne le dissimule pas, disait-il aux Vénitiens, je souhaite que les Turcs soient forts. Ils occupent l'Empereur et font la sûreté des princes [2]. »

En février 1534, l'instruction donnée par le Roi à M. de la Forest pour son ambassade auprès du grand seigneur, « fut dressée par l'advis et sur les mémoires baillez par Monseigneur le légat du Prat, chancellier de France [3]. » Enfin, dès le début de 1535, année dont les derniers mois virent les derniers moments du

---

[1] *Journal d'un bourgeois de Paris*, p. 470.

[2] M. Michelet, *Réforme*.

[3] M. Charrière, *Négociations du Levant*, t. 1, p. 255, note.

chancelier, Jean de la Forest, dirigé par ses inspirations, avait obtenu la signature des préliminaires de paix et d'alliance.

Dans son respect douteux pour les souvenirs de la foi, dans son zèle nouveau pour les convenances du temps, Voltaire blâme amèrement ces traités. Charles-Quint, le dangereux ennemi de la France, le prince contre lequel il fallut invoquer cet appui, demeure l'objet de ses admirations [1]. Son christianisme, aussi vain que son patriotisme est suspect, lui permet d'oublier que ce monarque puissant et vainqueur laissa saccager Rome par les bandes espagnoles du connétable de Bourbon, et surtout par les quatorze mille Luthériens forcenés de Georges Fronsberg. « Jamais le souverain au nom duquel combattaient ces féroces soldats, n'avait été plus indifférent aux calamités des vaincus [2]. » Le philosophe de Ferney ne se souvient plus sans doute que non content d'avoir fermé les yeux sur ces massacres et sur ces outrages, l'Empereur qu'il exalte s'en rendit le complice en condamnant le Pape à une énorme rançon. Et tel est le héros, qu'au point de vue catholique, Voltaire met au-dessus de François Ier. Il n'en est pas moins vrai qu'en cette négociation ouverte par ses instructions, et conduite par les hommes de son choix, Antoine du Prat servit sa foi, son pays et son prince : il devançait son siècle, dominait les intérêts de l'époque, devinait et enseignait l'avenir.

Jusqu'alors, jusqu'à lui, jusqu'au grand Roi son maître, les besoins politiques d'une nation chrétienne

---

[1] *Lettre à Gaillard*, 1769.
[2] Sismondi, *Républiques Italiennes*, t. 13, p. 273.

ne semblaient pas pouvoir prendre à ce point l'infidèle pour appui, comme si les intérêts sacrés de la foi se trouvaient engagés dans une lutte étrangère au sentiment religieux.

Il est beau de voir ce grand prince et cet illustre ministre essayant, dans l'intérêt des peuples, le rapprochement intime et sincère de deux pays impitoyablement rivaux, la France et l'Angleterre. Ils crurent voir renaître alors l'accord et l'amitié de Richard Cœur-de-Lion et de Philippe-Auguste. Il n'est pas moins curieux d'étudier cette alliance merveilleuse de deux nations, la France et la Turquie, séparés par la distance bien moins que par la foi.

En étudiant les faits et résumant les conséquences positives qu'ils amenèrent, en attribuant à chacun de ces nobles adversaires, François Ier et Charles V, la part que la religion reconnaissante et que l'histoire impartiale doivent leur accorder, la plus illustre mémoire et les plus hautes récompenses, n'en déplaise à Voltaire, reviennent au Roi de France, et après lui au ministre dont il sut prendre et suivre les inspirations.

François Ier, dans ses traités avec Soliman, posait pour première base la protection et la tolérance envers le christianisme et les chrétiens[1]. Non-seulement il adoucissait ainsi le présent, en leur rendant une indépendance et une dignité que les fidèles et la foi avaient perdues en Orient, mais encore il préparait un affranchissement complet et les conquêtes éloignées de l'avenir sur le fanatisme. Non content d'une délivrance individuelle, il établissait dès lors les principes de la

---

[1] M. Charrière, *Négociations de la France dans le Levant*, t. 1, précis.

liberté religieuse¹ que la vérité réclame pour elle-même, et que bien interprétée elle applique à son tour à l'erreur.

Dans cette alliance qu'il contractait avec le Grand Seigneur, François Ier faisait entrer en première ligne le Pape, que ses dernières inclinations pour l'Empereur semblaient exclure de son intérêt ; le Roi d'Angleterre, les Rois de Portugal et d'Écosse, la seigneurie de Venise, tout ce que l'Europe comptait de princes et de potentats chrétiens y trouvait place à ses côtés. Sa générosité même, en vue de la religion, de la paix, de l'équilibre général, n'en excluait pas l'Empereur, s'il consentait à reconnaître à la France les droits qu'elle revendiquait et qu'il lui disputait à outrance ².

De son côté, Charles V, vainqueur à Tunis, délivrait quatre-vingt-un esclaves français enchaînés sur les galères turques, dix-huit à vingt mille autres esclaves de diverses nations chrétiennes. Mais ce bienfait incontestable, éclatant, se bornait dans ses conséquences aux limites du présent, et ce présent même se trouvait circonscrit par les étroites frontières et dans la courte durée de sa nouvelle conquête.

Ces faits indiscutables ainsi posés, il est aisé de conclure de quel côté se trouvaient la véritable générosité, la sérieuse intelligence, la protection efficace de la religion et de l'humanité. Les résultats poursuivis par les croisades se trouvaient pacifiquement atteints par cette alliance, et, sans parler des avantages que la politique et le commerce allaient retirer des nouveaux traités, l'empressement des pèlerins pourrait désormais se

___
[1] M. Charrière, *Négociations de la France dans le Levant*, t. 1, p. 131.
[2] *Id., Ibid.*, t. 1, p. 259.

diriger vers la terre sainte, au chant des hymnes pacifiques, harmonie plus douce et plus digne des complaisances du ciel que les cris des combats. Ici, pour conclure, revient encore le souvenir du chancelier du Prat. La pensée lui doit, ce semble, un dernier hommage, après avoir rendu le premier de tous au Roi et à la Régente, dont les noms et l'autorité couvrirent et adoptèrent les hardies conceptions de leur ministre.

S'il fallait suivre le chancelier du Prat en chacun des actes que dirigea son autorité ou qu'inspira sa sagesse, il faudrait écrire l'histoire entière de ce glorieux règne et s'appesantir surtout sur les événements de cette captivité, pendant laquelle son titre dans le conseil et son influence sur la Régente lui donnèrent une part essentielle et supérieure dans le gouvernement de la France.

Mais le but de cette étude est de s'arrêter principalement sur les faits qui ont le plus appelé la haine publique sur le chancelier du Prat. L'histoire les a souvent dénaturés, soit dans leurs intentions, soit dans leurs conséquences, en s'inspirant à cet égard des dépositions mensongères de ses ennemis. Au lieu d'obtenir l'application d'une saine critique, ils ont reçu souvent l'accueil d'une aveugle confiance.

CHAPITRE XXXIII.

Défection de Doria et des Génois. — Antoine du Prat reçoit l'abbaye de Saint-Benoît-sur-Loire ; il est pourvu de plusieurs évêchés. — Maladie du Roi. — Lettre du chancelier à ce prince pendant sa captivité.

Une fois, durant le cours de ces deux années d'une autorité presque souveraine et si habituellement salutaire, le chancelier oublia les conseils de la prudence. « Doria, le restaurateur de la liberté génoise, un des plus grands hommes que Gênes ait produits et que l'Europe ait connus[1], » demanda pour sa patrie et pour lui-même des récompenses proportionnées à ses services. Il avait combattu et vaincu les Maures qui infestaient les côtes de la Méditerranée, et nommé par François Ier général des galères, il avait détruit et dispersé la flotte de l'Empereur sur les côtes de Provence, lorsque le connétable de Bourbon assiégeait Marseille. Trop peu soucieux de ces grands souvenirs, Antoine du Prat prit pour une insulte les exigences exprimées par André Doria. Loin de lui rien accorder, il répondit qu'il était indigne de la Majesté Royale de

[1] D'Auvigny, Vies des hommes illustres de France, t. 10, p. 290.

marchander avec un particulier. Il poussa même l'exès de son imprudente indignation jusqu'à donner l'ordre de l'arrêter. Ces instructions causèrent à Gênes une grande irritation. Doria se sauva sur les galères. La ville et la flotte se donnèrent à l'Empereur, en stipulant toutefois la liberté de la république et en établissant une forme indépendante de gouvernement dans lequel le désintéressement personnel de Doria refusa la haute dignité de doge.

Malgré ces ébranlements et parmi ces travaux, la fortune d'Antoine du Prat grandissait toujours. L'abbaye de Saint-Benoît-sur-Loire venant à vaquer, la Régente y nomma le chancelier. Le Pape lui en conféra l'investiture. Les religieux, toutefois, prétendaient avoir le droit d'élection : ils se pourvurent au parlement. Celui-ci, vaincu par le concordat, mais cependant toujours révolté contre lui, les maintint dans la possession où ils étaient, disaient-ils, d'élire un abbé. Il rendit en leur faveur des arrêts qui furent cassés par le grand conseil, comme contraires à l'autorité souveraine. Le parlement s'irrita de cette mesure et surtout des termes qui l'exprimaient. Il s'adressa à la Régente [1]. Il y eut à ce sujet quantité de procédures violentes, et les choses s'aigrirent à ce point que la cour ordonna que le chancelier serait ajourné à comparaître en personne pour répondre à ses questions et recevoir ses remontrances, prétentions injurieuses à la qualité de ce ministre [2]. Louise de Savoie, informée de cette arrogance, interdit au chancelier d'obéir et au parlement de poursuivre ; et cette grave discussion ne pouvant

---

[1] *Mélanges tirés d'une grande bibliotheque*, L. p. 65.

[2] Garnier, *Histoire de France*. — M. A. Champollion, *Captivité du roi François Ier*, p. 292 et suivantes.

pas prendre les proportions d'un procès, demeura dans les bornes d'une malveillance réciproque dont le chancelier triompha par la conservation de ses titres et l'exercice constant de son pouvoir.

Ceux-ci s'accrurent successivement par la possession de plusieurs siéges. Tonsuré en 1517, relevé en 1524 par bulle expresse du pape Clément VII de certaines irrégularités qu'il avait commises, il entra complétement dans les ordres, et il obtint tour à tour six évêchés, ceux de Valence, de Die, de Gap, d'Alby, de Sens et de Meaux. S'il posséda simultanément les trois derniers contrairement aux lois de l'Église, ce fut en vertu de dispenses du pape qui légitimaient cette infraction. S'il les ambitionna, pourquoi en accuser son avidité et ne point y rechercher les preuves de son zèle? L'évêché de Meaux surtout, obtenu un an avant sa mort, trouvera peut-être sa raison dans son zèle pour le catholicisme.

Mais avant d'en justifier l'occupation par les causes apparentes et probables, on peut avouer que les efforts de sa conviction religieuse se déployèrent dans divers diocèses en présence des dangers que multiplièrent à l'infini de désastreuses années.

Ils furent portés au comble par la grave maladie que le Roi éprouva durant sa captivité, et par l'affaiblissement dont la Régente fut atteinte, tant les chagrins et les fatigues avaient altéré sa santé. Le 13 octobre 1525, le chancelier du Prat adressait au Roi, dans les termes qui suivent, ses félicitations sur sa convalescence, et le bulletin de Louise de Savoie.

« Sire, tout ainsi que vostre maladie a causé grosse douleur à vos très-humbles et très-hobéyssants subjects, bons et affectionnez serviteurs, vostre guérison et convalescence les a remis en grosse joye et plaisir. Tous prions à Dieu très-cordiallement vous maintenir en santé et très-longue vie, et bientôt revenir en vostre royaume où estes tant désiré. Le porteur qui est celuy qui pourta les nouvelles de vostre guérison vint bien à propos ; s'il eust encore demouré à venir, croy ma dicte dame fust tombée en une grosse maladie, dont eust été malaisé à relever. Elle avoit demouré huit jours sans dormir, et avoit perdu tout appétit, et monstroit bien son visage quel y faisoit à son cueur. Vos bons subjectz et serviteurs estoient en double peine, l'une pour vostre maladie, l'autre pour l'inconvénient où visiblement la voyoient tomber. Nous debvons bien louer et remercier Dieu de nous avoir ousté de cette grosse peyne et des aultres dangereuses conséquences que s'en fussent ensuyvies, que vous entendrez trop mieux que ne seaurois escripre.

» Sire, quant au demeurant, tout se porte, grâces à Dieu, très-bien sellon le temps. Madame a fait casser huit cents hommes d'armes qu'a esté faict par compaignies XX pour cent, pour ne malcontenter personne. Les gens de pied estrangiers ont esté cassés, qui est gros soulagement pour vos finances. La pilhuerie a esté beaucoup moindre que chacun ne pensoit, à cause du bon ordre que Madame y a donné. Les Suysses ont heu, depuis la saint Jean, deux cens XXXVI mil livres tournoys, et doibvent encore avoir les Suysses, à la fin de ce moys, cent mille livres tournoys, et les Angloys dans le mois de novembre autant que ont hue ce mois d'octobre et les pensions particulières davantage. Madite dame mesnage si bien qu'elle fait pourvoir à tout avec l'ordinaire du royaume, sans creue ni empruntz, et se fait payer les charges accoutumez estre perchues en l'Estat, et beaucoup de debtes et parties du passé.

» Sire, après m'estre recommandé tant et si très-humblement que fere puis à vostre bonne grâce, pryerai nostre seigneur vous donner très-longue vie avec santé et prospérité et bien tost revenir en vostre royaume.

» A Lyon, le XIIIe d'octobre.

» Vostre très-humble et très-obéissant subject et serviteur,

» A. DU PRAT [1]. »

Pendant les calamités de cette captivité du Roi, et de la compagnie qui l'avait précédée, l'habileté et la fermeté d'Antoine du Prat ne se démentirent pas. Il réussit à réparer autant que possible les désastres qu'il ne lui avait pas été donné de prévenir, et non-seulement ses soins maintinrent la paix à l'intérieur, mais encore ils amenèrent par d'habiles négociations, la délivrance de François Ier. François de Tournon, archevêque d'Embrum, Gabriel de Grammont, évêque de Tarbes, Jean de Selves, premier président au parlement de Paris, composèrent l'ambassade chargée d'aller à la suite de la duchesse d'Alençon, savoir à quel prix Charles-Quint mettait la délivrance du Roi et le salut de la France [2].

Mais avant le succès qu'obtint leur mission, et que poursuivirent tant d'efforts, le chancelier avait reçu de nouveaux honneurs et senti de nouveaux soucis. « François Ier étant prisonnier, le fameux chancelier du Prat eut de grandes occasions de signaler son habi-

[1] *Bibl. imp.*, f. Béthune, 8573, p. 19.
[2] Gaillard, *Histoire de François Ier*, t. 2, p. 487.

leté et de montrer qu'il était capable des choses les plus difficiles. Les besoins de l'État, la nécessité de rassembler les sommes pour la rançon du Roi, obligèrent de prendre des mesures extraordinaires [1]. »

Ses querelles avec le parlement ajoutèrent à ses embarras et leur conclusion témoigna de son énergie : « elles continuèrent d'autant plus que les occasions de proposer à cette cour des choses qui lui déplaisoient étoient fréquentes. Mais du Prat soutenoit les refus et les résistances avec audace et habileté, et prenoit pour ainsi dire les gens du parlement par famine, car les gages n'étoient pas payés. » Ce fut en 1526 seulement qu'ayant enfin entendu la raison, ils touchèrent leurs payements qui leur furent assignés sur les greniers à sel [2].

---

[1] *Mélanges tirés d'une grande bibliothèque*, **L.**, p. 67 et 68.
[2] *Id., Ibid.*

CHAPITRE XXXIV.

Antoine du Prat est nommé à l'archevêché de Sens.

Nommé chancelier de l'ordre de Saint-Michel, ce qui n'admettait aucune contradiction et pouvait être seulement un titre de plus à l'envie, Antoine du Prat fut encore élevé en 1525 sur le siége archiépiscopal de Sens, que la mort d'Étienne Poncher rendait vacant. C'était alors un des diocèses les plus importants du royaume ; il conférait les titres de primat des Gaules et de Germanie : l'évêque de Paris était l'un de ses suffragants. Par un dernier essai des prérogatives que leur enlevait le concordat, les chanoines entreprirent d'élire eux-mêmes le successeur d'Étienne Poncher. Vingt d'entre eux se prononcèrent en faveur de Salazard, grand archidiacre de l'église, neveu de Tristan de Salazard, l'avant-dernier archevêque défunt. Les Salazard avaient un renom de vaillance et de piété qui rendait l'église de Sens fière et tranquille sous leur administration. Sorti de la Biscaye, le père de Tristan était venu offrir son épée accompagnée de pauvreté mais aussi de bravoure, au roi Charles VII [1], et l'élévation

---

[1] Tavel, *Senonensium archiepiscoporum vitæ actusque*, p. 135.

de ses enfants avait été le prix de ses services. Cependant, sans expliquer leur médisance, les chroniqueurs de l'époque ne consentaient pas tous à son mérite. « Aulcuns louaient Sallazard à maistre Loys de la Voute et voulloient que, à son préchis, il exaulsat ses vertus. Auxquels il dit : *Je suis commis à dire vérité, et non pas à dire mensonge :* en disant en cette manière *Sallazard quand il vint d'Espagne en France estoit aussy garny de biens qu'est un singe de sa queue*[1]. » Mais au témoignage de l'histoire, la mémoire de Tristan de Sallazard était, à plus d'un titre, chère au chapitre de Sens. Au dire de certains auteurs, cet archevêque avait l'âme si guerrière qu'il accompagnait le Roi dans expéditions militaires, armé de toutes pièces, comme un général d'armée[2]. » Cette ardeur militaire, digne de son origine et de son temps, ne nuisait point d'ailleurs à ses vertus sacerdotales, ni à l'énergie de son administration. Il s'était montré l'un des défenseurs de la pragmatique sanction ; c'était lui qui en 1478 avait présidé l'assemblée tenue à Orléans pour la remettre en vigueur : l'élection de son neveu était donc tout à la fois un trait d'indépendance et un acte de protestation.

Ce furent au sujet du nouvel archevêque un long procès et une interminable dispute. Indépendamment des causes générales par lesquelles, dans la conviction de sa conscience et par dévouement au bien du pays, le chancelier s'était aliéné les esprits en France, il était à Sens, par une mesure toute particulière, l'objet

---

[1] *Bibl. imp.*, les *Marguerites historiales*, par Jehan Massue, domestique de Jehan de Chabannes, comte de Dampmartin, composé en 1497, n° 7292.

[2] Piganiol de la Force, *Description de Paris*, t. 4, p. 171.

d'une opposition vindicative. Le chapitre épousait à cet égard l'animosité de la population.

En l'année 1522, le chancelier, pour subvenir aux dépenses excessives de la cour et de la guerre, avait eu recours à la création de nouveaux fonctionnaires chargés, les uns de rendre la justice, les autres de percevoir les impôts. Dans ce double but, il avait enlevé à Sens l'administration de Villeneuve-le-Roi qu'il avait confiée à des officiers spéciaux, auxquels leurs charges n'avaient été accordées que moyennant finance. Cette mesure et d'autres analogues diminuant chaque jour l'importance et les avantages de la ville de Sens, ses habitants réclamèrent auprès du Roi, et grâces à un sacrifice pécuniaire ils rentrèrent dans les droits qu'ils avaient perdus[1].

D'autres souvenirs blessaient encore au cœur le chapitre de Sens, et donnaient à son animosité contre le chancelier les formes les plus âpres, les allures les plus actives, et la durée la plus persévérante. Il est bon de les relever en passant pour effacer des causes de cette haine les soupçons que plusieurs auteurs se sont plu à insinuer. Ils ont cherché dans les traits d'un caractère personnel et d'une conduite intime trop souvent calomniée, des motifs que les grandes mesures politiques et religieuses dont il fut le promoteur et l'exécuteur, suffisent pour expliquer.

Ce n'étaient donc ni le prêtre ni le pontife, ni sa vie, ni ses mœurs, ni sa science, ni sa piété, que le chapitre poursuivait et contestait en Antoine du Prat. Il attaquait l'auteur du concordat et le concordat lui-même. Quelques écrivains, intéressés pour la plupart

[1] Inventaire de Tavau.

dans la question protestante, ont voulu exploiter ce fait au profit de leur passion, et appliquer au prélat l'animadversion qui s'adressait surtout à la loi : ils ont égaré l'opinion publique et trahi la vérité.

Antoine du Prat ne fut pas en ce temps le seul évêque que repoussèrent les efforts de son chapitre. Pendant des années nombreuses, chaque nomination rencontra les mêmes obstacles. Le souvenir d'un droit cher à l'ambition ecclésiastique soulevait à toutes les vacances les oppositions capitulaires. En 1529, George d'Armagnac, nommé par le Roi à l'évêché de Rhodez, eut pour concurrent Jean d'Estaing que lui opposaient les chanoines [1]. En 1539, François de Tournon rencontra et surmonta des difficultés plus rudes encore pour la prise de possession de son siége d'Auch [2]. D'une voix unanime les chanoines avaient nommé l'archidiacre de Pardaillan, Jean de la Croix, qui fut aussitôt reconnu dans tout le diocèse, et contre lequel François de Tournon soutint un long procès devant le parlement de Toulouse. Jean de Pins, nommé en 1520 à l'évêché de Pamiers, n'avait pas siégé à cause des obstacles apportés par son chapitre ; en 1523 il avait été transféré sur le siége épiscopal de Rieux [3]. On multiplierait à l'infini de pareils exemples, mais presque partout aussi les chapitres durent fléchir devant la fermeté de l'autorité souveraine et de l'autorité pontificale réunies.

Telles étaient les causes de l'opposition plus vive encore dont Antoine du Prat était l'objet. D'autres

---

[1] M. l'abbé de Montlezun, *Histoire de la Gascogne*, t. 5, p. 173.

[2] *Id., Ibid.*, p. 225.

[3] *Mémoires pour servir à l'éloge historique de Jean de Pins.* Imprimé à Avignon. 1748.

motifs particuliers animaient encore pour lui la querelle. Ils ressortiront aisément de quelques détails.

Etienne de Poncher, ancien évêque de Paris, prélat sage, vertueux, éclairé, et que son chapitre avait aimé et béni après l'avoir repoussé, venait de mourir archevêque de Sens. C'était lui qu'il s'agissait de remplacer alors. Louis de Poncher son frère, trésorier général de France, avait été pendu pour malversations financières à la poursuite du chancelier du Prat. François de Poncher, fils de Louis, neveu d'Etienne et son successeur sur le siége de Paris, n'y avait porté ni le calme, ni les lumières, ni le mérite de son prédécesseur. « Il est à présumer que du vivant de son oncle, il fit plusieurs incartades pour lesquelles il ne fut point poursuivi. Mais après sa mort, arrivée en 1525, on n'eut plus pour lui les mêmes ménagements... Il s'était emparé par voies simoniaques de la fameuse abbaye de Fleury ou Saint-Benoist-sur-Loire, qui était en ce temps-là riche et considérable. Il avoit gagné les moines qui l'avoient élu contre la teneur du concordat. Il les avoit ensuite engagés à défendre cette élection à main armée, contre tous ceux qui viendroient le troubler dans son usurpation [1]. » Mais son crime, le plus impardonnable parmi tant de fautes scandaleuses, était, au dire de quelques historiens, d'avoir cabalé contre la régence de Louise de Savoie, et d'avoir manœuvré sourdement en Espagne pour prolonger la captivité du Roi.

Cette lutte si longue et si vive dans laquelle le nom de Poncher, nom maintenant vénéré du chapitre de Sens, qui se trouvait réuni aux accusations les plus ter-

---

[1] *Mélanges tirés d'une grande bibliothèque : De la lecture des livres français,* 7ᵉ partie, p. 110.

ribles, se termina selon le droit qui malheureusement pour le chancelier du Prat était aussi en faveur de sa propre cause. Ses intérêts furent servis par la justice, et, dans ce débat, sans rien perdre de son intégrité, elle perdit de son évidence par les avantages qu'elle assurait à son interprète. Les chanoines de Sens prirent dans ces faits un texte nouveau de haine personnelle; ce fut bien pis encore lorsque plus tard « du Prat réunissant la qualité de métropolitain à celle de chancelier, fit arrêter François Poncher par ordre du Roi, scella une commission royale adressée au grand conseil contre lui. Ayant fait mettre son compétiteur en prison, il ne lui fut pas difficile de se faire reconnaître par les moines, récalcitrants jusqu'alors [1]. » Il lui fut plus malaisé de vaincre les résistances du chapitre de Sens, dont sa mort seule put lui faire obtenir les hommages. « Quant à Etienne de Poncher, qui avoit été mis au château de Vincennes, il y mourut en 1532. Il avoit été malaisé de faire condamner un évêque de Paris par le grand conseil [2].

Animés par ces causes particulières, par leur amour pour la pragmatique sanction, par le souvenir de l'échec que la nomination d'Etienne Poncher, prélat maintenant regretté mais alors repoussé, avait fait éprouver, en 1519, à leur indépendance, les chanoines exclurent Antoine du Prat par une résistance désespérée, du siége auquel l'appelait l'autorité royale qu'exerçait la régente. Ils voulaient faire revivre des priviléges devenus impossibles et que sous un régime

---

[1] *Mélanges tirés d'une grande bibliothèque : De la lecture des livres français*, 7ᵉ partie, p. 110.
[2] *Id., Ibid.*

favorable à leur indépendance, le roi Louis XI avait déjà attaqués, en les forçant de transférer leur élection de Louis de Melun à Tristan de Sallazard.

L'attachement répondit ensuite à sa douceur et à ses bienfaits, et peut-être l'insubordination actuelle était-elle une preuve de reconnaissance. Un autre Sallazard en était l'objet.

Dans cette élection illégale, vaine et précipitée, qui donnait vingt voix à Tristan de Sallazard, le doyen de l'Eglise en obtenait deux autres, une seule avait nommé Antoine du Prat. Abusant, au profit de leurs prétentions, de l'inimitié publique que tous les désastres de l'État accumulaient sur le chancelier rendu responsable de tant de calamités par la sottise populaire, les chanoines, vaincus à la cour, s'adressèrent au parlement. Ils espéraient par ce moyen faire valoir leur élection. Le chancelier leur répondit en faisant saisir leur temporel. Puis la volonté expresse de la régente le maintint dans ses droits. Le Roi lui-même à son retour d'Espagne, confirma son chancelier en cette dignité, en recevant à Dijon le renouvellement de son serment d'archevêque. Toutefois l'opiniâtreté de Jehan de Sallazard s'empara du titre *d'archevêque élu* qu'il porta jusqu'à la mort.

Malgré sa possession réelle et légitime, Antoine du Prat ne porta point sur son siége l'orgueil de son succès. Le délégué qu'il envoya pour les cérémonies usitées en pareil cas, ne put s'en acquitter : il fut maltraité par les habitants de Sens. Ce ne fut qu'après sa mort qu'il fit son entrée dans sa ville métropolitaine et dans sa cathédrale. Les honneurs posthumes qui furent alors rendus à ses restes égalèrent ceux que son titre et son caractère auraient pu réclamer de son vivant¹. Un monument célèbre lui fut élevé par les soins de son fils Antoine du Prat, seigneur de Nantouillet, prévôt de Paris, et une inscription pompeuse consacre sa mémoire². Indépendamment d'ornements et d'emblèmes qui n'ont point échappé à la destruction, ce monument était surmonté d'une statue du chancelier que l'on conserve encore dans la salle du chapitre, et à laquelle quelques auteurs disputent cependant le nom qui lui est attribué.

Détourné, non pas du soin de son troupeau, mais du devoir de la résidence par les soins que réclamaient les affaires de l'État si intimement liées en ce temps aux affaires de la religion, Antoine du Prat gouverna son diocèse par procureurs, durant les onze années de son archiépiscopat. Ainsi fit pour l'église d'Auch le cardinal de Tournon, devenu après lui premier ministre de François Ier ³. Ainsi firent tant d'autres prélats par des raisons moins légitimes et moins puissantes, et qui ne peuvent être alléguées ni pour excuses ni pour exemples.

C'est à Antoine du Prat que la cathédrale de Sens devait les statues des douze apôtres, dont il avait orné la nef et que surmontaient des clochetons à jour, œuvre de patience et de délicatesse.

Le vandalisme révolutionnaire a frappé ces souvenirs, et lorsque la proscription atteignait l'existence de son dernier descendant et celle de ses neveux, elle dispersait aussi ses cendres, détruisait son monument, et le marteau des démolisseurs attaquait encore les embellissements de son goût et de sa piété. La main re-

---

[1] Godefroi, *Cérémonial français*, t. 2, p. 822.

[2] Blanchard, *Éloges des premiers Présidents du parlement de Paris*.

[3] M. l'abbé de Montlezun, *Histoire de la Gascogne*, t. 5, p. 226.

ligieuse d'un de ses successeurs, actuellement en possession du siége de Sens, a relevé en lieu d'honneur les débris de son tombeau, et la direction du musée du Louvre n'a pas dédaigné de placer au nombre des richesses qu'elle accroît avec tant d'intelligence une copie de ses bas-reliefs.

CHAPITRE XXXV.

Délivrance du Roi et de ses compagnons de captivité. — Lettres de Marguerite de Valois et de Henri VIII au chancelier du Prat.

Parmi les sollicitudes extrêmes que les difficultés privées et les dangers publics causaient au chancelier, parmi les résistances que rencontrait la liberté du Roi, Antoine du Prat s'occupait encore de la rançon de ses compagnons de gloire et de captivité, dont madame la duchesse d'Alençon traitait la délivrance. Par les ordres de cette princesse, il donnait surtout ses soins à celle du maréchal de Montmorency, comme le prouvent les lettres suivantes. Le 26 octobre 1525, madame Marguerite de Valois écrivait de Madrid au chancelier :

« Monsieur le chancelier, la joye que par vostre lettre m'avez donnée de la sheureté de la bonne santé de Madame, est telle que je ne veulx faillir de vous en mercier, et en récompense vous rendre semblable plaisir de celle du Roy, qui, Dieu mercy, commence très-bien à se fortifier ; et vous asseure que je n'ay failly de luy faire entendre l'affection que vous luy portez et le soin que vous avez au bien de ses affaires, car je serois ingrate de céler un si grand bien : et, de luy, croyez qu'il n'en veult autre témoignage que l'expérience qu'il en a de longue main, et que à l'ouyr parler, se connoist assez quelle estime a des gens, qui est telle de vous, comme de la personne que j'aye jamais veue, qui autant mérite la bonne grâce de son maître : et je puis asseurer que aussy l'avez vous, et que la congnoistrez tousjours en toutes choses.

» M. le chancelier, le pauvre baron de Saint-Blancard faist quelques frais extraordinaires pour mon voyage, dont à ce que j'ay entendu, il n'a esté remboursé. Je vous prie l'avoir pour recommandé, et qu'il congnoisse que je ne suis ingrate du bon service qu'il m'a fait, car il s'y est acquitté de sorte que j'ay occasion de m'en louer. Et tant, je prie Dieu, M. le chancelier, vous avoir en sa très-saincte garde.

» Escript à Madrid le xxvie jour d'octobre.

» La toute vostre,   Marguerite.

» *P.S.* Le Roi désire fort que la rançon du mareschal de Montmorency soit payée. Je le vous recommande, car en ce fesant ferez service agréable au dict seigneur [1]. »

En conséquence de cet ordre, le 12 novembre 1525, le chancelier du Prat écrivait de Lyon au maréchal :

« Monsieur, j'ay reçu une lettre de madame la duchesse par laquelle, entre autres choses, m'escrivoit avoir souvenance de vous faire payer vostre rançon. Je croy que avez assez peu congnoistre l'estat des finances du Roy et la dépense qui a esté grosse : tou-

---

[1] *Bibl. imp.*, f. Dupuy, n° 468.

tesfois, je y mectray sy bonne peine que congnoistrez l'envye que j'ay de vous faire plaisir, et vous asseure que ce sera bientost, vous advisant que me trouverez toujours prest à faire pour vous ce qu'il me sera possible. Et pour ce que par M. de Bryon, entendrez toutes nouvelles de deça ne vous ferez plus longue lettre, se n'est que après m'estre recommandé de très-bon cœur à vous, prierai Dieu de vous donner ce que plus désirez.

» A Lyon le xiie jour de novembre. »

» Mandez-moy, s'il vous plaist, ez mains de qui vous voulez que face tumber la dite partie, et je ne fauldray à le faire payer.

» Celluy qui vous désire fère service,

» A. DU PRAT [1]. »

Pour obtenir ces résultats si nécessaires au bien du pays, par le retour de ceux qui étaient sa défense, sa force et son salut, la Régente et le chancelier se voyaient contraints de négliger les embellissements et les restaurations de Paris, que le Roi avait entrepris et ordonnés, et qu'il devait continuer un jour avec tant de goût et tant d'ardeur. Le palais et le pont-au-change demandaient d'urgentes réparations. Toutes les chambres assemblées firent à plus d'une reprise écrire à ce sujet à Louise de Savoie et à Antoine du Prat. Faute de deniers, et, tant était grande la misère du trésor, tant étaient impérieux les autres besoins de l'Etat, ils ne firent point de réponse [2].

Cependant en 1526 la captivité du Roi, supportée

---

[1] *Bibl. imp.*, f. Béthune, n° 8575, p. 135.
[2] Don Félibien, *Histoire de la ville de Paris*, t. 1, p. 672.

non moins impatiemment par la France que par lui-même, avait, après mille traverses et au prix de mille sacrifices, rencontré son terme. Mme la duchesse d'Alençon qui l'avait hâtée par ses soins, la Régente, le chancelier du Prat et tout le conseil, aussi bien qu'une partie de la noblesse, allèrent au devant du prince comme au devant d'un sauveur. Le chancelier du Prat franchit la frontière à la rencontre du Roi, et fut, d'après son autorisation, le joindre à Saint-Sébastien. Le bailli de Paris (de la Barre) lui transmit à cet égard le bon plaisir de François Ier, et il y joignit les témoignages exprès de son affection toujours croissante pour sa personne.

« Monseigneur, lui mandait-il en date du 12 mars 1526, le Roy vous escript, comme vous verrez par lettres qu'il vous mande. . . . . Monseigneur, je vous envoye les lettres que le Roy escript à Madame et à Madame la duchesse, aussy bien que j'escripts à ma femme, là où il y en a une autre : s'il vous plaist à tout donnerez adresse. Vous estes asseuré que vous trouverez le Roy en la voulonté à vostre endroit que vous l'avez laissé, et mieulx s'il estoit possible [1]. »

Par les mains du chancelier du Prat, le Roi fit combler de cadeaux ceux qui l'avaient servi pendant sa captivité, et suivi jusqu'à la frontière [2] : puis il mit enfin pied sur la terre de France, reçu par les acclamations de tout son peuple qui, le voyant délivré, se croyait sauvé avec lui.

Les actions de grâces qu'il devait au ciel furent la première pensée et le premier acte du prince rentrant

---

[1] M. A. Champollion, *Captivité du roi François Ier*, p. 515.
[2] *Id., Ibid.*

en possession du royaume très-chrétien : puis sa seconde reconnaissance le dirigeant vers ceux qui, en son absence, avaient été les dépositaires fidèles de son pouvoir et les instruments heureux de la protection d'en haut, il fit à la duchesse d'Angoulême des remerciements solennels pour la sagesse et la fermeté de sa régence ; il donna au chancelier des éloges publics pour son assistance et ses conseils. M. le Dauphin et le duc d'Orléans furent donnés en otages pour remplacer le Roi à Madrid jusqu'à l'accomplissement des conditions arrêtées pour la délivrance du Roi [1]. Puis, comme au jour de son avénement, il avait répandu des grâces sur ceux dont il attendait des services, il combla par reconnaissance ceux qui s'étaient dévoués à sa cause et à son malheur. Son indulgence voulut aussi s'appliquer, en cette occasion, à de nobles coupables : M. de Saint-Vallier et M. Hurault, évêque d'Autun, prisonniers depuis la défection du connétable, dont ils avaient épousé la cause, furent aussi rendus à la liberté. Pourquoi la même miséricorde ne s'étendit-elle pas sur l'infortuné Semblançay, qui, du fond de la Bastille, écrivait au Roi en 1527, protestant de son innocence, et lui demandant grâce ou justice [2].

Après s'être reposé à Bordeaux, après avoir visité Coignac, lieu de sa naissance, après avoir reçu chemin faisant, les ambassadeurs d'Angleterre, et confirmé avec eux le traité fait par Mme la Régente durant sa captivité [3], le Roi traversa la Bourgogne. Il reçut à

---

[1] *Journal d'un bourgeois de Paris*, p. 281.
[2] *Bibl. imp.*, f. Béthune, 8506, f. 68. — M. Genin, *Lettres de Marguerite d'Angoulême*, 1er recueil, p. 462.
[3] *Journal d'un bourgeois de Paris*, p. 283.

Dijon le renouvellement du serment d'Antoine du Prat en sa qualité d'archevêque de Sens. Puis s'arrêtant à l'abbaye de Fleury, dite de Saint-Benoît-sur-Loire, il punit par des mesures sévères la révolte des moines contre leur abbé, et il répondit aux réclamations qu'ils se permettaient encore par la destruction de la tour de Saint-Michel qui faisait l'orgueil et la force de leur couvent, et par l'ordre de miner et de démolir les fortifications de Castillon-sur-Loire « *castrum et arcem Castillonii super Ligerim* [1] » où leur insurrection contre Antoine du Prat avait rencontré un appui. Enfin le Roi, toujours accompagné des mêmes personnages, fit à Paris son entrée solennelle.

A l'occasion de cette délivrance, le Roi d'Angleterre écrivit de sa main une lettre au chancelier du Prat, pleine d'estime pour son caractère, et d'éloges pour le succès que ses soins avaient concouru à amener.

« Richemont, 22 mars 1526.

» A mon très-cher et grant amy le chancellyer de France.

» Très-cher et grant amy, après avoir entendu de la conclusion prinse sur la délyvrance et retournée en son royaulme de nostre bon frère, cousin, et confédéré le Roy vostre maistre, afin de luy donner à congnoistre le zèle, entière intencion et bon voulloir que luy portons, avec le grant plaisir et enjouyssement que prenons tant que de rien de plus, envoyons présentement devers luy nostre féal conseiller et gentilhomme

---

[1] *Gallia Christiana*, t. 8, col. 1566.

de nostre privée chambre, messire Thomas Cheney, chevalier, pour non seullement le visiter et luy faire nos très cordyalles recommandations, mais aussi résider comme nostre ambassadeur avec le docteur Tailleur, par de là, auquel avons donné charge se tyrer devers vous, et faire de ce nos congratulacions, comme à celluy qui, par son travail, estude, discrécion, comme bon, vray et loyal serviteur et conseiller, vous estes tout effectuellement employé à la briefve expédicion d'un si grant affaire. Nous vous pryons à tant, très-cher et grant amy, luy vouloir donner, tant à cette foy que autres, cy après vostre bonne adresse, selon que les choses s'offriront, et nous advertir au surplus s'il est plaisir que puyscions pour vous, et nous le ferons de bon cœur. Ce sçayt nostre seigneur, qui très-cher et grant amy, vous ayt en sa saincte garde.

» Escript à nostre manoir de Richemont, le XXIIᵉ jour de mars.

» Vostre bon amy,

» Henry [1]. »

Après ces deux témoignages donnés par des juges impartiaux et compétents (Marguerite de Navarre et Henri VIII), du dévouement du chancelier pendant la régence, et de son efficace entremise pour la délivrance du Roi, il devient inutile de réfuter par d'autres preuves et par de nouvelles discussions les historiens Mézeray et Garnier, qui accusent la faiblesse de la mère du Roi, et la méchanceté du chancelier de France d'avoir occasionné, pendant la captivité de François Iᵉʳ, tous les désordres de l'État.

[1] M. A. Champollion, *Captivité du roi François Iᵉʳ*, p. 525.

CHAPITRE XXXVI.

Le chancelier du Prat est déchargé des accusations et des poursuites entreprises contre lui par le parlement. Il est nommé cardinal. — Préséance accordée à l'archevêque de Lyon, par la voix du chancelier, sur tous les autres primats de France. — Lettres de Jacques Sadolet.

François Ier, arrivant dans sa capitale, trouva le chancelier aux prises avec le parlement. Après avoir été le chef de ce corps, comme premier président, et à ce titre le défenseur obligé de ses droits, de ses prétentions et de ses priviléges, il avait contracté d'autres devoirs et éprouvé un nouveau zèle en devenant chancelier. Son dévouement et ses services étaient plus directement acquis à la couronne. Le penchant de son cœur, comme la voix de sa conscience, l'attachaient également au souverain. Antoine du Prat cherchait par tous les moyens possibles à diminuer l'autorité parlementaire souvent rebelle et toujours envahissante, et à la soumettre à celle du Roi. Le parlement était tellement indigné de la déférence à laquelle on voulait le contraindre qu'il en témoignait son ressentiment en toute circonstance. Pour mettre un terme à ces difficultés du passé et du présent, et à ces obstacles de l'avenir, le Roi fit écrire par Robertet, en date du 27 juillet 1527, aux présidents et conseillers de sa cour tous assemblés : « Le Roi défend que vous vous entremettiez, en quelque façon que ce soit, du faict de l'État, ni d'aucune chose que de la justice..... pareillement il vous défend et prohibe tout court, juridiction et congnoissance des matières archiépiscopales, épiscopales et d'abbayes, et déclare que tout ce que attenteriez au contraire, soit de nul effet et valeur, et avec ce, le dit seigneur a révoqué, et révoque, et déclare nul, toutes licitations que pourriez avoir faites au pouvoir et régence de Madame sa mère..... et a le dit seigneur confirmé et confirme, tout ce que par ma dite dame a été fait, ordonné et commandé comme Régente..... et vous signifie que dès à présent comme dès lors, et dès lors comme à présent, il institue, fait et ordonne la dite dame, durant l'absence qu'il pourroit faire hors de son royaume, Régente en son royaume : il lui baille tel pouvoir, autorité et puissance qu'a le dit seigneur, sans rien réserver..... D'autre part le dit seigneur vous dit et déclare que vous n'avez aucune juridiction sur le chancelier de France, laquelle appartient au dit seigneur et non à aultre. Et par ainsi tout ce que par vous a été intenté à l'encontre de lui, il l'a déclaré nul, comme fait par gens privés, non ayant juridiction sur luy, et vous a commandé et commande de l'oster et carceller de vos registres tout ce que contre luy est fait..... Et veut, et entend le dit seigneur, que le présent édit sera enregistré en son grand conseil et cour du parlement[1]. »

Telle fut la conclusion des longs démêlés que le par-

---

[1] *Bibl. imp.*, fonds Dupuy, 215.

lement avait entretenus avec la Régente et avec le chancelier.

Cet arrêt n'empêcha pas que quelques années après le Roi ne renvoyât le chancelier Poyet par-devant le parlement pour être jugé par lui. Mais François Iᵉʳ n'avait pas prétendu perdre le droit de traduire un coupable à sa barre. Il voulut seulement lui enlever l'arrogante initiative qu'il s'était attribuée à l'égard du chancelier du Prat. Ce fut de son propre mouvement que le Roi prit, à l'égard du chancelier Poyet, cette sévère mesure, sans que le parlement l'eût provoquée, et par conséquent cet exemple ne détruit pas le principe établi en 1527 [1]. L'exception fut donc à l'égard et au préjudice du chancelier Poyet et non pas à l'occasion et en faveur d'Antoine du Prat, comme voudraient le faire entendre quelques auteurs qui s'étudient à le placer sans cesse en infraction avec les lois, et à mettre François Iᵉʳ en contradiction avec lui-même.

En 1526, le chancelier du Prat voulant donner à la marche des affaires un ensemble et une précision plus en rapport avec le but constant de ses efforts, obtint du Roi le rétablissement en une seule séance des séances du conseil d'État que le Roi Louis XI avait partagées en plusieurs départements ou séances, vu le nombre et la diversité des affaires.

C'est ainsi que les embarras et les difficultés ne détournaient point la pensée du Roi des affaires sérieuses, et que la guerre, la captivité, les arts, les plaisirs, se disputant son existence, et se partageant ses études et ses loisirs, laissaient au bien de l'État et à l'adminis-

---

[1] *Mélanges tirés d'une grande bibliothèque*, L., p. 68.

tration intérieure, la part d'intérêt et de sollicitude qui devait leur appartenir.

L'accroissement des honneurs du chancelier résultait de ses succès, accompagnait sa faveur et récompensait son zèle.

En 1527, l'archevêque de Sens fut, à la demande du Roi, créé cardinal du titre de sainte Anastasie par le Pape Clément VII. Trois ans plus tard, François de Tournon et l'évêque de Tarbes, Gabriel de Gramont, de cette illustre maison qui devait, au XIXe siècle, apporter son alliance à celle du chancelier du Prat, furent aussi revêtus de la pourpre romaine. Gabriel de Gramont était alors ambassadeur à Rome, et ne devait pas tarder à porter en Angleterre son intelligence et ses services [1]. Cette faveur insigne fut pour lui comme elle avait été pour Antoine du Prat la récompense des négociations qu'ils avaient conduites de concert lorsque François Ier prit le rôle de médiateur entre Rome Florence [2].

A l'occasion de l'élévation d'Antoine du Prat au cardinalat, il est encore une fois digne de remarque que l'intrigue qui lui fut si souvent reprochée par ses ennemis, n'entra pour rien dans ses nouveaux succès, en son éminente élévation. François Ier fit directement valoir les services et les mérites de son ministre. L'ambition et l'affection du maître pour son fidèle serviteur plaidèrent activement et victorieusement sa cause. Rodolphe de Carpi, fils de ce comte de Carpi qui avait volontairement hasardé tous ses biens et tous ses États en Italie pour le triomphe de la cause française ; Ro-

---

[1] Gaillard, *Histoire de François Ier*, t. 2, p. 168.
[2] Gaillard, *Histoire de François Ier*, t. 3, p. 114.

dolphe qui lui-même devint, en 1536, cardinal et bientôt après légat, écrivait de Rome le 8 juillet 1532 à François I{{er}}..... « Sire, avant que notre Saint-Père parlast des choses dessus dites, me semblant à propos pour ceste feste, solliciter l'affaire de Monseigneur le chancelier : Sa Saincteté me respondant gracieusement a tiré de sa gibecière la tierce lettre que vous lui avez escripte de vostre main sur cette affaire, et m'a dict que je vous respondisse que povez tenir pour tout seur qu'il le fera cardinal, et qu'il le vous promectoit, sans poinct de faulte, de le faire à la première création qui sera faicte de bref; et qu'il vouldroit la pouvoir faire de présent, comme vous requérez, et qu'il fault qu'il ayt regard à plusieurs choses, comme vous, Sire, pouvez bien penser, pour n'avoir faict aucuns cardinaulx, ne de ses parents, ne serviteurs, depuis qu'il est pape. Et qu'il mal contenteroit et désespéreroit plusieurs gens, partie qui se actendent estre promuz à telle dignité, partie qui pourchassent et prient pour eulx, cuydant que ne se deust plus faire création, ou qu'il allast bien à la longue, voyant faire seul Monseigneur le chancelier, ce que le temps ne comportoit pas qu'il feist, ne de mal contenter princes, ne ses amys et serviteurs; mais que Monseigneur le chancelier se peult tenir aussy seur d'estre cardinal comme s'il eust le chappeau sur la teste, car il est délibéré de faire bientost la ditte création, s'il sera deschargé de tant d'affaires. A quoy j'ay répliqué suppliant Sa Saincteté vous voulloir contenter le plustot qu'il seroit possible, vous faisant en cela quelque peu de privilége, que aux aultres, et vous voulloir escripre quelque bon bref de la dite certaine promesse. A quoy il m'a respondu que je sçavois qu'il vous en avoit escript des aultres, mais que encore vous en escriproit présentement ung plus exprès, et qu'il advanceroit la création le plus qu'il pourroit pour vous satisfaire..... ¹ »

En cette même année 1527, le cardinal du Prat, que sa dignité d'archevêque de Sens pouvait rendre jaloux de la prééminence attachée à son siége, fit preuve d'une noble abnégation au profit de la justice et d'un pieux respect pour les décisions de l'église. Le titre de primat des Gaules et de Germanie lui appartenait comme à ses prédécesseurs, comme il appartint dans la suite et jusqu'à nos jours à ses successeurs. Il y avait alors huit siècles environ que les archevêques de Sens en exerçaient les fonctions². Il ne s'agissait point de l'abdication de ce titre prééminent, mais de son partage et du degré de suprématie qu'il assignait et conférait sur les autres primats et prélats du royaume. « Depuis le temps de saint Irénée, second évêque de Lyon, le concile assemblé en cette ville avoit par la voix et consentement de tous les évêques de Gaule, déclaré l'église, patriarchale et primatiale, et le chef de toutes les églises de Gaule : titre d'honneur que Dieu luy a conservé depuis, dissipant par sa puissance divine tous les troubles et empêchements que les hommes y ont voulu mettre. . . . .

..... La félonie commise par son archevêque Agobardus contre le roy Louis le Débonnaire, sembla pour quelque temps donner l'avantage par dessus elle à l'église de Sens, et occasion auxdicts archevêques dudict Sens de s'emparer et dépouiller de cette belle qualité de primace : mais Dieu suscita tout à coup ce

---

¹ *Mémoires du règne de François I*ᵉʳ, 8565.
² Desnos, *Nouvel atlas de la généralité de Paris*, p. 94.

concile solennel assemblé à Montpellier, pour luy conserver cette belle qualité..... ¹ » Mais dans les désordres civils, dans la confusion et dans la réorganisation ecclésiastiques qui agitèrent le règne de François Iᵉʳ, cette prééminence fut remise en question, et plusieurs archevêques de villes, primatiales en effet, voulaient étendre cette supériorité de leurs siéges à toute la France. « En l'an 1537, en une assemblée solennelle que fit le Roy à Paris, des princes, prélats et officiers de ses cours souveraines, le 16ᵉ jour de novembre, où assista le Roy, séant en son lict de justice, s'éleva un différent sur le fait de la préséance entre l'archevêque de Lyon, primat des Gaules, qui lors était messire François de Rouen, et les archevesques de Bourges qui se disoient primats d'Aquitaine, et l'archevêque de Rouen qui se qualifiait aussy primat de Normandie, et disoient n'être subjects à aucun primace : mais après que l'archevesque de Lyon eust faict veoir les bulles de plusieurs papes, par lesquelles estoit décidé que : *Lugdunensis ecclesia super Rothomagensem, Turonensem, et Senonensem provincias primatum habet*, la préséance fut par l'advis de toute l'assemblée, et par voix de M. le chancelier adjugée à l'archevesque de Lyon, par dessus celuy de Bourges, et à celuy de Bourges devant celuy de Rouen ². »

A l'occasion de son élévation au cardinalat, Antoine du Prat reçut de Jacques Sadolet, évêque de Carpentras, ce prélat que la religion et la science guidaient également dans la droite ligne de la vérité, des éloges et des félicitations qu'on ne saurait oublier ³.

---

¹ Claude de Rubys, *Histoire véritable de la ville de Lyon*, p. 495.
² *Id., ibid.*, p. 361.
³ *Jacobi Sadoletti opera*, t. 1, p. 127. *Veronæ*.

En l'année 1527, le chancelier du Prat reçut pour la première fois, et le premier d'entre les sujets du Roi de France, « des lettres pour tenir des requestes et rémissions le jour du vendredi saint, en l'absence du Roi : seul acte de l'administration de la justice faits par les Rois en personne, depuis qu'ils se furent reposés du surplus de leurs parlements et leurs conseils [1]. »

Le cardinal s'en expliquait ainsi en écrivant au grand-maître de France en date du septième jour d'avril. « ... Vendredi se bailleront les missions en l'honneur et révérence de la passion de Notre Seigneur. Les Rois ont accoutumé, s'ils sont en état pour ce faire, tenir en personne les requêtes ce jour-là. Mais à ce que je voy, le Roy n'y pourra vaquer, par ce est besoing que ledict seigneur me commette à faire iceluy acte en son lieu, avec telle puissance qu'il a, et de ce faut expédier des lettres en forme de chartes. S'il vous plaît luy en parler, afin que au jour, ayons ce qui est nécessaire, et que ceux qui sont venus de tous les quartiers du royaume ne soient frustrés de leur intention [2].

L'empereur Charles-Quint ne se croyant point engagé par les paroles qu'il avait données et les traités qu'il avait signés, n'étant que Roi de Castille, s'était refusé au mariage qu'il avait jadis consenti avec Rénée de France, sœur de la Reine Claude. En cette année 1527, les délaissements de la princesse furent consolés par une autre union. Le soin de ces nouvelles négociations avec la cour de France fut encore commis au chancelier du Prat. Il dirigea et conclut les traités

---

[1] Blanchard, *Éloges des premiers Présidents du parlement de Paris.*
[2] *Bibl. imp.*, fonds français, Béthune, n° 8556, p. 57.

qui conduisirent à cette fin [1], et ce fut encore lui qui, pour parfaire cet événement « le dimanche vingt-huictième de juing 1528, espousa en la saincte Chapelle à la porte de l'église, Madame Rénée de France, fille du feu roy Loys dousiesme, au filz aisné du filz du duc de Ferrare, italien [2]. »

---

[1] Don Maurice, *Histoire de Bretagne*, t. 3, p. 1415.
[2] *Journal d'un bourgeois de Paris*, p. 362.

CHAPITRE XXXVII.

Mort de Maximilien Sforze : protection accordée par le Chancelier du Prat à Machiavel et à Rabelais. — Marot perd par son penchant pour le protestantisme celle que méritaient son talent et ses besoins.

Vers le 1ᵉʳ juin de l'année 1527 mourut en France le duc Maximilien Sforze, dépouillé de sa souveraineté, moitié par la conquête, moitié par la cession de ses droits, que compensait une pension de trente mille ducats. « Monsieur de Villeroy écrivait à ce sujet le chancelier au trésorier de France, « le seigneur Maximilien, que Dieu absolve, m'a faict, entre autres, exécuteur de son testament. J'ai déclaré au Roi le contenu en icelluy, et aussy l'inventaire qui a été faict par ses serviteurs. Ledict Seigneur n'entend se porter pour héritier, et veut que nécessairement tout ce que faut faire pour le présent soit fait par ses exécuteurs, et sur l'argent qu'il lui doit. Les sommes seront distribuées par votre mandement, qui tiendrez lieu de monseigneur le grand maistre et de moy, qui n'y pouvons estre....... Ledict Seigneur entend que les obsèques soient honorablement faites, toutefois que charité passe pompe....... Touchant le faict de l'inventaire, dont ledict Seigneur vous écrit, et celuy de son tombeau, ferez ainsy que ledict Seigneur vous mande, et, à tant, monsieur de Villeroy, je prie le Créateur de vous donner son amour et grâce[1]. »

Ce fut à cette même époque que mourut Machiavel. Sans entreprendre la discussion de sa philosophie, et sans prétendre moins encore en faire un dangereux éloge, il est bon de noter en passant l'accueil et l'appui que lui accorda le chancelier du Prat. Ce fait et le trait qui se rattache à Rabelais ne sont point enregistrés pour l'apologie des principes que professèrent ces deux hommes célèbres. L'amitié d'Antoine du Prat pour le noble Florentin, et sa bienveillance pour l'écrivain français ne furent point une approbation de leur morale et de leurs œuvres. Elles étaient le fruit de cet attrait qui incline les esprits et les cœurs haut placés vers des esprits et des cœurs, élevés aussi, qui peuvent s'égarer dans leur vol, sans cependant renoncer à la supériorité qui les distingue. Cette sympathie du chancelier s'exprima par une protection sur leurs personnes, et non point par une approbation de leurs principes.

Dans le cours de ses nombreuses légations, Machiavel avait été quatre fois envoyé en France. Ses deux dernières missions, en 1510 et 1511, trouvèrent Antoine du Prat mêlé d'une manière importante aux affaires en sa qualité de premier président au parlement de Paris, et rapprochèrent ces deux esprits éminents. Lorsque la conquête du duché de Milan et le concordat conduisirent le Roi et son chancelier à Bologne, ils trouvèrent Machiavel aux pieds de Léon X, et devenu l'un des admirateurs de ce grand Pape, tant

---

[1] Lettre orignale aux Archives de la famille.

il est vrai qu'à cette âme si décriée l'amnistie imposait une reconnaissance dont elle se souvint toujours. Le Roi et le chancelier traitèrent Machiavel comme quinze ans plus tôt Louis XII et le cardinal d'Amboise l'avaient reçu et traité lors de sa première mission et de sa haute faveur, et le chancelier lui continua son amitié jusqu'à ce qu'en 1527, il mourut tranquillement à Florence, qui l'avait successivement élevé, persécuté et encore honoré[1].

L'esprit de Rabelais fut autre que celui de Machiavel. La licence qui le caractérisait fut toujours accompagnée de finesse et d'ironie. Le chancelier lui accorda les encouragements dont un pouvoir éclairé favorisa toujours l'intelligence et l'étude. La haute protection d'Antoine du Prat que Rabelais s'était acquise par son savoir, de puissantes sympathies que sa verve et sa sagacité lui avaient obtenues à la cour, le tirèrent en maintes circonstances des liens d'une vocation inconsidérée et des dangers dans lesquels une bouffonnerie licencieuse avait précipité sa liberté et qui auraient pu compromettre sa vie[2].

Rabelais n'avait pas encore trouvé l'appui du cardinal du Bellay, auquel il appartint plus tard comme secrétaire ou comme médecin, qu'il suivit dans ses ambassades, et qui lui obtint, au retour, la cure de Meudon. Dans les inconstances de sa vocation et dans le désordre de son imagination vagabonde, il avait quitté le froc et le couvent, rapportant de ce premier essai, non pas la piété dont les inspirations l'avaient guidé tout d'abord, mais la science qu'il y avait acquise pour

---

[1] *Mémoires domestiques.*
[2] Bibliophile Jacob, *Notice sur la vie et les ouvrages de Rabelais.*

tout bien. Sans entrer dans les détails curieux de cette existence singulière, et la laissant à ses travaux sérieux mêlés de joies bouffonnes, il faut, après avoir abandonné Rabelais à ses biographes, le retrouver en un fait qui touche le chancelier du Prat. Rabelais lui-même y fait une allusion plaisante dans son ingénieux ouvrage de Pantagruel[1]. Se peignant sous les traits de Panurge, il lui fait jouer avec agrément dans sa fiction le rôle qu'il remplit avec folie, et que le succès fit louer comme une vraie sagesse.

Rabelais prenait ses grades à Montpellier, âgé de quarante-sept ans environ. Il avait été reçu bachelier. Sa science et son autorité étaient celles de son âge, son imagination et sa gaieté étaient celles de la jeunesse. La confiance de l'académie en son mérite, son dévouement aux intérêts de l'académie étaient réciproques.

Le chancelier du Prat, sans doute pour satisfaire aux exigences et à la jalousie de la Faculté de Paris, avait enlevé à la Faculté de Montpellier quelques-uns de ses priviléges. Il s'opposait à la réouverture du collége de Gironne, fermé à la suite des guerres des deux règnes précédents. Il voulait même appliquer à des intérêts étrangers à la Faculté de Montpellier les biens du collége abandonné[2]. Les réclamations de la Faculté n'aboutissaient qu'à des refus, et ses instances ne faisaient que confirmer, par de nouveaux actes, les échecs et le préjudice qu'elle avait éprouvés. Ce fut alors que, mettant sa confiance dans le zèle et dans les moyens de

---

[1] *Pantagruel,* livre 2, chapitre 9.
[2] Bibl. imp., Manuscrits Dupuy. — Abbé Pérau, édition de Rabelais. *Mémoires* de Nécéron.

Rabelais, elle lui donna mission de plaider auprès du chancelier une cause qui semblait perdue. L'amour d'Antoine du Prat pour les gens d'esprit et les hommes éloquents était connu et vanté : son goût pour les *gais compagnons* avait eu quelque retentissement, avant que les travaux sérieux du ministère, et surtout la consécration sacerdotale, eussent empreint son caractère de cette gravité qui sied au magistrat et que le pontificat impose. Peut-être espérait-on quelques réminiscences de ce vieux penchant. Si cela fut une erreur, on eut raison du moins de compter sur les séductions du savoir et du mérite, séductions les plus nobles et les plus légitimes de toutes, après celles de la sagesse et de la bonté. Il ne faut point disputer à la gloire, à la grandeur, à la beauté, leur prestige irrésistible et leur souverain empire ; mais leurs droits ne sont réels que si les dons de l'esprit et du cœur viennent en consacrer la puissance et en rehausser l'éclat.

Rabelais, arrivé à Paris, réclama vainement une audience du chancelier.

Ce fut alors que s'affublant d'un costume grotesque, il ne dédaigna pas de faire contribuer les apparences de la folie aux succès de sa mission. Sa longue robe verte, ses chausses à demi nouées, son bonnet arménien, ses lunettes et son écritoire, tout son costume enfin, ont été décrits par ses biographes et par lui-même. Se peignant sous le nom de Panurge, il se dit : « Beau de nature, élégant en tous linéamens du corps ; mais pitoyablement navré en divers lieux, et tant mal en ordre qu'il sembloyt échappé ès chiens, ou mieulx ressembloit au cueilleur de pommes du pays du Perche. » Il venait par *le chemin du pont de Charenton*. En ce costume, et dans une attitude analogue, il se mit à se promener sur le quai des Augustins, où le chancelier possédait l'hôtel d'Hercule, qu'il habitait alors. La singularité de cette scène donna bientôt à Rabelais un cortége d'oisifs et de railleurs. Leurs rires et leurs tapages ne tardèrent pas à attirer l'attention du chancelier. Il se fit enquérir du nom de l'aventurier, et Rabelais, accompagnant d'un titre burlesque la trivialité de son costume, acheva d'exciter la curiosité du chancelier. Poussant plus loin son interrogatoire, Antoine du Prat, après avoir obtenu l'aveu des prétendus noms et métiers du personnage, voulut savoir ses intentions. Un page, un gentilhomme, un secrétaire, des serviteurs de toutes nations, amenés d'Italie, appelés d'outre-mer, venus d'Allemagne, d'Angleterre, ou d'au delà des Pyrénées, se succédèrent auprès de lui. A chacun il parlait une langue différente : le turc et l'arabe aux gens de l'Occident, à ceux de l'Orient le langage de la Castille. Aux hommes de science il répondait en patois ; aux ignorants, il s'adressait dans la langue d'Homère ou dans celle de Virgile, ou bien encore il se souvenait de l'hébreu avec eux. Cette science universelle et, parfois, la facilité d'expressions venues des *antipodes* ou de l'autre monde, égaraient de plus en plus l'opinion sur son compte, et augmentaient l'admiration et l'hilarité publiques. Ce fut alors que le chancelier, las de faire interroger, ordonna de l'introduire. Rabelais abandonna son rôle d'emprunt et sa science devenue importune.

Dans une harangue habilement conçue, il renouvela tous les souvenirs d'Antoine du Prat en sa faveur. Le chancelier, touché des efforts d'un tel ambassadeur, de son habileté, de son savoir, de sa *gentillesse*, ému d'ailleurs par la mémoire invoquée de son ancienne protection, ne prolongea pas ses refus, et la Faculté de Montpellier fut remise en possession de ses priviléges, de ses biens, de son collége de Gironne.

En reconnaissance et en souvenir de ce succès, l'Université déclara que les docteurs qui soutiendraient leurs thèses à Montpellier revêtiraient désormais la robe de Rabelais[1]. Cette robe, endossée avec vénération, fut aussi dépecée par le même sentiment. Chaque bachelier en détachait un morceau qu'il emportait comme une relique. Deux fois renouvelée, en 1610 et en 1720, par suite de cette destructive vénération, elle est encore de nos jours un souvenir, mais non plus un héritage[2].

Cette anecdote appuyée de tous les témoignages qui peuvent la rendre incontestable, a cependant rencontré des contradicteurs et subi des travestissements. Certains auteurs rabaissant Rabelais au-dessous de lui-même, prétendent qu'outré de l'orgueil du chancelier, il commit en effet sous ses fenêtres la parade qui vient d'être racontée et que son but réel peut seul ennoblir. Ils lui supposent l'insulte pour intention et disent qu'au serviteur qui vint s'enquérir de son métier, il répondit : « Je suis un écorcheur de veaux prêt à m'exercer, s'il peut vous plaire, sur votre maître et sur vous[3]. » Cette version triviale, plus offensante pour la mémoire de l'insulteur que pour celle de l'insulté, trouve sa réfutation dans le récit véridique qui l'a précédée.

---

[1] *Revue de la faculté de médecine de Montpellier*, p. 319. — *Notice historique et biographique sur Rabelais*, par Kühnholtz.

[2] Bibliophile Jacob, *Notice sur la vie et les ouvrages de Rabelais*.

[3] *Mémoires sur la vie de J.-A. de Thou*; t. 2 de son *Histoire universelle*, p. 190.

Ces faits de la vie intime d'Antoine du Prat, si bien d'accord avec les traits de sa vie publique, rendent à son intelligence, la plus éminente de ses facultés, l'élévation et l'éclat qui lui furent si souvent contestés. Les calomnies d'ignorance tant de fois renouvelées contre lui, bien loin de le flétrir de la honte qu'elles tentent de lui imprimer, attachent leur sceau ineffaçable au nom de ses accusateurs.

Le chancelier fut-il aussi libéral de sa protection, fut-il aussi juste à l'égard de Clément Marot? Il est permis d'en douter, en joignant un regret sincère à l'abandon dans lequel le poëte fut laissé, en donnant au besoin un blâme équitable à la persécution dont il fut l'objet, mais qu'il provoqua lui-même, il faut l'avouer, par l'expression téméraire de ses opinions hasardées.

Fils d'un secrétaire de la reine Anne de Bretagne, attaché depuis aux rois Louis XII et François Ier, Clément Marot appartenait aux mêmes maîtres par sa naissance et par ses services. Il suivit le Roi à Ardres. Plus tard à la bataille de Pavie, il fut blessé et prisonnier. Ce dévouement et ces malheurs furent insuffisants pour le protéger. Clément Marot donna lieu de suspecter sa foi ; puis on l'accusa d'élever des regards téméraires et de pousser des soupirs indiscrets jusqu'à Diane de Poitiers, jusqu'à Marguerite de Valois elle-même. Après avoir connu les rigueurs de la captivité à l'étranger, il ne tarda pas à sentir le poids plus rude peut-être de nouveaux fers dans la patrie. François Ier intervint pour sa délivrance, la Reine de Navarre dont il fut le valet de chambre, et la duchesse de Ferrare dont il devint le secrétaire s'émurent en sa faveur, et lui donnèrent un asile. Mais toujours revenant à Paris, et là se livrant au libertinage de son esprit et de son cœur, à l'intempérance d'un langage qui donnait le soupçon de l'hérésie, à l'indépendance publique et outrée d'une vie qui bravait ouvertement et ironiquement les lois de l'église, il retrouvait la dénonciation et ses terribles suites en retombant dans ses écarts. Le chancelier du Prat ne mit point la main à l'œuvre de sa persécution, mais il ne la lui tendit pas non plus pour le soutenir, pour défendre sinon ses penchants et ses doctrines, du moins sa liberté, pour le corriger et le convertir enfin par la grande et puissante leçon de l'indulgence et des bienfaits.

Déjà victime de l'indigence dans laquelle il devait mourir, Clément Marot adressait au Roi des épîtres et cette humble épigramme de solliciteur, qui prendra place ici parce qu'elle invoque le souvenir du *légat*, Antoine du Prat, et qu'elle le désigne sous le nom d'*Auvergne*, lieu de son origine.

> Plaise au Roy de ne refuser point,
> Ou donner, lequel il voudra
> A Marot cent écus à point :
> Et il promet qu'en son pourpoint
> Pour les garder ne les coudra.
> Monsieur le légat l'absoudra,
> Pour dignement le recevoir :
> J'entends s'il veut faire devoir
> De sceller l'acquit à l'espergne :
> Mais s'il est dur à y pourvoir,
> Croyez qu'il aura grand pouvoir
> S'il me fait bien dire d'*Auvergne*[1].

L'acquit fut en effet signé par le chancelier[2] : mais

---

[1] Œuvres de Clément Marot, édition de la Haye, t. 3, p. 4.
[2] M. Auguis, *Notice sur Clément Marot*, p. 40, t. 1er des *Œuvres* de Clément Marot.

le trésorier Guillaume Prudhomme, refusant de satisfaire aux ordres du Roi, Antoine du Prat reçut du poëte la plainte et la supplique qui suivent :

> Puissant prélat je me plains grandement
> Du trésorier qui ne veult croire en cire,
> En bon acquit, en exprèz mandement,
> En Robertet, n'en François nostre sire :
> Si ne sçay plus que luy faire ne dire,
> Fors plaindre Dieu en mon acquist susdict :
> Adoncq s'il est si preud'homme qu'on dict,
> Il y croira, car en Dieu faut-il croire.
> Encore ay peur que Dieu ne soit desdict
> Si ne mettez l'homme en bonne mémoire [1].

De nouveaux ordres viennent en effet rafraîchir la mémoire du trésorier récalcitrant, et cette fois Clément Marot fut secouru avec une promptitude « qui rendit Preud'homme de ses amis. »

Peu de temps auparavant, Clément Marot, toujours pressé de louer parce qu'il était pressé de demander et d'obtenir, avait adressé *au chancelier du Prat, nouvellement cardinal*, l'épître suivante en vers, la plupart équivoqués. Il s'agissait de la succession aux emplois de Jean Marot son père, que le Roi avait promise, mais qu'il ne lui avait pas donnée, quelques indiscrétions et légèretés du poëte l'ayant éloigné pour un temps de la cour [2].

> Si officiers en l'estat seurement
> Sont tous couchez fors le povre Clément,
> Qui comme un arbre est debout demouré,
> Qu'en dites vous, prélat très honoré ?

---

[1] *Œuvres* de Clément Marot, édition de la Haye, 1731, t. 2, p. 25.
[2] M. Auguis, *Notice sur Clément Marot*, t. 1, p. 39 de ses *Œuvres*.

Doibt son malheur estre estimé offence?
Je croy que non, et dy pour ma deffence,
Sy ung pasteur, qui ha fermé son parc
Trouve de nuict, loing cinq ou six traits d'arc,
Une brebis des siennes égarée
Tant qu'il soit jour, et la nuict séparée,
En quelque lieu la doibt loger et paistre :
Ainsy a faict nostre bon Roy et Maistre,
Me voyant loing de l'estat ja fermé,
Jusques au jour qu'il sera defformé :
Ce temps pendant à paturer m'ordonne
Et pour trouver plus d'herbe franche et bonne,
M'a adressé au *Pré* mieulx fleuryssant
De son Royaume ample, large et puissant.
Là, sans argent je rimaille et compose,
Et quand suis laz, sur ce *Pré* me repose.
Là ou le *trefle* [1] en sa verdeur se tient,
Et où le lys en vigueur se maintient ;
Là je m'attends, là mon espoir se fiche,
Car si scellez mon acquit, je suis riche.
Mais on me dict, puisque le Roy l'entend,
Que le ferez : mon espoir qui attend,
Me dict après pour réplique finale,
Que de la grant'dignité Cardinale
Me sentiray. Car ainsy que les Roys,
De nouveau mys en leurs nobles arroys,
Mettent dehors en pleine délivrance
Les prisonniers vivans en espérance,
Ainsy j'espère, et croy certainement
Qu'à ce beau rouge et advènement,
Vous me mettrez sans différence aulcune,
Hors des prisons, de faulte de pécune.
Puis qu'en ce donc tous autres précellez
Je vous supply, très noble *Pré*, scellez
Le mien acquit : pourquoi n'est-il scellé?
Le parchemin a long, et assez lé :
Dites (sans plus) il faut que scellons,
Scellé sera sans faire procès longs.

---

[1] Le chancelier du Prat portait pour armes : d'or, à la fasce de sable, accompagnée de trois *trèfles* de sinople, deux en chef et un en pointe.

> L'on ne le veult d'avanture sceller,
> Je puis bien dire en effect que c'est l'air
> L'eau, terre et feu que tous bonheur me cellent,
> Considère que tant d'autres se scellent :
> Mais si je touche argent par la scelleure,
> Je bényray des fois plus de sept l'heure,
> Le chancelier, le sceau et le scelleur.
> Qui de ce bien m'auront pourchassé l'heur.
>
> C'est pour Marot, vous le congnoissez ly,
> Plus légier est que Volucres Cœli,
> Et a suivy long temps chancellerie
> Sans profiter rien touchant scellerie.
> Brief, Monseigneur, je pense que c'est là
> Qu'il faut sceller, si jamais on scella :
> Car vous sçavez que tout acquit sans scel ;
> Sert beaucoup moins qu'un potage sans sel,
> Qu'ung arc sans corde, ou qu'un cheval sans selle,
>
> Si prye Dieu, et a sa douce ancelle
> Que dans cent ans en santé excellent
> Vous puisse veoir de mes deux yeux scellant [1].

Touché des plaintes et des malheurs du poëte, peut-être aussi de ses louanges, le chancelier du Prat lui fit obtenir l'objet de ses vœux. Il le conserva jusqu'à ce que la fortune toujours persécutrice, aidée par ses imprudences, par les soupçons dont son orthodoxie fut l'objet, par l'antipathie de Diane de Poitiers et d'Anne de Montmorency [2], dont il avait été jadis le solliciteur, le contraignit de chercher auprès des princesses sœur et belle-sœur du Roi, un refuge contre les menaces de ses puissants ennemis.

---

[1] *Œuvres* de Clément Marot, édition de la Haye, 1527, t. 2, p. 82.
[2] *Œuvres* de Clément Marot, édition de M. Auguis. *Notice historique*, p. 42.

CHAPITRE XXXVIII.

Mort de Thomas du Prat, évêque de Clermont. — Guillaume du Prat le remplace sur son siége.

En l'année 1528, le jeudi 19 novembre, mourut à Modène, Thomas du Prat, évêque de Clermont, né à Issoire. Il était frère du chancelier. Le 25 mars 1517, les chanoines de la cathédrale l'avaient élu et élevé sur ce siége. Il était alors un de leurs collègues, abbé de Mauzac et de Candeil, conseiller du Roi, docteur ès droit. Les grandeurs de sa famille et l'avenir qui s'ouvrait devant lui n'avaient point ébloui son ambition ni troublé sa vertu. Il demeura toujours « l'ennemi des » superbes et des flatteurs. Il aima les pauvres, les » lettres, les arts, les sciences, il fit du bien à tous[1]. » Ce fut en l'église de Saint-Venant à Tours, que l'évêque de Lisieux, assisté des évêques d'Angoulême et de Castres, lui donna l'onction épiscopale. Vers cette époque, Jodocus Badius lui dédia, en les imprimant, les vers que, par ses ordres, Pierre Rosetti avait composés à la louange d'Antoine du Prat. Il ne cessa pas

[1] M. Aigueperse, *Dictionnaire historique des personnages illustres de l'Auvergne*, t. 2, p. 149.

de s'environner d'hommes éminents en vertu comme en savoir[1].

Le palais épiscopal, le château de Beauregard où il se plaisait particulièrement, et celui de Mozun dont les évêques de Clermont devinrent possesseurs par ses soins[2], lui durent leur achèvement ou leur restauration, ainsi qu'une partie de leurs embellissements, et la richesse de leurs ameublements et de leurs tapisseries. Il s'occupa de l'amélioration des eaux de la ville de Clermont. Il introduisit dans son diocèse la fête de la Présentation de Notre-Dame, donna plus de solennité à celle de saint Thomas son patron, et, par une ordonnance en date du 5 mai 1528, il établit que la fête de saint Marius ou Mary, prédicateur de la foi dans la haute Auvergne, du temps de saint Austremoine, serait célébrée le 10 septembre.

Singulièrement attaché à la foi de ses pères, il appliqua tout son talent et tous ses soins à la conservation du catholicisme dans l'Auvergne, province qui réunissait tout à la fois son diocèse et son berceau. Prélat instruit et éloquent, il le défendit par ses prédications, puis ensuite par les soins de son administration vigilante. Il donna pour curés aux populations les plus menacées par l'envahissement de l'hérésie, des prêtres qu'éclairait la science et qu'échauffait le zèle.

Le chancelier du Prat son frère l'employa souvent dans des affaires et dans des négociations délicates : plus d'une fois ces missions l'éloignèrent de son diocèse ; inquiet des abus ou des lenteurs que son absence

---

[1] Bibl. imp., Manuscrit d'Audigié, *Histoire de Clermont*, t. 2.
[2] Chabrol, *Coutumes d'Auvergne*, t. 4, p. 394.

pourrait entraîner dans l'administration, surtout en ces temps d'orages religieux, il confiait alors ses pouvoirs à de sages coadjuteurs[1]. De ce nombre furent en 1522, Pierre, évêque d'Ascalon, et en 1525, Pierre le Blanc, chanoine de Clermont, « auquel, dans la même année, le chapitre de l'église cathédrale permit de faire des leçons tous les jours, à une heure après midi, sur l'Ecriture, dans l'église de Saint-Nicolas[2]. »

Sa foi, ses vertus et son nom le recommandaient à l'attention de François Ier. Le Roi choisit Thomas du Prat pour accompagner en Italie sa belle-sœur Renée de France, duchesse de Ferrare : mission pleine d'honneur par le haut rang qu'occupait cette princesse, et de difficultés par l'esprit dont elle était animée : c'était celui-ci qu'il s'agissait de combattre en le ménageant toutefois. Les doctrines erronées proclamées par Luther avaient eu du retentissement dans son intelligence ; elle penchait pour les idées nouvelles. Quelques années plus tard, en 1536, Calvin fit un voyage à Ferrare pour changer en conviction et en adhésion un ébranlement qui datait de loin déjà.

Thomas du Prat n'eut point à soutenir cette dernière lutte, à pleurer sur cette illustre défection. Il mourut peu de mois après son départ, n'ayant pu remplir auprès de la princesse que la moindre part de sa mission, celle qui consistait à accompagner et à bénir son voyage, et laissant inachevée sa plus importante et sa plus auguste moitié, celle dont sa conscience et sa foi étaient l'objet. Il fut enterré dans l'église de Saint-Laurent à Modène, sans pompe, sans sonnerie, sans

---

[1] Suppl. fr. : Manuscrit d'Audigié, *Histoire de Clermont*, t. 2.
[2] *Ibid.*

luminaire. Une simple lanterne éclaira son humble convoi : ainsi l'avait-il prescrit par son testament, qui léguait une somme de mille francs à la cathédrale de Clermont, afin d'assurer des prières à son âme.

A la mort de Thomas du Prat, son neveu, fils du chancelier, n'avait encore que vingt-deux ans. Il était abbé de Mauzac, archidiacre de Rouen, prieur de Saint-Pierre de Rueil et de Saint-Arnould de Crespy. Il n'avait reçu que le sous-diaconnat. « Quoiqu'il fust fort jeune, son amour pour la vertu et son inclination pour les sciences le faisoient distinguer du moins autant que sa naissance, luy qui estoit fils d'un père qui estoit l'âme de toutes les grandes affaires[1]. » Le crédit dont Antoine du Prat jouissait à la cour et l'autorité toute puissante que le concordat donnait au Roi et à son ministre auraient suffi pour assurer à Guillaume du Prat la nomination à l'évêché de Clermont. Le chancelier voulut cependant que son fils dût à l'élection un honneur que son frère avait reçu par la même voie. Était-ce par respect pour des priviléges particuliers, étrangers à la pragmatique, que le chapitre invoquait encore ? Était-ce habileté et désir d'une harmonie parfaite entre le nouvel évêque et les chanoines ? Était-ce enfin crainte des difficultés que pouvait soulever le jeune âge de Guillaume, et désir de voir le chapitre les écarter sans que l'on pût reprocher à l'auteur du concordat une infraction si sensible à l'une de ses plus heureuses lois ? La cause de cette modération n'a point été pénétré, modération, il faut en convenir, inusitée chez le chancelier lorsque le droit était acquis à sa cause, que ses mains y joignaient le pouvoir, et que le bien se révélait

---

[1] Bibl. imp., Manuscrit d'Audigié, *Histoire de Clermont*, t. 2.

à ses yeux. Toutefois en ménageant les susceptibilités du chapitre, il disposa les choses pour se concilier sa faveur, et pour que les suffrages ne manquassent point à sa paternelle ambition. Ils lui furent tous acquis, et Guillaume du Prat, le dernier des évêques *élus* de Clermont, fut nommé à l'unanimité des voix du chapitre, le 17 février 1529. « Sans doute la mémoire de Thomas du Prat, vénérée par le clergé du diocèse, contribua au succès de l'élection de son neveu : mais ce succès fut principalement obtenu par le grand espoir qu'on fondait sur Guillaume, qui était porté à l'étude et à la pratique de la vertu, à un âge où les jeunes seigneurs comme lui s'adonnaient aux plaisirs du siècle, espoir qui ne fut pas trompé pendant tout le temps que dura son épiscopat[1].

Le Roi François Ier et la duchesse d'Angoulême avaient puissamment aidé cette élection et favorisé dans son élévation le jeune fils de leur fidèle ministre. Leurs démarches à son sujet appartiennent autant à l'histoire d'Antoine du Prat qu'à la biographie de Guillaume. Elles fondèrent la carrière de celui-ci, mais elles résultaient de la faveur constante et croissante dont le chancelier jouissait auprès de son maître.

Une première lettre du Roi en date du 27 novembre 1528, interdisait aux chanoines de procéder à aucune élection en remplacement de l'évêque décédé, avant que ses *vouloir* et *intention* leur soient exprimés. Puis il leur prescrivait ensuite de lui dépêcher deux des principaux du chapitre « pour lui présenter les actes par lesquels ils prétendaient fonder leurs pri-

---

[1] M. le comte de Résie, *Histoire de l'Église d'Auvergne*, t. 3, p. 447.

viléges, afin qu'il pût les faire examiner, et en faire reconnaître la valeur par les gens de son conseil[1]. »

Une seconde lettre en date du 31 janvier 1529 recommandait Guillaume du Prat aux chanoines avec une instance qui ressemblait à un ordre. Cependant elle s'exprimait avec une courtoisie qui permettait au chapitre de se croire libre en se soumettant, et qui laissait leur juste fierté envisager dans leur choix un retour de déférence plus qu'un effet de la contrainte.

Le Roi leur écrivait :

« De par le Roy,

» Chers et bien amez, après avoir fait veoir les priviléges que nous avez envoyez, et que prétendez avoir pour le faict de l'élection ou postulation de vos futurs pasteurs et évêques, quand vacation eschet en vostre église, et que avons très-bien entendu les causes raisonnables et bonnes par lesquelles iceulx priviléges se peuvent et se doivent contredyre et débattre, quand en vouldront user autrement que à poinct, nous avons donné charge à nos amez et feaulx maistre Jehan Prévost, conseiller en notre court de parlement à Paris, et Antoine Dubourg, lieutenant civil en nostre prévosté dudict lieu, que envoyons exprès par devers vous pour cet effect, vous faire bien au long entendre les difficultez qui se sont trouvées sur vos dicts *prétendus* priviléges, et vous remontrer de nostre part le grand désir que nous avons à ce que l'*archidiacre de Rouen*, fils de nostre très-cher et grand amy, le cardinal de Sens, chancelier, et nepveu de vostre dernier pasteur

---

[1] M. le comte de Résie, *Histoire de l'Église d'Auvergne*, t. 3, p. 447.

et évêque, soit en son lieu pourveu dudict évêché, tant en considération des grands, vertueulx et très-recommandables services que nous faict chacun jour en grant soing, diligence et sollicitude ledict cardinal chancelier, en la conduite de nos principales affaires, comme pour le louable rapport qui nous a été fait dudict archidiacre de Rouen son filz, et de son sçavoir, bonnes mœurs, vertu, et grant honnèteté de vie : A ceste cause, nous vous prions bien à certes et sur tant que désirez nous obéir et complaire, que là où il se trouverait vos dicts *prétendus* privilèges estre tels que sans encourres les censures contenues en la révocation de la pragmatique, pouviez procéder à eslection et postulation de vostre futur évesque et pasteur, vous ayez à postuler en icelluy ledict *archidiacre de Rouen*, fils de nostre très-cher et grant amy le cardinal chancellier, les mérites duquel sont de telle recommandation à nous et à la chose publique de nostre royaume, que pour aultre personnage que son dict fils ne vous en vouldrions ne pourrions faire plus affectionnée prière et requeste, ainsi que vous diront de nostre part, lesdits Prévost et Dubourg, et aultres notables personnages qui vous seront par nous envoyez, auxquels donnerez entière foy et parfaicte créance comme à nous-mesmes.

» Et à Dieu qui vous ayt en sa garde.

» Donné à Paris le dernier jour de janvier [1].

» Françoy.

Et plus bas :

» Robertet. »

---

[1] Archives de la cathédrale de Clermont. Arm. II, sac F, cot. 4, art. 2.

Louise de Savoie joignit ses instances à celles que le Roi son fils avait faites et renouvelées à l'intention de Guillaume du Prat. Elle écrivait en ces termes aux chanoines du chapitre de l'église cathédrale de Clermont :

« Chers et bien amez, le Roy nostre très-cher seigneur et filz, envoye par devers vous nostre amé et féal M⁺ᵉ Anthoine du Bourg, président de nostre conseil, pour vous dire et faire entendre le désir, voulloir et affection que luy et nous avons à la postulacion à vostre futur pasteur de nostre très-cher et amé l'archidiacre de Rouen, filz de nostre très-cher et grant amy le cardinal de Sens, chancelier de France et le nostre ; les haulx services et mérites duquel sont, comme il est à ung chacun notoire, tant notables, vertueulx et louables, que luy et les siens sont plus que dignes de singulière et parfaicte recommandacion : et pour ce que vous admonester plus avant à chose tant affectée et privilégiée, comme celle qui s'osfre en cest endroit, nous semble que ferions tort à ce que générallement s'en peult de vous attendre à nostre commune intencion, nous avons donné charge audict du Bourg, vous dire et exposer sur et aucunes choses de nostre part, dont vous prions le croire comme nous-mêmes. Et ce faisant et vous y démontrant comme en vous avons fiance, vous nous ferez plaisir et service très-agréable, et aurons de tant plus à cœur les affaires de vous et de vostre dicte église en singulière recommandacion. Pryant Dieu qu'il vous ayt en sa saincte garde. Donné à Paris, le 1ᵉʳ jour de février 1529.

» Loyse [1]. »

[1] Archives de la cathédrale de Clermont, Arm. II, sac F, cot. 4, art. 2.

Le succès couronna promptement ces démarches, et trois mois après la mort de Thomas du Prat, la succession de ses titres et de ses honneurs avait passé entre les mains de son neveu.

Par une lettre en date du 17 mars 1529, Guillaume du Prat remerciait le chapitre de son élection.

« Monseigneur,

» Vos lettres reçues, et après avoir entendu ce que par messeigneurs vos confrères, présents porteurs, m'avez faict dire, il a été envoyé en cour de Rome pour obtenir l'expédition conforme à vostre bon vouloir pour lequel je suis et me reppute tant vostre obligé que plus ne se peult dire ny escripre. Et combien que impossible me soit d'y pouvoir condignement satisfaire, j'ay toutes fois bonne espérance en l'aide de Dieu et de mes bons amys de faire tel debvoir envers vostre église et vous, tant en général qu'en particulier, que chacun de vous prendra plaisir à continuer l'amytié de laquelle par vos bonnes grâces avez montré le premier signe : pour laquelle commencer respondre de ma part, cependant que l'opportunité vienne de vous pouvoir mercier en personne, j'ay prié lesdictz porteurs vous faire pour moy les mercyements que faire se peut en mon absence, sur lequel vous plaira les croire.

« Mes seigneurs, suppliant à nostre seigneur me donner les grâces de pouvoir conduyre à effect le grant désir que iay de bien vivre avec vous, et de recongnoistre, en toutes sortes que possible me sera, le bon tour qu'il vous a pleu me faire, je luy supplierai très-affectueusement vous donner à tous le parfaict de vos désirs, moy recommandant de très-bon cœur à voz bonnes grâces.

» De Paris ce jour xviiᵉ mars. Vostre entièrement bon amy et serviteur, du Prat. ¹ »

Guillaume du Prat ne prit pas possession immédiate de son siége. Son âge et son rang dans les ordres sacrés ne le lui permettaient pas encore. Mais lorsqu'aux précoces conditions de sa piété et de son intelligence, il eut joint celle des années et du sacerdoce, non content de recevoir les honneurs de son auguste charge, il voulut en porter le poids, en remplir les devoirs, et donner l'exemple de cette résidence et de cette assiduité dont, le 5 des ides de janvier 1546, il établissait éloquemment l'obligation et le précepte, en présence des pères du concile de Trente².

En 1535, quelques mois avant la mort du chancelier, Guillaume du Prat, âgé de vingt-huit ans, vint en personne prendre possession de son siége.

Selon l'usage de tous ses prédécesseurs, et selon le droit des religieux de Saint-Allyre, droit dont ils se montraient fort jaloux, il alla donner à leur monastère les huit jours qui précédèrent son installation.

Un contrat passé entre les moines du lieu et les chanoines de la cathédrale avait accordé ce privilége au couvent. Les jours étaient consacrés moitié à la retraite, et moitié aux pompes et aux cérémonies. Les députés de la cathédrale, de la collégiale, des communautés, les magistrats et autres fonctionnaires, étaient successivement admis à porter leurs hommages au prélat. Le

---

¹ Archives de la cathédrale de Clermont. Arm. II, sac F, cot. 4, art. 4.
² P. Labbe. *Sacrosancta concilia*, t. 14, p. 1633.

huitième jour, le pontife, précédé par un clergé nombreux et par les trois élus que la ville envoyait à sa rencontre, sortait du monastère, environné d'un grand concours de peuple, et traversait ainsi la campagne et les faubourgs. De l'autre part s'avançaient les dignitaires du chapitre, le prévôt, le doyen, le chantre, et tous les chanoines prébendés et semi-prébendés. A la porte qui sépare le faubourg de la ville, l'abbé de Saint-Allyre faisait son compliment de remise et finissait par ces mots : « Nous vous le donnons en vie, vous nous le rendrez mort. » Les choses se passèrent pour Guillaume du Prat suivant cet usage antique et respectable. Par une distinction toute spéciale et dont il semble que nul de ses prédécesseurs ne fut l'objet, il fit son entrée monté sur une mule [1].

Quelques auteurs rattachent à cette circonstance l'histoire devenue presque populaire des difficultés que la barbe de Guillaume du Prat apporta à ses fonctions épiscopales, et disent que repoussé par le chapitre, qui bien au contraire l'avait élu et appelé, au lieu d'avoir accès dans sa cathédrale, il se dirigea vers son château de Beauregard. Mais les actes et le cérémonial de son entrée et de sa prise de possession démentent cette fable ridicule.

L'abbé Faydit, inventeur de cette imposture, et après lui des hommes graves mais sans critique racontent légèrement, les uns que le jour de son installation, les autres qu'un jour de Pâques, Guillaume du Prat s'avançant vers l'autel pour officier avec sa barbe parfumée, fut arrêté à l'entrée du chœur par trois digni-

---

[1] M. Bouillet, *Tablettes historiques de l'Auvergne*, t. 4, p. 623. — M. l'abbé Cohadon, *Notice sur le monastère de St-Allyre*.

taires du chapitre, qui lui présentant le livre des statuts, des ciseaux, un plat de vermeil, un cierge allumé, l'invitaient au sacrifice et lui répétaient ensemble, *barbis rasis, reverendissime pater*. Les échos de cette fable, variée dans ses erreurs, mais également offensante dans son but, se sont plu à propager son ridicule, ou même à la grossir jusqu'au scandale. Ils racontent les uns que, pour sauver sa barbe, le prélat s'enfuit dans son château de Beauregard; les autres qu'après en avoir subi la privation, il fut y cacher sa honte et mourir de douleur; les troisièmes enfin, qu'ayant consenti à cet abandon si dur pour sa sensualité et pour son orgueil, à côté des béatitudes que lui permit son chapitre, il n'obtint plus que les mépris de la femme qu'il avait trop aimée[1].

Un auteur respectueux pour la religion et pour ses ministres, et cependant exact dans ses récits et impartial dans ses jugements, a étudié et rétabli les faits[2]. Ce fut du concile de Trente seulement que Guillaume du Prat rapporta, en 1547, la barbe que ses portraits lui donnent; les chroniques la lui prêtent dès l'an 1535, pour y ajouter des scandales tout gratuits. Il se conforma en cette circonstance à l'usage des prélats italiens, espagnols et portugais près desquels il siégeait, et deux autres évêques français affectèrent comme lui d'adopter cette mode à la fois antique et étrangère.

Il n'y eut point à ce sujet de différend, *au moins public*, entre l'évêque et ses chanoines. Les actes capitulaires du chapitre de la cathédrale en font foi.

« Lorsque ce prélat fut nommé par le roi Henri II pour

---

[1] Bibliophile Jacob, *Chroniques nationales*, t. 2. *La Barbe*.
[2] M. le comte de Résie, *Histoire de l'Église d'Auvergne*, t. 3, p. 450.

retourner au concile de Trente, il fit demander à son chapitre par M. Imbert Pallier, son official, la permission de porter la barbe longue pour assister au synode de la Saint-Luc dans l'église cathédrale, ce qui lui fut accordé par la compagnie sans conséquences pour l'avenir. *Quâ requestâ auditâ Domini sibi permiserunt pro hac vice, duntaxat: et absque consequentiâ in futurum*[1]. »

Les actes capitulaires présentent plusieurs autres délibérations sur ce même sujet : elles constatent la déférence de Guillaume du Prat pour son chapitre, et celle des chanoines pour leur évêque. Leur opposition secrète et respectueuse contre la barbe du prélat, s'inclina toujours devant ses désirs, en réservant toutefois leur droit et en établissant les dispositions et les règles de l'Eglise de France à cet égard.

Enfin, pour terminer ce chapitre qui peut être celui d'une faiblesse et d'une frivolité, mais qui ne fut jamais celui d'un ridicule et encore moins d'un scandale, Guillaume du Prat fut délivré de tout scrupule et de toute contrainte par un bref du pape Jules III, qui l'autorisait à porter la barbe longue. Toute opposition du chapitre cessa devant cet acte de l'autorité souveraine.

L'estime que faisait de Guillaume du Prat le roi Henri II se manifesta non-seulement par les missions dont il le chargea tant au dedans qu'au dehors du royaume, mais encore par le soin qu'il mettait à le rapprocher de sa personne. « En 1550, il accompagna ce prince au Parlement, où il eut séance. Il s'était trouvé à l'entrée solennelle que ce Roi fit à Paris, et

---

[1] M. le comte de Résie, *Histoire de l'Eglise d'Auvergne*, t. 3. p. 451.

au couronnement de la reine Catherine de Médicis à Saint-Denis [1]. »

Mais les tribulations de l'hérésie et celles d'un pouvoir avide tourmentèrent l'administration de Guillaume du Prat. Elles furent, du reste, pour sa foi et pour sa justice une occasion de zèle et d'activité qui ne se démentirent jamais. Ce fut sous son épiscopat que, par les prétentions de la reine Catherine de Médicis, son évêché fut dépouillé de la seigneurie du comté de Clermont, dans laquelle consistaient ses meilleurs revenus et ses plus beaux droits temporels.

En juin 1202, Guy, comte d'Auvergne, faisant la guerre à Philippe-Auguste, son souverain, avait donné à son frère, évêque de Clermont, la ville et la cité de Clermont pour les préserver des calamités et des rigueurs auxquelles étaient exposés ses domaines, et pour les retrouver intacts, *avec ses finages, juridictions et hommes, quand il auroit plu à Dieu le remettre en la bonne grâce de son Roi.* Sous l'apparence d'un don ce n'était qu'un dépôt. Philippe-Auguste confisqua tous les biens du comté d'Auvergne, et toutes les terres de l'ancienne comté d'Auvergne furent comprises dans l'effet de cette mesure, excepté la ville de Clermont. L'évêque Robert aima mieux l'unir à son évêché et la donner ainsi à Dieu, que la voir enveloppée dans la confiscation : il supprima le contrat du dépôt. Depuis lors, jusqu'en 1551, les évêques de Clermont en jouirent sans aucune contestation. Mais la reine Catherine de Médicis ayant hérité, par la mort de la duchesse d'Albanie, sa tante, du comté d'Auvergne, ordonna

---

[1] Bibl. imp., Manuscrit d'Audigié, *Hist. de Clermont*, t. 2.

des recherches sur l'étendue de ses droits. On découvrit l'origine de la possession du comté de Clermont par les évêques, on la trouva douteuse et contestable dans sa légitimité, et la Reine en réclama la seigneurie, prétendant que Guillaume du Prat et ses prédécesseurs n'en avaient joui durant tant de siècles qu'à titre de dépôt. Elle soutint, vérifia et prouva sa descendance du comte de Guy, *sur lequel et ses descendants les évêques n'avaient pu prescrire avec mauvaise foi un dépôt en simple garde*. Malgré les efforts de Guillaume du Prat, qui soutint la prescription en faveur de son siége, les évêques de Clermont perdirent en sa personne la seigneurie temporelle de leur ville, et par arrêt provisionnel du mois de juin 1551, renouvelé et confirmé en 1589 et 1593, ladite comté de Clermont fut annexée au comté d'Auvergne et confondue dans les biens de l'héritage de la Reine[1].

L'avocat de Catherine de Médicis, en soutenant sa cause, traita durement Guillaume du Prat. Parce que ce prélat n'avait pas voulu sacrifier les droits de son siége aux prétentions de la cour, et qu'il les avait soutenus avec autant de vigueur que si ses adversaires eussent été d'une condition vulgaire, il l'accusa d'ingratitude, sous ce rapport que la nièce de Bertrand de Boulogne et de Jean Stuart, duc d'Albanie, comte d'Auvergne, bienfaiteurs de la maison du Prat, méritait plus d'égards.

Du reste, Guillaume du Prat « se consola de ces procédés et de la perte qu'il venait de faire dans la conversation des savants qu'il réunit autour de lui à

---

[1] Chabrol, *Coutumes d'Auvergne*, discours préliminaires, p. 30. — *Idem*, t. 4, p. 87. — *Mémoires* de Jehan de Vernyes, p. 7 et 27. — Piganiol de la Force, *Nouvelle description de la France*, t. 6, p. 291, 2ᵉ édition.

l'exemple de son oncle. Il avait fait venir un nombre choisi d'hommes habiles dans les sciences, qui l'accompagnaient toujours, et auxquels il fit de grands biens. Parmi les plus distingués d'entre eux on remarque Gabriel Simeone de Florence, dont nous avons divers traités, et Angelo Caninio d'Anghiari, illustre par l'exacte connaissance qu'il avait, non-seulement des langues grecque, latine et hébraïque, mais de la syriaque et de toutes celles de l'Orient; qui était, selon le docte M. le Fèvre de Saumur, le premier de tous les grammairiens grecs, et enfin, selon l'auteur de la vie de Magnus, l'ornement de son siècle. Il finit sa vie en Auvergne, auprès de son protecteur [1]. »

Ainsi se passa l'administration tout entière de Guillaume du Prat. Les premiers soins de son épiscopat avaient eu pour objet le soulagement des pauvres et l'agrandissement des hôpitaux. Tout le cours de sa vie fut employé à l'étude, aux travaux de l'administration, aux œuvres de la charité, à la vigilance pour la conservation des mœurs et de la foi. « Voyant que les Jacobins de Clermont ne vivoient pas selon la règle de leur saint fondateur, il tâcha d'y faire revenir le même esprit par la réforme qu'il y introduisit en 1549 [2]. » Les dernières sollicitudes de sa vie reposèrent sur les mêmes intérêts [3]. L'établissement des ordres religieux, les visites de son diocèse, la défense du catholicisme, le règlement des mœurs, l'institution de la discipline de son clergé [4], la conservation des droits de son siége, em-

---

[1] Bibl. imp., Ms. d'Audigié, *Histoire de Clermont*, t. 2.

[2] *Ibid., ibid.*, t. 2.

[3] Testament de Guillaume du Prat, conservé à la bibliothèque de Clermont.

[4] Statuta synodalia Reverendissimi in Christo Patris et Domini à Domino Guillelmo de Prato episcopo Claromotensi de novo ordinata. (Clermont, chez Nicolas Petit, 1534.) Bibl. imp., n° B. 1505.

ployèrent pieusement les trente et un ans de son épiscopat : sa carrière en avait compté cinquante-trois. « Dieu récompensa sa charité et son zèle pour la religion d'une sainte mort, qui arriva en son château de Beauregard, le 28 octobre de l'année 1560[1]. »

Ces détails ont entraîné le récit loin de l'année 1528, qui fut celle des premières démarches d'Antoine du Prat pour élever son fils à l'épiscopat ; mais ils rentrent du moins dans l'intention première et générale de ce travail, intention non point d'éloge, mais de vérité, et par cela même de justification sur le compte du chancelier.

Un des reproches que les romans et les chroniques se sont plu à renouveler souvent contre lui, est celui de son ambition pour ses fils, ambition qui, d'après eux, profana le caractère ecclésiastique et souilla le sanctuaire par l'indignité et par l'incapacité de Guillaume du Prat. En réhabilitant sa mémoire, en détruisant la calomnie par la rectification des dates et par le rétablissement des faits, c'est concourir à la justification du père ; c'est prouver que s'il y eut ambition dans l'appui qu'il prêta à ces jeunes grandeurs, il y eut aussi conscience, intelligence et zèle efficace pour le bien, autant qu'activité pour les avantages de sa maison.

Cette biographie de Guillaume du Prat sera complétée lorsque, par la mort du chancelier, sa grande fortune et ses nobles exemples seront devenus son héritage.

---

[1] Bibl. imp., Manuscrit d'Audigié, *Histoire de Clermont*, t. 2, p. 280.

CHAPITRE XXXIX.

Concile de Sens : le chancelier du Prat se montre un des plus ardents défenseurs de la foi contre l'invasion des nouvelles idées religieuses. — Négociations pour prévenir le schisme d'Henri VIII.

Ce fut en 1528 que le cardinal du Prat, s'occupant chaleureusement des intérêts de Rome et de la foi, reçut, en date du 20 mai, du premier président de Provence, ambassadeur du Roi vers le saint-père, les témoignages suivants de l'affection que lui portait le souverain Pontife : « Monseigneur....... après que Sa Sainteté eut parachevé tout ce qu'il luy plut nous dire, je me mis de genoulx devant luy, disant que j'avois charge expresse de vous de luy baiser le pied, et faire vos très-humbles et très-cordiales recommandations, ce que vous désiriez grandement faire en personne.... et que n'eussiez estimé lui faire plus grand service auprès du Roy, avec le temps qui a couru et qui court encore à présent, que vous n'eussiez point failli venir faire l'obéissance telle que luy appartient, et au saint-siége apostolique. Il montra avoir fort agréable ce que je luy dis, et me tint longuement propos de vous, disant, entre autres choses, qu'il avoit souvent reçu lettres de son légat, par lesquelles lui faisoit toujours mention des bons offices que journellement faisiez pour le bien, profit et honneur de luy, et de toute l'Église militante, et qu'il vous en demeuroit bien fort obligé ; et m'a recommandé qu'il vous plaise continuer ainsi que vous avez fait jusqu'ici, et que vous le cognoistrez toujours de plus en plus affectionné envers vous et les vostres. Je luy répondis que vous estes celluy seul qui aviez *velle et posse apud Regem nostrum*, et que du temps de sa captivité et adversité, auquel on congnoissoit la vraie amitié et amour, je me trouvay à la cour, là où je vys journellement les diligences et moyens que vous trouviez pour sa délivrance, et pour entretenir la puissance que le Roi a en Italie, et pour subvenir à Sa Sainteté principalement[1]. »

Ces éloges de l'ambassadeur et cette affection du Pape trouvaient alors une justification réelle dans les efforts que le chancelier renouvelait contre l'hérésie. La religion que l'irascible et fougueux Luther introduisait en Allemagne depuis 1517, au grand détriment du règne de la vérité, de la paix de l'Église et de celle des peuples eux-mêmes, avait préparé à Antoine du Prat des luttes non moins formidables que celles qu'il avait soutenues jusqu'alors.

Pour donner à ces nouveaux combats cette force que l'expression et l'exposition de la foi leur apportent toujours, il convoqua en 1528, à Paris, un concile provincial des suffragants de sa métropole de Sens. Les évêques de Chartres, d'Auxerre, de Meaux, de Paris, d'Orléans, de Nevers, de Troyes, s'assemblèrent sous sa présidence[2]. Il les réunit dans l'église des Grands-

---

[1] Bibl. imp., fonds Dupuy, 452.
[2] Abbé Filsjean, *Dictionnaire des Conciles*, p. 221.

Augustins, voisine de son hôtel d'Hercule¹. Il y condamna solennellement l'hérésie naissante de Luther. Indépendamment de la doctrine nouvelle, qui fut discutée et anathématisée dans tous ses points, plusieurs écrits qui se vendaient publiquement attirèrent l'attention des évêques du concile. Ils suivaient en cela l'exemple de leurs prédécesseurs, réunis en 1522 par Étienne de Poncher. Les ouvrages que dénonçaient à l'avance leurs titres eux-mêmes étaient, entre autres : *Contra papisticas leges, sacerdotibus prohibentes matrimonium : apologia pastoris combergensis, qui nuper ecclesiæ suæ consensu, uxorem duxit.* — *De cœlibato et viduitate, auctore Andrea Carlostadio.* — *Adversus furiosum theologastrorum decretum, auctore Melanchtone.* Après les avoir condamnés comme scandaleux et pernicieux, après avoir frappé d'excommunications les propagateurs de ces libelles, les évêques, craignant l'insuffisance des armes spirituelles dont ils disposaient, supplièrent la cour de prononcer des peines plus efficaces et plus sensibles ; et le parlement ajouta des amendes arbitraires aux défenses inutiles et méprisées qu'il avait publiées déjà². Puis il réprimanda l'Université du peu de soin qu'elle apportait à préserver la capitale du royaume de l'invasion des nouveautés³.

Non content de ces actes de haute sagesse, le concile s'appliqua à la définition des points alors controversés. Il fit sur le dogme seize décrets qui furent la base de ceux du concile de Trente, et sur la discipline quarante règlements, dont l'instruction sacerdotale, la

---

[1] Bérault-Bercastel, *Histoire de l'Église*, t. 2, p. 283.
[2] Dom Félibien, *Histoire de la ville de Paris*, t. 2, p. 941.
[3] *Ibid.*

résidence des curés, la gravité et la piété des offices de l'Église, le désintéressement des ordres religieux dans l'acceptation de leurs novices, furent les sujets principaux. Enfin, pour clore leurs travaux par un dernier et mémorable effort, les évêques adressèrent aux princes chrétiens une exhortation en faveur du catholicisme, appelant à la défense de la foi toute la vigilance de leur zèle et toute la protection de leur puissance[1]. Après avoir dirigé ces graves débats, Antoine du Prat voulut les rédiger encore. Les actes du concile parvenus jusqu'à nous sont dus à sa plume dans leur forme, comme ils le sont à la sagesse des prélats réunis dans leur pensée et dans leur autorité.

Ce ne furent pas seulement les intérêts de la foi que le chancelier proposa dans ce concile au zèle et à l'examen de ses suffragants ; il leur confia et leur soumit encore ceux du souverain et du royaume, obérés dans leurs finances, et son appel fut entendu de leur dévouement. Dès le 5 et 6 février 1528, le cardinal du Prat rendait compte au Roi de ses efforts et de ses succès dans les deux lettres qui suivent :

« Au Roi, mon souverain seigneur,

» Sire, en suyvant ce que escripvois hier, vous envoye le double du dicton prononcé contre le général de Bretagne.

» Au demeurant, Sire, quant aux faicts du concille de cette province de Sens, j'espère, avec l'ayde de Dieu, qu'il prendra tel fin que désirons. La difficulté

---

[1] Labbe, *Histoire des Conciles,* t. 14, p. 461.

sera de sçavoir quelz termes de payer il vous plaira leur donner, pour autant qu'il y a icy aucuns prélatz qui ont rapporté que votre plaisir a esté leur dire que seriez contant que les payements se feissent en deux années. A ceste cause, Sire, me ferez, s'il vous plaist, sçavoir sur ce vostre intention pour y obéir à mon pouvoir.

» L'ambassadeur de Ferrare et le premier président sont venus devers moy hier matin, et ont demandé si j'avoys les pouvoirs pour capituler le mariage. Je leur ay respondu qu'ils seroient aujourd'huy icy; cependant, afin de ne perdre temps, avons traicté sur les articles que nous avions ensemble, les différents qui se y sont trouvez pour y ordonner ce qu'il vous plaira.

» Sire, je prie le benoist fils de Dieu vous donner en santé très-longue vie.

» A Paris, ce cinquième février.

» Votre très-humble et très-obéissant subject et serviteur, A., *cardinal de Sens*, *chancellier* [1]. »

« Au Roy mon souverain seigneur,

» Sire, ce matin, ceulx de mon diocèse vous ont libérallement et de bon cœur octroié les quatre deniers qu'il vous a pleu leur demander. Messeigneurs les évesques mes suffragcans, qui avoient ce même matin, chacun en son endroict, aux fins que dessus, assemblé leurs diocésains, sont venus ceste après disnée par devers moy : dont les ungs ont rapporté que ceulx de leurs

---

[1] Bibl. imp., f. Béthune, 8573, p. 7.

diocèses auroient volontiers octroyé ce que demandiez, les autres ont dict que leurs diocésains feroient ce qu'ils trouveroient avoir été faict par les miens. Il y a ung seul évêque qui a raporté l'offre de deux deniers seulement. Auquel a esté remontré ce qui estoit à propos, de sorte que partout le jourd'huy, j'espère, se réduira à l'opinion des aultres. Et demain l'on besoignera sur la réformation des mœurs ecclésiastiques, et l'extirpation de l'hérésie luthérienne.

» Sire, je prye nostre seigneur vous donner sancté et très-longue vye et prospérité.

» Vostre très-humble et très-obéyssant subject et serviteur. A., *cardinal de Sens, chancellier*[1], à Paris, le sixième février. »

C'est sous le rapport religieux et ecclésiastique surtout que ce concile fut « des plus mémorables de l'Église de France : il prépara d'une manière lumineuse, tant sur la foi que sur les mœurs, la plupart des décisions qui furent publiées depuis au concile Trente. Opinions, fictions, variations arbitraires, suppressions et additions sacriléges, chimères, impiétés, tout y fut étudié, débrouillé, jugé, et remplacé par une exposition noble et simple de la vraie doctrine de l'Église. Il préluda ainsi par ses règlements au rétablissement admirable de l'ordre religieux et de la foi catholique, consommés à Trente quelques années plus tard[2]. »

Guillaume du Prat, fils du chancelier, et l'un des pères de ce grand concile, y concourut par la profondeur de son érudition, par son zèle pour la discipline

---

[1] Bibl. imp., f. Béthune, 8573, p. 13.
[2] Bérault-Bercastel, *Histoire de l'Église*, t. 2, p. 283.

et par l'intégrité de sa foi. Entre autres témoignages de sa régularité sévère et preuves de son éloquence, il prononça le 5 janvier 1546, au sein du concile de Trente un discours sur la résidence des évêques, dans lequel, d'après le véritable esprit de l'Eglise, il s'élevait courageusement contre les habitudes d'éloignement de leurs diocèses, que la cour, quelquefois l'ambition, souvent aussi les exigences de la politique, imposaient aux prélats[1]. Et toutefois, il faut en convenir, la cour avait dû une partie de sa politesse au contact des évêques, puis aussi quelque peu de la réserve de ses mœurs, lorsque ces mœurs consentaient à se laisser châtier par l'exemple et guider par les conseils. La politique devait souvent ses succès à leur habileté, les institutions devaient à leur influence une portion de leur sagesse. De même que dans les lettres et dans les sciences, le progrès et l'expansion avaient été jusqu'alors le fruit de leur impulsion, de leur savoir, du travail propagateur et conservateur des moines. Travail éloigné peut-être du but de leur première institution, de l'application exclusivement religieuse et sacerdotale que leurs fondateurs avaient assignée à leurs veilles : distractions saintes et sacrées cependant, puisqu'elles se proposaient pour but et qu'elles obtenaient pour résultat de placer les peuples dans la voie de la paix et de la gloire, et d'éloigner de leurs esprits l'erreur et l'ignorance, ces deux ennemis acharnés et mortels de la vérité.

C'est ainsi que les écarts eux-mêmes portent quelquefois leurs heureux fruits ; mais il n'en faut pas moins rappeler à la loi les existences qui s'en affranchissent,

[1] Labbe, *Histoire des Conciles*, t. 14, p. 1633.

et ce fut, au concile de Trente, le but que se proposa Guillaume du Prat.

Le concile de Sens convoqué et présidé par le chancelier son père, dont Antoine du Prat lui-même conçut et dicta les décrets et les statuts, dura huit mois entiers, depuis le 3 février jusqu'au 9 octobre et « jamais temps ne fut mieux employé[1]. »

Dans son double culte pour la foi et les arts, monseigneur l'archevêque de Sens, animé des inspirations que suggèrent leurs génies si fraternels, a payé deux tributs glorieux à leurs exigences et à la mémoire du cardinal du Prat, son prédécesseur. Lorsque d'une main il relevait son tombeau, de l'autre il imprimait encore et redonnait à son clergé les statuts qu'en 1528 Antoine du Prat écrivait pour ses prêtres. La religion, l'histoire et les arts doivent à ce sujet confondre l'hommage de leur reconnaissance.

« Sire, » écrivait au Roi le cardinal du Prat, en lui rendant compte de ses travaux, en date du 25 février, « ceulx du concile de ma province besongnent chacun jour, toute la matinée. Il y a des plus gros et savants personnaiges du Royaume, qui, par paroles évidentes, fondez en la saincte Escriture, confondent clairement la perverse doctrine de Luther. Il n'y a point encore esté faict livre qui plus subtillement ne ouvertement confonde ses œuvres. Ce sera ung acte fort utile et prouffitable à toute la chrestienté : mais qu'elle soit parachevée la fault envoyer au Pape. Il y a quelques malins esprits qui les ont voulu destourner de leurs bons propos : pour ce faire et pour y parvenir, ont dict

---

[1] Artaud de Montor, *Histoire des souverains pontifes romains.*

que estiez mal content de ce qu'ils procédoient contre Luther. Je leur ay maintenu le contraire. Si vous plaisoit, Sire, leur escripre quelques bonnes lettres pour les exhorter de continuer leur bon vouloir, ce seroit œuvre fort méritoire[1]..... »

Des esprits catholiques eux-mêmes ont fait un reproche au cardinal du Prat de la sévérité des peines qui furent alors décrétées contre les hérétiques. Elles laissent, il est vrai, place à quelques regrets. L'élan de la vérité si noble et si salutaire en se bornant aux proportions d'une lutte infatigable, perd de sa force et de sa beauté en prenant les allures et les couleurs de la persécution. L'esprit du temps ne peut lui-même justifier de telles mesures, si contraires à l'esprit de l'Eglise, du moins il les explique, et, sans rien diminuer de l'étendue du malheur, sans doute, il affaiblit la faute.

Les parlements donnaient à cet égard l'exemple et le mouvement. En 1535, celui de Paris avait mêlé aux instructions qu'il adressait à la Régente, à ses accusations contre le chancelier qu'il voulait éloigner du conseil, un article spécial demandant l'extermination des Luthériens[2].

Il ne faut pas se lasser de proclamer ici une vérité méconnue, et de rétablir les faits. Le chancelier du Prat ne fut point le persécuteur inexorable de l'hérésie, mais son infatigable adversaire. A l'erreur paisible et sincère, il eût opposé la vérité calme et majestueuse ; à son ardeur il eût opposé son zèle. Mais à ses désordres il fallut répondre par des châtiments, et par des répres-

---

[1] Bibl. imp., F. Béthune, n° 8573, p. 1. — M. Louis Paris, *Cabinet historique*, t. 1, p. 163.

[2] Gaillard, *Histoire de François Iᵉʳ*, t. 1, p. 346.

sions à ses impostures. Si quelquefois malheureusement, selon la faiblesse humaine et l'instinct d'alors, ces châtiments devinrent des supplices, c'est que les dissidents étaient devenus des factieux. Le désordre s'appuyait sur des crimes et menaçait de grandir jusqu'à la révolution. Le protestantisme préparait une rébellion politique contre le principe d'autorité. Ces bûchers tant reprochés aux juges, trop souvent dressés pour de nombreuses victimes, étaient allumés par les torches incendiaires que promenaient les novateurs. Si la protection, si la tolérance même eussent été accordées à ces habiles et violents ennemis par un Roi dont les complaisances fraternelles et l'égarement des passions affaiblissaient le caractère, on aurait vu, selon le témoignage de Théodore de Bèze, le trop célèbre Berquin devenir le Luther de la France, en présence d'un autre Frédéric de Saxe. Dès lors se seraient manifestés dans l'ordre social et politique ces renversements désastreux dont un auteur contemporain et éclairé connaît et dénonce l'origine. ..... « Quant à ses conséquences, dit-il en parlant du protestantisme, les pressentez-vous déjà ? Le Pape qu'il s'agit de renverser, c'est un Roi spirituel, mais enfin c'est un Roi. Celui-là par terre, les autres suivront. Car c'en est fait du principe d'autorité pour peu qu'on l'atteigne dans sa forme la plus respectée, dans son représentant le plus auguste : *et tout Luther religieux appelle invinciblement un Luther politique*[1]. »

La religion n'était assurément pas l'inspiratrice des peines dont la sévérité s'appellerait justement barbarie. Le nom et les intérêts du catholicisme n'étaient pas les seuls invoqués pour leur terrible application. Tout ser-

---

[1] M. Louis Blanc, *Histoire de la révolution française*, t. 1, p. 34.

vait de prétexte à ces cruautés. On ne comprenait le châtiment que par le supplice. Les tortures les plus sanglantes et les plus étudiées étaient ordonnées par les tribunaux pour la répression de tous les crimes. L'infanticide, la fausse monnaie, l'assassinat, le parricide étaient punis par le feu, par les tenailles, par la roue, et par des souffrances dont il faut laisser le détail enseveli dans les registres du parlement [1]. Souvent la volonté du Roi lui-même ne suffisait pas au salut, pas même au soulagement du coupable, et nonobstant les lettres de rémission qu'il pouvait invoquer, les magistrats ordonnaient de passer outre [2].

Il faut du reste le remarquer en passant, la volonté du Roi exempte de cruauté dans la poursuite de l'hérésie, ne l'était cependant pas d'une juste rigueur : si elle s'efforçait d'arrêter les excès et les supplices, elle n'entendait point interdire le zèle et le châtiment. Lorsque des influences actives ne le détournaient pas de sa foi, il n'avait pas besoin de son chancelier ni de sa mère pour réchauffer son catholicisme. Quelques années plus tard, alors même que sa foi devenait vacillante sous l'empire des exemples et par l'entraînement de la Reine de Navarre, le 9 décembre 1534, il écrivait à Antoine du Prat : « Monsieur le légat, j'ai reçu vos lettres du VIIe de ce moys, et veu par icelles la diligence qui s'est faicte et faict chacung jour au faict des Luthériens dont j'ay esté très-ayse, et ne me sçaurait-on faire chose plus agréable que de contynuer en sorte que ceste mauldite et abhominable secte ne puysse prendre pied ne racine en mon royaulme. »

[1] M. Floquet, *Histoire du parlement de Normandie*, t. 1, p. 439.
[2] *Ibid.*

On doit avouer ici pour justifier le parlement et les les tribunaux à leur tour, après avoir justifié le souverain et ses conseillers par les preuves d'une clémence souvence impuissante, que le nombre, la nature et la licence des forfaits semblaient exiger qu'une immense terreur et une incomparable expiation fussent réunis dans le châtiment. Le crime par son audace et par sa férocité imposait presque un caractère inexorable à la justice qui devait l'atteindre. Un illustre écrivain de cette époque, distingué par ses lumières, et dont les lettres et la poésie avaient encore adouci et élevé tout à la fois le noble caractère, félicitait le président Camille des Corctaiis de la terreur que sa sévérité imprimait aux coupables et reprochait au conseiller Robert de Croixmare l'excès de son indulgence pour les criminels qu'il devait juger [1].

Plus tard, en 1532, le parlement de Toulouse poursuivant toujours la mission qu'il avait reçue non pas du Roi, mais de son zèle, de l'esprit du temps, et presque aussi des nécessités de l'époque, et d'une sorte de droit de représailles, ordonnait l'arrestation, d'un grand nombre de sectaires [2].

Vers l'an 1529, le cardinal du Prat crut devoir dénoncer au Roi, non pas pour le livrer au supplice, mais pour attirer sur lui une juste répression, un homme que la voix publique nommait le persécuteur du protestantisme et que ses biographes ont toujours accusé de fougue et d'exaltation contre lui.

Noël Béda, d'après leurs dépositions, avait été le dénonciateur d'Erasme et d'Etaples, le principal mo-

---

[1] B. Candelarius, lib. 1. — Encom... et lib. 6. Encom. 35.
[2] M. le comte Rœderer, *Louis XII et François I*^{er}, t. 2, p. 168.

teur des persécutions dont Berquin fut victime. Quatre fois le Roi intervint en faveur de ce dernier, tantôt pour les adoucissements de sa captivité, d'autres fois pour son élargissement et pour son salut. Deux fois même il lui sauva la vie[1]. Mais enfin le parlement, plus inexorable et plus intolérant que le souverain, éluda ses prières et ses ordres, Berquin dut finir par le supplice, après avoir longuement langui dans les prisons[2]. Non content de ces aggressions animées et si tristement victorieuses, Noël Béda attaqua, mais vainement, un livre de Marguerite de Navarre, que n'atteignait point la condamnation[3]. Enfin, châtiée, mais non réprimée, son audacieuse turbulence s'éleva jusqu'au Roi lui-même qu'il accusa publiquement d'hésitation dans sa foi et de complaisance pour l'erreur[4]. Ce dernier effort de sa témérité fut-il un excès d'un zèle égaré, ou bien encore l'effet d'un calcul des hérétiques qui désiraient favoriser l'extension de leurs doctrines par une complicité apparente du Roi ? Ce fait demande de nouvelles études et appelle de nouvelles lumières. La lettre suivante d'Antoine du Prat au Roi donne sur le catholicisme de Noël Béda des doutes qui n'avaient pas été conçus jusqu'à ce jour, et laisse sur les motifs de sa disgrâce des incertitudes inattendues.

« Au Roy, mon souverain seigneur,

» Sire, j'ai reçu sur le chemin ung pacquet venant

---

[1] M. Génin, *Lettres inédites de la reine de Navarre*, partie 2, p. 96.
[2] Don Félibien, *Histoire de la ville de Paris*, t. 2, p. 984.
[3] M. Génin, *Lettres inédites de la reine de Navarre*, part. 1, p. 49 et 111.
[4] M. le comte Rœderer, *Louis XII et François I*[er], t. 2, p. 170.

de Suisse, adressant à moy. Il y a lettres à vous et à moy. Boisrigault me mande veoir les vostres : et aussy il y a lettres adressant à monseigneur le grant maistre, à Lametz, et à Pauyet (Poyet), et quelques autres escriptes en Alemant, que les Suysses ainsy que mande Boisrigault escripvent, que j'envoye à Bayart pour leur faire tenir. J'ay trouvé dans icelluy pacquet ung livre que icelluy Boisrigault m'envoye, et le nom de celluy qui l'a envoyé en Suisse, comme vostre bon plaisir sera de faire veoir au premier feuillet tourné d'icelles lettres qu'il m'escripvit. C'est un livre hérétique, luthérien, et malicieusement composé contre vostre honneur ; et est en françois soubs le nom de Bèda qui dict que vous luy avez pardonné parce qu'il a délaissé l'erreur où il estoit par cy devant et est retourné à entendre et congnoistre la vraye foy. Ce livre est très-scandaleux et n'est besoing le communiquer à beaucoup de gens pour les faulces persuasions qu'il contient. Je ne sçays, Sire, s'il vous recorde que vous dictes à Rouen, comment fut trouvé à Paris, chez ung libraire, plusieurs livres luthériens qu'il avoit imprimés. Aussy furent trouvées lettres missives de quelqu'un de Suysse pour faire aller par de là ung imprimeur en françois. Icelluy libraire fut mis en prison pour luy faire son procès. Il seroit bon, parlant soubz vostre correction, sçavoir avec Chauderon et Mesnager qu'est devenu ce prisonnier et veoir sa confession. Pareillement seroit expédient envoyer icelluy livre au premier président de Paris, pour se informer de celluy qui se intitule, au commencement du livre, l'avoir imprimé à Paris, et aussy de celluy qui l'a envoyé en Suisse, pour faire prendre l'un et l'aultre : semblablement seroit besoing envoyer icelluy livre à Bèda, pour sçavoir s'il le désavoue ou non, et s'il l'advoue le fault emprisonner et faire son procès : s'il le désadvoue, fauldra faire ung épigramme bien composé, en latin et en françois, sur icelluy désadveu, et après qu'il sera imprimé, l'envoyer partout. Fauldra aussi, soubs vostre correction faire brûler icelluy livre et tous les aultres semblables qu'on trouvera, sur les dix heures, à l'issue du parlement en la court du pallais, avec le cry en tel cas nécessaire, affin que chascun sache que c'est : et escripre à nostre sainct Père et aux cantons chrestiens ce que sur ce aura esté faict, et mander à Boisrigault qu'il achepte tous les livres qu'il trouvera par de là, semblables à cestuy pour les vous envoyer.

» Sire, après m'estre recommandé tant et si humblement que il m'est possible, à vostre bonne grâce, prieray le benoist fils de Dieu vous donner très-longue vie avec santé.

» A Tournin, ce matin 24 décembre.

» Vostre très-humble et obéissant subject et serviteur,
A. cardinal de Sens[1]. »

Béda fut désavoué : sur sa persistance dans ses allégations, il fut successivement banni, puis arrêté en 1535 : enfermé au Mont-Saint-Michel, il y mourut l'année suivante[2].

Du reste, l'esprit envahissant et perturbateur de l'erreur, avait dès longtemps provoqué des répressions, et ce n'est point au chancelier du Prat qu'il faut en attribuer l'origine. Ces répressions, du reste, étaient louables dans le but qu'elles se proposaient : le calme pu-

---

[1] Bibl. imp., M. de Béthune, n° 8530, p. 104. — M. Louis Paris, *Cabinet historique*, t. 1, p. 160.

[2] M. le comte Rœderer, *Louis XII et François I*er, t. 2, p. 170.

blic et le maintien de la vérité étaient leur objet unique.

La secte des Vaudois, qui avait de beaucoup précédé la réforme et qui maintenant s'appuyait fraternellement sur elle, avait récemment appelé, sous le roi Charles VIII, des rigueurs énergiques [1]. En présence de cet envahissement menaçant, les Papes eux-mêmes avaient introduit dans leurs traités d'alliance avec les souverains une clause devenue de style, demandant « l'emploi des armes spirituelles et temporelles pour la conversion ou la punition des hérétiques [2]. »

La religion sollicitait, il est vrai, des répressions et des châtiments, puisque l'erreur envahissait le monde appuyée sur la perturbation et sur la violence. Usant pour s'établir de la force et du mensonge, elle ne pouvait invoquer les droits de la liberté. Mais la persécution était loin des vœux de l'Église. Elle l'a souvent acceptée comme partage, elle ne l'a jamais employée comme moyen, lorsque son esprit a pu prévaloir sur l'influence du temps, sur le caractère des peuples et sur l'esprit de la politique. Celle-ci, après avoir changé la lutte en persécution, devait aboutir, un demi-siècle plus tard, à cet affreux massacre de la Saint-Barthélemy, dans lequel la maison du Prat eut à compter aussi ses victimes [3].

Pour absoudre entièrement le chancelier de la cruelle intolérance que le protestantisme lui a souvent reprochée, il est bon d'ajouter que les exécutions les plus fatales du règne de François Ier n'eurent lieu qu'après

---

[1] M. le comte Rœderer, *Louis XII et François Ier*, t. 2, p. 170.
[2] Gaillard, *Histoire de François Ier*.
[3] *Mémoires domestiques.* — Laisné, *Archives de la noblesse*.

sa mort. Ce fut seulement cinq ans après lui que furent commis les massacres de Cabrières et Mérindol, qui dans le midi de la France exterminèrent le reste des Vaudois [1].

Quant à se faire une délectation et un jeu du tourment des condamnés, quant à mêler leurs angoisses d'ironies, à environner d'une élégance sensuelle et railleuse, de femmes débauchées et de propos légers, les apprêts et la consommation de leur supplice, le chancelier du Prat ne s'en montra jamais capable. La rigueur et l'inflexibilité peut-être extrêmes de sa volonté furent toujours accompagnées, en pareille matière, de gravité et de dignité réelles. Il savait ce qu'il devait au ciel, au Roi, à lui-même. Les détails qu'un auteur spirituel et réputé érudit invente à ce sujet, sont puisés dans l'esprit du temps qu'il a voulu peindre, et non point dans les habitudes ni dans la réalité d'un caractère que la vérité historique et la piété filiale doivent décharger de pareilles imputations [2].

Le chancelier du Prat sut, au point de vue religieux lui-même, tempérer d'indiscrètes ardeurs, lorsque les intérêts mieux compris de la foi et ceux mieux interprétés du pays, lui en firent une loi sévère. Lorsque Henri VIII, ébranlé par ses passions dans son zèle et dans son culte, voulut renier sa foi parce qu'elle ne lui permettait pas de répudier la Reine, François Ier, inspiré par le cardinal du Prat, ne cessa de demander au Roi des déférences pour Rome [3], et de conjurer le Pape de suspendre ses indignations et ses anathèmes.

---

[1] M. le comte Rœderer, *Louis XII et François Ier*, t. 2, p. 178.
[2] Bibliophile Jacob, *Chroniques nationales. L'estrapade.*
[3] Gaillard, *Histoire de François Ier*, t. 3, p. 183.

Ce fut sous l'inspiration de ce zèle si bien compris qu'au mois de juin 1532, il écrivit au Pape Clément VII une lettre pleine de modération et de sagesse, dont les respectueux conseils, s'ils eussent été suivis, auraient peut-être évité à l'Eglise romaine la perte et la séparation de cette antique et belle église d'Angleterre, si noble, si grande et si sainte, par ses Rois, par ses martyrs, par sa fidélité [1].

Cette affaire de la séparation de Rome et de l'Angleterre, l'une des plus mémorables et des plus grandes auxquelles la religion et l'histoire puissent accorder leurs regrets, ne cessait d'occuper le cardinal du Prat et d'obtenir les soins de son habile, mais cette fois inutile politique.

François d'Inteville, évêque d'Auxerre, que le Roi chargeait à Rome de la négociation du mariage du duc d'Orléans, depuis Henri II, avec Catherine de Médicis, avait aussi mission de servir auprès du souverain pontife les intérêts de Henri VIII considérés comme ceux de la foi. Le 17 janvier 1532, il écrivait au cardinal chancelier :

« Monseigneur, les gens du roy d'Angleterre sont en grande peine par de ça, car ils ne peuvent trouver advocat en toute l'Italie qui veuille plaider leur cause, et est la faveur de l'Empereur telle que souvent leur est faict contre justice et raison [2]. »

Le 7 février, le même évêque d'Auxerre mandait encore au chancelier :

---

[1] Camuzat, *Mélanges historiques*, Troyes 1619; 2ᵉ partie, fº 171. — Voir le nº 6 de l'Appendice.

[2] Camuzat, *Mélanges historiques*, Troyes, 1619. 2ᵉ partie, fº 174.

« Monseigneur, je vous ai écrit du..... faisant réponse à ce qu'il vous a pleu m'escrire pour l'affaire du roy d'Angleterre, selon l'advis de Monsieur le docteur Benoist, ambassadeur dudit Roy, et ay trouvé notre dict saint Père en bonne disposition de faire, pour complaire au Roy, ce qu'il pourra. Mais je le vois si pressé de l'Empereur, de ses gens, avec la grant part des cardinaux qui sont de son opinion, que je ne croy point que il y face rien de bon, si ce n'est dissimulant. J'escritz au Roy la réponse de notre dict saint Père, qui ne sauroit être meilleure, mais que l'effect y ressemble : et croy fermement qu'il le feroit volontiers s'il ausoit. De ce qui se fera dorénavant ne faudray en advertir le Roy et vous, puisque je vois que c'est chose que prenez à cœur[1]. »

Enfin, le 22 février 1532, l'archevêque de Sens recevait encore de l'évêque d'Auxerre la lettre suivante :

« Monseigneur, par le dernier courrier ne vous pus escrire, car je fus surpris. Les ambassadeurs du roy d'Angleterre le dépeschèrent subitement pour advertir leur maître de l'estat de leur cause. Depuis, ils ont voulu estre admis à disputer en consistoire public les articles qu'ils ont baillé par escrit, ainsy qu'il leur avoit esté accordé par notre saint-Père. Au dict consistoire qui fut vendredi dernier, les gens de l'Empereur ne voulurent respondre ny disputer, mais seulement, dirent que c'étoit pour prolonger le temps, entrant en grosses paroles, et pour conclusion demandèrent que

---

[1] Camuzat, *Mélanges historiques*. Troyes, 1619. 2ᵉ partie, folio 176.

l'excusateur du roy d'Angleterre ne fut admis sans procuration expresse, et pour lors ne fut rien conclud, mais depuis fut advisé que au prochain consistoire seroit admis à disputer les deux, trois, et cinq articles. Lesquels articles j'envoye avec ceste cy : de ce que s'en fera ne faudray à vous en advertir ; j'ay présenté vos lettres à nostre sainct-Père et à Messieurs les cardinaux auxquels vous avez escripts, et nostre sainct-Père a donné à congnoistre aux gens du roy d'Angleterre que les recommandations du Roy et les vostres l'ont meu à faire davantage en leurs affaires, comme j'ai sceu d'eux-mêmes, et aussy m'ont dit l'avoir escrit à leur maistre [1]. »

Malgré ces soins donnés par le Roi et son ministre à l'union de Rome avec l'Angleterre, la foudre et la rupture ne tardèrent pas à éclater. Le chancelier et son maître n'eurent plus alors que des douleurs et leur constante fidélité à déposer sur le tombeau de Pierre, à la place de leur intervention et de leur concours, et malgré les efforts que le monarque dissident entreprit pour arracher à l'Église son plus beau fleuron, en entraînant la France et son Roi dans une erreur pareille à la sienne. Pourtant l'alliance des deux souverains s'accrut, chose étrange, à la suite de cette séparation de leur foi, Henri VIII conservant à François Ier un souvenir constant de ses efforts en sa faveur auprès du Pape, des cardinaux, et des docteurs de France et d'Italie.

Tel fut l'unique résultat des tentatives du cardinal du Prat. La lenteur et l'indulgence qu'il demandait à

---

[1] Camuzat, *Mélanges historiques*. Troyes, 1619. 2e partie, folio 176.

Rome, la modération qu'il sollicitait à Londres ne lui furent point accordées. Du Bellay, l'évêque d'Auxerre, François de Tournon, Gabriel de Gramont, y épuisèrent vainement leur habileté tant de fois heureuse, et toujours dévouée. Ils ne purent dominer l'influence de l'empereur Charles-Quint, dont la politique poussait à la rigueur, et dont l'orgueil frémissait en voyant la couronne de Catherine d'Aragon, sa tante, humiliée et brisée aux pieds d'Anne de Boulen. On se souvenait de l'avoir vue successivement à la cour de France à la suite de Marie d'Angleterre, puis attachée au service de la duchesse d'Alençon [1], partout intrigante et licencieuse. Enfin, lorsque Catherine d'Aragon l'approcha de sa personne, elle poussa l'audace et les succès de son entreprise, jusqu'à ravir le cœur d'Henri VIII à la Reine et à dérober son esprit à sa foi.

Aussi n'était-ce point en faveur d'Anne de Boulen que s'exerçait la mission des diplomates : elle avait pour but, il est vrai, de faire prononcer la nullité du mariage d'Henri VIII avec Catherine d'Aragon, sa belle-sœur avant d'être sa femme : puis leur mission secrète dont la politique et la foi auraient également recueilli d'heureux fruits, était de ménager la disgrâce de la dangereuse favorite, et de préparer enfin le mariage de la duchesse d'Alençon, sœur de François Ier, avec le Roi d'Angleterre. Le cardinal Wolsey et le cardinal du Prat, d'accord cette fois pour l'union des deux pays et pour la conservation du catholicisme, avaient formé ce plan de concert [2]. Les intrigues et les passions le firent échouer.

---

[1] M. Génin, *Lettres de Marguerite d'Angoulême*, partie 1, notice, p. 31.
[2] Gaillard, *Histoire de François Ier*, t. 3, p. 133.

L'évêque de Tarbes fut encore envoyé vers l'Empereur, pour traiter de la paix et recevoir les enfants de France gardés en otages. C'est en cette circonstance que Charles-Quint apprenant que Henri VIII se détachait de son alliance pour entrer dans celle de François I*er*, fit arrêter l'ambassadeur qu'il retint deux mois prisonnier. Mais on usa de représailles à l'égard des envoyés espagnols, et Gabriel de Gramont rendu à la liberté reçut, à son retour en France, l'archevêché de Toulouse pour récompense de ses soins et dédommagement de sa captivité.

CHAPITRE XL.

Négociations pour le retour des Enfants de France. — Traité de Cambray. — Le cardinal du Prat reçoit l'évêché d'Alby. — Procès de François de Poncher.

Cependant le traité de Madrid, qui démembrait et mutilait la France, ne recevait pas son exécution. La nécessité l'avait imposé à François Ier, il lui avait dû sa délivrance. Aujourd'hui le refus de remplir ses conditions rallumait la guerre entre le Roi et l'Empereur. Mais dans cette lutte, de nouveaux revers avaient atteint les armes de France. La contagion ravageait les armées ; la misère et la turbulence qui la suit dévastaient l'intérieur du royaume. La paix, mais une paix moins onéreuse que celle qu'avait subie le prisonnier de Pavie et qu'avait désavouée la France entière, devait être recherchée. Le Roi voulait la conquérir par les armes puisque l'ennemi la refusait à ses justes propositions.

L'Empereur connaissait les misères de la France, et sachant l'importance de la paix, imposait des conditions très-dures au Roi. Cependant, comme elles n'engageaient point son honneur, le chancelier du Prat ne cessait de conjurer François Ier d'y condescendre.

Parmi les maux auxquels il était urgent de mettre un terme, la captivité des enfants de France figurait au premier rang. L'honneur du pays aussi bien que la tendresse paternelle et la sécurité de l'avenir ne pouvaient pas en supporter une plus longue durée. Ce n'étaient pas seulement les ennuis de l'absence qu'il s'agissait de terminer par un retour, ni les alarmes d'un père qu'il était question de calmer. Les anxiétés de la nation tout entière, la conservation de la famille royale, la succession au trône s'y trouvaient intéressées.

Charles-Quint, quoi qu'on ait dit de sa magnanimité, traitait les jeunes princes, non comme de nobles otages, non comme des gages innocents remis entre ses mains, mais comme d'obscurs captifs, comme de coupables ennemis. Retenus prisonniers dans des appartements obscurs et pauvres, et non pas dans un palais digne d'eux et du vainqueur, ils étaient condamnés non-seulement à l'ignorance des événements et des simples nouvelles de leur auguste famille, mais encore à l'oubli de leur langue maternelle. Ceux que la tendresse et l'inquiétude du Roi François Ier envoyaient vers ses fils, non pas encore pour les délivrer, mais pour tranquilliser leurs cœurs et leur recommander l'espérance, étaient environnés de soupçons et d'une basse surveillance, et soumis à des retards qui les décourageaient dans leur mission, ou qui rendaient son accomplissement inefficace. Puis, arrivés au terme, ils ne pouvaient retenir leurs larmes en voyant le dénûment des jeunes princes, les privations qui leur étaient imposées; ce n'était qu'avec hésitation et crainte qu'ils recevaient les cadeaux de leur père. Et pour que les sentiments du Roi et les hommages de ses ministres fussent compris de ces nobles prisonniers, il fallait les leur traduire de la langue française qu'ils avaient presque oubliée, dans la langue espagnole qui leur était imposée [1].

Le chancelier, après avoir envoyé des messagers vers les princes au nom du Roi et de la duchesse d'Angoulême, après avoir reçu leurs véridiques témoignages, avait donc raison, selon l'honneur, selon l'humanité et selon la conscience, en suppliant le Roi de tout sacrifier pour leur retour.

En date du 7 octobre, et pendant les difficultés de la mission de l'évêque de Tarbes, il écrivait au Roi de son château de Nantouillet :

« Sire, hier matin vous envoyay la poste venant d'Espagne, que rencontray sur les champs, ayant ung pacquet de vos ambassadeurs qui s'adressoit à moy. Et après l'avoir ouvert, vous envoyai les lettres qui venoient à vous, à Madame et à Madame d'Alluye, et retins tout le demourant. Il y a ung chiffre qui dure huict feuillets de papier que j'ay faict déchiffrer. Je vous envoie le tout par inventaire, ensemble les pièces que avoys par devers moy, des expéditions faictes à vos ambassadeurs par cy devant, affin que vostre plaisir soit de faire veoir si leurs réponses sont conformes à ce que leur aviez mandé pour offrir à l'Empereur.

» La dite poste à un pacquet adressant au Roy d'Angleterre, que ses ambassadeurs luy envoyent. J'ay veu

---

[1] Bibl. imp., collection Fontete, vol. 23.— *Cabinet historique*, t. II, lettre écrite à Madame, mère du Roi, par l'huissier Baudin. — *Voir* à l'appendice le n° 7.

la dépesche faicte au cardinal d'Yorck, laquelle attendu ce qui est venu d'Espagne, ne seroit à propoz, par ainsi ne l'ay envoyée; mais s'il vous plaist qu'il la veoye, se pourra envoyer avec ce qui est venu d'Espagne.

» Sire, vous trouverez qu'il n'y a grande différence de vos offres avec ce qu'ils vous accordent : le principal gist sur la renonciation de Milan, restitution de ce que aviez pris et de la seureté que baillerez pour accomplir ce que prometterez pour retirer Messeigneurs vos enfants. De ce que aviez prins n'avez guerres que Savosne et Ast entre vos mains, le demourant recouvrerez à mon jugement facillement. Par les lettres desquelles vous envoye ung double, escriptes après la prinse de Rosa, avez gaigné sur vos dernières offres deux poincts : l'ung sur l'ayde de pied et de cheval que estiez tenu de faire en Ytallie à l'Empereur, et de deux cent mille escus que y deviez payer, qui seront pour le mariage de Madame Éléonore, et aussi la limitation du temps que vos galères le serviront en port et dehors. Et davantage la compréhension des Vénitiens et Florentins : mais du Pape ne s'en dit mot. Vous leurs offriés beaucoup plus de choses par Bayard, et depuis, par la dernière conclusion prinse avec le cardinal. Vray est que, au lieu de ce proffict avez despendu pour le soubtennement de la guerre, grosses sommes et deniers, qui vous reviennent à plus gros dommages, que icelluy prouffict ne vous sçauroit valloir.

» Sire, vous supplye si très-humblement que m'est possible, et comme vostre très-humble créature, mectre principallement devant vos yeulx de combien la paix est nécessaire pour le présent, pour éviter les meaulx et inconvénients que occulairement voyons advenir ung chacun jour, pour lesquels éviter, pour l'amour et honneur de Dieu, vous soubmettrez à faire des choses que, autrement ne feriez. Le guerdon et rémémoration que vous aurez de Dieu, ainsy que j'espère, sera trop plus grand que tout ce que vous sçaurez perdre en ceste marchandise. D'autre part vous aurez Messeigneurs vos enfants, qui sont tant à estimer, et tels que chacun veoit. Ils sont entre les mains de vos ennemis : si leur advenoit quelque inconvénient, dont Dieu les veuille préserver, vous vouldriez avoir donné une partie de vostre royaulme, et les avoir racheptez. Aussy Sire, il fault penser la grosse des peines où vous estes, qui vous apouvrit et vostre royaulme, et dont vous trouverez plus difficilement à recevoir la rançon qu'il convient bailler, et si voyez et congnoissez que vostre despense est quasi frustratoire. D'autant que n'y gagnez ne pré ne terre : et y acquerrez pour autruy, qui en pourra faire son prouffit par cy après contre vous.

» Sire, je vous supplye très-humblement pardonner ma présomptueuse ignorance, en tant que me ose ingérer de vous dire mon petit advis ; l'affection et amour que je vous porte me servira, s'il vous plaist, d'excusation.

» Pareillement, Sire, fault considérer à quelles gens vous avez à besongner : je parle tant des amys comme des ennemys, où n'y a aucune foy ne seureté. Ce ne sont que toutes feinctes, déguisements et dissimulations : chacun tasche de faire son prouffict à vos despens. Et après qu'ils l'auront faict, vous abandonneront, et trouverez avoir despendu le vostre. Et Messeigneurs vos enfants seront où ils sont, et vous, seul,

sans amys. Et pour bien congnoistre si l'on veult faire
son prouffict de vous, je ne réciteray que ung seul caz,
que vos ambassadeurs m'escripvent : c'est à scavoir
que vos finalles offres avoient été envoyées à l'Empereur, et par ainsy, sachant à quoy vous vouliez venir,
toutes remontrances, arguments et prospérité d'Ytallie
ont peu servi à advantager vostre affaire. . . . . .
. . . .
. . . .

» Sire, si cette voie vous semble bonne, le plustôt y
mectrez fin sera le meilleur. Si autre chose ne se peut
gaigner, pour les promesses que Monseigneur de Lautrec pourroit faire. Cependant, mais que vous ayez eu
responce d'Angleterre, fauldra, s'il vous plaist, envoyer
quelque bon et savant personnage en Espagne, et de
ceulx qui sont près de votre personne, pour y mectre
conclusion, et gagner ce qu'il pourra, et asseurer l'Empereur et Madame Éléonore de ce que escripvent vos
ambassadeurs par ledict chiffre. Et ne fauldra, Sire,
oblyer le Pape. Il se pourroit dire plusieurs choses au
contraire ; mais cette voye est la plus seure, et trop
mieulx vault une paix certaine, que une guerre dont
l'advénement est incertain. S'il est vray que l'Empereur ait envoyé à son frère cent cinquante mille escus
pour lever les Lansquenets, afin de les envoyer en
Ytallie, ainsy que vos ditz ambassadeurs escripvent,
il en lèvera une trouppe comme des tourneaux, qui
espouvanteront toute l'Ytallie, et peut-être lors, n'aurez ce que, de présent, on veult faire. La cellérité y
est requise, aussi n'avez-vous que trente jours pour y
respondre.

» Sire, après m'estre recommandé tant et si très-humblement que faire puis à vostre bonne grâce, prieray le créateur vous donner bonne vie et longue avec santé et prospérité.

» A Nantouillet, ce 7ᵐᵉ jour d'octobre.

» Vostre très-humble et très-obéissant subject et serviteur,

» A., cardinal de Sens, chancellier de France[1]. »

En 1529, à la suite de ces difficultés et de ces négociations, la paix avec l'empire reçut sa conclusion par le traité de Cambray, appelé aussi *Paix des Dames*, Marguerite de Savoie, tante de Charles-Quint, et Louise de Savoie, mère de François Iᵉʳ, ayant eu la direction des conférences qui l'amenèrent. Le duc de Suffolk qui avait épousé Madame Marie, douairière de France, assistait à ce traité au nom du Roi d'Angleterre. La cour était à Blois, et le chancelier du Prat fut dépêché à Paris pour y recevoir ce prince au nom du Roi et le ramener à Blois[2]. Puis ils se rendirent tous dans la ville de Cambray, où fut conclu et signé, au mois d'août, le traité qui rendait la paix à la France[3].

Le chancelier ne se bornait pas, au sujet de la paix et de la délivrance des enfants de France, à de stériles conseils; il y joignait encore des secours efficaces, Sans parler des autres sacrifices auxquels le pays et le Roi avaient dû consentir, on avait promis, par le traité de Cambray, de payer deux millions d'écus d'or pour la rançon des princes. Le cardinal du Prat réunit de nouveau à Saint-Germain-en-Laye son concile provin-

---

[1] Bibl. imp., fonds Dupuy, 486, p. 131.
[2] *Journal d'un bourgeois de Paris*, p. 386.
[3] *Ibid.*

cial, et il obtint des évêques assemblés que pendant deux ans de nouveaux décimes seraient levés, en forme de don gratuit, sur les biens ecclésiastiques des diocèses composant sa province, et seraient appliqués à la délivrance des fils du Roi. Dans ces nouvelles séances il ne s'agit que des intérêts temporels ; on peut les regarder comme appartenant au concile que le cardinal avait réuni contre les erreurs de Luther, et qui déjà s'était montré généreux des biens ecclésiastiques envers la France, et prodigue d'efforts envers la foi [1].

Dupleix avance que le chancelier du Prat, non content des témoignages d'un zèle que la conscience doit diriger sans cesse, et que la loyauté doit accompagner pour qu'il demeure pur et estimable, aurait encore employé les calculs de la fraude, essayant d'alléger ainsi le payement des sommes stipulées. L'aloi de la monnoye envoyé pour la rançon, aurait été affaibli par ses ordres, ce dont, au moment de la vérification du poids, il aurait recueilli la juste confusion par la découverte de l'artifice, et par la nécessité de sa réparation [2]. Après avoir rapporté ce fait pour l'exactitude scrupuleuse de l'histoire, on doit à la mémoire du chancelier d'ajouter qu'il repose sur une allégation, et non pas sur aucune preuve.

Le Pape et le Roi donnèrent à Antoine du Prat, en cette année 1529, des dispenses pour joindre l'évêché d'Alby à l'archevêché de Sens qu'il possédait déjà. Aymar de Gouffier, son prédécesseur, était mort le 9 octobre [3]. Tout aussitôt la Reine de Navarre, pleine

---

[1] Archives de l'archevêché et du chapitre de Sens. — Tarbé : *Histoire de Sens*, p. 455.

[2] Gaillard, *Histoire de François I*er, t. 3, p. 100.

[3] *Gallia Christiana*, t. 1, p. 38.

d'estime pour le cardinal de Gramont, ce coopérateur dévoué de tous ses efforts pour la délivrance du Roi son frère, avait écrit au Roi sollicitant pour lui cette nouvelle faveur.

« Du château de Blois, octobre 1529.

» Monseigneur, je say bien que vostre bonté ne doit estre sollicité de faire du bien à vos serviteurs, mais pour ce que le nombre de ceux qui se disent tels est si grant qu'il n'est possible à tous satisfaire, je n'ay craint vous en ramentevoir ung que, j'en suis seure, n'a espergne ni ne fera jamais ce que vous lui donnerez pour le mettre en vostre service, et si suis seure qu'il ne demande nulle récompense que vostre bonne grâce. Toutes fois, Monseigneur, il vous a pleu luy donner tant de connoissance que vous avez fiance en luy et que vous ne l'oublierez, que je say bien qu'il ne vous sollicitera point de ce qu'il espère venir de vostre libéralité. Toutes fois, si ainsy est que M. d'Alby soit trespassé, comme si souvent l'on dit, il vous plaira avoir souvenance de M. de Tarbes; et ce qui m'en fait prendre la hardiesse de vous en escripre, est que jamais je ne l'ai vu lassé de prendre peine à vous servir, et si ne luy ouïs oncques parler de vous demander riens. Qui me rendroit ingrate envers vous si je vous célois ce que j'en connois, veu que je sçay que par luy ny aultre n'en serez adverty; et vous voulez bien que l'on vous parle pour vos bons serviteurs. Vous supplyant très-humblement l'avoir pour recommandé, et moy plus que très-humblement à vostre bonne grâce. Vous asseurant, Monseigneur, que tout vostre logis et celuy de Madame sera tout prest à la fin de cette semaine.

Et ne vous pouvant fère aultre service, ne fauldra à solliciter vos ouvriers jusques à votre désiré retour.

» Vostre très-humble et très-obéissante subjecte et grosse sœur, MARGUERITE [1]. »

La faveur du Roi pour le cardinal du Prat donna tort aux désirs de la Reine de Navarre pour le cardinal de Gramont. Le chancelier reçut l'archevêché d'Alby. Mais de génération en génération la grâce des descendants de Marguerite de Valois poursuivit les neveux de l'évêque de Tarbes. Lorsque naquit ce jeune prince, petit-fils de la Reine de Navarre, qui, sous le nom de Henri IV, devait être l'honneur de la couronne, l'amour de la France, une des gloires les plus éclatantes de son illustre maison, madame d'Audoins (Marguerite de Cauna), qui fut mère de la belle Corisande, mariée à Philibert de Gramont, tint sur les fonds, avec Jacques de Foix, évêque de Lescar, le royal enfant. Ils représentaient les Rois de France et de Navarre et la princesse Claude de France, parrain et marraine du jeune Henri [2]. Le fils de Philibert et Corisande, qui fut Antoine, comte de Gramont, vice-roi de Navarre, se ressentit de ce souvenir cher à sa famille et glorieux pour elle. L'amour que le Roi portait à sa mère, venant encore en aide aux recommandations de son mérite et de son nom, Henri IV voulut que ses premières armes se fissent sous ses drapeaux et sous ses yeux. C'est de lui que pendant le siége de Paris il écrivait à la comtesse de Gramont : « Je mene tous les jours votre fils aux coups et le fais tenir fort sujet auprès de moi ; je crois que j'y aurai de l'honneur. »

---

[1] M. Génin : *Lettres inédites de la reine de Navarre,* partie 2, p. 100.
[2] M. l'abbé de Montlezun, *Histoire de Gascogne,* t. 5, p. 252.

Le succès d'Antoine du Prat, obtenu contre les vœux de la Reine de Navarre, ne dut point lui concilier la bienveillance de la princesse. Leurs dissidences religieuses, l'éloignement du chancelier pour ceux qu'elle protégeait, étaient une cause permanente de froideur entre eux. En cette même année 1529, au mois d'octobre, on retrouve les preuves de ce sentiment réciproque dans une lettre de Marguerite à son neveu, le grand-maître de France.

« Mon nepveu, Robinet m'a dit comme il avoit porté une nouvelle dont je ne l'ose advouer du tout[1]. Toutefois les signes en sont sy apparents que je la puis, ce me semble, espérer, et quant j'en eusse la sheureté qu'il a dite, dont je n'atends l'heure, ce n'eust esté sans vous en advertir.

» Le pauvre Lange m'a escript comme il ne peult partir de Paris pour aller devers le Roy, parce que tout son bien se perd et s'en va pour son service. Il a remonstré son affaire à M. le chancelier, qui lui a faict une réponse si désespérée, que, sans l'ayde de ses amys, il ne voit moyen de sortir de son affaire. Je vous prie le vouloir remonstrer au Roy, et faire qu'il luy plaise commander à M. le chancelier que ce qu'il a dépendu pour le service dudict seigneur luy soit alloué. Et croyez que vous ferez fort bonne œuvre, oultre le plaisir que ce sera à

» Vostre bonne tante et amye, Marguerite. »

« *P. S.* En me recommandant à ma niepce, je vous prye lui donner la maladie que je peux avoir[2]. »

---

[1] Il s'agit de la seconde grossesse de Marguerite.
[2] Bibl. imp., f, Béthune, n° 8549, f. 125.

Ce fut encore en l'année 1529 que le procès de François de Poncher, dont il a été question plus haut, prit toute son importance et causa son triste scandale. Il occupait vivement le cardinal du Prat, qui, voulant donner à ses poursuites non-seulement toute la légalité, mais encore toute l'équité que réclamaient la justice dont il était le chef et le caractère du coupable, demandait à Rome un bref à ce sujet. Il écrivait à monsieur d'Auxerre :

« Monsieur d'Auxerre, j'ai par cy-devant toujours reçu vos lettres, et de ma part ne vous ay écrit, d'autant que je suis seur que de toutes choses estes amplement adverty, et vous entendez les grosses occupations que j'ay d'ailleurs, tellement que à peine trouve loisir pour dire mes heures ; toutes fois où il y auroit quelque chose d'importance, et qui fut pour vous faire sçavoir, je ne faudroye à le vous escrire.

» Au demeurant, j'ay veu ce que vous avez écrit par de ça, touchant la révocation des privilèges ; vous demandez mémoires, argent, et celuy à qui vous devez adresser. Quant aux mémoires, l'on ne vous en sçauroit faire bailler d'autres que ceux qui furent baillez en latin et en françois à vostre partement ; et quant il a nostre sainct-père faict expédier sa bulle purement et simplement, sans aucunes réservations, que le Roy ne trouve bonnes, ainsy que porte vostre mémoire, il n'y a rien plus aisé à faire. Au regard de l'argent, cela ne peut guères couter. Les concordats ne coutèrent riens : toutes fois, là où il fauldroit faire quelque argent, vous pourrez vendre la coupe d'or qui vous a esté baillée, et ce qu'elle se trouvera valoir davantage vous tiendra lieu et sera déduict sur ce que le Roy vous donne pour vostre entretennement; et touchant le personnage à qui vous devez adresser, ce sera à quelque bon appréciateur qui sache bien faire la bulle. Ce présent porteur, qui est abbréviateur, vous fera la minute si voulez, et prendra les causes de la révocation sur les mémoires qui vous furent baillez.

» Le bref qu'a esté cy envoyé pour le faict de monseigneur de Paris, n'a esté trouvé bon, pour deux raisons : l'une, parce qu'en iceluy est dict que monseigneur le révérendissime de Gramont sera toujours l'un de ceux qui feront le procès : il est du conseil privé du Roy et ne sçauroit estre à Paris où est ledict évesque, et en court. L'évesque de Macon et le président la Barde sont gens de bien, quant l'un d'eux se trouvera en l'absence des autres, ce sera assez : ce sont personnages que l'on ne peut aisément fixer, attendu la grosse occupation où le Roy les employe d'ailleurs. L'autre poinct est en ce que le pape se réserve le jugement de la définitive. Il a esté octroyé commission contre évesques pour faire leur procès et les juger en deffinitive : l'on ne peut penser par de ça pourquoi l'on garde cette règle sur nous et non sur les autres : et si s'en trouve icy qui disent n'être besoin d'avoir bref du pape, attendu ce dont est question, et qu'il est besoin d'exemple : et cettuy-cy est le troisième qui a grandement délinqué contre le Roy, en sorte que si le premier eust esté bien puny, les autres y eussent prins exemples; et attendu les difficultez qu'on faict audict sieur, et le mal qu'en peut advenir, il vaudroit mieux que ledict sieur Roy fist sans autre commission, comme fist l'Empereur en Espagne contre certain évesque ; et monseigneur de Savoye, contre les deux principaux chanoines de l'Église de Genève. Si vous le pouvez avoir sans réservation, ce sera plaisir au Roy, sinon envoyez-le tel que le pourrez obtenir, et ledict Seigneur y avisera par après.

» A Abbeville, le xxviii° jour de décembre.

» Vostre bon frère et amy, A., cardinal de Sens
» et chancelier[1]. »

La date de cette lettre rappelait ici sa citation. Il faut attribuer à Poncher tout le scandale de cette triste affaire. Les détails donnés sur ses causes et sur sa conclusion, lors de la nomination d'Antoine du Prat à l'archevêché de Sens, dispensent de revenir sur ce sujet[2].

---

[1] Camuzat, *Mélanges historiques*, 2⁵ partie, f. 110. Troyes 1619.
[2] *Voir* plus haut, chapitre 34.

CHAPITRE XLI.

Nouveaux embellissements faits à Paris par le Roi. — Calamités qui désolent la France. — Retour des Enfants de France. — Mariage du Roi avec Éléonore d'Autriche.

La paix signée à Cambray en 1529 ne semblait offrir que les caractères d'une trêve. Le chancelier ne se méprit pas sur ses conséquences. Elle fut, en effet, rompue en 1536. Mais, dès 1530, Antoine du Prat, prévoyant le peu de solidité qui lui était garantie, ménageait déjà les finances de l'État, non-seulement pour les besoins du moment, mais encore pour les éventualités probables de l'avenir. Ce fut dans cette appréhension qu'il détourna le Roi du désir qu'il avait conçu de faire bâtir un magnifique collége vis-à-vis du Louvre, édifice qui devait lui coûter des sommes considérables [1].

Toutefois, le besoin de l'ordre et de l'économie ne pouvant prévaloir entièrement sur les droits de la science, le Roi commença dès lors, par la réunion de

---

[1] Don Félibien, *Histoire de la ville de Paris*, t. 2, p. 966.

célèbres professeurs, par l'organisation des cours de mathématiques, de philosophie, de médecine, d'éloquence et de langues étrangères, par des dotations dignes de lui, l'établissement de ce collége royal qu'il méditait depuis longtemps. Il ne put renoncer à sa création ; il ajourna seulement les dépenses de faste qu'il avait résolues et qu'il eût accomplies plus tard, *si la mort ne l'eust si tôt assailli*[1].

Non content d'avoir préparé par ses acquisitions le futur palais des Rois de France, dont l'édification était réservée à la Reine Catherine de Médicis, le Roi avait ajouté au Louvre des constructions nouvelles. Il l'avait embelli par des réparations dispendieuses.

Le vieux Louvre, qui dut son achèvement à Henri II, son fils, avait été commencé par François Ier en 1528[2]. On mit sous son règne la dernière main à cette tour.de Saint-Jacques-la-Boucherie, dont la première pierre avait été posée en 1508 sous le Roi Louis XII[3].

Non moins jaloux de l'agrément des environs que de la magnificence de sa capitale, il avait, en 1529, entrepris le château de Madrid, au bout du bois de Boulogne, et fait travailler considérablement à Fontainebleau et à Vincennes[4].

En 1533, et toujours pendant le ministère du chancelier du Prat, fut posée la première pierre de cet Hôtel-de-Ville, qui dut sa continuation au Roi Henri II, la rectification de ses plans au Roi Charles IX, son achèvement au Roi Henri IV[5], sa perfection entière au

---

[1] Don Félibien, *Histoire de la ville de Paris*, t. 2, p. 986.
[2] Piganiol de la Force, *Description de Paris*, t. 2, p. 245.
[3] *Id., Ibid.*, t. 2, p. 82.
[4] Don Félibien, *Histoire de la ville de Paris*, t. 2, p. 985.
[5] *Id., Ibid.*, t. 2, p. 995.

Roi Louis-Philippe, la magnificence et la sûreté de ses abords à l'Empereur Napoléon III. Ces travaux, si favorables au développement des arts et à la beauté de la ville, entraînaient les finances dans un désordre que plus d'une fois l'intelligence du chancelier avait réparé, et qu'elle s'appliquait alors à prévenir.

Indépendamment des maux que la guerre avait entraînés à sa suite, le ciel, par ses fléaux, éprouvait la malheureuse France. « Durant l'espace de cinq ans entiers, commencés en 1528, vint le temps en telle indisposition et désordre, que les quatre saisons, laissant leur cours naturel, se montrèrent toutes confuses entre elles ; si bien que sans l'élévation et descente du soleil, dont nous cognoissons les jours percrus ou diminués, ou bien la maturité des fruits de la terre, on ne pouvait quasi bonnement cognoistre en quelle partie de l'année on estoit, tant estoient les saisons perverties et prépostères, se montrant printemps en automne, automne en hyver, hyver en esté. Mais surtout eust l'esté une telle puissance, qu'il occupa le règne et domination sur les trois autres, tellement qu'au profond de l'hyver, assavoir mois de décembre, janvier et février, les grandes chaleurs venoient tellement à eschauffer, que c'étoit chose non moins épouvantable que prodigieuse, de voir les arbres se dépouiller soudainement, reflorir et surtout les primereins, dont le fruit s'en alloit avec la fleur[1]... La famine, la contagion, les brigandages, résultèrent de cette perturbation des éléments et de l'infertilité qu'elle entraînoit[3]. » Et, comme si ce

---

[1] Guillaume Paradin, *Histoire de notre temps,* p. 224.
[2] *Id., Ibid.,* p. 248.
[3] *Journal d'un bourgeois de Paris,* p. 421.

n'était pas assez de ces malheurs inévitables et des crimes qui en étaient la suite, d'autres forfaits, indépendants de ces détresses, vinrent en accroître les horreurs. Des empoisonnements exerçaient aussi leurs ravages, et, dans l'armée du Roi, « le seigneur de Vaudemont, de la maison de Lorraine, le seigneur de Gramont, lieutenant de monseigneur de Lautrec, le seigneur de la Chasteigneray, et plusieurs autres moururent par l'effet des poisons qu'un malheureux apothicaire donnait au lieu de drogues salubres[1]. »

L'incendie des villes et des forêts, et le débordement des fleuves firent, en Italie comme en France, contribuer les éléments aux épouvantables désordres que le bouleversement des saisons et la malice humaine apportaient dans la nature et dans la société. « Il y eust aucuns astrologues à Rome, qui advoient prédict le jugement advenir, mais *Deus scit, non alius*[2]. »

La paix qui survint au milieu de ces désastres fut donc un double bienfait. Aussi fut-elle accueillie avec les transports et les bénédictions qui lui étaient dues. Il se comprend par un pareil tableau, connu de l'empereur Charles-Quint, qu'il ait attaché la conclusion de cette paix à des conditions rigoureuses et dont on ne saurait blâmer ceux qui les acceptèrent.

On publia à son de trompe par toute la ville de Paris : « De par le Roy, nostre sire : on vous faist sçavoir que nos seigneurs les Enfants de France sont délivrez ; puis Monsieur l'évêque de Paris envoya par les églises et paroisses de Paris, commande de louer Dieu de ces bonnes nouvelles, et chanter un *Te Deum* solennelle-

---

[1] *Journal d'un bourgeois de Paris*, p. 512.
[2] *Id., Ibid.*, p. 512.

ment, à cloches sonnantes de quarillon, cierges allumés en l'église, et faire procession [1].

» A l'entrée de mes dicts enfants, audict lieu de Bayonne y étoit le Roy avec Madame la Régente, sa mère, et y fut un pont artificiel et ingénieux, tellement qu'on ne savoit si on estoit sur mer ou sur terre....... et sembloit que dessus, fussent nymphes descendues du ciel [2].

» Le seigneur Roy chevaucha tant qu'il vint à rencontrer ses enfants, et les baisa et fut longtemps après qu'il les embrassoit, sans parler, d'aise qu'il avoit.

» Lors commencèrent à sonner trompettes et clairons, et chacun alloit faire la révérence aux dicts seigneurs enfants, mesmement le Roy de Navarre, Monsieur le grand chancelier de France, et plusieurs princes et seigneurs, gentilshommes et officiers [3].

» Eléonore d'Autriche, reine douairière de Portugal, et sœur aînée de l'Empereur, arrivait à la même heure ; François de la Tour l'avait épousée en 1529, au nom de François Ier, et Louis, seigneur de Cosnac, Antoine, seigneur de Noailles, avoient après lui signé l'acte de ratification de son contrat [4].

» La princesse qu'accompagnoit le cardinal de Tournon, fut présentée au Roy..... Le Roy lui fist la révérence, et elle pareillement à luy, en grand honneur et joie.... puis la solennité de la messe faicte, s'en allèrent reposer jusqu'à deux heures après midi. Et ce dict jour et les suivants, le Roy se trouva bien avec ladicte dame,

---

[1] *Journal d'un bourgeois de Paris*, p. 414.
[2] *Id., Ibid.*, p. 414.
[3] *Id., Ibid.*, p. 415.
[4] Justel, *Histoire d'Auvergne*, p. 254 ; Preuves.

tellement qu'il ne l'abandonna jusques au jour de l'entrée à Bordeaux[1]. »

Les fêtes et les magnificences suivirent partout le couple royal, et l'accueillirent dans cette ville : « et y estoit le chancelier du Prat qui reçut Eléonore pour le Roy, accompagné de plusieurs cardinaux et prélats : y estoient aussi les ambassadeurs de Venise, Ferrare, Angleterre, et plusieurs princes, seigneurs et dames de France, et, entr'autres, Madame de Nevers[2]. »

L'entrée de la Reine dans Paris se fit avec une magnificence qui surpassa celle de son arrivée en France, et du trajet qu'elle avait parcouru. Elle fut digne du trône sur lequel elle montait, de celui sur lequel elle était née, digne aussi de la couronne qu'elle avait déjà portée, digne enfin de l'amitié royale dont elle semblait le lien, de la paix dont elle devait être le gage. Par son mariage avec le roi François Ier, la reine Éléonore devenait l'élément heureux de la concorde entre les souverains, après avoir servi d'encouragement à la rébellion, lorsque l'Empereur promettait sa main au connétable comme prix de ses criminelles victoires. Laissant aux historiens que leur goût et leur spécialité charge de ce scrupuleux détail, le soin de raconter les mystères joués sur son passage, les cavalcades venues à sa rencontre, les députations accourues à sa redevance, il importe seulement à cette histoire de nommer le cardinal du Prat, depuis bien peu de mois légat du Pape, parmi les chevaliers de l'Ordre du Roi et les ambassadeurs qui formaient son illustre cortége. Il marchait entre les cardinaux de Gramont et de Tour-

---

[1] *Journal d'un bourgeois de Paris*, p. 415.
[2] *Id., Ibid.*, p. 417.

non, ses inséparables appuis dans les négociations et dans l'administration, ses associés non moins constants en chaque cérémonie à laquelle la pourpre romaine pouvait apporter son éclat.

CHAPITRE XLII.

Le cardinal du Prat est nommé légat *a latere*. — Son entrée à Paris en cette qualité. — Lettre du cardinal Sadolet à cette occasion. — Mort de Louise de Savoie.

Les honneurs et les respects dont on environnait la nouvelle Reine, rejaillissaient en quelque sorte sur les nombreux seigneurs qui venaient les lui rendre, et plus particulièrement sur le chancelier, dont le ministère et le concours intervenaient depuis tant d'années en chaque événement et en chaque solennité. Il avait reçu récemment le titre élevé qui devait parfaire toutes ses grandeurs. Pour combler une autorité qui n'admettait plus en France et dans l'Eglise d'autres supériorités que celle de la couronne et de la tiare, il avait été nommé légat *à latere*, par bulle du Pape du 4 juin 1530. « Dignité qui donne rang au-dessus de toutes les autres, excepté la papale [1]. »

Ainsi nommés *quia circa latus Principis agebant et in ejus comitatu erant* [2] ou, *parce qu'ils sont tirés d'au-*

---

[1] Varillas, *Histoire de Louis XII*, t. 1, livre 1er.
[2] *Traité des Offices ecclésiastiques*, p. 4, imprimé chez B. A. d. P. d. P. en 1677.

près du *Prince* et comme de son côté¹, les légats *à latere* l'emportaient en pouvoir sur tous les autres. Ils primaient en honneur comme en autorité les légats *nés*, *et les légats de latere*, différence essentielle pour ceux-là, minutieuse et futile pour ceux-ci, dont on peut voir la nuance dans les ouvrages qui ont traité ce sujet *ex professo*. « Les légats *à latere* tiennent le premier rang entre tous, comme étant ceux qui approchent le plus la supériorité et éminence du saint-siége, et qui représentent la dignité de celuy qui les envoie². Quand le Roy tient son lit de justice au parlement, les légats apostoliques précèdent les princes du sang et les pairs, pour l'honneur du saint-siége apostolique³.

Lorsqu'en l'année 1502, le cardinal d'Amboise fut nommé par le pape Alexandre VI, légat *à latere* auprès du roi Louis XII, à la demande du duc de Valentinois⁴, sa commission lui fut donnée d'une manière spéciale et nouvelle qui la rendait indépendante dans sa durée du pouvoir royal : il était revêtu de sa dignité *usque ad beneplacitum summi Pontificis*. La tolérance du Roi consentait à accepter ces termes : mais le parlement appelé à la vérification et à l'enregistrement des bulles n'y voulut point accéder. Il fit ses protestations, il apporta ses réserves, et déclara que ladite nomination *usque ad beneplacitum summi Pontificis*, tiendrait seulement jusques au bon plaisir du Roi⁵.

Le cardinal du Prat, archevêque de Sens, primat des

---

¹ Des Légats, *Traité sommaire fait au sujet de la légation du cardinal Chigi*, p. 7.
² *Traité des Offices ecclésiastiques*.
³ Larocheflavin, livre 7, *des Parlements*, ch. 3.
⁴ Varillas, *Histoire de Louis XII*, t. 1, livre 1.
⁵ *Traité des légats, narration des légats*, l. 2, ch. 1 et 4.

Gaules et de Germanie, chancelier de France, évêque d'Alby, etc., fut traité par le Pape avec une faveur plus haute encore. « Affectant de paroître en France avec plus de crédit et d'honneur que le cardinal d'Amboise, il ne se contenta pas d'être légat comme luy, mais il obtint sa commission du Pape, avec clause spéciale, portant faculté d'en jouir non pas *usque ad beneplacitum summi Pontificis*, ny *usque ad beneplacitum Regis*, mais *usque ad beneplacitum suum*[1]. » Le chancelier prévoyant l'opposition que rencontrerait cette latitude inouïe, ne voulut point favoriser les embarras et les disputes qui en naîtraient sans doute. Il promit au Roi, par lettres expresses, de n'exercer sa légation *si ce n'est tant qu'il lui plairait*. La bulle et lesdites lettres furent donc enregistrées, avec les modifications, limitations, et restrictions exigées par la défiance du parlement et, disait celui-ci, par la dignité royale et pour l'intégrité et l'indépendance de son bon plaisir[2].

Pendant ces discussions le chancelier du Prat s'était retiré de Paris. Il possédait au village de Vanves, près de Clamart, une maison de campagne dont il ne reste plus de vestiges, mais dont en 1724 on voyait encore une tour marquée de ses armes : ce fut là que le nouveau légat attendit que tout fût prêt pour son entrée solennelle à Paris[3].

Le samedi 17 décembre 1530, il descendit au faubourg Saint-Jacques, à l'hôtel du commandeur de Saint-Jacques-du-Haut-Pas, comme le faisaient d'ordinaire tous les autres légats.

---

[1] *Traité des légats*, narration des légats, l. 2, ch. 4, p. 71.

[2] *Traité des légats*, narration des légats, l. 2, ch. 4, p. 71.— *Voir* à l'appendice n° 8.

[3] Sauval, *Antiquités de Paris*, t. 2, p. 112. et t. 3, p. 149.

Le Roi avait fait écrire à son sujet, et le gouverneur de Paris s'était rendu par son ordre à la chambre des comptes, et après délibération de ses membres et de ceux du parlement, il avait été résolu que « pour cette fois tant seulement et sans tirer à conséquence pour les autres, on feroit pour Antoine du Prat plus qu'il n'avoit jamais été fait pour aucun de ses prédécesseurs, attendu qu'il est chancelier de France, chef de justice et autres qualités, et le gros crédit qu'il a envers le Roy [1].

Les rues par où devoit passer le légat furent richement tapissées. Le président, la chambre des comptes et la cour des aides allèrent à Saint-Jacques lui faire la révérence. Jean de la Barre comte d'Estampes, gouverneur et prévost de Paris, vint au devant de lui suivi d'un nombreux cortége, et demeura auprès de sa personne. Les cardinaux de Gramont et de Tournon, les archevêques de Vienne, de Lyon, d'Aix, l'évêque de Clermont (Guillaume du Prat son fils), plusieurs abbés, le grand écuyer de Genouillac, le vicomte de Turenne, le sieur de Barbezieux et grand nombre d'autres, se mirent en marche autour de lui [2]. Le corps de ville, après l'avoir salué, l'accompagna jusques au logis qui lui avait été marqué. Tous les officiers des trois cours souveraines allèrent en corps complimenter Antoine du Prat, tandis que pour les autres légats elle députait seulement tantôt douze, tantôt vingt, et quelquefois quarante conseillers et maîtres des comptes, avec deux ou quatre présidents en robe noire. Au faubourg Saint-Jacques, le prévôt et les échevins prirent le dais, puis le remirent entre les mains des six corps

---

[1] Bibl. imp., fonds Dupuy, 325, p. 36.
[2] Don Félibien, *Histoire de la ville de Paris*, t. 2, p. 990.

des marchands, dont les gardes le portèrent jusqu'à la cathédrale. On avait fait ainsi pour les cardinaux de Luxembourg et d'Amboise. « Il y eut même en cet endroit, tant la foule étoit grande, plusieurs gens de tués pour avoir son ciel et sa mule[1]. » Le cortége lui tint compagnie jusqu'au cloître Notre-Dame. « Il fit sa prière à Notre-Dame sur un carreau de drap d'or, posé sur un tapis de pied appelé *parterre*. Le doyen de la cathédrale lui présenta le livre des Evangiles à baiser; le *Te Deum* fut chanté, après quoi le légat donna sa bénédiction au peuple[2]. » Il fut conduit avec le même appareil à la maison de l'évêque de Meaux, où il logea, et où finirent pour ce jour ces longues suites de marches et de cérémonies, de félicitations et de harangues, qui par l'ordre du Roi et par le devoir de leurs diverses charges, courbèrent sous les bénédictions d'Antoine du Prat, inclinèrent sous son regard et traînèrent à sa suite tant d'ennemis de son pouvoir, d'adversaires de sa politique et de calomniateurs de son caractère. Vengeance plus noble, plus réelle, plus satisfaisante et plus chrétienne à la fois, que celle qui brise et qui anéantit.

Le lendemain, le prévôt et les échevins « firent présenter au légat par le procureur et les sergents de la ville, vêtus de leurs robes mi-parties, douze doublés quarts d'hypocras blanc, clairet et vermeil, vingt-quatre layettes de massepains doubles de Lyon et dorés, autant de torches de deux livres pièce, et six demi-queues de vin de Beaune blanc et clairet, le meilleur qu'on put trouver[3]. »

---

[1] F. Duchesne, *Histoire des chanceliers de France*.

[2] Don Félibien, *Histoire de la ville de Paris*, t. 2, p. 990.

[3] Sauval, *Antiquités de Paris*, t. 2, p. 90. — Godefroy, *Cérémonial françois*, t. 2, p. 822.

En cette circonstance, encore une louange de Jacques Sadolet fait plus pour la gloire d'Antoine du Prat que ne firent tous ces empressements et tous ces honneurs : ce prélat intègre et sévère, qui avait refusé pour lui-même la faveur de Rome et celle de la cour, félicite une seconde fois le légat du nouvel et souverain degré de puissance qu'il vient d'obtenir. Il l'en félicite, comme d'une récompense de son mérite, comme d'un succès de sa religion, comme d'un moyen qu'il doit et veut employer pour le bien de tous. Cette louange de circonstance, bien qu'accidentellement donnée à l'occasion d'un service qu'il réclame pour son diocèse, a le poids de l'or quelque brève qu'elle soit, quelque intéressée qu'elle semble : elle part de l'un des cœurs les plus droits, de l'une des consciences les plus rigides et les plus éclairées dont la religion et l'histoire puissent invoquer le témoignage [1].

Parvenu à ce faîte des honneurs, le cardinal légat les vit s'accroître encore, s'il est possible, par le concours qui fut demandé en 1531 à son ministère. Ce fut lui qui couronna la Reine Éléonore d'Autriche à Saint-Denis.

Ces joies et ces magnificences ne tardèrent pas à se convertir en deuil. Le 22 septembre 1531, Louise de Savoie mourut, âgée seulement de cinquante-cinq ans. Le roi François Ier, qui l'avait toujours environnée d'un culte filial, voulut que les honneurs dus à une Reine de France fussent rendus à ses restes. On ne mit aucune différence entre ses obsèques et celles de Claude de France. Le cardinal du Prat, qui lui devait une notable partie de ses grandeurs et le commencement de sa

---

[1] *Opera Sadoleti*, t. 1, p. 129. — *Voir* à l'Appendice, n° 1.

fortune, auquel elle devait elle-même la moitié de la sagesse, de l'énergie, du succès qui avaient signalé sa régence et conservé son influence sur l'esprit du Roi son fils, précédait le corps, entre les cardinaux de Bourbon et de Gramont, « vestus tous les trois de camelot violet, avec des chapeaux rouges, montés sur des mules, le légat au milieu de deux autres [1]. Venaient ensuite le Roy de Navarre, le duc de Vendosme, le comte de Saint-Paul, le duc de Longueville, Isabeau de Navarre, la duchesse de Vendosme, et environ trente autres dames, toutes sur des haquenées, avec des chariots branlants, pleins d'autres dames en deuil [2].

[1] Don Félibien, *Histoire de la ville de Paris,* t. 2, p. 992.
[2] *Id., Ibid.*

CHAPITRE XLIII.

Réunion de la Bretagne à la France. — Clément VII à Marseille. — Mariage du duc d'Orléans et de Catherine de Médicis. — Mort du cardinal de Gramont.

Ces honneurs rendus et ces devoirs remplis, le Roi poursuivit les grands desseins que la duchesse d'Angoulême avait conçus, et que le chancelier du Prat avait aidés, en recherchant et en favorisant son premier mariage avec Claude de France.

La Bretagne, contrairement aux intérêts du royaume, demeurait une souveraineté indépendante, dont le Roi n'avait que la jouissance. Ainsi l'avaient fixé les clauses des deux contrats qui avaient uni ses héritiers aux Rois de France. Trois Rois les avaient successivement épousées, et l'union du royaume et du duché n'avait point encore reçu la consommation nécessaire au repos de l'un et de l'autre. La Bretagne appartenait au second des fils du Roi, et ne devait jamais se confondre avec le royaume.

En 1532 le chancelier du Prat conduisit à heureuse fin cette grande et difficile réunion, entreprise dès 1514, et à laquelle s'opposaient également l'esprit des

Bretons et le texte même des derniers actes. La haute et juste ambition de certaines grandes maisons de ce grand duché, les droits légitimes de la maison de Rohan que ses alliances appelaient aux éventualités de cette succession, les intentions connues d'Anne de Bretagne, grande et vénérée princesse, formaient des obstacles que la volonté du Roi et la persévérance de son ministre pouvaient seules surmonter.

Longuement occupé de la recherche des moyens qui pourraient amener cet immense résultat, le chancelier s'épuisait en expédients. Il avait imaginé des projets, et le conseil du Roi en faisait l'objet incessant de ses délibérations. Indépendamment des difficultés et de l'instabilité que présenterait cette réunion si quelque acte solennel et légal ne venait pas la consacrer, le chancelier craignait des troubles pour chaque succession à la souveraineté de ce duché. D'autres agrandissements de territoire ont demandé plus de forces et rapporté plus de gloire éclatante à leurs auteurs; mais jamais aucun d'eux ne donna plus de profit réel, n'exigea plus d'efforts d'habileté, et ne fut acquis avec plus de bonheur et de justice. Il ne coûta ni sang, ni trésors, il fut le prix de la persévérance et de l'adresse. Il rendit Français de cœur et de dévouement un peuple qui, tout en conservant intacts l'orgueil de son sang et la noblesse de son origine, témoigna dans la suite par sa fidélité à la glorieuse couronne de France, qu'il avait accepté son nouveau nom, et reconnaissait dans ses souverains les héritiers de ses anciens maîtres. Plus d'une fois la France put être fière des Bretons, de même que les Bretons le furent de leurs Rois : et si la force et le succès accompagnaient toujours le dévouement et la gloire, la Bretagne eût sauvé la France à l'époque de ses malheurs.

Il fallait à la consécration de ce nouvel ordre, un acte solennel et régulier pour le préserver de l'instabilité à laquelle tout en ce monde est sujet, même lorsqu'elles sont environnées des plus saintes garanties : à plus forte raison lorsque la prévoyance est exclue de leurs combinaisons. Le chancelier voulait que les états de Bretagne ratifiassent les actes que dans sa conscience et dans sa sollicitude la Reine Claude avait faits et renouvelés en faveur de la France, plus encore peut-être qu'en faveur du Roi [1]. Par son conseil François Ier voulut visiter encore une fois la Bretagne [2]. Antoine du Prat le suivit en ce voyage, il avait préparé des mémoires pour arriver à son louable but [3]. Il se souvenait des graves embarras que cette même succession disputée par le comte de Montfort au comte de Blois, vers le milieu du XIVe siècle, avait attirés au pays. La sagesse de Charles V et la valeur de Duguesclin n'avaient pas soutenu sans échec cette lutte dans laquelle prirent part les armes de l'Angleterre. Et lorsque quelques années plus tard le Roi, pour mettre un terme à ces débats, avait déclaré Jean de Montfort coupable de félonie, déchu de toutes ses dignités, et avait voulu réunir le duché au royaume, les Bretons les plus dévoués au service de la France avaient abandonné son drapeau et rappelé leur duc de l'exil, tant furent profonds et sincères leur désespoir et leur indignation de ce dernier coup porté à leur prince et à l'indépendance de leur patrie [4].

---

[1] M. le comte Rœderer, *Louis XII et François Ier*, t. 2, p. 391.
[2] Gaillard, *Histoire de François Ier*, t. 3, p. 123.
[3] M. le comte Rœderer, *Louis XII et François Ier*, t. 2, p. 391.
[4] Guyard de Berville, *Histoire de du Guesclin*, t. 1, p. 32, et t. 2, p. 379.

Cette expérience du passé et ces enseignements de l'histoire joints à l'étude du temps présent, à la connaissance des ambitions rivales, à celle du patriotisme dont les fils avaient hérité de leurs pères, rendaient le chancelier du Prat ardent dans ses désirs, et tout ensemble prudent dans le choix des moyens. Il se rendit à Vannes [1], et là il s'entoura des hommes que leur naissance et leurs lumières environnaient du respect des Bretons, et dont les noms attachés et dévoués depuis des siècles au service et aux intérêts du duché ne pouvaient être suspects de partialité. Pierre d'Argentré, sénéchal de Rennes, fut un des membres actifs et influents de ces conseils.

A son aide et avec l'assistance de quelques autres personnages non moins dévoués, Antoine du Prat établit et démontra l'urgence de la nécessité de la réunion, et chacun ne tarda pas à comprendre que nulle mesure n'était si profitable au maintien de la paix perpétuelle du pays. Le chancelier dit et prouva par l'histoire « que l'on devoit préveoir que jamais les Roys n'avoient cessé de tenir les ducs en querelles, sur plusieurs prétentions qu'ils avoient au duché; que de duc en duc, jusques au dernier, cela s'estoit veu par expérience : que tant qu'il y auroit chef en Bretagne, jamais cette occasion ne cesseroit, et ne falloit espérer nulle paix, et la guerre continuant, la Bretagne estoit un camp et terre de frontière pour estre pillée de l'Anglois, des François, et de leurs associez et alliez, habitans mesme, estant en guerre et en divers partis. Quant aux priviléges du pays et des seigneurs il y avoit moyen de s'en mettre en seureté, en stipulant

---

[1] D'Argentré, *Histoire de Bretagne*, p. 1042.

une asseurance des libertez et priviléges de tous Estats, tant de la noblesse que de l'Église et du tiers estat, et en prendre lettres, que les princes particuliers du pays ne laissoient de faire semblables levées des tailles et impositions que l'estranger, et estoit bien forcé qu'ils en fissent s'ils estoient nécessitez de soustenir la guerre contre les plus puissants. Que jamais les seigneurs du pays n'avoient eu tant d'affection aux princes et ducs du passé, qu'il n'y en eust toujours quelqu'un qui pour ses commoditez particulières ne s'adjoignist au party du Roy : qu'on sçavoit assez ce qui avoit travaillé les plus vaillants ducs, Pierre Mauclerc et Jean le Conquérant, ce n'estoient autres que les barons du pays, s'estant départis de leur obéissance naturelle pour s'adjoindre au party de France, et par tant de fois les plus aparants avoient abandonné leur party, pour suivre le plus fort : et quy n'avoit ouy, ou leu cela, aussy bien à l'endroict de ceux qui avoient succédé à ceux-là, dont la mémoire étoit encore fraiche? Que le Roy de France estoit un grand Roy, qui ne souffriroit jamais cet angle de pays en repos, s'il n'en estoit seigneur irrévocable. Que les seigneurs du pays ne pouvoient estre tant esloignez de luy que faisant les services qu'ils pouvoient bien ils ne fussent aprochez et élevez, et au vray dire que l'asseurance de la paix qui se pouvoit avoir par l'union estoit à préférer à tout ce qu'on pourroit dire et opposer [1]. »

Appuyé sur de telles raisons que répétèrent et développèrent les vrais amis de la Bretagne ; servi et guidé tour à tour par des dévouements acquis à la couronne de France, le chancelier obtint, après bien des débats,

---

[1] D'Argentré, *Histoire de Bretagne*, p. 1042.

que cette réunion fût non-seulement accordée, mais encore demandée et comme souhaitée par les États eux-mêmes. Le Dauphin en fut reconnu le possesseur actuel; il fit, en cette qualité, son entrée solennelle et fut couronné comme duc « en grand triomphe dans la ville de Rennes [1]. » Le Roi en fut déclaré l'usufruitier et l'administrateur en vertu du testament de la Reine Claude, et la réunion à la couronne fut admise à perpétuité. « Tel fut le succès que, malgré de grandes résistances, la couronne de France obtint par le moyen de Monseigneur le légat qui étoit lors [2]. » En récompense de ce service, Antoine du Prat, que la reconnaissance de François Ier et de Claude de France avait déjà nommé chancelier du duché après leur mariage, fut confirmé dans ce titre dont il venait, de la façon la plus importante, d'exercer les fonctions.

S'il est permis de tirer d'un fait aussi considérable les dernières conséquences qu'il produisit, c'est ici le lieu d'enregistrer que ce fut l'acte de 1532 qui prépara au Roi Henri IV la souveraineté de la Bretagne. Les Valois n'avaient que lui pour héritier de leur trône, mais ils avaient de plus proches héritiers de leur patrimoine. Si le duché n'avait pas été soumis, par le fait de sa réunion, aux prescriptions de la loi salique, en 1589, à la mort du Roi Henri III, il se fût trouvé séparé du royaume, et la maison de Rohan surtout, descendue de Marie de Bretagne, mariée en 1455 à Jean, vicomte de Rohan et comte de Perhoët, aurait opposé des droits réels aux prétentions de la maison de Bourbon. Ou bien encore les princes de la maison

---

[1] *Journal d'un bourgeois de Paris*, p. 430.
[2] *Id., Ibid.*

d'Est, issus de Renée de France et d'Hercule, duc de Ferrare, seraient venus remplacer, par l'aigle de leurs blasons, l'hermine sans tache dont la Bretagne conserva toujours la pureté et dont elle se souvient avec orgueil [1].

Ces grands intérêts du royaume et de la royauté elle-même ne détournaient pas François Ier ni son ministre de détails plus vulgaires et de soins plus minimes. Le 3 mai 1532, le Roi étant à Coutances fit expédier des lettres datées des Landes, pour la foy et hommage que lui rendait Jean de Saussay « à cause de la fié ferme de Montchatou, dépendante de la vicomté de Coutances ; » voici les propres termes de sa conclusion : «... Entre les mains de notre très-cher et féal grand amy le cardinal de Sens, légat et chancelier de France (Antoine du Prat) a été rendu ledict hommage [2]. »

En 1533 les négociations du cardinal de Gramont obtinrent le voyage du Pape à Marseille, et amenèrent le mariage de Catherine, avec le duc d'Orléans, depuis Henri II. Le Roi François Ier, la Reine Éléonore, les Enfants de France et toute la cour allèrent recevoir le souverain Pontife. En traversant la ville de Lyon qui déjà les avait vus passer tant de fois, ils obtinrent un accueil triomphant. « Le 26me jour de mai le Roy et la Reyne y firent leur entrée solennelle, le lendemain y fist aussi son entrée le Dauphin, premier fils de France, puis l'autre lendemain fut faicte entrée au chancelier du Prat, comme légat de Sa Sainteté en France [3]..... On fut au devant jusques hors la ville,

---

[1] P. Anselme, *Histoire des grands officiers de la couronne*, t. 1, p. 129.
[2] De la Roque, *Traité de la noblesse*, p. 385.
[3] Claude de Rubys, *Histoire véritable de la ville de Lyon*, p. 366.

recevoir sa bénédiction avec les troupes spécifiées en pareil cas, harengue que luy fist le prévost des marchands, poesle sous lequel les eschevins le conduisirent jusques à Porte-Froc, accompagné du lieutenant du Roy et des gentilshommes et prélats de sa suite. Lequel poesle aussi bien que pour ceux de Leurs Majestés, si on n'est prompt et habile pour les sauver, si tôt qu'ils sont hors de dessous, la populace se rue dessus et les met en pièces¹. » Lorsque, selon le devoir de sa charge et les désirs du Roi, le cardinal du Prat joignit ses empressements et ses hommages aux respects que lui rendait toute la cour de France, la jeune princesse le traita et l'accueillit, non-seulement comme l'exigeaient ses titres, mais encore comme l'y conviait la faveur dont il avait joui près des Papes Léon X et Clément VII, et comme l'y invitait le souvenir des services que son entremise et son influence avaient rendus à la Toscane lors des guerres d'Italie. Rome et Florence saluaient avec reconnaissance le nom et le pouvoir du chancelier du Prat.

A l'époque de ce voyage de Marseille, le Roi parcourut les provinces intérieures de son royaume. A Toulouse, il reçut un accueil plein d'enthousiasme et de magnificence. Le 31 juillet 1533, lendemain du jour où le Roi et la Reine Éléonore avaient été reçus avec toutes les pompes imaginables, le cardinal-légat fit son entrée avec une solennité qui ne le cédait qu'à celle qui avait accompagné les souverains. Puis le Roi tint son lit de justice et le chancelier prit la place que lui assignaient ses grandes dignités².

---

[1] Claude de Rubys, *Histoire véritable de la ville de Lyon*, p. 490.
[2] *Histoire du Languedoc*, par un bénédictin de Saint-Maur, t. 5.

L'Auvergne fut au nombre des provinces qui méritèrent et qui obtinrent une même attention et une égale faveur. L'un des fils du chancelier, Guillaume du Prat, alors évêque de Clermont, était encore seigneur, à ce dernier titre, des ville et comté de Clermont, dont les évêques furent dépouillés en sa personne en 1551. Le cardinal-légat accompagna le Roi dans ce voyage, et les comptes de la ville en date du jeudi 10 juillet 1533, tiennent note des dépenses qui furent faites pour la réception d'Antoine du Prat et des honneurs personnels et considérables qui lui furent rendus [1].

Peu de temps après ces événements et ces voyages le fardeau des années et des infirmités commençant à peser sur le chancelier, le Roi, sans lui rien enlever de ses dignités ni de sa confiance, donna des ordres précis pour qu'aucune décision ne fût prise dans les affaires d'État, sans que le cardinal du Prat, Jean de Guise, cardinal de Lorraine, Anne de Montmorency, alors maréchal de France, en eussent conféré entre eux.

Au mois de juillet de cette même année 1533, le cardinal du Prat, en sa qualité de légat, donna, étant à Saint-Germain-en-Laye, des dispenses de parenté pour le mariage de Marie de Lorraine, fille de Claude, duc de Guise, et d'Antoinette de Bourbon, avec Louis d'Orléans, duc de Longueville [2].

Tout en respectant les droits de l'Église, le cardinal du Prat ne sacrifia jamais la dignité royale et ses prérogatives à des prétentions de personnes ou de lieux, quelque consacrées qu'elles fussent par des faiblesses précédentes et souvent répétées. En cette année 1534,

---

[1] M. Bouillet, *Tablettes d'Auvergne*.

[2] P. Anselme, *Histoire généalogique de la maison de France*, p. 218.

l'évêque de Châlons voulait recevoir l'hommage du Roi pour la moitié du comté. Les ducs et deux Rois de France avaient donné cette satisfaction à ses prédécesseurs. Le chancelier du Prat en détourna François Ier, au rapport de Saint-Julien, p. 446. « Par saint Antoine! dit-il en grognant, tous tiennent du Roi, le Roi ne tient de personne [1]. »

Ce fut le 24 mars 1534 que mourut au château de Balma, près de Toulouse, allant prendre possession de cet archevêché, le cardinal Gabriel de Gramont. Ce fut une dernière conformité avec le cardinal du Prat qui lui survécut un peu plus d'une année seulement. Avec des titres différents, quant au pouvoir politique, ils avaient partagé à un égal degré et justifié par de mêmes succès la confiance de leur maître. Antoine du Prat avait bien servi la France et le Roi en mêlant à toutes les affaires difficiles le zèle et le talent de Gabriel de Gramont. Rivaux une seule fois dans leur vie, par leur concurrence à l'évêché d'Alby, le cardinal de Gramont avait facilement oublié une ambition qui était celle de la Reine de Navarre plus que la sienne, et le cardinal du Prat s'était fait pardonner son succès en appelant sur son collègue de nouvelles faveurs. Évêque de Couserans, puis de Tarbes, dès le début de la carrière qu'il avait embrassée, *vocante Deo spretisque aulæ ac nuptiarum deliciis quibus à parente destinabitur* [2], il fut nommé évêque de Poitiers en 1532, archevêque de Bordeaux en 1533; enfin, la même année, il fut promu à l'archevêché de Toulouse [3]. « La cour perdait en lui un ministre fidèle et un politique adroit,

---

[1] Abbé Courtépée, *Description du duché de Bourgogne*, t. 4, p. 452.

[2] Eggs, *Purpura docta*, lib. 3, p. 470.

[3] *Id., Ibid.*

le sacré collége un de ses principaux ornements, la France l'un des plus habiles avocats de ses intérêts et des meilleurs soutiens de sa gloire, la religion un de ses plus austères défenseurs. Mais enlevé par les soins de la politique aux églises qui lui furent confiées, il ne fit rien pour mériter leurs regrets. Son corps fut transporté à Bidache dans le tombeau de sa famille [1]. » On ne sait auquel du Cardinal de Gramont ou du cardinal du Prat convient le mieux cet éloge obtenu par l'archevêque de Toulouse. « Il fut, dit un autre auteur, fort regretté par le Roi de France, duquel il était singulièrement aimé pour sa prudence, diligence, loyauté et sçavoir, et aussi des princes du sang [2]. » Le chancelier du Prat perdit en lui le coopérateur le plus habile de ses nombreuses négociations, le défenseur le plus constant et le plus sincère de ses innovations hardies.

L'erreur naissante avait vu l'archevêque de Sens présider à sa condamnation ; l'ignorance et l'imposture ne rencontrèrent pas auprès de lui plus d'indulgence et de miséricorde. Le zèle d'Antoine du Prat pour la conservation et pour l'intégrité de la foi n'était pas seulement un zèle plein d'ardeur et de feu, c'était encore un zèle plein de raison et de lumières. Il repoussait également et le mensonge qui la diminue et celui qui l'amplifie et qui l'exagère. Comme il avait châtié l'hérésie, il flagellait à son tour la superstition. Celle-ci, par l'influence des temps, des lieux et des hommes, cherche quelquefois à se mêler à la vérité. Non pas que la foi l'appelle jamais à son aide, ou la supporte même à ses côtés ; mais à des époques de perturbation, et par le

---

[1] M. l'abbé de Montlezun, *Histoire de Gascogne*, t. 5, p. 192 et 214.
[2] Jean Bouchet, *Annales d'Aquitaine*.

calcul de quelques esprits faux et déviés, il arrive que le mensonge cherche à s'imposer à la foi. Il ne saurait ni la corrompre ni la ternir, mais du moins il l'obscurcit et la voile passagèrement.

En 1534, dans un couvent des cordeliers d'Orléans, des frères, d'une piété fausse et fatale, poussés par des influences plus viles et plus coupables encore, avaient feint le retour et l'apparition d'une vieille femme morte dans les doctrines protestantes. On faisait revenir le simulacre de son esprit et de son ombre, avec des gémissements sur son sort et des malédictions sur son erreur. Le chancelier, le Roi lui-même, s'émurent de ces représentations sacriléges, qui jetaient sur la vérité le ridicule et la profanation. Le Roi nomma une commission, le cardinal-légat lui en adjoignit une autre, et toutes les deux, d'après leurs instructions, étudièrent les faits, reconnurent l'illusion, et furent d'accord pour châtier sévèrement les auteurs et les instruments de cette criminelle comédie. Le couvent réclama ses immunités, mais les juges passèrent outre, et les coupables furent condamnés à des réparations aussi publiques que l'avait été leur imposture[1].

[1] Sleidan, *Histoire de la réforme*, t. 1 ; traduction par le Courrayet.

CHAPITRE XLIV.

Accusations dont le cardinal d'Amboise et le cardinal du Prat furent également et successivement l'objet. — L'archevêque de Sens réunit l'évêché de Meaux à ses autres siéges.

Ce serait ici le lieu d'entrer dans la discussion de la plus haute des ambitions d'Antoine du Prat, celle du souverain pontificat, réveillée, dit-on, par la mort de Clément VII, en 1534. Ses soi-disant historiens, se faisant ses calomniateurs, prétendent que l'affection souveraine faillit cette fois au ministre, jusqu'alors omnipotent, et que le prince répondit au légat qui sollicitait son appui et promettait à sa couronne la dépendance de la tiare : « Par ma foi, monsieur le légat, il faudroit que mes coffres fussent plus pleins qu'ils ne le sont pour songer à une entreprise de si grande dépense que celle-là, et dont je craindrois que l'issue ne fust pas plus heureuse pour vous, qu'elle ne seroit avantageuse pour moi[1]. »

Cette anecdote demeurerait incomplète si ses auteurs, après avoir versé le mépris sur l'ambition du chancelier, ne le répandaient point sur l'avidité et la

[1] Brantôme.

vénalité du sacré collége. Selon l'arrangement de leur malice, le légat insista et offrit au Roi quatre cent mille écus pour subvenir aux frais de cette splendide acquisition. A quoi François Ier, trouvant cette somme insuffisante et persévérant dans son refus, aurait répondu : « Je connois trop le grand appétit des cardinaux. »

Sans s'arrêter à la critique qu'appelle cette anecdote, elle se réfute aisément par le grand âge du légat, par les infirmités qui déjà dirigeaient ses pensées vers la mort, par l'intervalle de quelques jours seulement qui fut mis entre le décès de Clément VII et l'exaltation de Paul III, son successeur. Ces quelques jours n'auraient pas suffi pour les brigues de l'ambition la plus active et la plus animée. Mais les droits du silence et du doute à cet égard sont acquis par l'absence des preuves et par le caractère suspect des auteurs qui ont voulu jeter sur sa mémoire le poids et le reproche d'une ambition vaincue.

Est-il certain que cette sublime ambition, si elle exista jamais chez le cardinal du Prat, doive lui être imputée à crime? Serait-il juste et vrai de flétrir toutes les passions, et de ne voir en elles que la bassesse et l'iniquité? N'ont-elles pas souvent aussi leur noblesse et leur héroïsme, selon le but qu'elles se proposent et les moyens qu'elles emploient? Le beau, le bien, le grand, n'ont-ils pas le droit et le don de les faire naître? Et faut-il confondre ensemble la passion sortie des ténèbres avec celle qui descend du ciel et qu'éclaire sa lumière? Un cœur vide de passion manquerait de la religion qui fait les saints et les martyrs, de l'honneur et de la gloire qui font les héros, de l'ardeur qui conduit à la science, de la persévérance et de l'enthousiasme qui mènent au succès.

Pour que le mérite et la vertu soient dignes d'admiration, pour qu'ils suivent la ligne du devoir, ont-ils besoin que l'obscurité et l'humilité cherchent à les soustraire au mouvement, aux regards, à la puissance, à la fortune? La passion du pouvoir n'est-elle pas pour quelques âmes d'élite une aspiration vers le bien, une forme de leur zèle, un besoin de leur activité, l'impulsion mystérieuse et irrésistible d'une intelligence qui souhaite le travail, et qui comprend la gloire et l'honneur; qui désire enfin s'emparer de ces biens pour les distribuer et pour les répandre? Faut-il la confondre avec cette soif de la fortune et de l'autorité, dont la cupidité est le but, dont le mal et le désordre sont la forme maudite?

Il eût été beau sans doute de voir un ministre du Roi de France, un représentant du Pape, franchir le dernier degré qui le séparait encore du trône apostolique, devenir à son tour premier vicaire de Jésus-Christ, et, non point soumettre son pouvoir spirituel à des vues politiques, mais favoriser de ses bénédictions et de son assistance privilégiée le fils aîné de l'Église et le royaume très-chrétien.

George d'Amboise, ce grand et glorieux ministre de Louis XII, n'avait pas été exempt du soupçon qui atteignit Antoine du Prat. A lui aussi cette ambition fut prêtée peut-être et reprochée comme un crime, comme une tache tout au moins. On se plut à donner pour but aux guerres d'Italie, dont il ne détourna pas le Roi son maître, non pas le recouvrement d'un droit, non pas la juste extension de la puissance française, mais les vastes et coupables convoitises du cardinal[1].

---

[1] Eggs, *Purpura docta*, liber 3, p. 298.

Pour ajouter une preuve à cette allégation téméraire, on prétendit qu'à sa mort, le pape Jules II, débarrassé d'un ennemi et d'un rival, dit en respirant : *Lodato sia Dio, perchè adesso io son solo papa*[1]. Bien différent en cela de son Prince, qui accorda des larmes abondantes et sincères à cette perte.

Cette similitude d'ambition entre deux grands ministres, d'accusations tout au moins contre leur mémoire, ne saurait être alléguée comme excuse pour un fait, si ce fait eût été un crime. Une faute ne s'efface pas par une autre faute, un coupable ne se justifie pas par un autre coupable. Mais il est permis de rapprocher par la comparaison de l'envie et de l'injustice dont ils furent victimes, ceux que rapprochèrent les temps et leurs grandeurs, que rapprochèrent davantage encore leur dévouement et leur génie. Il est permis de citer et de réunir deux exemples entre mille de cette basse jalousie qu'excitent les supériorités et la puissance, de cette ingratitude qui récompense souvent les bienfaits.

En poursuivant cette tâche de critique, bien d'autres allégations mensongères rencontreraient de faciles réfutations. Cette lutte serait fastidieuse, et pourrait aisément faire passer de l'ennui au dégoût, grâce à la nature des détails prodigués par les auteurs. Il faudrait, selon eux, enregistrer ici l'obésité du chancelier, arrivée, disent-ils, à tel point que l'on avait été obligé d'échancrer sa table, et qu'il ne pouvait se mouvoir dans sa maison qu'avec des secours étrangers[2]. D'un

---

[1] Eggs, *Purpura docta*, liber 3, p. 298. — Aubéry, *Histoire des Cardinaux*, t. 3, p. 17.

[2] Varillas, *Histoire de François I*ᵉʳ. — D'Auvigny, *Vies des hommes illustres de France*, t. 2, p. 136.

état que l'on peut considérer comme une épreuve, remontant à ses causes, les ennemis du chancelier, pour s'éviter de compatir et de plaindre, voient les fruits de l'intempérance.

Les calomniateurs du cardinal d'Amboise, énumérant ce qu'ils appelaient ses vices et ses fautes, ne lui épargnaient pas la même accusation...... « *Vinum meracius et largius quam leges sobrietatis forent, potaverit*[1]... »

Il n'y a pas un ministre, grand par ses œuvres, par son pouvoir, par son audace, surtout lorsqu'il a su éviter la disgrâce, et qu'il est mort en possession de la faveur, qui ne soit l'objet de telles attaques. En même temps que les vers se disputent ses restes, l'envie, cet autre rongeur, cet autre reptile, sortie des lieux bas et corrompus du cœur, s'attache comme par une émulation fraternelle à sa mémoire sans défense.

Le mensonge et la haine composeraient de leurs œuvres des bibliothèques plus nombreuses et souvent mieux accueillies que celles formées par la vérité, la bienveillance et la gratitude. Les noms les plus glorieux et les plus illustrés par l'histoire, ceux mêmes les plus saints et les plus consacrés par la religion ont tous été tracés et ternis avec leurs poisons ; mais il en sort à la fin une lumière et comme une vertu qui rendent à la vérité son éclat, et qui confondent l'injure.

En cette année 1534, qui fut celle des prétendues ambitions et confusions du légat, il obtint encore l'évêché de Meaux, bien loin d'être tombé dans la disgrâce et dans l'incapacité qui furent, dit-on, le par-

---

[1] Iggs, *Purpura docta*, t. 3, p. 298.

tage de ses derniers jours. Guillaume Briçonnet, son prédécesseur, était mort le 24 janvier, et peu après, une double dispense du Pape et du Roi suspendant pour lui comme pour tant d'autres les lois de l'Église et celles de l'État, remettait entre ses mains le siége de Meaux. Par un hasard assez singulier, c'était le clergé de ce diocèse qui, le premier, avait payé l'imposition des décimes proposée par le chancelier [1]. Le 5 mai 1534, Guillaume du Prat, évêque de Clermont, prenait possession de cette nouvelle église au nom du légat son père [2]. Celui-ci ne la gouverna qu'un an environ, ce qui fut cause de la nullité de son administration. D'ailleurs son saint prédécesseur, malgré quelques imprudences qui avaient signalé son épiscopat, avait porté remède aux dangers qui menaçaient son diocèse, et aux malheurs qui l'accablaient. Après bien des discordes et des animosités intérieures, tout était à peu près calmé, et le reste des abus, devenu du moins discret et paisible, demandait l'application de ce conseil toujours si sage, si souvent oublié, *quieta non movere*.

Si ce nouvel honneur que reçut le cardinal du Prat ne peut être considéré comme une preuve de son respect pour l'esprit de l'Église, et ne peut être cité à l'éloge de son désintéressement, il est du moins un témoignage de la constante faveur dont il jouit auprès du Pape et du Roi, jusqu'à ses derniers moments.

C'était d'ailleurs un usage ou plutôt un abus de ce temps, de combler de titres pris dans l'Église ceux que le Roi voulait élever. Le cardinal-légat, Adrien

---

[1] Don Toussaint du Plessis, *Histoire de l'église de Meaux*, t. 1, p. 324.
[2] *Id., ibid.*, p. 339.

de Gouffier, déjà évêque de Coutances, avait été pourvu depuis de l'évêché d'Alby, auxquels il joignait les abbayes de Bourg-Dieu et de Fécamp. Le cardinal de Gramont possédait avec l'évêché de Tarbes celui de Poitiers et l'archevêché de Toulouse. Le cardinal Briçonnet avait réuni à l'évêché de Saint-Malo les archevêchés de Reims et de Narbonne [1]. On multiplierait à l'infini les exemples de pareilles munificences, et si elles ne légitiment point l'abus, peut-être disculpent-elles l'homme, par l'illusion que donnent toujours l'exemple et l'habitude.

Pour ce qui est d'Antoine du Prat, on pourrait dire ici à sa louange, en interprétant ses pensées, qu'ennemi irréconciliable de l'hérésie, peut-être voulait-il la combattre dans les lieux mêmes qui furent son berceau.

Guillaume Briçonnet, saint et catholique prélat, avait, au début de son épiscopat, involontairement favorisé dans son diocèse la propagation des idées nouvelles. Ami des lettres autant que le Roi François Ier, il avait attiré près de lui pour les enseigner, les hommes qui les cultivaient avec le plus de succès. Guillaume Farel, François d'Étaple, Jacques d'Étaple et quelques autres furent de ce nombre [2]. Si leur esprit avait déjà conçu l'erreur, leur bouche du moins ne l'avait pas encore publiée, et leur adresse la retenait captive, se préparant à l'insinuer avant de la divulguer. Ce fut pour Guillaume Briçonnet l'occasion de repentirs, d'embarras, et d'accusations qui ne ralentirent point son zèle et qui n'altérèrent en rien sa vertu ni son honneur,

---

[1] Aubéry, *Histoire des Cardinaux*, t. 3 et 4, passim.
[2] Don Toussaint du Plessis, *Histoire de l'église de Meaux*, t. 1, p. 324.

mais qui purent inspirer au légat le désir d'exercer son autorité réparatrice, là où l'erreur avait porté ses premiers efforts et causé ses premiers ravages. La brièveté de son administration ne lui donna pas le loisir de soutenir une lutte qui d'ailleurs ne fut point alors soulevée. Mais sous Louis de Brézé, son second successeur, elle reprit de part et d'autre ses plus cruelles ardeurs [1].

Si les passions politiques et les fureurs religieuses attaquèrent constamment la position et le caractère d'Antoine du Prat, ceux de son nom ne furent pas, pendant son existence, exempts des effets de la haine dont il était l'objet. En décembre 1534 « Antoine du Prat, dit alors Monsieur de Nantouillet, allant au devant de Monsieur le légat son père qui revenait de Tours, fut, entre Paris et Lonjumeau, assailli par des brigands soudoyés qui le laissèrent pour mort, et tuèrent un homme de sa suite [2]. A cette époque si rapprochée de la mort du chancelier du Prat, la mémorable et prétendue disgrâce du ministre dont on tire un si grand argument contre lui n'avait point encore donné ses premiers signes; son immense faveur portait tous ses fruits.

Le 9 décembre 1534, sept mois, jour pour jour, avant le décès du cardinal, le Roi lui écrivait de Bonneval les lignes suivantes à l'occasion de l'attentat dont son fils avait été l'objet :

« ..... Je vous advise que j'ay esté très ayse d'entendre que Nantouillet soit hors de danger, et veulx

---

[1] Don Toussaint du Plessis, *Histoire de l'église de Meaux*, t. 1, p. 350.
[2] Fonds Dupuy, n° 742. — Fonds Bouhier, n° 63. — *Journal d'un Bourgeois de Paris*, p. 439.

qu'il soyt faict extresme poursuyte pour prendre les malfaicteurs qui luy ont faict cet oultrage, et que l'on en face telle pugnition qu'elle doibve donner crainte à tous aultres. Et sur ce, faisant fin, je prieray Dieu, Monsieur le légat, qu'il vous ayt en sa garde.

» Francoys [1]. »

Les vœux du Roi furent exaucés, ses ordres exécutés. « ..... Lesquelz prins, furent par sentence du lieutenant-criminel Morin, confirmé par arrest, brulez [2]. »

M. de Nantouillet ne fut pas le seul de la famille auquel s'adressa la haine populaire vouée au chancelier. Dès 1528, durant tous les troubles et tous les dangers auxquels la France était en proie, François du Prat, cousin du chancelier et son secrétaire, avait été tué à Lyon « par le baron de Laurencin, de grosse maison [3]. » Celui-ci, poursuivi et arrêté à cause de ce meurtre, fut condamné à être décapité. Mais par grâce du Roi, et parce qu'il avait épousé la sœur du vice-roi de Naples, il eut la vie sauve, à condition de satisfaire aux héritiers de sa victime.

---

[1] Fonds Dupuy, 485-86 f° 81.
[2] *Journal d'un bourgeois de Paris*, p. 439.
[3] *Ibid.*, p. 431. — *Mémoires domestiques.*

CHAPITRE XLV.

Derniers efforts du chancelier du Prat en faveur du catholicisme. — Sa mort digne et chrétienne.

Le cardinal du Prat, malgré les premiers sentiments de sa dernière maladie, donnait toujours sa sollicitude et ses soins aux affaires de l'État, lorsque surtout ces affaires concernaient en même temps la religion. L'erreur ne se lassait pas de poursuivre ses entreprises, soit par la violence lorsqu'elle lui promettait la victoire, soit par l'adresse et par la perfidie lorsque le succès paraissait attaché à leurs pratiques. « Aucuns particuliers, simples grammairiens ou rhétoriciens, non ayant estudié en faculté, s'efforçaient lire publiquement la sainte Escripture, et icelle interpréter [1]. » Ils affichaient de toutes parts dans Paris des billets « dont pouvoient procéder plusieurs inconvénients, mesmement contre la foy et chose publique chrestienne [2]. » François Vatable, professeur de lettres hébraïques et plusieurs de ses collègues, étaient les provocateurs de

---

[1] Don Félibien, *Histoire de la ville de Paris*, t. 5.
[2] *Id., ibid.*

ces réunions illicites, et devaient y commenter le livre des psaumes et les proverbes de Salomon [1]. Ils furent appelés devant la cour, réprimandés par elle, et reçurent la défense de se mêler d'explications étrangères à leur enseignement.

En 1535, un nouvel et utile effort contre la réforme signala les derniers jours du légat. On suppliait François Ier de voir seulement Mélanchton, l'un des plus beaux génies d'entre les protestants, celui de tous qui joignait à la plus éminente capacité la plus attrayante modération et la force la plus entraînante.

La Reine de Navarre surtout demandait instamment au Roy une audience en sa faveur. Tendrement aimée de son frère auquel elle s'était tant de fois dévouée, elle exerçait sur lui par des caresses une influence égale à celle que les sectaires avaient obtenue près d'elle par leur habileté. Son esprit curieux et orné, attiré par la nouveauté, charmé par les lettres, le style, le langage, la poésie, avait accueilli l'erreur qu'ils portaient avec eux et qu'ils insinuaient avec séduction. Cependant cette grande princesse, dont une des gloires fut d'être l'aïeule de Henri IV, et de mêler ainsi le sang des Bourbons et celui des Valois, *mourut bonne chrétienne et catholique* [2]; et durant les années qui précédèrent sa mort, arrivée en 1549, *elle donna dans toute sa conduite les preuves d'une piété sincère* [3]. Mais alors elle éprouvait un fatal penchant pour la réforme et accordait une coupable protection à ses propagateurs. Clément Marot, Vatable, Roussel, Calvin lui-même s'étaient

---

[1] Don Félibien, *Histoire de la ville de Paris*, t. 5, p. 682.

[2] Brantôme, *Vies des dames illustres et françoises*, p. 226. — Florimond, p. 856.

[3] M. l'abbé de Montlezun, *Histoire de Gascogne*, t. 5, p. 942.

réfugiés à sa cour [1]. Cherchant à connaître leurs doctrines, elle se surprenait à les accepter et à les aimer. Elle passait d'une nouvelle étude à une autre foi. Le Roi, touché par ses instances, se souvenait moins de ses anciennes indignations; peut-être ne fallait-il plus qu'un pas et qu'un mot pour que d'ennemi de l'hérésie il devînt enfin son allié.

Le cardinal de Tournon et le cardinal du Prat, craignant les influences et les dangers que l'entrevue préparée par la Reine de Navarre pourrait amener, surent agir avec tant d'habileté et de persévérance, que Mélanchton ne fut pas admis [2]. Le chancelier eut ordre de lui faire retirer le passeport qui déjà lui avait été accordé.

Raffermi dans sa foi par cette résolution généreuse et par ces influences bienfaisantes, le Roi, retrouvant les lumières habituelles à son esprit, disait de l'hérésie naissante : « qu'elle et toute autre nouvelle secte tendaient plus à la destruction des royaumes, des monarchies et dominations, qu'à l'édification des âmes [3]. » Et plus tard, il prononçait ces paroles devenues historiques : « L'hérésie me paraît si funeste, que si mon bras était infecté déjà de ce venin, je le couperais sur l'heure, et je n'épargnerais même pas mes propres enfants, s'ils avaient le malheur de se laisser pervertir [4]. »

Ce fut le 9 juillet 1535 qu'Antoine du Prat, ce grand ministre, *qui pouvoit tout et osoit tout*, disaient ses contemporains, mourut à l'âge de soixante-douze ans,

---

[1] Florimond de Rémond, p. 846. — M. l'abbé de Montlezun, *Hist. de Gascogne*, t. 5, p. 183.
[2] De Limiers, *Annales de la France*, p. 239. — *Mémoires domestiques*.
[3] Brantome, *Vie de Marguerite reine de Navarre*, p. 220.
[4] M. l'abbé de Montlezun, *Histoire de Gascogne*, t. 5, 224.

comblé de biens et d'honneur[1], en son château de Nantouillet, qu'il avait fait élever et enrichir avec un luxe et une complaisance tels que sa magnificence et sa fortune les pouvaient autoriser. Cet événement est inscrit sur les registres du parlement en ces termes laconiques, dictés par la vérité en dépit de la haine :

« Trespas de messire Antoine du Prat, chevalier, chancelier de France et légat, homme de très-grande conduite, étant à Nantouillet, au lieu duquel fut messire Antoine du Bourg, fait et créé chancelier de France, qui étoit auparavant second président au parlement. » Depuis peu, et sans dépouillement de ses titres, dans la plénitude desquels il expira, Antoine du Prat avait cherché la solitude, qui était pour lui le lieu du repos et non celui de la disgrâce, comme l'ont insinué ses ennemis et répété leurs échos. La confiance et l'estime du Roi l'accompagnèrent jusqu'à sa mort et lui survécurent quoi qu'on en dise. François Ier en donna la preuve en choisissant pour son successeur, au poste de chancelier, Antoine du Bourg, comme Antoine du Prat, natif d'Issoire en Auvergne, que celui-ci avait élevé par degrés à sa suite dans toutes les charges qui lui préparaient la possession des sceaux, et qui l'avait mis sous les yeux du Roi, *pour le lui insinuer audit office après lui*[2]. Une autre preuve de cette faveur, toujours invariable comme les services qui l'établissaient, une nouvelle justification de cette fortune colossale expliquée par tant d'augustes bienfaits, se rencontrent dans la permission qui, le 13 mars 1534, fut accordée à du Prat, à Montmorency, à Brion, d'accepter

---

[1] P. Anselme, *Histoire des grands officiers de la couronne*, t. 6, p. 452.
[2] *Journal d'un bourgeois de Paris*, p.

les présents du Roi d'Angleterre, faveur qui, le 20 février 1535, fut confirmée par lettres patentes, défendant aucune recherche à ce sujet[1].

Antoine du Prat expira en témoignant de grands sentiments de piété et en ordonnant de faire beaucoup de prières et d'aumônes après sa mort. Les actes de sa vie, dans lesquels les sentiments de religion et les œuvres de charité tinrent une place considérable, devaient le conduire à cette fin si chrétienne et si digne, et non pas à la fin pleine d'anxiété, de remords et de désespoir qu'inventent ses ennemis.

Pierre de Saint-Julien, historien du XVIe siècle, après avoir attaqué le chancelier du Prat dès le berceau, figure encore au nombre de ses adversaires pour l'accuser sur son lit de mort; dans son style pittoresque et avec ses romanesques détails, il avait dit de son origine : « ..... Le port de l'eau bénite avoit avancé deux personnages de fort différente humeur : l'un fut messire Jean-Germain, natif de Cluny, qui ayant porté l'eau bénite à Notre-Dame-des-Paneaulx, paroche dudit Cluny, devint docteur en théologie, évêque premièrement de Nevers, puis Challons, chancellier de l'ordre de la Toyson sous le bon duc Philippe, en a laissé plusieurs œuvres rendantes témoignage de son sçavoir et excellence d'esprit; l'autre fut Antoine du Prat qui, gravissant de degré en degré, parvint à estre chancellier de France, et faict prestre et cardinal, trouva moyen de devenir légat en France[2]. »

Après avoir ainsi maltraité les premières années du chancelier du Prat, le doyen de Châlon insulte en ces

---

[1] Manuscrit Dupuy, fos 34 à 846.

[2] P. de Saint-Julien, *De l'origine des Bourgongnons, discours sur les antiquités de Châlons*, p. 466.

termes à ses derniers jours et à sa vie tout entière :
« ..... Antoine du Prat ayant gaigné le premier rang en la justice, étendit l'authorité du chancelier plus avant qu'elle n'avoist jamais esté. Et, pour s'y maintenir, s'employa de corps et d'âme à la seule utilité de son Roy. Pour auquel gratifier en aggrandir la gloire (selon son opinion), il ne craignoit préjudicier à tous aultres. Dont touché de repentance, instant l'heure de sa mort, il dist que s'il eust esté aussi soigneux du service de Dieu que de celuy de son maistre le Roy, il penseroist estre logé en paradis pardessus tous les apostres [1]..... »

Quand, pour démentir ces allégations d'une naissance obscure, d'une enfance pauvre, d'une vie coupable et d'une mort désolée, l'histoire mieux étudiée n'aurait pas les faits et les preuves dont elle abonde, elle infirmerait toutes ces imputations en approfondissant le caractère de Pierre de Saint-Julien, et en pénétrant l'esprit de ses travaux. Il fut attaqué lui-même, et non sans cause, dans la fidélité de ses ouvrages et dans la régularité de ses mœurs [2]. Son seul côté vraiment digne de louange fut son attachement au catholicisme. Du reste, ardent ligueur, il porta la passion dans ses opinions politiques; adversaire intolérant, il jeta le mépris sur tous ceux qui combattaient ses principes. L'entêtement était un des traits dominants de son caractère. Le paradoxe fut tout à la fois son amour et son orgueil. Il en professait hautement le culte et l'habitude, ayant intitulé de *Mélanges paradoxalles* l'un de ses ouvrages les plus estimés par lui-même.

---

[1] P. de Saint-Julien, *De l'Origine des Bourgougnons: discours sur les antiquités de Mascon*, p. 300.

[2] Papillon, *Bibliothèque de Bourgogne,* additions et corrections, 30.

La citation empruntée à ses œuvres au sujet d'Antoine du Prat ne fournit donc point de nouveaux matériaux à l'histoire du chancelier, et n'établit point d'appréciations fâcheuses à son sujet. Elle est un acte de fidélité consciencieuse, une preuve de plus du caractère général de tous les ennemis de ce grand ministre. Tout en donnant la parole à la justice et à la vérité, il fallait, pour respecter l'impartialité, la laisser quelquefois aussi à la prévention et à la haine, pourvu toutefois qu'à la fin du débat le triomphe appartînt à la bonne cause.

Noblement né par le privilége de son rang et de son nom, et par le choix de la Providence, Antoine du Prat mourut plus noblement encore dans le calme de sa conscience et dans les confiants et religieux sentiments inspirés par sa foi. Les traditions de famille le constatent[1], non moins que le témoignage des historiens désintéressés et bien informés.

Antoine du Prat se préparait d'ailleurs dès longtemps à ce moment solennel, et dont les hasards et la surprise ne sauraient trop être écartés. Un auteur équitable et impartial, énumérant le nombre des honneurs qu'il avait réunis et le faîte des grandeurs auquel il était parvenu, conclut par ces mots : « ..... Après quoy, comme il ne pouvoit plus avoir de prétentions que dans le ciel, ny agir comme autrefois dans les affaires, pour être trop chargé de graisse et incommodé par la vieillesse, il consacra le reste de ses jours à la dévotion, et redoublant sa piété à mesure qu'il sentoit diminuer ses forces, il fit l'année même de son décès de fort grands biens à l'Hôtel-Dieu de Paris[1]..... » Enfin, les lignes

---

[1] *Mémoires domestiques.*
[2] Aubéry, *Histoire des Cardinaux*, t. 3, p. 351.

suivantes donnent le tableau fidèlement tracé de sa carrière si bien remplie et justement comprise. Guillaume Paradin, son contemporain, doyen du chapitre de Beaujeu, les consacra à sa mémoire après avoir été le témoin indépendant de ses travaux : « *On recognoit les vertus des gens de bien après qu'ils sont morts ;* et mourut messire Antoine du Prat, légat et chancelier en France, en son vivant homme fort exercité en tous estats et manières de vivre ; et fut le décours de sa vie passé en élévations de grandes dignités, ès quelles il fut élevé de degré en degré jusques au faict du principal gouverneur de toute la république, laquelle estant en grands troubles, tempestes et émotions, gouverna si prudemment que les ennemys rien n'entreprirent sur iceluy. Il étoit en adversités constant, ne voulant céder aux insultes de la fortune ; en prospérité prudent et modéré, dont se montra son savoir, vertu et expérience, homme rare et qui étoit nécessaire au faict de la restitution du Roy. Iceluy fut ensépulturé en l'église cathédrale de Sens, de laquelle il avoit esté archevesque, et ne connut-on jamais ledit seigneur jusqu'à ce qu'on l'eût perdu [1]. »

Un écrivain moderne, peu favorable d'ailleurs à bien des traits du caractère du chancelier, mais impartial du moins dans ses jugements et guidé par la conviction et non par la passion, dit en concluant sa biographie : « Du Prat réunissait les qualités qui distinguent un homme d'État. Il avait la prévoyance, la décision, la fermeté ; il mérite donc une place éminente parmi les ministres qui ont gouverné les peuples et les Rois [2]. »

---

[1] Guillaume Paradin, *Histoire de notre temps*, p. 273.
[2] *Dictionnaire de la conversation*, t. 21.

CHAPITRE XLVI.

Munificences et libéralités du chancelier du Prat : emploi qu'il fait de sa fortune pour le bien de la religion et pour celui des pauvres. — Son fils Guillaume du Prat hérite de sa charité comme de son opulence. — Confiscations ordonnées par le Roi après la mort du chancelier.

Si de l'origine des richesses d'Antoine du Prat, suffisamment expliquées par les bontés royales et les munificences étrangères, l'on passait à l'examen de leur emploi, on verrait l'hôtel de Sens achevé par ses soins. Il fit bâtir aussi la porte du cloître des Augustins pour entrer au chœur ; l'Hôtel-Dieu de Paris fut agrandi avec munificence, « le tout de ses deniers et à ses dépens, et pour quoy faire il acheta trois ou quatre maisons pour en faire l'accroissement, et y donna deux cents lits garnis de bois et de linge[1]. Il a laissé des marques de sa vertu singulière et de sa piété et charité tout ensemble, en divers endroits du royaume, et notamment à l'Hôtel-Dieu de cette ville de Paris, qu'il fit augmenter d'une belle salle et d'un grand portique de pierres de taille, etc....... On appelle encore aujour-

---

[1] Don Félibien, *Histoire de la ville de Paris*, t. 2, p. 995.

d'hui cette salle la salle du Légat¹. » Bien éloigné de chasser de sa pensée et d'exclure de sa sollicitude, comme on l'en a accusé, la ville d'Issoire, son berceau, il voulut l'enrichir d'une Université : mais celle de Paris s'y opposa².

Oubliant en quelque sorte, ou plutôt pardonnant les injures qu'il avait reçues des religieux de Saint-Benoît-sur-Loire, il embellit magnifiquement cette abbaye. Il enrichit de marbres précieux, de jaspe et de porphyre, qu'il fit venir à ses dépens et à grands frais d'Italie, le sanctuaire de l'église. Il construisit en matériaux semblables, ou non moins précieux, un arc de triomphe pour les châsses de saint Benoît et pour les reliques des autres saints³.

Si les couvents, les églises, les hôpitaux obtinrent ses premiers soins, les arts profanes ne furent point exclus de sa sollicitude. Il en prodigua les merveilles en son hôtel d'Hercule, dont il a été déjà question, et dans son château de Nantouillet. Des douves d'une profondeur extrême et d'une largeur égale, creusées par ses soins, en défendaient les abords. Une noble pensée, et comme une protection céleste dominaient les ornements héraldiques et exquis de son délicieux portail. Il était surmonté d'une statue de saint Jean-Baptiste, et cette devise : *Virtuti fortuna supersit* (que le succès demeure au courage) exprimait l'espoir et le vœu de sa vie tout entière. L'escalier, dont les vestiges existent encore, était un idéal d'élégance et de légèreté.

---

¹ F. Duchesne, *Histoire des Chanceliers de France.*
² Chabrol, *Coutumes d'Auvergne*, t. 4, p. 622.
³ *Gallia Christiana*, t. 8, col. 1566.

Le blason d'Antoine du Prat se retrouvait sculpté sur les cheminées et sur les portes. Les trois trèfles de son écusson composaient les serrures et s'ajustaient à tous les ornements. En souvenir du Prince qu'il servait, les fleurs de lys et la salamandre se mêlaient à ses emblèmes personnels, et réunissaient ainsi la flatterie du courtisan au témoignage de la soumission du sujet fidèle. La chapelle surtout avait reçu les embellissements de sa piété et de son goût; elle portait l'empreinte et l'inspiration de sa religion et de ses pensées élevées; elle ne présente plus guère aujourd'hui que des débris.

Toutes ces recherches de l'art que l'unité du style rendrait plus merveilleuses encore avaient été exécutées avec une prodigieuse rapidité : les dernières années de l'existence du chancelier avaient suffi à leur accomplissement. Il y mit la dernière main avant de rendre son dernier soupir : ce n'est point faire injure au Primatice, ce célèbre architecte de Fontainebleau et de Meudon, que de lui attribuer comme le font la tradition et les mémoires de la famille, le plan et la construction du château de Nantouillet. Quelques opinions inutiles à vérifier veulent que maître Roux, cet émule et quelquefois ce rival jaloux du Primatice, ait contribué à sa décoration. Quoi qu'il en soit, le château de Nantouillet était dans sa splendeur, et demeure encore dans ses ruines un titre d'honneur pour l'architecte qui en conçut la pensée, et pour le personnage qui choisit un tel ouvrier, et dont le goût adopta de tels plans. Les châteaux de Blois et de Chambord n'offrent pas dans leur grâce et dans leur élégance des détails plus charmants que ceux dont les restes sont encore admirés autour de la grande porte du château de Nantouillet.

Des soins moins nobles et cependant permis veillaient en ce lieu à la conservation des richesses d'Antoine du Prat. Dans les souterrains se voit encore un caveau revêtu de pierres de liais, dans lequel la tradition rapporte que ce ministre versait et conservait ses trésors, et auquel la voix publique a donné le nom de *bourse du chancelier*.

Ces précautions personnelles et ces embellissements de sa demeure n'étaient pas les seuls témoignages de préférence qu'Antoine du Prat donnât à Nantouillet. En l'année 1520, sa sollicitude pour les intérêts généraux du pays, avait obtenu du Roi des lettres par lesquelles il établissait en ce lieu, *deux foires en l'an, et ung jour de marché la sepmaine*, « à la supplication, requeste, de nostre dit chancellier, et en faveur des bons, louables et recommandables services que de jour en jour nous fait à nos plus grans et urgens affaires, et espérons que fera cy-après [1].......... »

Le château de Nantouillet, que quelques auteurs nomment *cette place*, tant elle était environnée de protections considérables, fut donc élevé par le chancelier avec des frais immenses. Une énorme tour de briques en protégeait l'entrée; elle s'élève encore, comme d'un abîme, du fond des larges fossés d'enceinte, elle semble y avoir jeté des racines que le temps est impuissant lui-même à arracher.

L'histoire, comme le dessin du château de Nantouillet, atteste son importance, et cette importance consacre une fois de plus la puissance et la richesse de son fondateur. C'est ici le lieu de dire un mot de ses destinées.

Après avoir été une splendide demeure dans laquelle

---

[1] Archives impériales. Reg. des Communautés.

la religion, les arts et l'opulence prodiguèrent leurs inspirations, leur luxe et leur goût, le château de Nantouillet acquit une célébrité politique. Antoine du Prat, baron de Thiers et de Thoury, prévôt de Paris, chevalier de l'ordre du Roi, le reçut du chancelier son père ; il le transmit intact et peut-être embelli à son fils Antoine du Prat, aussi baron de Thoury, et prévôt de Paris à son tour. Celui-ci, dont Anne d'Alègre était la mère et dont Anne de Barbançon était la femme, dut à ces deux illustres noms d'avoir l'existence environnée de drames et de terreurs. Après sa mort, arrivée en 1588, et durant la minorité de son fils, Michel-Antoine du Prat, le duc de Nemours considérant la force et la position du château de Nantouillet, s'en empara au nom de la ligue et en confia la garde à un banquier connu sous le nom d'Alphonse. Mais Henri IV s'occupant en 1590 du siége de Paris et délibérant d'aller prendre Meaux, fit chasser du château de Nantouillet ces révoltés et leur capitaine. Il ordonna que de nouvelles fortifications fussent ajoutées à celles qui n'avaient pas suffi pour le protéger contre l'usurpation et la révolte, et il le fit remettre à Jacques-Auguste de Thou, qui en prit possession par droit de tutelle comme ayant épousé Marie de Barbançon, sœur d'Anne, mère des enfants mineurs d'Antoine du Prat. Secondé par une forte garnison et par le capitaine l'Angevin que l'on mit sous ses ordres, Jacques de Thou répondit au Roi sur sa tête que cette place lui demeurerait fidèle, et que pendant trois semaines au moins elle arrêterait l'ennemi, supposé qu'il vînt se heurter contre elle [1]. Il

---

[1] *Histoire universelle*, de J.-A. de Thou, t. 7, p. 660 ; édition de la Haye.

tint parole, et les générations qui suivirent celle que
le Roi réintégrait ainsi dans ses droits, héritèrent des
biens comme de la loyauté de leurs pères. Ils possédèrent Nantouillet jusqu'au commencement du
xviii° siècle. A cette époque, MM. Lallemand l'achetèrent à la maison du Prat, et prirent le nom de comtes
de Nantouillet. Ils possédèrent cette belle terre et furent seigneurs de Nantouillet et de Juilly avec la magnificence permise par leurs charges de fermier général,
d'intendant d'Alençon, de receveur général des finances. Une révolution impie, sanguinaire et spoliatrice,
les dépouilla de cette demeure si pleine de souvenirs,
et qu'à leur tour ils avaient embellie avec goût et possédée avec honneur. En même temps elle faisait expier
à la maison du Prat, par la perte de Viteaux, de Formeries et de ses autres biens, un dévouement qui
comptait plusieurs siècles d'inébranlable durée. L'exil
ou l'échafaud, la confiscation et la médiocrité furent
le terme auquel aboutirent ces grandes existences. Nouveaux honneurs, il est vrai : honneurs du martyre et de
la persécution ajoutés à ceux de la fortune et des grandeurs qui les avaient distingués jusqu'alors. Un même
dévouement à la même couronne, au même principe,
leur valut successivement ces distinctions opposées.

Une autre demeure, un pays voisin de Nantouillet,
se ressentit encore de la magnificence et de la charité du chancelier du Prat. Le château de Varesner,
près de Noyon, appartenait au cardinal. Il l'aimait, et
il l'embellissait en conséquence. Il y dépensait, disent
les chroniques, plus de 200,000 francs par an.

De cette résidence que le roi Louis XIII habita, en
1640, il ne reste plus que les grandes avenues. Ses imposantes constructions, son vaste parc, son orangerie,

n'ont plus laissé de traces. Mais le souvenir en existe encore, et l'on se plaît surtout à consacrer celui de l'hôpital que le chancelier avait fait construire à Varesner pour les pauvres des environs. On enregistre encore le prix annuel de cent pistoles, qu'à l'instar de Saint-Médard établissant la Rozière de Salency, Antoine du Prat avait fondé pour les trois filles les plus vertueuses de Varesner, de Canny, de Pontoise, de Merlincourt et autres villages environnants.

En résumant ainsi les actes et les travaux de ce grand ministre, on reconnaît partout en cette recherche édifiante et souvent curieuse, les fruits de sa foi, les œuvres de sa charité, les effets de son goût éclairé : et son opulence servirait à sa louange comme elle servit à sa grandeur et à tant de bienfaits.

Guillaume du Prat, fils du chancelier, évêque de Clermont, se chargea de continuer les efforts de son zèle catholique, et de sanctifier sa part de l'héritage paternel. Le roi François Ier le nomma pour assister au concile de Trente, et lui écrivit même plusieurs lettres flatteuses à ce sujet[1]. Il y fut assis près du cardinal de Rambouillet, dont ses arrière-neveux obtinrent l'alliance. A son retour, tandis que François de Borgia, duc de Candie, fondait en Espagne les premiers établissements de la compagnie de Jésus, Guillaume du Prat introduisait les Jésuites en France, selon la promesse qu'il en avait faite aux pères Salméron et Lainez, ces deux lumières du concile[2]. Il les fondait, les dotait, couvrait l'Auvergne de ces utiles couvents. « Estant

---

[1] Bibl. imp., Manuscrit d'Audigié, *Histoire de Clermont*, t. 2.

[2] *Histoire des religieux de la compagnie de Jésus*, publiée à Utrecht, t. 1, p. 110.

charmé de trouver dans cette société des hommes d'une charité plus digne des premiers siècles de l'Eglise que des derniers, il forma le dessein d'en amener en France et de leur procurer des établissements autour de lui, afin qu'il eût toujours comme un corps de réserve qui fût sans cesse aux aguets, pour faire en sorte que la mauvaise doctrine n'y trouvât pas la moindre entrée[1]. » Les colléges de Mauriac dans la haute Auvergne, et de Billom dans la Limagne, lui durent leur fondation et leur existence[2]. Dix-huit bourses établies par lui dans le collége de Billom pour dix-huit pauvres écoliers de son diocèse, furent supprimées avec les Jésuites sous le règne de Louis XV et le ministère du duc de Choiseul.

Guillaume du Prat ne bornant pas ses bienfaits aux limites de son diocèse, tira les Jésuites de leur étroite maison de la rue des Lombards, les mit d'abord dans son propre hôtel, celui des évêques de Clermont, rue de la Harpe, à Paris. Il leur donna, avec le consentement de son chapitre, ce même hôtel, situé près de la porte Saint-Michel et du couvent des Cordeliers[3]. Il leur donna de son vivant et leur légua après sa mort des sommes considérables. Il se dépouilla pour eux des seigneuries de Comède-le-Mode et d'Amans-l'Armentière, à l'aide desquelles ils achetèrent, en 1563, l'hôtel de la Tour de Langres, rue Saint-Jacques, où ils bâtirent le collége de Clermont ainsi nommé du siége de leur bienfaiteur, et qui depuis fut connu sous le nom de collége Louis-le-Grand[4]. Saint Ignace de Loyola, reconnaissant de tant de zèle et de tant d'assistance,

---

[1] Bibl. imp., Man. d'Audigié, *Histoire de Clermont*, t. 2.
[2] *Résumé de l'histoire d'Auvergne*, par un Auvergnat.
[3] Bibl. imp., Man. d'Audigié, *Histoire de Clermont*, t. 2.
[4] Don Félibien, *Histoire de la ville de Paris*, t. 2, p. 1094 et 1097.

écrivit au père Viole de faire sa profession entre les mains de Guillaume du Prat. Celui-ci, empêché pour cause de maladie, délégua l'abbé de Sainte-Geneviève, qui reçut pour le prélat les vœux solennels du premier profès de l'Église de France. Joignant le courage à la munificence, l'évêque de Clermont fut le seul parmi tous ses collègues assemblés à Paris qui se prononça en faveur des jésuites, lorsque ceux-ci furent attaqués par le parlement, par l'Université, par les facultés de théologie. Interdits par Eustache du Bellay, ils se réfugièrent sur les terres de l'abbaye de Saint-Germain-des-Prés, exempte de la juridiction épiscopale. Ces rigueurs excessives ralliant quelques esprits distingués à leur cause, le cardinal de Lorraine et plusieurs autres évêques se réunirent à Guillaume du Prat pour affirmer avec lui que l'introduction de ces pères serait un bienfait pour l'État[1]. Tant de zèle obtint enfin la bénédiction du ciel et les complaisances du Roi, il fut permis à la compagnie naissante de vivre et de posséder en France.

Pour suivre jusqu'à son terme cette carrière de religieux bienfaits, Guillaume du Prat institua les pauvres de l'Hôtel-Dieu ses héritiers. Il leur laissa plus de cent mille livres, somme énorme pour l'époque. Il fit plusieurs legs importants aux Minimes de Beauregard qu'il avait fondés. Il légua une somme de cent livres à chacun des couvents de Sainte-Claire en France[2]. « Enfin on peut dire avec vérité que l'on rencontre peu d'évêques qui aient jamais exprimé leurs dernières volontés d'une façon en même temps plus grande, plus généreuse, plus utile au bien de la religion, ainsi qu'au

---

[1] Crétineau-Joly, *Histoire de la Compagnie de Jésus*, t. 1, p. 315.
[2] Bibliothèque de la ville de Clermont. Testament de G. du Prat.

soulagement des pauvres, qui furent pendant toute sa vie l'objet de ses plus tendres affections et de ses plus constantes sollicitudes [1]. »

Comme si le nom du chancelier du Prat et le concours de ceux de sa maison devaient être attachés à chacun des actes qui établirent ou qui favorisèrent en France l'extension de la compagnie de Jésus, ce fut, en 1580, Antoine du Prat, chevalier de l'ordre du Roi, son chambellan, seigneur de Nantouillet, baron de Thiers, de Thoury, de Viteaux, prévôt de Paris, qui, en cette dernière qualité, prêta son ministère au don que Charles, cardinal de Bourbon, légat d'Avignon, archevêque de Rouen et primat de Normandie, fit aux jésuites, de l'hôtel d'Anville et autres maisons, appartenances et dépendances, situées rues Saint-Paul et Saint-Antoine à Paris, pour qu'ils en fissent leur maison professe [2].

Non content de ces magnifiques largesses et de cette justification de la fortune qu'il avait reçue du légat son père, Guillaume du Prat abandonna son château de Beauregard aux Minimes, bâtit un hôpital dans sa ville épiscopale, établit les Chartreux dans le haut pays. L'abbaye de Mauzac, les prieurés de Crespy et de Ruel, les Carmes de Clermont se ressentirent de ses bienfaits. « La libéralité de cet évêque a de quoy surprendre. On ne comprend qu'avec peine comment il a pu trouver de quoy fournir à son zèle qui luy inspiroit sans cesse de faire de nouveaux établissements [3]. Enfin, le 22 octobre 1560, il mourut béni pour ses largesses

---

[1] M. le comte de Résie, *Histoire de l'Église d'Auvergne*, t. 3, p. 468.
[2] Don Félibien, *Histoire de la ville de Paris*, t. 3, p. 732.
[3] Bibl. imp., Man. d'Audigié, *Histoire de la ville de Clermont*, t. 2.

et ses aumônes. Il choisit sa sépulture dans l'Église du collége des Jésuites qu'il avait fondée à Billom, ville de son diocèse. Son testament augmenta les donations qu'il avait déjà faites en faveur de ces religieux et des pauvres écoliers [1].

De plus, il légua 56 livres de rente à Jean du Vair, avocat au parlement de Paris, « pour entretenir aux études Guillaume du Vair son fils, qui étoit son filleul : c'est le même que l'on vit dans la suite premier président au parlement de Provence, évesque de Lisieux, et garde des sceaux de France [2]. »

Toutefois la fortune du chancelier n'était pas arrivée intacte entre les mains de Guillaume du Prat, entre celles d'Antoine du Prat, seigneur de Nantouillet, prévôt de Paris son frère, et celles de la baronne d'Arpajon leur sœur. « Le bruit couroit que le Roy en amenda de moult grands deniers, et montra qu'il fust son principal héritier, car il avoit acquis merveilleuses finances en ce temps [3]. » Les yeux du cardinal n'étaient pas encore fermés que le Roi, qui attendait son dernier soupir et qui le croyait rendu, « envoya M. de Brion, admiral de France, qui eut ordre de tout saisir, et mettre en la main du Roy tous ses biens, et fit tout sceller, tant en son château de Nantouillet qu'en sa maison d'Hercule et dans sa maison archiépiscopale de Sens, assise à Paris [4]. » Le chancelier entendant cette nouvelle, s'était ranimé avec tout le déplaisir qu'il en devait concevoir. Il envoya à François Ier ses plaintes, en l'as-

---

[1] Don Félibien, *Histoire de la ville de Paris*, t. 2, p, 1097. — M. Bouillet, *Tablettes historiques de l'Auvergne*, t. 8, p. 229.

[2] Bibl. imp., Man. d'Audigié, *Histoire de la ville de Clermont*, t. 2.

[3] *Journal d'un bourgeois de Paris*, p. 460.

[4] *Journal d'un bourgeois de Paris*, p. 461.

surant d'une existence qui lui était encore dévouée. Sur quoi, le Roi, cruel cette fois pour le dernier soupir que son ministre allait rendre, lui fit dire *qu'il ne le traitoit pas plus mal qu'il ne lui avoit autrefois conseillé de traiter les autres*[1].

Pour l'honneur de François Ier et d'après l'expérience des cours, ne serait-il pas permis d'attribuer cette réponse à d'infidèles messagers, qui, jaloux et ingrats, comme on l'est souvent autour des princes, poursuivaient par l'insolence un pouvoir maintenant désarmé, et voulaient que le dernier soupir d'un ministre longtemps redouté, au lieu d'être celui d'une tranquille et glorieuse vieillesse, fût celui du remords, de la confusion et du désespoir?

Il fut trouvé, disent les historiens du temps, en l'hôtel d'Hercule, des sommes considérables « qui furent emportées par le Roy, pour et à son prouffict[2]. » Leur délivrance eut lieu entre les mains du président Poyet, à condition qu'elles seraient remises aux héritiers dans le terme de neuf années : engagement qui ne fut jamais rempli[3]. Ces confiscations, déguisées sous le nom d'emprunt, et qui comprirent sa vaisselle d'or et d'argent[4], rendirent plus populaire et plus proverbiale encore cette allusion : *sat Prata biberunt*.

Un auteur peu bienveillant pour le chancelier, prétend qu'elle dut son origine au Roi François Ier dont elle fut, selon lui, la réponse laconique et sévère, un jour qu'Antoine du Prat lui demandait encore de nouveaux bienfaits[5].

---

[1] Aubéry, *Histoire générale des Cardinaux*, t. 3, p. 353.
[2] *Journal d'un bourgeois de Paris*, p. 461.
[3] Bibl. imp., Manuscrits Dupuy, n° 406.
[4] *Journal d'un bourgeois de Paris*, p. 460.
[5] L'abbé Faydit, *Remarques sur Homère et Virgile*.

L'ordre délivré au sujet du soi-disant emprunt était ainsi conçu : « ..... Semblablement ledit président Poyet prendra à Nantoillet des dits héritiers de feu Monsieur le Légat la somme de cent mille écus au soleil, à titre de prêt, qu'il fera porter en un des coffres du Louvre à Paris : de laquelle somme icelui président baillera aux dits héritiers des lettres de reconnaissance qui lui ont été mises en ses mains, par lesquelles le dit seigneur Roy promettra rendre la ditte somme dedans neuf années. C'est à scavoir à raison de vingt-cinq mille livres par an : laquelle somme de vingt-cinq mille livres, se payera en quatre termes et payements égaux en chacunes des dites neuf années, selon les acquits qui en seront levez, jusques à l'entier remboursement d'icelle somme de cent mille escus. — Fait à Coussy le 17ᵉ jour de juillet 1535, *signé* François, et plus bas Breton [1]. »

C'était alors un usage assez arbitraire de la royauté, que lorsque venaient à mourir des personnages comblés par le prince d'honneurs et de richesses, des sommes considérables fussent prélevées sur leurs successions, soit à titre de prêt, soit comme secours réclamé par la détresse générale, et par l'insuffisance du Trésor public. Monsieur de Gouffier, grand-maître de France, trépassa le 20 mai 1520. « Le Roy ayant besoin d'argent, emprunta celui qui fut trouvé dedans le château de Chinon au dict feu seigneur, et qui fut estimé à cent trente-deux mille écus [2]. »

Ainsi, vers le milieu du même siècle, Jean Bohier,

---

[1] Registres du Parlement. — Aubéry, *Histoire générale des Cardinaux*, t. 3, p. 353. — Voir à l'Appendice, n° 9.
[2] *Journal d'un bourgeois de Paris*, p. 83.

neveu du cardinal Bohier, cousin du chancelier du Prat, se vit, sous prétexte d'une vieille connivence avec le connétable de Bourbon, dépouillé des châteaux de Saint-Ciergues et de Chenonceaux, bâtis par ses pères[1]. Ainsi encore se passait-il en Angleterre, où le cardinal Wolsey, privé de ses honneurs et de sa liberté par la haine que lui vouait Anne de Boleyn, subit en 1530 la confiscation de ses trésors, comme préliminaire du procès qui le menaçait dans des intérêts plus précieux encore, si sa mort n'était pas venue éviter au Roi une dernière ingratitude et au ministre disgracié un suprême désespoir.

Nous avons cru devoir suivre pas à pas dans la relation de ces faits l'ordre établi par les historiens qui nous ont précédé. Mais nous n'avons point enchaîné nos jugements aux leurs, et si nous avons répété et discuté leurs récits, c'est par égard pour l'opinion publique et sans préjudice de l'hommage dû à la vérité. Après avoir analysé et exposé leurs appréciations, il nous sera permis de remonter aux sources et de détruire par les preuves cet échafaudage d'accusations qui n'épargnent pas le prince plus que son ministre. La cruauté du Roi ordonnant le dépouillement d'une victime expirante, la fureur et le désespoir de celle-ci, succombant à de tels traitements plus encore qu'à l'excès de son mal, sont les inventions d'une haine mensongère. Les siècles lui ont obtenu la faveur qui devrait être réservée à la justice : il faut que la vérité reprenne son règne.

Antoine du Prat, on l'a vu, mourut à Nantouillet le 9 juillet 1535. Les ordres délivrés par le Roi pour l'em-

---

[1] *Annales de la ville d'Issoire*, publiées par M. Bouillet.

prunt forcé, dont son immense fortune fut l'objet, sont en date de Coussy, 17 juillet 1535 [1] ; de Villers-Coterets, 27 juillet 1535 [2].

A cette même date, du même lieu, et pour le même sujet, Anne de Montmorency écrit encore au président Poyet [3]. Le 30 juillet 1535, le Roi renouvela encore ses ordres au même président. L'irritation et la vengeance étaient tellement absentes de ses volontés royales que, le 27 juillet, il joignait à ses autres instructions les intentions bienveillantes exprimées dans ce billet autographe : « Monsieur le président, je veux et entends que là où en me fournissant par les enfants du feu légat les trois cent mille livres dont je vous escripts, il ne leur demoureroit argent pour faire les funérailles et obsèques de leur père, que en ce cas vous leur rabatez d'icelle somme de trois cent mille livres ce que verrez et congnoistrez que pourront monter les dites funérailles, et que vous fassiez en sorte envers eux qu'ils vous fournissent le demourant.

« Françoys [4]. »

Animé des mêmes dispositions, le 30 juillet 1535, il écrivait encore au président Poyet : « Monsieur le président, l'évêque de Clermont et le sieur de Nantouillet son frère m'ont faict dire que de brief ils se délibèrent faire porter le corps du feu légat leur père à Sens, où il ordonne être inhumé, et auquel lieu se doit trouver une grosse compaignye pour assister aux obsecques et funérailles du dict défunct, et qu'il leur seroit besoing

---

[1] Bibl. imp., collection Dupuy, reg. 466.
[2] *Id., ibid.*
[3] *Id., ibid.*
[4] *Id., ibid.*

eulx ayder de quelque quantité de vesselle d'argent soit vermeille dorée ou blanche, pour leur servir durant le temps des dicts obsecques, et que mon plaisir soit leurs en vouloir faire délivrer de celle qui a esté trouvée après le décès du dict défunct leur père et contenue ès inventaires que vous avez par mon ordonnance de ce faictes; laquelle vesselle ils se submectront ung seul et pour le tout rendre et remectre à Paris en vos mains et au mesme lieu où ils l'auront prinse.

» Ce que volontiers leur ay accordé, à cette cause je vous ordonne que leur faictes incontinent fournir et délivrer de la dicte vaisselle telle quantité qu'ils adviseront leur estre nécessaire pour l'affaire sus dicte, en recouvrant promesse signée de leurs mains de ce que leur ferez bailler, par laquelle ils se submectront icelle vesselle rendre et remectre au lieu où elle leur aura esté faict par vous délivrez.

» Et ce, si tost que les dictes obsèques seront parachevées, dont pour vostre déscharge retiendrez la présente avec leurs dictes promesses, en faisant rendre laquelle en sera tenu quicte et deschargé envers moy et partout ailleurs où il appartiendra dans nulle difficulté. Priant Dieu, Monsieur le président, qu'il vous ait en sa sainte garde. Escript à la Fère en Tardenois, le pénultième jour de juillet 1535.

« FRANÇOYS[1]. »

Enfin, le 1ᵉʳ août 1535, Guillaume Poyet, Jean Briçonnet, Nicolas Viole, Estienne le Blanc, commissaires du Roi, ayant, ce jour-là même et en exécution de ses

---

[1] Bibl. imp., collection Dupuy, reg. 466.

ordres, prélevé sur la succession du chancelier la somme de 280,000 francs tant en écus d'or au soleil qu'en vaisselle, certifiait au Roi ledit emprunt et son dépôt dans les coffres du Louvre [1].

Partout où il est question de ce prélèvement, dans les ordres du Roi, dans les instructions de ses ministres, dans les comptes rendus de ses commissaires, il est qualifié d'emprunt. Sa forme, les époques de sa restitution, sont indiquées et répétées avec le soin le plus minutieux, et nulle part le mot de confiscation n'est insinué, sa pensée même ne se trouve pas indiquée. Les historiens ont voulu voir, au détriment de la loyauté du Roi, une confiscation déguisée dans ce fait et sous ces termes. Sans que les preuves matérielles de la restitution soient encore acquises, n'en trouverait-on pas des symptômes presque équivalents dans cette opulence extrême que les fils et les petits-fils du chancelier ne tardèrent point à déployer et qu'ils léguèrent à leurs descendants?

Quant à la succession des titres et des honneurs du cardinal-légat, elle fut distribuée comme il suit [2] : Antoine du Bourg fut chancelier de France. « Il étoit bon et vertueux magistrat, très-expérimenté dans les affaires, et employé avec succès par le Roi François Ier dans plusieurs négociations importantes [3]. » C'était Antoine du Prat qui lui avait fait cette carrière et préparé cette destinée. Ses provisions pour l'office de chancelier de France expriment encore avec l'éloge du nouveau promu, l'affection et les regrets que le Roi

---

[1] Bibl. imp., collection Dupuy, p. 466.
[2] Journal d'un bourgeois de Paris, p. 461.
[3] Chabrol, *Coutumes d'Auvergne*, t. 4, p. 497.

accordait à son prédécesseur « ..... *quod officium*, y est-il dit en propres termes, *nuper tenere solebat bonæ memoriæ carissimus ac fidelis amicus Anthonius cardinalis et archiepiscopus senonensis, Franciæ legatus et cancellarius*, etc [1]..... »

Le cardinal de Bourbon le remplaça sur le siége de Sens, et le cardinal de Lorraine sur celui d'Alby. L'évêque d'Orléans obtint son abbaye de Saint-Benoit-sur-Loire. Le Roi François Ier nomma Jean de Buz sur le siége de Meaux, et pendant les sept années de son administration, l'hérésie lui rendit avec usure les tracas qu'il causa à plusieurs abbayes et notamment à celle de Farmoutiers [2]. Enfin le cardinal de Florence et le cardinal Sadolet furent, le premier en 1539, le second en 1542, légats auprès de François Ier. Le cardinal de Florence, malgré son illustre naissance, « ne reçut pas plus d'honneur de la cour, que n'en avoit reçu le cardinal du Prat [3]. » Le cardinal Sadolet, fidèle à la modestie qui lui avait fait refuser les avances d'Antoine du Prat, n'accepta enfin cette mission « que sur les prières et instances de ses amis qui lui remontrèrent qu'il y auroit beaucoup plus de rusticité que de vertu, à rejeter avec une sorte de mépris, de si visibles marques de l'affection et bienveillance de Sa Sainteté [4]. » Du moins il ne voulut de son titre qu'un pouvoir utile à la religion, il rejeta l'éclat qu'avait toujours fui son humilité.

---

[1] Archives impériales, registre X. 8601, f° 111° L.
[2] Don Toussaint du Plessis, *Histoire de l'église de Meaux*, t. 1.
[3] *Narration des Légats*, p. 73 et 75.
[4] Aubéry, *Histoire générale des Cardinaux*, t. 3, p. 533.

CHAPITRE XLVII.

Funérailles du cardinal du Prat. — Son mausolée; son épitaphe.

Les dépouilles mortelles du légat subirent aussi le partage et la dispersion. L'église de Nantouillet, à laquelle l'avenir destinait les restes de plusieurs de ses descendants, n'obtint qu'une pierre sépulcrale érigée en son honneur par le respect de son fils. Son inscription, aussi bien que les épitaphes de deux de ses petits-fils tués à la bataille de Saint-Antoine, et de Magdeleine de Baradat, femme du marquis de Nantouillet et de Précy, ont disparu sous les coups du marteau révolutionnaire. Le cœur du cardinal fut porté dans la cathédrale de Meaux et mis en terre assez près de la lampe du chœur; il y fut retrouvé en 1723 lorsqu'on bâtit le caveau destiné à servir de sépulture aux évêques. On avait suspendu au-dessus, du haut de la voûte, son chapeau de cardinal. On l'y voyait encore en 1562, lorsque les huguenots le lacérèrent et abattirent tous les autels et toutes les images de cette église [1].

[1] Don Toussaint du Plessis, *Histoire de l'église de Meaux*, t. 1, p. 339.

Le corps d'Antoine du Prat fut honoré de la sépulture dans la cathédrale de Sens. On fit à ses restes une entrée non moins triomphante qu'avait été celle du légat dans la ville de Paris. Le chapitre, aussi empressé de rendre les derniers devoirs à ses restes qu'il avait été obstiné à refuser à sa personne les honneurs qui lui étaient dus, vint à sa rencontre accompagné de tout le clergé régulier et séculier. Les rues que devait traverser le cortége étaient tendues de noir, et sur la porte de chaque maison brûlait une torche chargée des armes du cardinal. Des huissiers, des confréries, des corporations, puis des crieurs en grand nombre, enfin des domestiques de la maison du cardinal suivaient et précédaient en vêtements de deuil, tous avec des torches, armoiries et chaperons. Venaient aussi les croix des treize curés de la ville, les crosses des cinq abbayes, et encore les Cordeliers, les Jacobins et les Augustins de la ville de Paris, tous dans leur costume et chacun avec une torche armoiriée. Venaient encore cent hommes de pied en deuil, puis sur un char attelé de quatre chevaux, montés par quatre hommes en noir, reposait le corps, au-dessus duquel le maire et les échevins de la ville portaient un riche dais.

D'autres hommes à cheval, vêtus de noir et de velours, bêtes et gens, portaient les insignes du chancelier-cardinal.

Deux pages à cheval, couverts de velours de deuil, soutenaient l'effigie du cardinal, et d'autres pages à pied l'abritaient sous un ciel ou dais de drap d'or. Et pour qu'entre l'entrée de sa personne à Paris et l'entrée de ses restes à Sens, l'analogie fût entière, de même qu'en 1530 le peuple avait mis son dais en pièces, se le disputant, en 1535 les laquais en faisant tapage lacérèrent son autre dais à coups d'épée à l'issue de la cérémonie.

Les deux fils du légat, Guillaume du Prat, évêque de Clermont, et Antoine du Prat, seigneur de Nantouillet, prévôt de Paris, conduisaient le deuil, assistés de deux présidents du parlement de Paris, et ayant chacun un page portant la queue de leur robe, qui traînait de cinq à six aunes.

La présence de Guillaume du Prat à ces obsèques est constatée par les actes et les récits. Il est bon d'insister sur ce point, une chronique récente et spirituelle, mais dépourvue d'exactitude dans ses détails, ayant répandu le scandale sur la vie de l'évêque de Clermont, et rempli de mollesse et d'immoralité les jours et les heures qu'il consacra à ses pieux devoirs de fils[1].

Pour compléter la noblesse du cortége, il se terminait par le bailli de Sens, le lieutenant-général, une foule de gentilshommes et de seigneurs tous en deuil[2].

Le cercueil cousu dans du velours noir, revêtu de drap d'or, fut déposé, en attendant les obsèques qui se firent le lendemain de l'entrée, dans une chapelle ardente. Un docteur de Sorbonne prononça son oraison funèbre, et les prières ne lui manquèrent pas plus que ne lui avaient manqué les honneurs. Un caveau préparé pour recevoir ses restes les conserva jusqu'à ce que la tourmente révolutionnaire les eût dispersés et confondus.

Antoine du Prat, baron de Thoury, fils du chancelier et prévôt de Paris, fit élever dans le sanctuaire, près

---

[1] Bibliophile Jacob, *Chroniques nationales*, t. 2, *la Barbe*.

[2] Tarbé, *Recherches historiques et anecdotiques sur la ville de Sens*, p. 457 et suivantes.

de l'autel, un magnifique monument sur la tombe de son père. L'incertitude pèse sur le nom de son auteur. Il coûta dix mille écus. Ses sculptures, faites à Grenoble, sont attribuées au Primatice¹.

Les quatre bas-reliefs, seuls débris épargnés par le marteau révolutionnaire, représentent Antoine du Prat siégeant à la chancellerie, faisant à Paris son entrée comme légat, présidant le concile de Sens; le quatrième enfin est consacré aux derniers honneurs qui lui furent rendus lors de l'entrée de son corps à Sens.

« On remarque dans ces bas-reliefs une grande correction de dessin, une perspective bien suivie, des têtes très-caractérisées, et enfin un ensemble digne d'un grand maître; et le tout exécuté sur de la pierre douce, ou plutôt de l'albâtre ou gypse, tiré des carrières de Salins en Franche-Comté, comme celui qui a servi pour les tombeaux des ducs de Bourgogne, qui se voyaient aux Chartreux de Dijon². »

En 1793 ce magnifique monument fut détruit. Les cendres du cardinal furent dispersées, les ornements et la figure couchée qui le surmontaient, représentant un corps rongé des vers, payant à la nature l'humiliant et le dernier tribut de l'impuissance et de la corruption, ont été brisés sans qu'il en reste une pierre. Des mains habiles et courageuses ont préservé les bas-reliefs pendant deux ans, en les dissimulant aux regards, et d'autres mains saintes et protectrices les ont dernièrement rendus avec honneur à l'admiration qu'ils avaient si longtemps obtenue.

---

[1] Lainé, *Archives généalogiques et historiques de la noblesse de France*, t. 6.

[2] Tarbé, *Recherches historiques et anecdotiques sur la ville de Sens*, p. 457.

Les mêmes fureurs barbares ont aussi brisé la statue agenouillée du chancelier, placée jadis à la droite d'un grand portique à l'Hôtel-Dieu de Paris, construit par ses soins. L'épitaphe suivante, qui est comme le sommaire de sa vie tout entière, fut gravée sur son tombeau par les soins de son petit-fils.

« A la mémoire de la vertu et heureuse fidélité de très-illustre et révérendissime monseigneur, par la permission divine cardinal du Prat, archevêque de Sens, légat en France pour le saint-siége apostolique : chancelier de France, de Bretagne, de Milan et de l'ordre du Roi ; lequel ayant été donné, en ses jeunes ans, au bon Roi Louis XII, père de la patrie, parvint aux honneurs et dignités d'ambassadeur et de conseiller au conseil ; et depuis, régnant le magnanime Roi François I*er*, restaurateur des arts et des sciences, fut, ledit seigneur, chancelier de Sa Majesté et chef de son conseil, et finalement le premier en son royaume, non-seulement en l'autorité de la justice, mais aussi en la suprême dignité du pontificat, au temps du pape Clément VII : et se trouvant âgé de 72 ans, décéda en son château de Nantouillet le onzième jour de juillet MDXXXV.

» Haut et puissant seigneur, messire Antoine du Prat, son neveu en directe ligne, seigneur de Nantouillet et de Précy, chevalier de l'ordre du généreux et invincible Roi Charles IX, conseiller et chambellan de Sa Majesté, prévost de Paris, meu de dévotion et affection de satisfaire au devoir et office d'un très-humble fils et neveu, a fait mettre et apposer ce tableau et cette épitaphe, joignant cette sienne sépulture, que lui fit construire et ériger feu monsieur le prévost de Paris, son père, fils dudit seigneur légat que Dieu absolve.¹. »

Bèze, au contraire, l'ennemi vindicatif du catholicisme et du chancelier, fit pour celui-ci une railleuse épitaphe dont la Croix du Maine a conservé le souvenir. Par une impudente allusion à son embonpoint extrême, il voulait que ces mots seulement fussent gravés sur sa tombe :

*Amplissimus vir hic jacet*².

L'histoire n'a pas tenu compte de cette espèce de profanation de la mort; mais elle a conservé la mémoire de l'inscription qui fut gravée sur le monument. Elle existe encore, et, seuls avec elle, les quatre bas-reliefs décrits plus haut.

Du moins la rage du vandalisme n'a pu effacer de l'histoire le nom du chancelier du Prat, consacré par tant de faits auxquels il prit part, et par tant d'actes qui furent son ouvrage. Les succès comme les revers, les humiliations comme les gloires du grand règne de François Ier, rencontrent la mémoire de son ministre mêlée à chaque événement, soit pour en développer les heureux résultats, soit pour en conjurer les conséquences fatales. Pour compléter l'éloge du cardinal du Prat, il suffit de le placer non loin du cardinal Ximénès, qu'il vit longuement encore au pouvoir, et près du cardinal Wolsey, dont il fut plus complétement encore le collègue et le contemporain, avec lequel il eut à démêler et à régler plus d'une fois les intérêts des peu-

---

¹ Aubéry, *Histoire générale des cardinaux*, t. 3, p. 351.
² La Croix du Maine, *Bibliothèque françoise*.

ples. Il fut l'émule comme le successeur des cardinaux Briçonnet et d'Amboise. Les cardinaux de Gramont et de Tournon coopérèrent avec lui aux grands événements religieux et politiques du règne de François Ier. Enfin le grand cardinal de Richelieu lui-même s'inspira de son génie. En saluant sa mémoire il faut rendre hommage au chancelier du Prat. La gloire qu'il sut acquérir remonte au delà de son temps et de ses œuvres ; il en cueillit les palmes, mais il en revient une juste part au ministre éminent qui sut ouvrir et montrer le vaste champ dans lequel elles devaient naître. Sans lui le succès et les conquêtes du pouvoir auraient manqué à l'ambition de sa politique.

Avec plus de bonheur, mais non pas avec plus d'audace et de lumière, Armand de Richelieu atteignit au but qu'Antoine du Prat lui avait montré. Au chancelier du Prat l'honneur des fécondes et premières semences, au cardinal de Richelieu la gloire des derniers fruits dans toute leur maturité. Le même siècle vit l'un au berceau, l'autre au pouvoir. Cinquante années seulement séparèrent une naissance pleine d'avenir d'une mort digne de mémoire. Mais en ce demi-siècle les événements avaient marché : des hommes dignes coopérateurs du ministre tout-puissant, surgissaient autour de lui ; il pouvait donner enfin à l'autorité royale un éclat sans pareil et sans rivaux, dont le cardinal du Prat avait conçu la forme, dont il avait entrepris l'établissement et poursuivi la conquête.

« Continuateur du système de Louis XI, qui durant tout son règne affaiblit l'autorité indépendante des hauts barons et fortifiait la puissance royale, le chancelier du Prat abattit le dernier des grands vassaux. Depuis lors on ne vit plus que des dignitaires de la cour; et, sans la faiblesse des Valois, sans les guerres de religion, il n'y avait plus qu'un seul seigneur en France, le Roi; et l'œuvre de Richelieu était accomplie un siècle plus tôt[1]. »

Ximénès, Wolsey, Richelieu, telles sont les glorieuses figures parmi lesquelles l'image d'Antoine du Prat prend une noble et légitime place. Elle égale les plus élevées d'entre elles. Pourquoi ne se hasarderait-on pas à dire qu'elle les surpasse? Éloge inouï jusqu'à ce jour! Mais si le bonheur de la fortune appartient au succès, la gloire suprême de l'intelligence et du courage ne revient-elle pas à celui qui sut le préparer de loin? Les lauriers et les couronnes sont donnés aux vainqueurs des courses, mais ceux qui découvrirent et qui indiquèrent leur but, qui frayèrent la voie, qui luttèrent contre les difficultés qui fermaient son entrée, n'auraient-ils pas droit à un magnifique partage?

Les siècles et les révolutions ne sauraient, par leur obscurité et par leurs ravages, rien enlever à l'éclat de la mémoire d'Antoine du Prat, ni au nombre de ses bienfaits.

L'ingratitude a pu les méconnaître : faute de l'envie qui ne saurait les atteindre et de l'oubli qui se refuse à les effacer, la haine s'est plu à les dénaturer et à les nier. Mais l'histoire ne saurait épouser ces querelles passionnées, elle doit sa justice impartiale à la vérité, elle donne à la vertu sa couronne immortelle.

---

[1] M. Faye de Brys, *Trois magistrats français au* XVIe *siècle*, p. 41.

FIN.

APPENDICE.

I.

LETTRES DE JACQUES SADOLET, ÉVÊQUE DE CARPENTRAS,
A ANTOINE DU PRAT, CARDINAL ET ARCHEVÊQUE DE SENS.

1. Jac. Sadolet. episc. Carpent. Antonio Prato, episcopo sennonesi
S. M. E. cardinali S. P. D.

Quo tempore Romam à summo pontifice ex meâ ecclesiâ evocatus accesseram, eâ conditione eram profectus, ut constitutis rebus mei muneris (eram enim illi à consiliis, ut tu scis) liceret mihi ad meam ecclesiam reverti, et in eâ die jam debitum, et nuper inchoatum Deo omnipotenti famulatum impendere. Quod et posteà feci optimâ pontificis voluntate, itâ apto tempore atque opportuno, ut facile appareret justa et recta cupientibus libenter Deum opem ferre. Vigenti enim diebus ipsis ante sum elapsus, quam illa clades, hor-

Narrat miseriam suam et alienam, congratulaturque Antonio Pratensi de adeptâ dignitate.

ribilisque calamitas urbi Romæ incideret. Qua et si meæ quoque fortunæ omnes dissipatæ fuerunt : salus tamen mea, et libertas mihi incolumis retenta est. Mea igitur causa dolendum mihi non fuit, neque enim admodùm sum jacturâ rei familiaris commotus, alienam autem vicem quin dolerem humanitatis causâ facere non potui. Gravi itaque mœrore et acerbissimis animi angoribus ex multorum mihi amicissimorum, ac summi præcipuè pontificis incommodis fui affectus : quem ego (Deum immortalem contestans) virum bonum, eumdemque prudentem pacisque imprimis amantem esse semper cognovi : verum aliquorum minime prudentium consiliis parùm felicem. Sed mihi ad meam ecclesiam jam reverso tua amplitudo proposita imprimis fuit. Arbitrabar enim mei officii esse, meæque perpetuæ erga te observantiæ, aliquid ad te scribere, ex quo et mea fidelis tuorum erga me meritorum memoria, et maximarum clarissimarumque virtutum tuarum admiratio tibi significaretur : egoque quod diù antè cupiebam, amplificatæ dignitati tuæ gratularer : cujus ipse quoque pro virili meâ parte, si non adjutor (tua enim summa et præstabilis virtus atque auctoritas meo adjumento non egebat) at certe conscius, et diligens minister extitissem. Accidit autem propter mea plurima incommoda, maximasque omnium rerum difficultates, ut ab hoc scribendi officio usque ad hunc diem fuerim retardatus. Gratulor igitur tibi, verèque et ex animo gratulor, quod hunc istum amplissimi sacerdotii honorem ità es adeptus, non ut gratiæ ille datus, sed ut virtuti tributus fuisse videatur : ut in eo non favor, sed meritum, non muneris, sed præmii ratio, non voluntas dantis, sed accipientis dignitas, fuerit spectata. Qui quidem honor in te collatus, mihi ipse honestior

atque insignior multo videtur esse factus. Nam quod
ad honorem ipsum attinet, multi sæpe indigni illum
obtinuerunt. Sed habere usum rerum maximarum,
fugere infamias et turpitudines, abstinere alienis,
justitiam colere, negociorum maximorum et curarum
altissimarum auctorem esse sapientem, ingenio, inte-
gritate, doctrinâque præstare, veri hi honores, vera or-
namenta sunt. Quæ cùm in te mea sententia permaxima
sint, magis honori ipsi propter te, quæ tibi propter
honorem ducimus gratulandum. Ille enim judicare
tantummodò habet ejus hominis, in quem collatus est,
virtutem et dignitatem, in quo fallere sœpe est solitus.
Tu vero effecisti, non ut nunc demùm vere judicet,
sed ut plus in te etiam præstare, quam in aliis promit-
tere posse videatur. Sed hæc clariora, quam ut multa
egeant prædicatione, parciùs attingenda sunt. Tantum
à Deo immortali est postulandum, ut tibi istum honorem fortunet et perpetuæ felicitati jubeat esse : quod
nos summâ cum benevolentiâ et amore erga te eumdem
ipsum Deum supplices deprecamur. De me autem ipso
hoc tibi habeo dicere : cum tua erga me vetusta merita gratâ mihi recordatione in animo semper ver-
sentur, non posse me oblivisci quantum tibi debeam.
Itaque laboro dies ac noctes, ut aliquo modo possim in
te videri gratus. Et quoniam cœterarum facultatem rerum fortuna mihi ademit, illud quod proprium est mihi
ab Deo omnipotente donum, quod ego sacris literis et
præstantissimis disciplinis apprime deditus, colere
scribendo nonnihil possum hominum de me et de ipsâ
virtute benemeritorum memoriam : totum tuæ laudi
et amplitudini defero. Etenim hanc voluntatem meam
si non fueris aspernatus, dabitur aliquandò nobis locus,
ubi memorem me tuorum erga me meritorum et tu

ipse agnoscas, et ventura posteritas intelligat. Vale amplissime patrone, et tuo patrocinio nos favere non desine. Carpent. VII idus sept. MDXXVIII.

---

2. Jac. Sadolet, episc. Carpent. Antonio Prato, S. R. E. cardinali S. P. D.

Commendat Antonio de Prato Joannem Franciscum ad sacerdotium aspirantem, ut ei procuret munus aliquod ecclesiasticum.

Quia notum est meum erga tuam amplitudinem studium, et incredibilis tui nominis observantia : ideò fit, ut quidam homines, de tuâ in me vicissim voluntate conjecturam facientes, cupiant tibi per me commendari. Quibus ego profecto hoc officium humanitati debitum non negabo : dum illud prius tester, in cunctis quæcunque à te petiero, ità mihi cupere morem geri ; si ea tibi et facilia factu, et æqua atque honesta esse videbuntur. Joannes Fraxinus, qui has litteras tibi reddidit, civis est Avenionensis, in primis honestus et bonus, mihi autem et sua causa, et suorum necessariorum et cognatorum, quos ego mirifice diligo, valde charus atque jucundus. Is ad nostrum hoc vitæ genus, et ad sacerdotalem ordinem aspirans, cuperet ecclesiastica aliqua vectigalia consequi : quod difficillimum sibi putat fore, nisi sacerdotiorum in regno obtinendi aliquam facultatem sit nactus. Eam porrò arbitratur se tua unius ope atque auxilio consequi posse. Itaque cum tuæ bonitati, beneficentiæ, humanitatique commendo : ut per te, perque tuam gratiam ac benignitatem, optatum exitum votorum suorum consequatur. Quod faciliùs efficere poteris, quod et ipse mediocria postulat, et tua etiam limitandi ac definiendi futura est potestas. Ego, si hoc in illum beneficium meâ commendatione adductus contuleris, non mediocri me ipsum beneficio abs te affectum esse arbitrabor. Erit enim hæc significatio tuæ erga me voluntatis, non modò honori mihi et ornamento apud hasce nationes, sed animo etiam meo præcipuè grata : quippè qui fructum meæ in te summæ observantiæ summique amoris non alium prorsùs quæro, quam amorem ipsum tuum: quo ut perpetuo dignus sim, omnibus meis studiis atque officiis diligentissimè providebo : tuorumque erga me meritorum memoriam gratâ semper recordatione prosequar. Tu ut nos diligas, habeasque in numero tuorum omni animi curâ et studio abs te petò. Vale. Carpent. xv calend. martii MDXXIX.

3. Jac. Sadolet, episc. Carpent. Antonio Prato, S. R. E. cardinali S. P. D.

Mea tuarum maximarum occupationum cogitatio facit, ut minùs sæpe ad te litteras dem, quam cuperem. Sed ubi nominis tui honor agitur, non puto me alienum ab officio facturum, si quæ tuæ dignitati convenire arbitrer, liberè ad te scribam. Sumus in maximo mœrore omnes, quibus rectus regendi ordo, et justitia cordi est, ex Cossinerii Aquensis præsidis, viri clarissimi et sanctissimi morte. Qui his regionibus et populis abs

<small>Scribit Antonio de Prato de morte Cossinerii Aquensis præpositi, eumque summopere laudat, petitque ne se suosque deserat.</small>

te præpositus, tanquam è cœlo nobis missus, novæ integritatis et justitiæ lumen quoddam omnibus ostendebat : suamque propè inauditam virtutem cum tuâ maximâ laude et istius Regis admirabili gloriâ, labore et vigiliis suis, omnium hominum tempori et commodo expositam habebat. Qui alieno sanè tempore nobis ereptus est : suo ipse profecto non mediocri bono, sed cum nostro gravi incommodo. Quanquam ego eum de facie non noveram, verum ità se gerebat in eo munere, quod illi abs te commissum fuerat, ità æquitatem, veritatem, imbecillitatem, adversùs injuriam, mendacium, violentiamque protegebat, ac tuebatur, ut quotidianis illius laudibus, et commemoratione clarissimorum operum calerent aures meæ, in quo egregia quædam juncta erat commendatio nominis tui, cum incredibili cunctorum erga te benevolentia. Sic enim omnes judicabant ad tuas cœteras virtutes, quæ uno omnium ore celebrantur, prudentiam, gravitatem, integritatem, doctrinam, quæ ità in te elucent, ut solus propè omnium hominum tantis curis et negotiis, quæ gubernas, habeare par, hanc quoque accedere laudem dignam sapientiâ tuâ, ut non solùm per te, sed per alios etiam, velles populorum et gentium saluti ac tranquillitati esse consultum. Cùm enim cerneremus omnes, quam tu curam suscepisses, ut optimus nobis rector præficeretur : et tuam providentiam de nobis agnoscebamus, et in te amore incredibili accensi ferebamur. Ac nostra quidem erga amplitudinem tuam voluntas eadem futura est, eademque de tuis virtutibus opinio. Sed tu in quo spes nostræ sitæ sunt, cujus fiducia cuncti in tanto dolore aliquantùm acquiescimus ; per Deum ipsum immortalem, qui hæc facta et opera in primis intuetur, qui te meritò voluit tantâ potestate esse præditum, ut istam tuam mentem tot sapientiæ thesauris refertam, ad publici boni curam totam conferres : ne desere nos, eamdemque adhibe auctoritatem et diligentiam, quam adhibuisti anteà : ut similis nobis præses justus, ac gravis, tuæque imitator disciplinæ de integro præponatur. Quod cùm feceris, non magno tuo labore maximam es consecuturus apud Deum gratiam, apud homines laudem. Nos quidem qui, tui toti sumus, et tuo nomini, famæ, honorique præcipuè dediti : quantum erit in nobis, non sinemus hujus tui tanti actam insignis beneficii prædicationem, neque nunc silentio tegi, neque apud posteros mutam esse. Vale. Carp. Pridiè nonas julii. MDXXXI.

---

4. Jac. Sadolet, episc. Carpent. Antonio Prato, S. M. E. cardinali
S. P. D.

Quæ tua fuerit humanitas in excipiendo Paulo meo, cùm is salutatum ad te meis verbis venisset ; quanta declaratio ejus benevolentiæ, quam erga me susceptam habes, eo referente narranteque cognovi. Pro quà, quid ego dicam? habere me gratiam tibi? habeo equidem. Sed quid istud est, tantis jam à te beneficiis acceptis? An me relaturum eam aliquandò? Quis audeat hoc loqui? aut quis non intelligat, sicut ad solis lumen lychni igniculum, sic ad virtutem, ad amplitudinem, ad auctoritatem tuam, meas omnes fortunas nullius esse momenti? sed ne ego planè ingratus sim,

Agit gratias Antonio de Prato pro Paulo Sadoleto liberaliter ab eo accepto, et quædam commemorat de suo in epistolas Pauli commentario.

si non agnoscam, et cui, et quantùm debeam, audebo nimirùm agere tibi gratias, atque eas quidem quantas possum maximas : te vehementer deprecans, ut tua illa præstans atque eximia erga me humanitas, qua me tibi in perpetuum obstrinxisti, hoc etiam addat ad reliqua plurima beneficia cumuli, ut meam hanc gratiarum actionem in bonam partem accipiat : meumque memorem, et gratum animum approbet, etiamsi pares meæ voluntati effectus non sequantur. Id quod me à sapientià, et ab animi tui æquitate spero jam impetrasse. Ego hoc tempore versor in opere omnium difficillimo, ut divi Pauli epistolam interpreter ad Romanos. Cujus operis cùm primum quoque librum confecissem (nam in tres libros tota divisa commentatio est) forte iter hac habuit amplissimus vir collega tuus Franciscus Turnonius, cognitàque meorum studiorum ratione, cùm me multum ut perseverarem hortatus est, tùm illud petiit ut simul atque hunc primum perfecissem librum, ad eum statim mitterem : quod idem posteà per litteras non destitit postulare. Id ego nunc feci : misique ipsum volumen examinandum omnium doctorum judicio, qui modò æquitatem animi cum doctrinà habeant conjunctam. Nam quod ad me attinet, paratus ad utrumque sum, et probari, et reprehendi. Quæ etiam reprehensio si fuerit justa, mihi futura est utilior : quandò per illam melior et consideratior fiam. Hæc ego ad te scripsi, magis ut ne quid mearum rerum tibi esset ignotum, quam ut audeam postulare ut hæc legas. Quæ etiam si non indigna, attamen incommoda sunt tuis gravissimis et maximis occupationibus. Mihi tua salus, dignitas, amplitudo, ità est cordi, ut Deum optimum maximum quo ista omnia tibi tueatur, quotidie que ad secundiores provehat eventus, rogare non desinam : quod sit virtuti et bonis moribus ac legibus, sanctæque fidei catholicæ, cum tuâ insigni laude, commodo semper atque emolumento. Vale. Pridiè calend. octob. MDXXXII. Carpent.

---

5. Jac. Sadolet, episc. Carpent. Antonio Prato. S. R. E. cardinali S. P. D.

Cùm Lugduni fuissem, speciemque illam in te summi et præcellentis viri, de quo tam multa absens audieram, ipseque pluribus in rebus ità esse cognoveram, oculis meis præsens subjecissem, fuissemque eam magnâ meâ cum voluptate, nec minori cum admiratione contemplatus : proptereà quod voluptatem mihi meus in te perpetuus amor, singularisque observantia, admirationem verò sapientiæ et virtutis tuæ magnitudo afferebat : possum tibi confirmare, post meum illinc discessum, memoriam tui semper mihi in animo ità versatam esse, ut, non dies neque noctes, mea de te cogitatio, et cura aliquid conandi, quo pro tuis plurimis erga me beneficiis gratus in te esse intelligerer, ullo modo requiesceret. Etsi enim superioribus temporibus tu nunquàm destitisti de me benemereri, tuamque ego in meis rebus omnibus, quæ ope et auxilio tuo eguerunt, benevolentiam erga me, humanitatem, liberalitatem sum expertus : tamen hoc recente facto, quo mihi dedisti præclarum apud Regem, tui de me judicii testimonium : idemque detulisti, ac de optimi Regis voluntate mihi es

Gratiam habet Antonio de Prato pro testimonio veri pro se dato, summuque erga regemanimum commemorat.

pollicitus : si Regem, et Regiam colere et sectari vellem, amplissima mihi fortunæ prœmia non defutura. Hoc inquam tuo præstantissimo merito, quo nullum majus à tanto et tali viro ne optari quidem potest, ità sum ad omnem benevolentiam et studium colendi tui ac venerandi nominis incitatus, ut ne si vitam quidem pro te effundam, vel parvam partem tuorum meritorum videar consecuturus. Quanquam enim diù est, quod ego amplitudinem tuam et colo, et diligo, omnique honore atque observantià prosequor, multisque tuis erga me benevolentiæ significationibus summè devinctum me atque obligatum esse sentio : tum autem de gravitate, doctrinà, sapientiàque tuà, ità existimo, ut nullum propè exemplum tale, hominis rerum molem maximarum tantà facilitate prudentiàque moderantis, ne antiquis quidem temporibus, putem extitisse : tamen illud de te judicium commune mihi cum multis semper fuit. Hoc vero quod præcipuè ac propriè meum est, quo tibi sum tantà et tam insigni tuà humanitate obstrictus, sic me et cepit, et incendit, ut prorsùs mihi necessario confitendum sit, neque ad referendam tibi gratiam aliquas opes meas, neque verò ad commemoranda verba ulla suppetere. Et quoniam arbitror ad meum officium pertinere, ut tibi respondeam, de eo, quod tu mecum locutus es ; agamque, quoquo modo possum, tamen gratias. Quorum alterum tunc propter brevitatem temporis mihi non licuit : alterum nunquàm planè licebit sic facere ut debeo : de eo primùm dicam, quod ad sectandum Regem pertinet : cui equidem sum toto animi mei studio addictus. Sed ut hanc vitam abjiciam pacatam, atque tranquillam, in quam ego, veluti in portum, ex magnis ipse quoque negotiis et, agitationibus, tanquàm ex fluctibus me recepi : non casu neque fortuitu, sed consilio certo, datâque operâ ; nequaquàm id videretur aut constantiæ meæ, aut verioris vitæ utilitatibus convenire. Non enim in opibus præcipuè, nec in divitiis, nostra posita benè agendæ vitæ ratio est : sed in eis magis studiis et actionibus, quæ et præsentem nobis jucunditatem præbent, et futuram immortalitatem pollicentur. Quod tu summus omnium et prudentissimus vir, in te ipso facilè potes recognoscere. Sed et si quieta vita hæc, illi alteri vitæ difficili et negotiosæ præponenda multùm est : tamen cum incidant interdum tempora, ut officium cæteris rebus sit antevertendum, nec possit aliter virtus et veritas ritè conversari, nisi labor aliquis, negotiumve suscipiatur : si quod eveniret tempus ejusmodi, quo magna res aliqua Regis nostri, magnave gloria ageretur, si modo ei ego muneri viderer esse idoneus : et si ea res cum fide et dignitate tractanda esset : in quo utique video errare et decipi communem vitam, quæ versutas et varias gerendarum rerum rationes, illis rectis et prudentibus actionibus anteponit. Si talis, inquam, actio, ac tale offeretur tempus, non denegarem Regi nostro profecto operam et fidelitatem meam. Neque cùm id facerem, viderer mihi ad hoc jam suscepto genere vitæ desciscere : id enim certè nunquàm sum facturus. Sed officio tantisper me judicarem fungi, unaque aliquà in actione ei Regi deservirem, cui me omni honestà ratione, et propter potestatem ejus, et propter virtutem atque humanitatem, esse subjectum decet. Sed neque hoc ut contingat, optandum mihi est. Cupio enim rationes et concilia omnia Regis ità faciles cursus habere, ut non sit opera aut industria cujusquam admodùm requirenda. Et tamen si contingeret, non tantam in me ingenii vim agnosco, ut non multos Rex habiturus sit, quam ego sum, magis idoneos. Quamobrem hâc tibi mente et voluntate meâ satis expositâ, redeundum mihi ad id, est quod est omnium longè difficillimum ; quo pacto tibi gratias agam. Quod si autem non tam ampla auctoritas, aut merita erga me mediocria saltem forent, conarer aliquid profecto, et aliquam partem gratiæ exequi me posse confiderem. Sed cùm et amplitudo tuæ dignitatis, et benignitas in me tua omnem meam agendi loquendique facultatem longè superet : peto à te, ut meum amorem erga te, et fidem et pietatem, quæ nunquàm posthàc à tui mihi venerandi nominis assiduo cultu, incredibilique observantiâ abfuturâ est, pro aliquâ parte gratiæ recipias. Quod si ea studia, in quibus quotidiè versor, aliquid fortè aliquandò habebunt auctoritatis : dabo operam profecto, ut quanquam tuum præclarissimum nomen meis ipsum scriptis multò plus luminis allaturum sit, quam ipsimea scripta, meum tamen de te, tuisque præstantissimis virtutibus judicium apud posteros appareat. Quod non ideò scribo, quod magnam tibi rem polliceri mihi videar : sed quo tu magnam meam erga te intelligas esse voluntatem. *Vale.* Carpent., V idus julii MDXXXIII.

(*Jacobi Sadoleti opera, apud Seb. Gryph. Lugduni,* 1550.)

II.

PRÉFACE ET DÉDICACE DU ROMAN INTITULÉ : ALLOBROGICÆ NARRATIONIS LIBELLUS, PAR JEAN DE PINS, ÉVÊQUE DE RIEUX, AMBASSADEUR DU ROI A VENISE, ETC.

Nobilibus et egregiis adolescentibus, Antonio et Guillelmo Pratis, illustrissimi viri domini Antonii Prati, magni Galliarum cancellarii dulcissimis liberis, Joannes Pinus Tolosanus. S. D.

Mira et incredibilis quædam est virtutis probitatisque vis ac dignitas : et quà nescio an quicquam ab immortali Deo hominum vitæ dari commodius potuisset : quà, ut inquit Tullius, nihil est præstantius, nihil amabilius, nihil quod magis alliciat homines ad diligendum : quippè cùm propter virtutem et probitatem eos etiam quos nunquàm vidimus quodammodo diligamus. Id quod ipse quoque cum in plerisque aliis, tum in clarissimo et illustrissimo viro parente vestro quidem mihi usu venisse memoriæ repeto. Quem cum juvenem adhuc et tamen amplissimum jam magistratum gerentem, cum penè publica communique omnium voce tum domestico et familiari meorum testimonio, ipse tum quoque jam adolescens commendari viderem, innumerasque et infinitas ingenii atque animi ejus virtutes et dotes audirem. Sic sum ad amandum impulsus : sic vehementer accensus : ut nihil unquàm in vitâ charius, nihil ejus amicitiâ mihi unquàm antiquiùs duxerim, quam tametsi et temporum et locorum intervallo sejunctus, nullo unquàm satis præsens obsequio aut officio coluerim. Sic tamen absens mecum ipse animo gratâque et benevolâ semper memoriâ observari : ut nihil à me unquàm aut diligentiùs aut lubentiùs factum esse meminerim : atque hanc quidem nostram quantulamcumque animi promptitudinem. Sic ipse quoque pro ingenuâ suâ facilitate, humanitate, bonitate benevolè est amplexatus : sicque pro immensâ et incredibili animi magnitudine, beneficentiâ, ac liberalitate, magnis atque ingentibus beneficiis est prosecutus : ut nesciam quid piissimus quisque parens in dulcissimos liberos conari ampliùs possit? Contulit enim in nos quæcumque habuit amplissima : et quæ nos non modo non assequi, sed ne optare quidem unquàm in mentem venire potuisset : collaturusque adhuc majora. Si adeò multarum rerum hæc ingenii mei infirmitas tam capax fuisset, quæ prompta illius in nos liberalisque et velut profusa benevolentia erat. Quare sic me, sic meos omnes perpetuo et immortali quodam beneficii genere obstrinxit, ut sublata quidem in posterum spe omni referendæ remunerandæque gratiæ, solam grati benevolique in se animi memoriam reliquam nobis fecerit : nunc quid ego in hâc tantâ, tam largâ, et tam benevolâ in nos animi facilitate sperare aliud audeam? Præsertim cùm (ut ille verissimè inquit) multò facilior ulciscendæ injuriæ quæ vel quantulicumque remunerandi beneficii ratio iniri soleat : curabitur itaque à me diligenter hoc uno officii genere quod ab illo solùm mihi relictum est : ut non ipse modo : sed et sui omnes vosque imprimis quos ille jure : rerum omnium carissimos habet : et præsentes officio, et absentes perpetuâ et gratâ semper benevolentiâ culti observatique videamini. Cui quidem rei dùm properè nimis vel qualecumque facere initium studeo : neque in promptu est undè id satis commodè possim. Cogor veteres quasdam puerilium ineptiarium schædas nostras excutere si quid forte indè corrodi possit, quod vobis nec injucundum, neque prorsùs ingratum esse videatur. Hoc enim unum curo : hoc unum solum in præsentiâ laboro : reliquarum omnium securus. Nec ità multùm de aliis sollicitus : quos (velut globo et cuneo facto) impetum in nos facturos esse video, inclamaturosque esse video : inclamaturosque tanquam in re non satis seria oleum (quod aiunt) et impensam amiserim : materiâque nec me nec vobis ipsis satis dignam induxerim : ut quorum palato nihil nisi grave et philosophicum, nihil nisi severum et durum, demùmque nihil nisi quod sacrum aut sanctum sit, sapiat. Cætera omnia illis vilia, abjecta, ridiculla videantur, nisi quæ ad exactam ingenii sui trutinam velut ad quamdam Epicteti lucernam elucubrata et composita fuerint, tollunt temporum ætatumque discrimina : nihilque adolescentulo magisque jàm seni et decrepito indulgent, eosdemque vel à puero quos à jàm cano capite mores, paremque vitæ ac rerum omnium severitatem exigunt : et cum se longo tantùm annorum ordine sapientes existiment : tamen alios omnes statim apartu nasci debere Catones, Manlios, et Tuberones autumant. Qui cum sint iniqui rerum estimatores, se nimiùm graves in alios, in se ac suos vero nimium molles et indulgentes præbent, cumquibus ipse tantùm abest ne sentiam ut tetrica illa dura et agresti et velut importuna morum

intemperie odiosius nihil existimem, dandumque ætati aliquid : et adolescentiæ nonnihil concedendum putem. Habet enim ætas illa tenerior suos ludos, suaque studia, habet suas etiam honestas, quidem illas et probas (quibus sæpe ducitur) voluptates, quæ si, ut Tullius inquit, ità erumpunt, ut nullius vitam labefactent, nullius domum evertant, faciles et tolerabiles haberi solent : tam et si ille quidem Cœlium defendens corporeas et venereas voluptates intelligit ; abs quibus sanè velut à capitali peste adolescentia semper arcenda est : nos verò eas animi voluptates dicimus, quæ tanquàm amœna quædam studiorum diverticula fatigatas adolescentium mentes levant, eisque honestos quosdam velut ingeniorum secessus præstant. Id quod, ut spero, pusillus hic noster adolescentiæ labor (nam et nos adhuc adolescentes hæc scripsimus), abundè vobis exhibebit. In quo tam et si leve quiddam et amatorium scribitur. Tamen nos neque perire illum quin vobis etiam dicare voluimus, cumque in eo turpe nihil aut fœdum insit, tum veròque multis variisque rerum casibus docere facilè possit, quæ sit mortalibus omnibus amoris damnosa rabies : quantaque et quæ inopina sæpe vitæ pericula afferat. Quæ si erunt qui nos has adolescentiæ nostræ lucubratiunculas supprimere magisque in medium afferre opportuisse coarguant neque nos ulla majorum veterumque exempla ab injustà calumnià tutari poterunt, sciant nos vel eo uno motos fecisse (quod apud Xenophontem legimus) ut vitium unum omnium nobis infensissimum, ingratitudinem fugeremus. . . . .
Id unum si Persæ quem nos latinè vertimus : cognoverint gratiam referre quidem posse atque id negligere acerbissimè puniunt, quæ ingratos homines vel deorum :

quoque patriæ parentum et amicorum futuros immemores arbitrantur : simul et quæ ingratitudinem comes impudentia sequitur quam illi turpissimè cujusque rei ducem et auctorem existimant : absqua unâ teterrimâ labe modo nos (quando re non liceat) animo saltem præstemus innoxios : sanè quod quisque de ingenio ac moribus nostris judicium faciat non magnopere nobis laborandum putamus : vobis enim hæc qualiacumque sunt non Persiis illis aut Catonibus scripsimus. *Valete*, adolescentes optimi. Venetiis, quarto kalendas decembris. M.D.XVI.

III.

LITTERÆ OFFICII CANCELLARII FRANCIÆ.

Franciscus Dei gratiâ Francorum Rex, universis presentes litteras inspecturis, salutem : non modica regibus gloria regnisque firmitas accedit et securitas si ad summos honores, magistratus, et dignitates viri assumantur qui bonis artibus imbuti claris coruscant virtutibus, quique publicis in muneribus diù versati, probitatis, industriæ et fidelitatis suæ clarissimum dederunt experimentum, huis enim personis condignum laboribus suis fructum percipiendi magis ac magis laudabiliter serviendi desiderium additur, et exemplo proposito cæterorum ingenia reipublicæ sustinendis oneribus fortiùs acceduntur : notum igitur facimus quod nos attendentes jurisprudentiam præclaros mores, integritatem, probitatem, diligentiam, sinceritatem, ac summam in rebus agendis experientiam dilecti ac fidelis nostri ac primi præsidis curiæ nostræ parlamenti Parisiensis Antonii du Prat, militis, juris utriusque doctoris qui per plures annos summam cum omni laude in præfati præsidis officio adeò est versatus, ut ad justitiam colendam, defensandam, atque administrandam natus esse videatur.

Eumdem Anthonium du Prat, militem, de principum sanguinis nostri procerum conciliariorum, ac aliorum qui lateri nostro assistunt concilio elegimus, creavimus, ordinavimus, retinuimus et retinemus in nostrum ipsius que regni nostri Franciæ cancellarium et conciliarium specialem : quod officium nuper tenere solebat bonæ memoriæ Joannes de Ganay, miles, quondàm dominus de Persane, cancellarius Franciæ, et per ipsius decessum atque obitum ad præsens liberum et vacans.

Dantes et tenore præsentium concedentes præfato Anthonio du Prat, militi plenam potestatem, auctoritatem, et mandatum speciale agendi, ordinandi et exercendi omnia et singula quæ ad officium cancellarii Franciæ hujusmodi spectant quomodo libet et incumbunt. Volentesque ipse Anthonius du Prat miles hujusmodi officio cancellarii perfruatur et gaudeat plenè, integrè, et pacificè, ad honores, prerogativas, præeminentias, vadia, jura, pensiones, proficua, et alia emolumenta consueta et quæ dictus de Ganay, vità functus, dum viveret percipiebat, modo et formà quibuscunque super quo ipse du Prat miles hodiè solitum in manibus nostris præstitit juramentum.

Quocircà dilectis et fidelibus nostris gentibus parlamentum nostrum Parisiis tenentibus, ac aliorum parlamentorum nostrorum gentibus ac de omnibus aliis justitiariis, officiariis, et subditis nostris, cujuscumque auctoritatis status, dignitatis, aut conditionis existant, per easdem præsentes mandamus quatenùs eidem Anthonio du Prat militi tanquàm cancellario Franciæ pareant diligenter et intendant. Mandantes insuper gentibus cameræ compotorum, et thesauriis nostris ut vadia, salaria, pensiones, proficua, et omnia alia jura ad dictum officium pertinenda et pertinentia memorato Anthonio du Prat militi, cancellario nostro, aut ejus certo mandato per audienciarium cancellariæ nostræ qui pro tempore erit tradi et persolvi faciant modo et terminis consuetis quæ sic soluta in compotis dicti audienciarii præsentes, aut earum vidimus sub sigillo regio confectum semel cum quittanciis sufficientibus, reportando allocari et de ejus recepta deduci sine ullà contradictione volumus et jubemus ordinationibus seu mandatis ad hoc contrariis non obstantibus quibuscumque. In cujus rei testimonium nostrum præsentibus litteris duximus apponi sigillum. Datum Parisiis die septimâ mensis januarii anno Domini millesimo quingentesimo decimo quarto, et regni nostri primo. Sic signatum : Pro Rege : Robertet.

Lecta, publicata et registrata Parisiis in parlamento quindecima die januarii anno Domini millesimo quingentesimo decimo quarto. Sic signatum PICHON.

A. I. X 1600. *Registre des ordonnances de François Ier, enregistrées au parlement de Paris de* 1514 *à* 1523 *F. M.*

IV.

BREF DU SOUVERAIN PONTIFE AU CHANCELIER DU PRAT.

Dilecte Fili, salutem et apostolicam benedictionem. Intelleximus à venerabili fratri episcopo Tricaricensi, nuntio nostro, quanto cum studio hujus sanctæ apostolicæ sedis, res atque nostras apud charissimum in Christo filium nostrum Franciscum Francorum Regem christianissimum juveris, quantamque in nos eamdemque sedem observantiam et reverentiam ostenderis. Itaque eà de re donationem tuam etiam, atque etiam in Domino commendamus, ostensieri cum se dederit occasio nos tuæ operi memoriam non objecisse. Hortamur autem te ut quod reliquum est ità te geras, ut Dominus gratiam qui plurimùm aqud regiam istam majestatem valere devotioni tuæ tribuit, tibi propiciam efficiat, deque sede hàc sanctà promereare. Reliquum est ut eidem episcopo Tricaricensi ad eumdem Regem revertenti, qui tibi novella nostro nomine referet, eamdem adhibeas fidem quam nobis ipsis te alloquentibus adhiberes. Datum Romæ, apud sancti Petri tabernaculum, sub annulo pescatoris die vii septembris, mil. quingent. xv, pontificatûs nostri anno iii°.

Bembus.

Suprà scriptum.

Dilecto filio nobili viro Antonio de Prato militi, ac magno Franciæ cancellario.

(Extrait des mémoires dressés par un secrétaire du chancelier du Prat.)

V.

DON DE LA VALTELINE ÉRIGÉE EN COMTÉ.

ARCH. IMP. — MM 1095, N° 21.

Franciscus Dei gratiâ Francorum rex, Mediolani dux, et Genuæ dominus, universis et singulis præsentes litteras inspecturis salutem. Multos esse ex regno nostro Franciæ, aliisque dominiis nostris fatemur qui commoditati et honori nostro semper studuerunt et per diversos effectus sese de nobis benè meritos effecere, ac nostrâ munificentiâ dignos. Sed cum mente nostrâ revolvimus vim ingenii summamque facundiam et eximiam utriusque juris peritiam, ceterasque dotes, cum maximâ probitate et admirabili in cunctis actionibus suis rectitudine et constantiâ benedilecti ac fidelis nostri Anthonii de Prato, cancellarii Franciæ ac ducatus et dominii nostri Mediolani; et quantùm nobis commodi, honoris, et gloriæ ejus industriâ, labores et vigiliæ contulerunt; quippè qui nullis parcendo sumptibus, contemptisque omnibus personæ et fortunarum discriminibus, omne suum assiduè concilium ad status et gloriæ nostræ amplificationem contulit, et in dies conferre non desinit tanquàm sui ipsius quodam modo ut nobis benefaciat immemor. Adque omnia hoc anno laudis adjecit et meritique cisalpes nos et castra nostra per varios casus sequi non expavit, et incommoda forti animo perferre castrensia: nec in ipso pugnæ et commissi prælii die et hora nos deserere, nec pedem referre et monendo et consulendo si opus esset, et quæ sui sunt muneris exequendo juvaret cum noster hostilis miles præ oculis ardentissimè pugnaret, strepentibus undiquè machinis et tormentis bellicis, semper fortior et infractior evadens ad amplitudinem resque nostras omnes benè curandas fateri nobis convenit non posse sine aliquà magnà animi nostri molestià pertransire. Si in eum magna aliqua non conferamus, et hoc est quod nos excusat si id facere distulimus, quia magna non se offerebant parvis cum donare indignum nobis videbatur. At ne hoc magis quam parsit protrahatur, statuimus ad mediocria descendere donec majora se obtulerint quæ virtutibus et meritis suis correspondeant. Proindè, tenore præsentium, ex certà nostrà scientià, motu proprio, et de nostræ regiæ et ducalis potestatis plenitudine et aliis omnibus jure, modo, vià, causà et formà quibus meliùs, validiùs, et efficaciùs fieri possit, Vallemtellinam, et omnia oppida, terras, villas, et loca in eà comprehensa quocumque nuncupentur nomine, unà cum omnibus et singulis redditibus percipi solitis per nostrum fiscum hujus ducatus et dominii Mediolani vel ipsi fisco quovis modo spectantibus, tam respectu conventionis cum ipsà Valle initæ, quam molendinorum aquarum, aquæductuum, piscationum, venationum, regalium pascuorum, prædiorum, et quorumcumque aliorum dicto fisco nostro pertinentium in ipsà Valle, terris, et locis in eà comprehensis, et in eorum pertinentiis. Separantes, segregantes, eximentes, et penitùs ac in totum liberantes ultrà alias separationes et liberationes, à quàcumque civitate, oppido, et communi dominii nostri Mediolani et maximè à civitate nostrà comi et ejus districtu, ac exemptos, segregatos, et separatos esse volentes à contributionibus tam civilibus quam criminalibus omnium et singulorum locorum dicti ducatus et dominii nostri Mediolani, et maximè à contributione et juridictione tam civili quàm criminali ac obedientiâ prætoris nostri comi ac ipsorum officialium et cujuslibet eorum cui vel quibus ipsa Vallis vel aliqua loca in eâ comprehensa, subjecta dicerentur vel reperirentur. Ipsi Anthonio cancellario prædicto donamus et elargimur, ac in eum pleno jure transferimus titulo meræ, puræ, et irrevocabilis donationis inter vivos, pro aliquâ meritorum suorum erga nos et statum nostrum repensione et expensarum per eum factarum sublevatione pro sese, filiisque et descendentibus suis, ac descendentium descendentibus usquè in infinitum, et quibus dederit vel dederint, omnes et singulos redditus solitos, per fiscum nostrum percipi ex ipsâ Valle, vel locis in eâ comprehensis vel ipso fisco quovismodo spectantibus, tam respectu conventionis quam aliorum omnium et singulorum suprà dictorum ac ipsum pro sese et ut suprà in jus et locum nostrum et cameræ nostræ ponimus ità ut de ipsis redditibus disponere possit prout nos et camera nostra potuissemus antè præsentem donationem, ob merita et expensarum sublevationem factam : cedentes eidem omnia et singula jura et actiones tam reales et personales quam mixtas, nobis super præmissis et cameræ nostræ spectantes. Et insuper merum et mixtum imperium ac gladii potestatem et omnimodam jurisdictionem dictæ Vallis, oppidorum, terrarum, locorum, et villarum in eâ comprehensarum et pertinentiarum suarum prædicto Anthonio in feudum nobile, honorificum, et gentile damus et concedimus, ac titulo feudi honorifici, nobilis, et gentilis in eum transferimus cum regaliis honorantiis et pertinentiis ipsi mei et mixto imperio et gladii potestati, et ut suprà spectanti pro sese filiisque, et descendentibus suis, ac descendentium descendentibus usquè in infinitum, et quibus dederit ità ut in ipsà Valle ponere possit et deputare capitaneum, prætores, et alios quoscumque officiales et jus dicentes in dictà Valle et locis in eâ comprehensis. Nil nobis et cameræ nostræ reservato, præter superioritatem quam solam nobis retinemus. Hâc tamen conditione quam ratione juris feudalis suprà dicti, si in alium vel alios transferatur, transire habeat salvâ ipsâ superioritate nostrâ et modo quo conceduntur jura feudalia in ducatu et dominio nostro Mediolani. Respectu vero reddituum et aliorum superiùs donatorum transire libere possint in alios quoscumque. Facientes eidem Anthonio potestatem prædictorum omnium et singulorum, auctoritate propriâ apprehendendi possessionem, apprehensamque retinendi, et alia faciendi quæ veri et legitimi possessores facere possunt. Et hæc omnia nonobstante decreto edito de anno 1490 die 27 martii quod incipit : « Solebant majores nostri, » et altero illius reformatorio edito de anno 1490 die 12 novembris incipiente : « Meminimus, etc. » Quibus prohibeatur bona à principibus donata alienari et generaliter non obstantibus aliquibus legibus, statutis, decretis, ordinibus, provisionibus, aut aliis in contrarium facientibus, vel aliam formam dantibus. Et maximè non attento quod valor rerum donatarum ut suprà non sit expressus, volumusque etiam, quod bona quæcumque in territorio prædicto consistencia quæ ullo unquàm tempore confiscari contingat, prædicto donatorio nostro et cameræ suæ applicentur. Et si delictum extrà territorium commis-

sum fuisset et etiam si delinquens alibi civis esset vel
alibi habitaret non obstantibus aliquibus prædictis aut
aliis in contrarium facientibus. Quibus omnibus et
singulis ex certâ scientiâ et de nostræ potestatis plenitudine etiam absolutè et quibus melioribus viis, causis,
et formis possumus, derogamus, et derogatum esse
volumus, etiam si talia essent de quibus specialis et in
individuo esset facienda mentio. Supplentes de eâdem
potestatis nostræ plenitudine, etiam absolutè defectum
cujuslibet solemnitatis quæ in præmissis dici posset
debuisse servari. Cumque continge possit ob temporum
conditiones, ipsum Anthonium per aliquod tempus
non valeturum possessionem ipsius Vallis et pertinentiarum apprehendere et redditus percipere. Decernimus et volumus quod interim donec ipsam apprehen-
derit possessionem, sibi dentur et affectualiter consequatur super *datio macine*. Mediolani ad rationem
scutorum duorum millium à sole annuatim, incipiendo
à die quo ducatum et dominium nostrum Mediolani
recuperavimus, super quo quidem datio ex nunc ipsam
pecuniarum summam sibi assignamus ità ut etiam
auctoritate propriâ ipsam capere possit et dationariis
confessiones facere, quæ perindè valeant ac si à thesaurario et aliis deputatis ad financias nostras ema-
nassent. Mandantes locum tenenti ac senatui ducatus
et dominii nostri Mediolani, generali financiarum,
thesaurario generali, magistris intratarum, communibus et hominibus dictæ Vallis, et pertinentiarum, et
ceteris omnibus ad quos spectare quomodò libet possit, ut has nostras donationis et feudalis concessionis
litteras, et ut suprà continetur, observent et faciant
ab omnibus inviolabiliter observari, et specialiter ipsis
communibus et hominibus ut de dictis redditibus ipsi

Anthonio debitis respondeant, temporibus debitumque fidelitatis et homagii prestent juramentum, quia sic nobis placet et fieri volumus. In quorum omnium et singulorum fidem et testimonium præmissorum præsentibus his manu nostrâ propriâ signatis, sigillum nostrum duximus apponendum. Datum Mediolani in mense novembri, anno Domini millesimo quingentesimo decimo quinto, et regni nostri primo.

(*Signé*) Françoys.

(*Dans le pli*) Panigarolla, P. Montemere lus G., senatores.

(*Sur le pli*) Per Regem, ducem Mediolani.

(*Signé*) Robertet,

(*Visa.*)

Registrum in libro morello anni 1515 in folio 31 extante penes Ronatores (*sic*) generales.

(*Sur le dos.*) Millesimo quingentesimo quinto, decimo die veneris, vigesimo tertio novembris, petita interinacione coram senatu, nomine Domini Anthonii de Prato cancellarii Franciæ et Mediolani de litteris christianissimi regis et ducis Mediolani idem concessis ut interiùs leguntur, senatus censuit illas fisco exhibendas ut opponere queat si quid opponendum duxerit.

(*Signé*) Juliu M.

V. (Suite.)

TITRE DE COMTE DE LA VALTELINE.

A. I. MM 1095. No 22.

Franciscus Dei gratiâ Francorum Rex, dux Mediolani et Genuæ Dominus, universis præsentibus et futuris notum facimus quod cum superioribus diebus ex certà scientiâ, motu proprio, et de nostræ regiæ et ducalis potestatis plenitudine, et aliis omnibus jure, modo, viâ, causâ, et formâ quibus meliùs, validiùs, et efficaciùs fieri possit Vallem Tellinam et omnia oppida, terras, villas, et loca in ea comprehensa quocumque nuncupantur nomine, unà cum omnibus et singulis redditibus percipi solitis per nostrum fiscum hujus ducatus et dominii Mediolani, tum respectu conventionis cum ipsà Valle initæ quam molendinorum aquarum, aquæductuum, piscationum, venationum, regalium pascuorum, prædiorum, et quorumcumque aliorum dicto fisco nostro pertinentium, in ipsà Valle et terris ac locis in eâ comprehensis et in eorum pertinentiis separaverimus, segregaverimus, exemerimus, et penitùs ac in totum liberaverimus. Ultrà alias separationes et liberationes à quocumque oppido, civitate, et communi dominii nostri Mediolani, et maximè à civitate nostrà comi et ejus districtu ac exemptas, segregatas, et separatas esse voluerimus à contributionibus tam civilibus quam criminalibus, omnium et singulorum locorum dicti ducatus et dominii nostri Mediolani et maximè à contributione et jurisdictione tam civili quam criminali ac obedientiâ prætoris nostri Comi ac aliorum ibidem et alibi officialium et cujuslibet eorum cui vel quibus ipsa Vallis vel aliqua loca in eâ comprehensa, subjecta dicerentur vel reperirentur. Ipsamque Vallem, cum omnibus in eâ comprehensis, ut suprà, respectu meri et mixti imperii ac gladii potestatis, et omnimodo juridictionis, benedilecto et fideli nostro Anthonio de Prato cancellario Franciæ necnon Britanniæ, et ducatus nostri Mediolani, in feudum nobile, honorificum, et gentile dederimus et concesserimus, ac in eum titulo feudi honorifici, nobilis et gentilis transtulerimus, cum regalibus honorantiis et pertinentiis, ac prerogativis ipsi mero et mixto imperio gladii potestati et omnimodo juridictioni spectantibus, pro sese, filiisque et **descendent**ibus, ac descendentium descendentibus us**que in infinitum**, et quibus dederit cum clausulis, for**mis**, et conditionibus, et prout continetur in litteris nostris eâ in re, anno et mense præsentibus datis, ad quas digna habeatur relatio. Nunc, ut magis animum nostrum benevolum erga præfatum Anthonium et descendentes suos ut suprà ostendamus, eosque aliquâ dignitate honestemusque summis ipsius Anthonii virtutibus, maximisque erga nos meritis, et singulari ejus fidei conveniat, visum nobis est non discedendo à dispositione aliarum nostrarum litterarum prædictarum, sed in eâ persistendo, ipsam Vallem cum omnibus in eâ comprehensis ut suprà, in comitatum erigere, et itâ per has nostras ex certâ scientiâ et de nostræ potestatis plenitudine etiam absolutè, motuque proprio, ac aliis omnibus jure, modo, viâ, causâ, et formâ quibus meliùs, validiùs, et efficaciùs fieri possit. Ipsam Vallem

Tellinam, cum omnibus in eâ comprehensis ut suprà, respectu meri et mixti imperii, gladii potestatis, ac omnimodo juridictionis in comitatum erigimus, ac titulo veri et legitimi comitatus insignimus. Facientes, creantes, et constituentes comites ejusdem comitatus, præfatum Anthonium, filiosque suos et descendentes, ac descendentium descendentes usque in infinitum legitimos et de legitimo matrimonio natos et nascituros, et ex lineâ masculinâ procreatos.

Volentes et jubentes ut ab omnibus pro veris et legitimis comitibus habeantur et tractentur, et omnibus honoribus, dignitatibus, præeminentiis, commoditatibus, et prærogativis fruantur, quibus alii veri et legitimi comites fruuntur et frui posse dignoscuntur. Tradimusque ipsi Anthonio pro sese et suis ut suprà insigne hic depictum quod erat insigne majorum et progenitorum suorum, hoc tantum mutato quod fascia quæ campum intersecat aureum, in quo sunt tria virentia trifolia, cùm priùs tota esset nigra, nunc redacta est in azureum seu celestinum colorem, cum tribus liliis aureis, in fasciâ inclusis. Pro vero insigni prædicti comitatus quo pro memoriâ hujus dignitatis et nostræ in eos liberalitatis ac grati animi nostri. Pariter et obsequiorum præfati Anthonii erga nos, tam in sigillis suis, quam aliis omnibus uti possint et ex hoc recordari dignitatis suæ et ipsi descendentes ad virtutes et merita prædicti Anthonii magis inclinati, cumque ducem in omnibus actionibus sequi et imitari. Mandantes omnibus et singulis locum tenentibus, magistratibus, gubernatoribus, capitaneis, stipendiatis, feudatariis, officialibus et subditis nostris ut has nostras et earum omnem continentiam observent, et faciant ab omnibus inviolabiliter observari. Nullis qualiacumque sint actentis quæ dici possent obstare, quibus omnibus derogatum esse voluimus. Etiam si talia essent quæ expressam et in individuo ac de verbo ad verbum exigerent mentionem. Supplentes ex certà scientià nostrà motuque proprio ac de nostræ potestatis plenitudine, etiam absolute defectum quarumlibet solemnitatum quæ in præmissis dici possent debuisse servari. Quas omnes et singulas pro observatis haberi volumus et decernimus. In quorum omnium et singulorum fidem et testimonium præsentibus his manu nostrà signatis sigillum nostrum apponi fecimus.

Datum Mediolani, mense *(en blanc)* anno Domini millesimo quingentesimo decimo quinto, et regni nostri primo.

Au dos : La conté de la Vaulteline.

VI.

LETTRE DU CHANCELIER DU PRAT AU SOUVERAIN PONTIFE.

Beatissime pater, post humillima felicium pedum oscula ; multorum consentienti sermone dudùm audio, serenissimum Angliæ Regem crebriùs queri, et vehementer expostulare, juris beneficium, quod ex æquo debetur omnibus, se non posse consequi, eà præsertim in causà quam Romæ nullo modo tractandam esse con'endit. Tùm quia ejus modi fit et tanti momenti ut per procuratorem agi nequeat prorsus, tùm quod ad eandem coram tuendam, sine maximo atque multiplici periculo regi non pateat aditus. Contrà autem in Angliâ et promptum et liberum esse personis, inter quas versatur controversia, ut præsentes respondeant, quoties ab ipsis quidpiam inquirere oportuerit. Illic præstereà commorari homines, qui dicturi sunt testimonia, quos nullâ ratione Romam quispiam protrahat. Atque itâ colligi, ut longè minore molestiâ atque impensa negotium conficiatur in Angliâ. Postremò Anglorum Gallorumque potentissimum Regum quasi quodam moris antiquissimi jure, contentiones solitos in suâ cujusque ditione terminari. Ostendit itaque Rex se pridem postulasse, ut ad integros aliquos et minùs suspectos judices causa hæc in Angliam rejiceretur: nihil tamen adhuc profecisse preces suas, etsi plurimorum doctissimorumque virorum sententia easdem æquissimas comprobet. Quam is repulsam, si semel pervulgata fuerit, videt subditorum suorum animos adeò permoturos, ut verendum sit, quanquam ipse nihil tale cogitet, ne quid novarum rerum in sedem apostolicam moliantur, quod mox non facile sedari possit, impellente præsertim nuper disseminato rumore, videlicet Sanctitas Vestra in hâc causâ duci vel gratiâ vel metu Cæsaris : quod ego sanè nec suspicor quidem, tantum abest ut credam, censeo certè rem ipsam complectendam esse eâ prudentiâ ac lenitate quibus Sanctitatem Vestram abundare scio, ut dijudicetur cùm primùm fieri poterit, neque enim de re fluxâ agitur aut levi, sed de animarum æternâ salute. Quamobrem cùm futurum confidam ut in eam curam, quæ præcipue sui muneris est, Sanctitas Vestra diligenter incumbat, affirmabo serenissimis Galliæ et Angliæ Regibus id juxtà gratum fore: præterea Sanctitatis Vestræ dignissimum, et ad mala multa evitanda maximè accomodatum. Quod si in hoc argumento fortasse liberiùs scribere videbor, Sanctitas Vestra mihi pro suâ clementiâ ignoscat obsecro, jam tum enim cum ea me in reverendissimum fratrum cardinalium collegium ascivisset, factum est, ut queam aliquandò per litteras saltem in medium non afferre, quod honorificum tutum ac salutare futurum indicem Sanctitati Vestræ, atque Universæ Ecclesiæ ex cujus quidem amplitudine ut tantum lætor quantum debeo, itâ si quid adversi accideret, quod Deus avertat, talis in me nimirùm redundaret dolor, qualis cadere potest in quemlibet alium præsulem.

Beatissime pater, Deum optimum, maximum ex animo precor Sanctitatem Vestram orbi christiano diù præstet incolumem. Ex oppido Abbatisvillæ, nonis januarii 1534 [1].

VII.

LETTRE ÉCRITE A MADAME, MÈRE DU ROY, PAR L'HUISSIER BAUDIN, CONTENANT LE RÉCIT DE SON VOYAGE EN ESPAGNE VERS MESSEIGNEURS LE DAUPHIN ET DUC D'ORLÉANS, HOSTAIGES POUR LE ROY. 1530 [2].

(Col. Fontette, vol. 23.)

Madame, pour amplement vous faire entendre ce qui a esté par moy faict au voyage qu'il a pleu au Roy,

---

[1] Camuzat : Mélanges historiques. Troyes, 1619, 2e partie, fo 171.
[2] *Cabinet Historique*, p. 218.

et à vous, me donner charge, vers messieurs le dauphin et duc d'Orléans, je vous en feray, s'il vous plaist, entier discours. Depuis mon partement de Cambray, que en toute diligence, avec le courrier de madame Marguerite, addressay mon chemin droit à Narbonne, auquel lieu attendant mon sauf-conduit de l'Empereur, qui pour lors estoit à Barcelone, je demeuray par l'espace de vingt et trois jours : iceux passez, ce courrier retourna en France vers ma dite dame Marguerite et m'apporta un sauf-conduit dudit Empereur, d'aller parfaire mondict voyage et retourner par la frontière de Parpignan. Ce faict, espérant ainsi qu'il m'avoit par vous esté commandé, parfaire mondict voyage en toute diligence, partis incontinent dudit lieu, de Narbonne, sur chevaux de poste. Mais sitost que fus entré en la frontière de Saulces, trouvay un gentilhomme de la garde de Parpignan ; et promptement que je fus arrivé, me bailla en garde à un soldat, luy faisant deffence de ne me laisser parler à personne quelconque, sans qu'il fust présent, pour entendre tout ce qui me seroit dit. Et combien que par bonnes remonstrances, je fisse entendre audit gentilhomme qu'il m'estoit trop nécessaire faire extrême diligence, pour le service du Roy mon maistre, et que mon voyage n'estoit en rien préjudiciable à l'Empereur, néantmoins, il m'arresta audit lieu de Parpignan quatre jours entiers, attendant les gentilshommes qui venoient de la part de l'Empereur pour me conduire et avoir regard sur moy, pendant que serois au païs d'Espagne. Faisant mondict voyage, iceluy gentilhomme arrivé, partismes à nos journées, le chemin tirant à Barcelone, auquel lieu fus par luy contraint demeurer huit jours entiers, à mon très-grand regret : puis de là tirasmes le chemin de Saragosse, où pareillement fus aresté trois jours, durant lesquels le gouverneur et fermiers du péage, combien que mon sauf-conduit portast de me laisser passer franchement et quittement, feirent inventaire de tout ce que je pouvois avoir tant d'or, d'argent, d'habillements, que d'autres choses, dont fus contraint leur payer tribut. Et à ce ne me servirent toutes les remonstrances et bonnes coutumes du païs de France alléguées. — Depuis, tirant le chemin à Tudelles, qui est une ville du royaume de Navarre, passames par auprès de Pedrosse[1], qui est le lieu où sont de présent détenus mesdits sieurs le dauphin et duc d'Orléans. Et avant que d'entrer en ladite ville, trouvasmes six soldats de la garde d'icelle, lesquels nous arrestèrent, pendant que l'un d'eux alla vers le marquis de Bertauge, frère du connestable de Castille, qui a la garde de mesdits sieurs, l'advertir de nostre arrivée audit lieu, et sçavoir si son vouloir estoit de nous laisser entrer en ladite ville. — Iceluy soldat retourné vers nous, fusmes par eux conduits en ladite ville de Pedrosse jusques en une enseigne, où peu de temps apres vindrent huit ou dix soldats de la garde de mesdits sieurs, qui prindrent les clefs dudit logis et par dedans et par dehors, formèrent le guet toute nuit. — Ce gentilhomme, mon conducteur et garde, non content de ce qu'ils entreprenoient sur sa charge, eut

---

[1] « *Pedraca de la Sierra,* bourg d'Espagne dans la Vieille-Castille, au bord de la rivière de Duraton, au voisinage de Sépultava au nord (et de Ségovie au sud-ouest). Ce bourg est célèbre par deux endroits : premièrement pour avoir été la patrie de l'Empereur Trajan ; en second lieu, pour être défendu par un château dans lequel François, dauphin de France, et Henri, son frère, enfants de François Ier, furent détenus prisonniers l'espace de quatre ans. Ce château est extrêmement fort, et l'accès en est très-difficile. » (LA MARTINIERE.)

question et débat avec eux, qui fut très-difficile à apaiser, maintenant de sa part, que par l'Empereur luy avoit esté donnée la charge de moy : et audit marquis appartenoit seulement de me montrer et faire veoir mesdits sieurs, et me faire parler à eux. Et tant sur ce débat demeurèrent obstinez, que mis à part en une chambre, fut tant de la part dudit gentilhomme que desdits soldats, fait le guet toute icelle nuit.

Le lendemain matin, ledit gentilhomme alla par devers ledit marquis, avec lequel il demeura assez long espace de temps, et luy retourné me mena au chasteau, forteresse dudit lieu de Pedrosse, où je trouvay le marquis avec plusieurs gentilshommes près d'eux mettre à table : et me feit iceluy seigneur servir avec luy. Après avoir disné, je suppliay ledit marquis que son bon plaisir fust me faire conduire au lieu où estoient mesdits sieurs, pour les voir et dire la charge qui par le Roy et Vous m'avoit esté donnée : peu de temps après me mena en une chambre dudit chasteau, assez près de celle où avions disné, à l'entrée obscure, mal en ordre et sans aucunes tapisseries ny autres paremens, seulement de pailliaces : en laquelle estoient mesdits sieurs, assis sur petits siéges de pierres, encontre les fenestres de ladite chambre, garnie par dedans et dehors de gros verroux de fer, et la muraille de huict ou dix pieds d'espaisseur : ladite fenêtre si haulte, qu'à toute peine pouvoient mesdits sieurs avoir l'air et le plaisir du jour ; lieu tant mal sain et impropre, que veu le jeune et tendre aage de mesdits sieurs, leur est impossible d'y longuement demeurer sans inconveniant de maladie, et fort empirer leurs personnes. — Les voyant ainsy détenus, ne fut en ma puissance me contenir sans jetter larmes, que à tout mon pouvoir je recelay, pour ne donner à mesdits sieurs occasion de nouvel ennuy. En me parforceant de parler, addressay ma parole à mondit sieur le daulphin, lui faisant humble révérance, commançay en langage françois lui faire les recommandations à moy enchargées, de par le Roy et Vous ; luy donnant asseurance du traitté de paix faitte et accordée entre le Roy et l'Empereur en la ville de Cambray ; et que pour estre venue tant utile, pour sa délivrance et réduction au royaume de France, ledit Sieur et Vous, m'avez envoyé pour le luy faire entendre : ensemble la diligence qui se faisoit par deça pour accomplir les convenances et accords, tendans totalement à le mettre hors de captivité et misère. « — Lors ledit seigneur en contenance triste, addressant sa parolle audit marquis, luy dist en langage espagnol, qu'il ne m'entendoit point, et que si je savois parler le langage du pays, que je luy fisse entendre ce que ce vouloit dire. Dont me trouvant fort esbahy, voyant mondit sieur aliéné de son naturel langage, adonc je commençay en langage espagnol, luy référer ce que dessus, et de tout mon pouvoir luy donnay occasion de cy après entrer au chemin de joye et plaisir ; pour estre à présent les affaires venus et conduictz en si bons termes, que le temps de sa réduction et délivrance estoit proche. — Après le voyant tout espris, luy demanday s'il ne scavoit plus parler ce langage françois? Ledit sieur me fist response en langage espagnol : « Comment seroit-il possible que je l'eusse » sceu retenir, veu que je n'ay icy nul de mes gens » avec qui je le peusse continuer de parler ? » — Puis luy demanday s'il ne me connaissoit point? Et incontinent monsieur d'Orléans avança sa parolle et luy dit: « Monsieur mon frère, c'est l'huyssier Bodin. » —

Mondit sieur luy répondit qu'il le scavoit bien, mais qu'il ne le vouloit pas dire ; et lors addressant sa parolle à moi, me demanda et enquit de la bonne disposition du Roy, de Vous, de la reine de Navarre, de monsieur d'Angoulême, et mesdames ses sœurs, et le lieu où vous estiés à mon partement. — Et sur tout, après avoir répondu, me dit qu'il remercioit le Roy et Vous, du bon vouloir qu'aviez à sa délivrance : suppliant que vostre bon plaisir fust de continuer, et les avoir tousjours en souvenance. — En après, je luy feis les recommandations de messieurs le grand-maître et amiral de France, de monsieur le chancelier ; pareillement de messieurs de Bourges et trésorier Babou et autres du conseil du Roy, qui estoient ceux qui continuellement avoient practiqué la paix, en moyen de sa délivrance. Ledit sieur après avoir le tout bien entendu, me dict qu'il les remarcioit et tous ceulx qui se travailloient de le jetter hors de la captivité en laquelle je le voyois estre. — Ce faict, mondit sieur d'Orléans commança à parler et me feit semblables demandes et recommandations. Mondit sieur le dauphin pour le plaisir qu'il prenoit de parler avec moy, voulant recommancer nouveaux propos, le marquis luy demanda s'il vouloit aller en l'autre chambre, qui estoit près de celle où se trouvoient mesdits sieurs : laquelle je vis encore plus mal en ordre que la précédente, et de plus pauvre demeure, ayant pour toute veue une semblable fenestre que en la précédente chambre ; vers laquelle fenestre se rangèrent Messieurs pour avoir plus aisément le jour, et prindrent chacun un petit chien entre leurs bras. — Alors me commencèrent à dire aucuns soldats, que c'estoit tout le passe-temps de mesdits sieurs : ausquels je feis responce que c'estoit un maigre passe-temps à si hauts princes, comme sont mesdits sieurs, et ne me pus tenir en faire remonstrance audict sieur marquis; disant que ce ne luy seroit honneur de les tenir si estroittement et en si pauvre estat d'habillement, qui estoit seulement de chacun un saye de veloux noir, en façon d'habillement à chevaucher, avec bonnets de veloux noir à un rebors derrière, sans rubans de soye, ne autre garniture : des chausses blanches, des souliers de veloux noir. — Un capitaine de la garde de mesdits sieurs, nommé André de Brate, me dist lors, comme par mocquerie, et en parolles assez estranges : « Vous voyez en quel estat sont traittez les enfants du Roy de France, vostre maître ! vivant entre les soldats des montagnes d'Espagne, sans aucun exercice, ne éducation ! Que si le Roy envoyoit par delà quelques peintres ou imagiers, que mondit sieur le dauphin deviendroit soudain bon maistre, car il s'addonnoit chaque jour à faire petites images de personnages de cire. » — Je luy feis response que mon espérance estoit que avant trois mois passez, il seroit en France addonné à autres meilleurs œuvres et exercices. Alors le marquis me dist qu'il croyoit en respondre trois mois, voire jusques à la fin de quatre, en Espagne, mieux que nous ne ferions en France ! — Puis me dict que c'estoit assez parlé, et qu'il estoit temps de me retirer. A quoy je feis response que puisque son vouloir estoit de me faire retirer si soudain, que je remettois le reste au lendemain. Et sur ce me dist que je pouvois bien prendre congé de mesdits sieurs, sans plus y retourner, et que advisasse de prendre mon chemin pour men retourner en France : dont je fus très esbahy et mal content pour le petit de temps qu'il m'estoit permis d'avoir en ma présence ce

que plus je désirois à veoir. De rechef luy suppliay qu'il me fust permis de retourner le lendemain pour faire un petit présent à mesdits sieurs de deux bonnets de veloux garnis d'orfevrerie et de panaches blancs. Lors ledit marquis me dit que moy retourné en mon logis, je les envoyasse et qu'il les leur présenteroit. Je luy feis response que je voulois estre présent. Ce qu'il m'accorda. Et fus envoyé à mon logis quérir lesdits bonnets qui estoient en estuy. — Après les avoir reçus et baisez, me voulant approcher de mesdits sieurs pour leur présenter, ledit André de Brate les prist, disant à mesdits sieurs : « Vous les voyez bien, ils sont très-
» beaux. Ne voulez-vous point que je les vous garde? »
— Monsieur lui respondit : « Ouy capitaine, j'en suis fort content ; mais je vous prie que je les voye encore. » Et de loing les leur monstrant, de peur que mesdits sieurs y attouchassent. — Lors se commancèrent à resjouir plus qu'ils n'avoient fait au commancement, me mettans en plusieurs propos, tant de monsieur d'Angoulème que de mesdames leurs sœurs; je dis entre autres choses à mondit sieur : « Monsieur, vous
» estes devenu merveilleusement grand, et croy fer-
» mement que si le Roy et madame vous voyoient à
» présent, pour vostre soudaine croissance, ne vous
» cognoistroient aisément. » Et pour le reporter au vray et vous en faire certaine, ainsy que vous m'avez donné charge à mon partement, je suppliay audit marquis me permettre emporter la mesure et grandeur de mondit sieur le dauphin, ce qu'il ne voulut faire; mais me promist qu'il la m'enveyroit à mon logis pour s'en excuser. Étant fondé en telle opinion, que si j'eusse apporté aucune chose en France qui eust touché à leurs personnes, que nous avons gens par deça, qui par art

magique et de nécromancie, les rendroient saufs par deçà ! Et fus contraint de partir d'avec eux, sans mesure. — Quant aux deux bonnets, ils n'ont garde de les leur mettre sur la teste, de peur qu'ils ne s'envollent. A mon partement, après avoir à très-grand regret pris congé de mesdits sieurs, eux deux ensemble d'une voix me dirent que je fisse bien leurs recommandations au Roy, à Vous, madame, et que je fisse diligence de retourner vers eux. — Me départant avec tel ennuy et regret, je fus remené par lesdits gardes en un autre logis de la ville plus honorable que le premier, auquel je fus pareillement gardé nuit et jour, sans aucunement me permettre d'aller par la ville. Et le lendemain, me fut fait commandement de partir incontinant, ce qu'il ne me fut possible de faire, à cause que mon cheval estoit blessé. Et après bonne inquisition faicte, on trouva que l'un des soldats ayant envie d'avoir mon cheval, luy avoit donné un coup de poignard en l'espaule pour le faire demeurer et le me rançonner. Toutefois je fus contraint me partir dudit lieu sans mon cheval ainsi blessé, et aller à trois lieues dudit Pedrosse, en une petite ville nommée Spolvede, où le gentilhomme qui me conduisoit me feit séjourner par l'espace de dix jours entiers; pendant lequel temps il advertit l'Empereur de ce qui s'estoit passé et aussy pour obtenir un sauf-conduit pour retourner par Fontarabie, qui est chemin beaucoup plus court qu'il n'estoit à retourner par Parpignan; pendant lequel temps vindrent nouvelles certaines de l'accord et traitté de paix conclud entre le Roy et l'Empereur, dont la publication fut faicte. Ce que je feis entendre à mesdits sieurs, par une lettre que je leur escripvis pour tousjours leur confirmer mon dire et donner espérance certaine de leur brief retour et délivrance. — Lequel marquis me manda qu'il avoit reçu ma lettre, et qu'il la garderoit pour la montrer à mesdicts sieurs, quand il auroit plus ample asseurance de la paix. Ce faict, après avoir receu mon sauf-conduict, et moy sans aucunement me laisser et en aussi estroite garde que si j'eusse esté prisonnier en Espagne ; et passant près Burges, à huit lieues par deçà, je trouvay le connestable de Castille, en une sienne ville, auquel je fus faire la révérance ; et selon mon petit scavoir luy feis les remonstrances du pauvre estat et condition où mesdits sieurs estoient pour le présent menez ; et que veu le traitté de paix et accord avec l'Empereur, il n'estoit besoin user de rigueur et tel traittement envers eux, le suppliant, comme celuy qui y avoit puissance, vouloir pourvoir à réduire et remettre mesdits sieurs, en l'estat qui leur appartenoit. A quoy me fist response qu'il estoit sur son partement pour aller vers mesdits sieurs, et les pourvoir de ce qui leur seroit nécessaire, si bien que le Roy et Vous auriez cause de vous en contenter : qui me fut response très-agréable pour le desir que j'ay d'entendre mesdits sieurs estre hors du lieu de misère où à mon partement d'avec eux je les laissay. — Et le reste de mon voyage, combien que le chemin soit très-aspre et rude, me fut trop plus plaisant et agréable qu'il n'avoit esté auparavant : et jusque dedans Fontarabie parvins, tirant mon chemin droit à Baïonne, pour en la meilleure diligence que possible m'eust esté, retourner vers Vous, Madame, et de tout ce que dessus vous donner advertissement. »

VIII.

PROMESSE DU CARDINAL DU PRAT AU ROI, DE N'USER DE SES BULLES DE LÉGAT QU'AUTANT DE TEMPS QU'IL PLAIRA A S. M.

Nos Anthonius, sacrosanctæ romanæ ecclesiæ presbiter, cardinalis tituli sanctæ Anastasiæ, Senonensis archiepiscopus, Galliarum et Germaniæ primas, Albiensis episcopus, cancellarius, et sedis apostolicæ de latere legatus, promittimus excellentissimo et potentissimo principi Francisco Dei gratià Francorum Regi christianissimo, domino nostro supremo,

Nos ipse legationis munere ejusdem christianissimi Regis precibus nobis nuper delato in ejus regno et ditione quo protenditur nostra legatio, tamdiù duntaxat functurus quamdiù Christianissimæ Majestati suæ libitum fuerit. Et non alio modo, id vero ità rursùs pollicemur nostram prelati fidem obstringentes.

Quod ut perpetuò testatum relinquamus has litteras quibus, manu proprià subscripsimus sigillo nostro munitas volumus.

Datum ad Fontembellæaquæ, die septima mensis decembris, anno domini millesimo quingentesimo vigesimo nono. Et est subscriptum :

A. ar. senonensis, legatus de latere, et Franciæ cancellarius.

(A. I. Registre X, 8001, fol. IX-XIX.)

VIII. (Suite.)

ORDRE DU ROI A MM. DU PARLEMENT POUR L'ENREGISTREMENT DES BULLES DE LÉGAT D'ANTOINE DU PRAT.

Françoys, par la grâce de Dieu Roy de France, à nos amés et féaux conseillers les gens tenant nos cours de parlements, salut et dilection; Savoir vous faisons que après ce que notre cher, féal, et grant amy, messire Anthoine du Prat, cardinal du saint-siége apostolique, archevesque de Sens, evesque d'Alby, chancellier de France, nous a présenté et fait apparoir que nostre saint-père le pape par ses bulles et provisions apostoliques, l'a délégué légat de Sa Sainteté et du Saint Siége apostolique, tant en nostre royaume que ès pays, terres et seigneuries à nous appartenant, aux facultés contenues ès dites bulles; Nous, ayons icelles très-agréables comme décernées à nostre grande prière et requeste et pour le bien et soullaigement de nostre royaulme, pays, terres, seigneuries, et subjects, audit cardinal : après ce qu'il nous a promis ne user de sa dicte légation sinon et tant et si avant qu'il nous plaira, et que de ce nous a bailliées ses lettres patentes signées de sa main et scellées de son sceau,

Avons, à cette cause, permis et octroyé, permectons et octroyons de notre grace espéciale, plaine puissance et auctorité royale, qu'il puisse user de sa dicte légation et facultés à luy commises en nos dicts royaulmes, pays, terres, et seigneuries, de poinct en poinct, selon sa forme et teneur.

Si vous mandons, commandons et enjoignons que, en insinuant notre dicte présente permission, chascun de vous en droit soy, face lire, publier et enregistrer en nos dictes courts les dictes bulles apostoliques de la dicte légation et le contenu en icelles garder et observer, sans faire ne souffrir aucune chose estre faicte au contraire : mais si faicte se trouvoit cy après, le réparez ou faictes réparer incontinent et sans délay, car tel est nostre plaisir.

Donné à Danemarye, le dix-neufviesme jour de décembre, l'an mil cinq cent vingt-neuf, et de nostre règne le quinzième.

Sic signatum : Pour le Roy, Breton.

(A. I. Registre X, 8601, fol. IX^{xx}. XIX)

IX.

ORDRE DU ROI AU PRÉSIDENT POYET POUR RETIRER DES MAINS DES HÉRITIERS DU CHANCELIER DU PRAT LES PAPIERS RELATIFS AUX ACTES DE SON MINISTÈRE.

Monsieur le président, pour autant que vous sçavez de combien il importe pour ceulx à qui ce peult et pourra toucher par cy après de garder les papiers et registres de la légation, pour éviter les abbus et procès qui de ce pourroient mouvoir pour raison des expédicions qui ont esté par cy devant faictes en icelle legation du vivant de feu Monseigneur le Légat; a cette cause, je vous prie et ordonne que incontinent la présente receue, vous ayez à retirer des mains des enfants du dit feu légat ou autres qui en ont eu la charge, et moyennant iceulx registres et papiers, pour après les mectre par inventaire en lieu seur tel que adviserez, dont l'on les pourra retirer quand besoing sera.

Au demourant, je croy qu'il vous souvient très-bien du propos que je vous tins dernièrement touchant les traitez et autres papiers d'importance qui estoient ès mains du dict feu légat, et de combien je desire les recouvrer : par quoy vous les retirerez tous, et en ferez pareillement un inventaire, lequel vous m'envoyrez incontinent par homme seur et exprès, avec tous iceulx traictés, sans aultremeut vous mectre en peine de les faire doubler. Et après qu'ils seront en mes mains, j'ordonneray ce que je vouldray qu'il en soit faict. En quoy faisant vous me ferez service très agréable. Priant Dieu, monsieur le président, qu'il vous ayt en sa saincte et digne garde. Escript à Reyms, le troisième jour d'aoust mil cinq cent trente cinq.

FRANÇOIS.

Au dos :

A monseigneur le président Poyet.

Dup. 581, *p.* 17.

FIN.

TABLE DES MATIÈRES.

	Pages.
Avertissement.	III
Préface.	VII

Chapitre Ier. — Ancêtres et origine d'Antoine du Prat. — De quelques illustres personnages qui portèrent son nom sans appartenir à sa famille.. 1

Chapitre II. — Naissance, alliances et première éducation d'Antoine du Prat. 7

Chapitre III. — Quels furent les principaux détracteurs et les plus célèbres panégyristes d'Antoine du Prat. 15

Chapitre IV. — Liaisons d'Antoine du Prat avec Jacques Sadolet, Jean de Pins et François de Tournon. 22

CHAPITRE V. — Débuts de la carrière d'Antoine du Prat. — Procès du maréchal de Gié. — Ambassades d'Antoine du Prat ; sa nomination à la charge de président à mortier au parlement de Paris.   29

CHAPITRE VI. — Premières démarches pour le mariage de Claude de France et du comte d'Angoulême. — Antoine du Prat est nommé premier président au parlement de Paris ; il est chargé de la rédaction des coutumes d'Auvergne.   35

CHAPITRE VII. — Antoine du Prat précepteur du comte d'Angoulême. — Mariage et enfants d'Antoine du Prat. — Mort de Françoise de Veyny. — Antoine du Prat embrasse l'état ecclésiastique.   41

CHAPITRE VIII. — Mort de la Reine Anne de Bretagne. — Mariage du comte d'Angoulême et de la princesse Claude de France. — Louis XII épouse Marie d'Angleterre. — Participation d'Antoine du Prat à ces évènements. — Mort du roi Louis XII.   46

CHAPITRE IX. — Avènement du duc de Valois au trône. — Antoine du Prat est nommé chancelier de France. — Premiers actes de son ministère   55

CHAPITRE X. — Oppositions que la nomination d'Etienne Poncher à l'archevêché de Sens rencontre dans le chapitre.   63

CHAPITRE XI. — De l'excellence du titre de chancelier et de quelques uns des prédécesseurs et des successeurs d'Antoine du Prat dans cette charge.   66

CHAPITRE XII. — Sacre du roi François Ier. — L'échiquier de Normandie prend le nom de parlement.   73

CHAPITRE XIII. — Retour du Roi à Paris. — Harangues du parlement et de l'université. — Le chancelier répond à leurs députés.   78

CHAPITRE XIV. — Le Roi donne au chancelier du Prat l'hôtel de Piennes. — Évènements dont sous le nom d'hôtel d'Hercule et de Nantouillet il devint le théâtre. — Faits et gestes de quelques-uns des descendants d'Antoine du Prat.   87

CHAPITRE XV. — François Ier part pour l'Italie. — Le chancelier du Prat l'accompagne. 104

CHAPITRE XVI. — Marche triomphante du Roi. — Bref du Pape au chancelier du Prat. — Bataille de Marignan. 109

CHAPITRE XVII. — Organisation de la conquête. — Le chancelier du Prat nommé comte de la Valteline. — Préliminaires de l'entrevue du Pape et du Roi. 115

CHAPITRE XVIII. — Entrevue du Pape et du Roi à Bologne. 121

CHAPITRE XIX. — Négociations au sujet du concordat. — Le chancelier du Prat les dirige. 127

CHAPITRE XX. — Esprit et établissement du concordat. — Obstacles qu'il rencontre. 138

CHAPITRE XXI. — La volonté du Roi et la fermeté du chancelier imposent le concordat aux corps opposants. 149

CHAPITRE XXII. — Pénurie financière. — Le chancelier du Prat crée des charges vénales dans les Parlements. — Emprunts et impôts nouveaux. — Aliénation des domaines de la couronne. 155

CHAPITRE XXIII. — Couronnement de la Reine Claude de France. — Voyage du Roi et de la cour à Rouen. — Le chancelier du Prat et le duc d'Alençon tiennent les états de Normandie. 161

CHAPITRE XXIV. — Acquisition des Tuileries. — Embellissements dans Paris. — Entrée du légat du Pape. 168

CHAPITRE XXV. — Antoine Bohier reçoit le chapeau de cardinal à la place d'Erard de la Marck. — François Ier brigue l'empire. . . . 172

CHAPITRE XXVI. — Entrevue du camp du drap d'or. 176

CHAPITRE XXVII. — Conférences de Calais. 179

CHAPITRE XXVIII. — Mort et succession de Suzanne de Bourbon. —

456 TABLE DES MATIÈRES.

Pages.

Procès, défection et condamnation du connétable. 191

Chapitre XXIX. — Procès du baron de Semblançay. — Détresse financière. 204

Chapitre XXX. — Le Roi repart pour l'Italie. — Louise de Savoie exerce pour la seconde fois la Régence. — Le chancelier du Prat lui est donné pour conseil. — Bataille de Pavie. — Captivité du Roi. — Mort du connétable. — Mesures prises pour assurer la paix à l'intérieur et pour amener la délivrance du Roi. 212

Chapitre XXXI. — Calamités qui pendant la captivité du Roi affligent la France. — Mesures que leur opposent la Régente et le chancelier du Prat. 224

Chapitre XXXII. — Alliance de François Ier avec Soliman. 232

Chapitre XXXIII. — Défection de Doria et des Génois. — Antoine du Prat reçoit l'abbaye de St-Benoît sur Loire. — Il est pourvu de plusieurs évêchés. — Maladie du Roi. — Lettres du chancelier à ce Prince pendant sa captivité. 242

Chapitre XXXIV. — Antoine du Prat est nommé à l'archevêché de Sens. 248

Chapitre XXXV. — Délivrance du Roi et de ses compagnons de captivité. — Lettres de Marguerite de Valois et de Henry VIII au chancelier du Prat. 257

Chapitre XXXVI. — Le chancelier du Prat est déchargé des accusations et des poursuites dirigées contre lui par le Parlement. — Il est nommé cardinal. — Préséance accordée par la voix du chancelier à l'archevêque de Lyon sur tous les autres primats de France. — Lettres de Jacques Sadolet. 264

Chapitre XXXVII. — Mort de Maximilien Sforze. — Protection accordée par le chancelier du Prat à Machiavel et à Rabelais. — Marot perd par son penchant au protestantisme celle que méritaient son talent et ses besoins. 273

TABLE DES MATIÈRES.

Pages.

CHAPITRE XXXVIII. — Mort de Thomas du Prat évêque de Clermont. — Guillaume du Prat le remplace sur son siége. 285

CHAPITRE XXXIX. — Concile de Sens. — Le cardinal du Prat se montre un des plus ardents défenseurs de la foi contre l'invasion des nouvelles idées religieuses. — Négociations pour prévenir le schisme d'Henri VIII. 302

CHAPITRE XL. — Négociations pour le retour des Enfants de France. — Traité de Cambray. — Le cardinal du Prat reçoit l'évêché d'Alby. — Procès de François de Poncher. 324

CHAPITRE XLI. — Nouveaux embellissements faits à Paris par le Roi. — Calamités qui désolent la France. — Retour des Enfants de France. — Mariage du Roi avec Eléonore d'Autriche. 338

CHAPITRE XLII. — Le cardinal du Prat est nommé légat *à latere* ; son entrée à Paris en cette qualité. — Lettre du cardinal Sadolet à cette occasion. — Mort de Louise de Savoie. 345

CHAPITRE XLIII. — Réunion de la Bretagne à la France. — Clément VII à Marseille. — Mariage du duc d'Orléans et de Catherine de Médicis. — Mort du cardinal de Gramont. 352

CHAPITRE XLIV. — Accusations dont le cardinal d'Amboise et le cardinal du Prat furent également et successivement l'objet. — L'archevêque de Sens réunit l'évêché de Meaux à ses autres siéges. 364

CHAPITRE XLV. — Derniers efforts du chancelier du Prat en faveur du catholicisme ; sa mort digne et chrétienne. 373

CHAPITRE XLVI. — Munificences et libéralités du chancelier du Prat ; emploi qu'il fait de sa fortune pour le bien de la religion et pour celui des pauvres ; son fils Guillaume du Prat hérite de sa charité comme de son opulence. — Confiscations ordonnées par le Roi après la mort du chancelier. 381

CHAPITRE XLVII. — Funérailles du cardinal du Prat ; son mausolée ; son Epitaphe. 399

TABLE DES MATIÈRES.

Pages.

APPENDICE. — I. Lettres de Jacques Sadolet, évêque de Carpentras, à Ant. du Prat, cardinal et archevêque de Sens. 407

II. Préface et dédicace du roman intitulé *Allobrogicæ narrationis libellus*, par Jean de Pins, évêque de Rieux, ambassadeur du Roi à Venise, etc. . . . . , ... 419

III. Litteræ officii Cancellarii Franciæ 423

IV. Bref du souverain Pontife au chancelier du Prat 426

V. Don fait de la Valteline érigée en comté. 427

    Titre de comte de la Valteline. 433

VI. Lettre du chancelier du Prat au souverain Pontife. 436

VII. Lettre écrite à Madame, mère du Roi par l'huissier Baudin, contenant le récit de son voyage en Espagne vers Messeigneurs le dauphin et le duc d'Orléans, hostaiges pour le Roi, 1530. . . 438

VIII. Promesse du cardinal du Prat au Roi de n'user de ses bulles de légat qu'autant de temps qu'il plaira à Sa Majesté. 448

    Ordre du Roi à Mess. du Parlement pour l'enregistrement des bulles de légat d'Antoine du Prat. 449

IX. Ordre du Roi au président Poyet pour retirer des mains des héritiers du chancelier du Prat les papiers relatifs aux actes de son ministère. 450

TABLE DES MATIÈRES. 453

ERRATA.

Page   2, ligne 24, cette réparation tadive, *lisez* tardive.
—   3, — 27, une origine italienne³, *lisez* italienne¹.
— 17, — 18, du nom de leurs inventeurs, *lisez* leur inventeur.
— 26, — 1ʳᵉ de la note 1 : Edictus per, *lisez* Editus.
— 46, — 2 de l'argument : Louis XIII, *lisez* Louis XII.
— 70, — 14 et 15, des secrétaires d'États, des présidents en cour souveraine, *lisez* de secrétaire d'État, de président.
— 81, — 4, le cardinal d'Estouville, *lisez* d'Estouteville.
— 94, — 1ʳᵉ de la note : Cabinet des titres, marquis de Bertin du Rocheret, *lisez* manuscrits de Bertin du Rocheret.
— 110, — 21, une fois liés, *lisez* une fois lié.
— 127, — 5, laissa Antoine du Prat pour suivre, *lisez* poursuivre.
— 172, — 2, *au titre*, Antoine du Prat reçoit, *lisez* Antoine Bohier reçoit.
— 174, — 11, le chancelier du Prat reprirent leur revanche, *lisez* prirent leur revanche.
— 246, — 11, de la compagnie qui l'avait précédée, *lisez* de la campagne.
— 252, — 30, Sens, qui se trouvoit réuni, *lisez* Sens, se trouvoit réuni.
— 288, — 28, n'a point été penetré, *lisez* n'a point été pénétrée.
— 316, — 17, à Tournin, *lisez* à Tornus (Tournus).
— 352, — 12, qui avoient uni ses heritiers, *lisez* ses héritieres.
— 386, — 27, Le chateau de Varesner, *lisez* de Varesnes.
— 387, — 4 et 9, Varesner, *lisez* Varesnes.
— 427, — 23, et meritique, *lisez* et meriti quod.
— 428, — 2, et monendo, *lisez* ut monendo.
— 430, — 2, ipsi mei et mixto, *lisez* ipsi mero et mixto.
— »   — 10, hac tamen conditione quam, *lisez* quod.
— 431, — 11, Cumque continge possit, *lisez* contingere possit.
— 432, — 16, Extante penes Ronatores, *lisez* Existente penes Racionatores generales.
— 433, — 22, a quocumque civitate, *lisez* a quacumque civitate.
— 434, — 16, et omnimodo juridictioni, *lisez* omnimode jurisdictioni.

Paris. — Imprimerie de Wittersheim, rue Montmorency, 8.

www.ingramcontent.com/pod-product-compliance
Lightning Source LLC
Chambersburg PA
CBHW050253230426
43664CB00012B/1942